CLEÓPATRA

ALBERTO ANGELA

CLEÓPATRA

A rainha que desafiou Roma
e conquistou a eternidade

Tradução
Milena Vargas

Rio de Janeiro, 2020

Copyright © 2018 by HarperCollins Italia S.P.A., Milano. Todos os direitos reservados.
Título original: Cleopatra: la regina che sfidò Roma e conquistò l'eternità

Todos os direitos desta publicação são reservados à Casa dos Livros Editora LTDA.
Nenhuma parte desta obra pode ser apropriada e estocada em sistema de banco de dados
ou processo similar, em qualquer forma ou ameio, seja eletrônico, de fotocópia, gravação etc.,
sem a permissão do detentor do copyright.

Diretora editorial: *Raquel Cozer*

Gerente editorial: *Alice Mello*

Editor: *Ulisses Teixeira*

Copidesque: *Isabela Sampaio*

Liberação de original: *Marina Góes*

Revisão: *Thaís Carvas*

Capa: *Elmo Rosa*

Diagramação: *Abreu's System*

CIP-Brasil. Catalogação na Publicação
Sindicato Nacional dos Editores de Livros, RJ

A589c
   Angela, Alberto
     Cleópatra: a rainha que desafiou Roma e conquistou
a eternidade / Alberto Angela; tradução Milena Vargas. –
1. ed. – Rio de Janeiro: Harper Collins, 2019.
     448 p.

     Tradução de: Cleopatra: la regina che sfidò
Roma e conquistò l'eternità
     ISBN 9788595085176

     1. Cleópatra, Rainha do Egito, m. 30 A.C. 2. Rainhas –
Biografia – Egito. I. Vargas, Milena. II. Título.

19-59702
                       CDD: 923.1
                       CDU: 929.731

Os pontos de vista desta obra são de responsabilidade de seu autor, não refletindo necessariamente a posição da HarperCollins Brasil, da HarperCollins Publishers ou de sua equipe editorial.

HarperCollins Brasil é uma marca licenciada à Casa dos Livros Editora LTDA.
Todos os direitos reservados à Casa dos Livros Editora LTDA.
Rua da Quitanda, 86, sala 218 — Centro
Rio de Janeiro, RJ — CEP 20091-005
Tel.: (21) 3175-1030
www.harpercollins.com.br

Para Riccardo, Edoardo e Alessandro.
Para todos os garotos e garotas que têm o futuro
nos olhos e nossas esperanças no coração.

SUMÁRIO

Introdução	15

1
O DECLÍNIO DE UMA REPÚBLICA

15 de março, 44 a.C.	19
Roma ao amanhecer	23
Não havia Coliseu	27
A cidade desperta	30
Este homem pode mudar a História	34
A toilette de Cleópatra	36
Um canalha simpático	40
Uma festa romana	42
Nilo e Tibre	44
Férias romanas	47
César e Cleópatra, casados, mas amantes	52
Um homem brinca com o punhal	55
A "máquina de lama"	57
O último jantar de César	59

2
A MORTE DE CÉSAR

Casa de Brutus, manhã de 15 de março: por que César dever morrer hoje	65
Onde o mundo mudou para sempre	70

Casa de César, manhã de 15 de março 73
Casa de Cássio, primeiras horas da manhã 77
Ilha Tiberina, 6h20 78
Casa de César, cerca de 6h20 da manhã 80
Casa de César, cerca de 7 horas: outros adivinhos 82
Cúria de Pompeu, 7 horas: chegam os gladiadores 82
Casa de César, 7h45: César decide faltar à reunião do Senado 83
Cúria de Pompeu, cerca de 8 horas: os conspiradores chegam
e tomam seus lugares 84
Domus de Antônio, 8 horas: a mensagem de César 85
Domus do outro lado do Tibre, 8h20: Cleópatra 86
Cúria de Pompeu, 8h30: nervosismo entre os conspiradores 88
Cerca de 9 horas: César não virá 91
Casa de César, 9h45: Décimo chega 92
Casa de Marco Brutus, cerca de 10 horas 93
Casa de César, 10h20: César se prepara para sair 94
Casa de César, 10h25: um escravo tenta alertar César 95
10h30: César se aproxima da morte 95
Cúria de Pompeu, cerca de meio-dia: chega Júlio César 98
Cerca de 12h15: o assassinato de César 101

3
ROMA NO CAOS

Um homicídio... muitos homicídios 107
A fuga de Antônio 110
Cúria de Pompeu, 12h45: os conspiradores saem 112
A notícia se difunde e alcança todos os protagonistas 113
13h20: *domus* de Antônio 114
Horti Caesaris, 13h30: Cleópatra recebe a notícia 117
13h30: o corpo de César é levado para casa 118
Cerca de 14-16 horas: Brutus tenta convencer a multidão 121
20 horas: Antônio e Lépido debatem 122
Meia-noite: a primeira noite sem César 123
Os novos dados de César 124
O testamento de César ignora Antônio e Cleópatra 129

As reações de Cleópatra e Antônio   132
O funeral de César e o discurso de Antônio   134
Um eco que leva a... Shakespeare   135

4
CLEÓPATRA RETORNA À ALEXANDRIA

Cleópatra encontra Antônio?   143
Os dois se conheceram tempos atrás?   144
Antônio, um militar com perfeito *"physique du rôle"*   146
Cleópatra deixa Roma   147
Começa a longa viagem de 2 mil quilômetros pelo mar   149
O último longo percurso até em casa   152
Cleópatra abortou?   154
Uma luz amiga surge na noite   155
Alexandria acolhe sua rainha   158
Uma cidade saída da *Odisseia* de Homero   160
O segredo de Alexandria   163
Um passeio pela cidade de Cleópatra   165
Cleópatra voltou para casa   173

5
CLEÓPATRA PENSA EM CÉSAR

O pai e a mãe de Cleópatra   175
A infância   177
O sinal na pedra   178
Cleópatra se torna uma hábil rainha   179
A fuga no deserto   181
A cabeça cortada de Pompeu   183
A beleza e a astúcia de Cleópatra   186
O famoso encontro com Júlio César   188
A primeira noite de amor   189
A reação do irmão   192
Matar César e Cleópatra no banquete   193
A Guerra Alexandrina: Cleópatra se entrincheira com César   195

O amor de César e a lua de mel em um cruzeiro   200
O nascimento de Cesarião   208
Agulhas de Cleópatra   209

6
A BATALHA DE FILIPOS

Partir com a morte no coração   211
O dedo apontado   215
As listas de proscrição   220
Cleópatra arrisca um naufrágio no Mediterrâneo   225
Ao confronto   229
A primeira batalha de Filipos   232
A segunda batalha de Filipos   236
No combate   241
O fim de Brutus   245

7
O ENCONTRO DE CLEÓPATRA E ANTÔNIO

O destino escolhe Cleópatra   249
Um novo Dionísio   252
O convite a Cleópatra   256
O local do primeiro encontro   258
Cleópatra se prepara para encontrar o futuro amante   258
O incrível encontro entre Cleópatra e Marco Antônio   260
O convite para Antônio   264
Antônio e Cleópatra   267
A beleza de Cleópatra   268
Escravo do amor e do sexo   274

8
O AMOR VERDADEIRO

Os dois se procuram   277
A lua de mel dura seis meses   279

Amor e banquetes em um ninho dourado	281
As pérolas de Cleópatra	284
A piada de Antônio	286
O templo do conhecimento: o Museion e a Biblioteca de Alexandria	289
Conservar ou destruir o saber	292
A cultura de Cleópatra	296
Cleópatra escreveu livros?	298
Cleópatra mais uma vez em doce espera	300

9
O INÍCIO DE UM PESADELO

Acordar de um sonho	305
O encontro tempestuoso entre Antônio e Fúlvia	308
As mulheres de Antônio	312
O casamento de Antônio e Otávia	316
Otaviano também se casa… como um deus	319
Antônio procura Cleópatra novamente	321
A aguardada guerra contra os Partas	325
Cleópatra faz greve de fome	328
Enfim uma vitória para Antônio e Cleópatra	332

10
A BATALHA DE ÁCCIO

Começa a guerra de propaganda a distância	337
O golpe de Estado de Otaviano e a declaração de guerra	339
A batalha de Áccio está próxima	342
Agripa, a carta na manga de Otaviano	344
O último conselho de guerra	347
O último dia	349
Irrompe a batalha de Áccio	352
A fuga de Cleópatra	356
Chamas no mar	357

11
O FIM DE ANTÔNIO E CLEÓPATRA

E agora?	361
A busca por uma solução	363
Verão de 30 a.C.: o ataque se inicia a leste e oeste	366
Uma espera angustiante	368
Cleópatra esconde o tesouro real	369
30 de julho, a penúltima noite	370
31 de julho, aurora: o inimigo está à porta	372
6 horas, Porta do Sol: os preparativos para a defesa	374
7 horas: as primeiras divisões de Otaviano fazem o reconhecimento	376
7h30: chegam as legiões de Otaviano	377
7h30: Otaviano vê Alexandria	377
8 horas: a última vitória de Marco Antônio	378
10 horas: Otaviano reorganiza suas forças	379
11 horas: Antônio se reúne a Cleópatra	380
14 horas: acampamento de Otaviano	380
Cai a noite sobre Alexandria	380
Noite, Palácio Real: o último banquete	381
A última noite de Antônio e Cleópatra	384
Enquanto isso, no acampamento de Otaviano...	385
1º de agosto, manhã	386
Manhã de 1º de agosto: Cleópatra se refugia no mausoléu	387
A morte de Antônio	389
Cleópatra é prisioneira	393
O funeral de Antônio	396
O encontro entre Cleópatra e Otaviano	397
A morte de Cleópatra	398
E a serpente?	402

O SURGIMENTO DE UM IMPÉRIO

O que acontece depois?	407
Inicia-se a era de Otaviano	410
O nascimento do mês de… agosto	412
O grande triunfo	413
Conclusão	417
Agradecimentos	423
Mapas	425
Créditos das imagens	433
Referências das citações	437
Bibliografia	441

INTRODUÇÃO

O nome Cleópatra evoca em cada um de nós imagens e atmosferas bastante claras. Na nossa imaginação, surge instantaneamente o rosto de uma mulher bela, inteligente e elegante, com olhar profundo e que transpira sensualidade. Somos imediatamente envolvidos pelo fascínio do Antigo Egito e de Roma. Seu nome é logo associado a César e Marco Antônio e àquelas que foram duas das maiores histórias de amor de todos os tempos. Poucas figuras do passado são capazes de suscitar em nós sensações tão poderosas, apesar de terem vivido em uma época tão remota, mais de 2 mil anos atrás.

Mas como isso foi possível? Como uma mulher pequena e solitária, em um mundo antigo dominado pelos homens, conseguiu levar o Reino do Egito a uma das maiores expansões de todos os tempos e se tornou uma das estrelas mais brilhantes da História? Neste livro tentei responder a essa pergunta.

Procurei descobrir quem era de fato Cleópatra, como conseguiu seduzir e conquistar alguns dos maiores homens de Roma, tais como César e Marco Antônio, e de onde veio sua grande habilidade estratégica no campo da geopolítica.

Surgirá, como o leitor poderá observar a imagem de uma mulher incrivelmente moderna. Muito diferente da que imaginamos. Foi justamente a sua "modernidade" que permitiu a Cleópatra se sobressair com tanta força na história antiga. Mesmo hoje, é possível que deixasse marcas no campo da política, da indústria ou da economia. Tendo vivido mais de 2 mil anos atrás, Cleópatra influenciou seu mundo de maneira determinante.

Um dos meus objetivos ao escrever este livro foi buscar compreender o peso dessa personagem em um dos momentos cruciais da antiguidade. É de conhecimento geral, de fato, que essa rainha viveu em um período de conexão entre duas grandes civilizações — o Antigo Egito e Roma. Mas não é só isso: ela estava presente no momento exato em que a longa história dos reinos no Egito, incluindo os faraônicos, terminava para sempre, e se iniciava o Império Romano pelo Principado de Otaviano. Eu poderia resumir a época e a vida de Cleópatra em poucas palavras: o fim de um reino e o início de um império.

Este livro se concentra em um período crucial da História. Em particular, foca em quatorze anos, de março de 44 a.C. a agosto de 30 a.C. É impactante descobrir como esses poucos anos foram fundamentais para a antiguidade e para a história do Ocidente. Esta narrativa, na verdade, inicia-se com seis grandes nomes ligados ao poder — César, Cássio, Brutus, Marco Antônio, Otaviano e Cleópatra — e ao fim só Otaviano permanece. Enfim sem rivais, ele terá então o tempo e a sabedoria para estabelecer as fundações de um dos maiores impérios de todos os tempos, o Império Romano.

A pergunta que busco responder é: qual foi a importância de Cleópatra para possibilitar esse processo e permitir, indiretamente, que Otaviano se mantivesse, sozinho, no poder? O leitor verá que ela foi muito importante. Porque Cleópatra não é apenas uma mulher fascinante e uma rainha hábil na gestão do poder, é também um incrível "catalizador" da História.

A viagem que você fará ao longo destas páginas tem lugar em um retrato extraordinário da Antiguidade clássica, constituído pelas paisagens de três continentes: Europa, Ásia e África. Do Nilo às extensões montanhosas da Armênia, dos palácios de Cleópatra à morada de César, do Farol de Alexandria ao Senado de Roma, das Costas da Grécia aos desertos do Oriente Médio. Por esses caminhos, você percorrerá milhares de quilômetros, atravessando muitas vezes o Mediterrâneo. Assistirá a grandes disputas navais e ferozes batalhas terrestres, explorará a residência suntuosa de Cleópatra em Alexandria e as moradas dos poderosos em Roma, tudo isso com um estilo narrativo escolhido para dar a sensação de entrar nos lugares e nas atmosferas da época.

Este percurso exigiu a consulta minuciosa de uma notável quantidade de materiais e fontes, desde ensaios críticos escritos por historiadores, especialistas e estudiosos modernos até textos de autores antigos e descrições de descobertas arqueológicas. Não foi nada fácil realizar a reconstrução completa dos fatos e dos lugares. A mais de 2 mil anos de distância, às vezes só é possível se basear nos testemunhos e nos escritos dos antigos. Com todos os limites que tais documentos podem envolver, pois é preciso estar consciente de que alguns deles eram hostis a Cleópatra e Marco Antônio ou estavam imbuídos de propaganda a favor de Otaviano e contra a rainha. Além disso, muitos deles retratam episódios do passado com lacunas ou nem mesmo os citam.

Não podemos saber ao certo qual era a aparência dos ambientes frequentados por Cleópatra, César e Marco Antônio, porque quase todos eles não existem mais. As mesas, as vestimentas, os mármores, os palácios desapareceram, o lendário Farol ruiu, cidades inteiras se extinguiram: a Alexandria de Cleópatra foi demolida ao longo dos séculos e hoje é repleta de palácios modernos, assim como Antioquia, que era a terceira maior cidade do Mediterrâneo, também não existe mais. Mal comparando, é como se daqui a 2 mil anos Paris, Frankfurt, Londres, Nova York ou Washington desaparecessem e as pessoas tentassem entender como eram essas cidades com base em textos e descrições.

Também não sabemos a verdadeira aparência de Cleópatra...

Como realizar este trabalho, então? Com a única abordagem possível. Se a realidade não existe mais, podemos fazer reconstruções VEROSSÍMEIS baseadas no que sabemos daquela época, em dados arqueológicos e aproveitando o conhecimento de historiadores contemporâneos. Cada parte "romanceada" deste livro se baseia em uma fiel reconstrução histórica dos lugares e dos hábitos da época.

O estilo narrativo ajuda a "reviver" a história passada que permanece em suspenso, muitas vezes em pedaços desencontrados, dentro daqueles preciosos textos antigos, para que o todo seja reproduzido em modo rigoroso ou, na falta de informações, seja o mais verossímil possível.

Ainda mais difícil foi descrever os estados de ânimo de Cleópatra, César, Antônio e Otaviano. Em alguns casos, tais informações foram retiradas de fontes antigas, em outros, não, e foi necessário narrar a cena com a ressalva de que se tratava de uma reconstrução, decerto plausível, mas baseada em uma hipótese. Na minha opinião, não existe outra maneira de estar presente ao lado dos protagonistas no momento em que nasce a História. Há muitos livros de História Antiga que são fontes preciosas e inesgotáveis de informações, dados e citações. Mas muitas vezes são textos áridos porque não têm "vida". A história é também narrativa. É possível unir informações históricas a um estilo narrativo? Associar o prazer da leitura de um romance ao rigor de um texto "acadêmico"? Creio que sim, e com este livro desejei fazer algo diferente: dar vida à História e realizar uma obra que possa fornecer informações com um estilo distinto, de forma a deixá-la lado a lado — ainda que não os substitua — com os clássicos volumes de História Antiga. Se houver erros, assumo toda a responsabilidade. Mas a oportunidade de estar ao lado de Cleópatra nos momentos cruciais daquele período era imperdível...

Boa leitura,
Alberto Angela

1

O DECLÍNIO DE UMA REPÚBLICA

15 de março, 44 a.C.

O olhar se dirige a um horizonte distante, quase como se buscasse o abraço de sensações e recordações doces e protetoras.

Um xale de seda, que uma rajada de vento preenche como a uma vela, emoldura seu rosto. O tecido teria voado para longe se não o mantivesse no lugar com um gesto decidido da mão. É o único sinal de força no corpo nu dessa mulher, docemente aninhado no interior de uma gigantesca concha. A fraca luz do amanhecer não define seus contornos. E seria impossível: sua beleza na verdade é contada por milhares de pequenas lajotas de pedra que compõem suas formas sinuosas no centro de uma sala. Esse elegante mosaico de "Vênus em uma Concha" é progressiva-mente acariciado por um farfalhar distante. É o som de uma veste finíssima que se aproxima, tocando o piso. De repente para e, ao lado da Vênus, com a delicadeza de uma pluma, repousa um pé pequeno e bem-cuidado. Demora um instante sobre o mosaico, então prossegue pela sala sem fazer barulho, acompanhado apenas pelo farfalhar da veste que toca o chão. A cada passo, a vestimenta branquíssima balança, seguindo os movimentos do corpo como um dançarino agarrado à sua amada. Quem dirige esse movimento cadenciado são os quadris, que afloram por um instante da brancura da túnica como golfinhos na superfície da água, para depois submergir e sumir, deixando aos longos plissados apenas poucos instantes para restabelecer sua organização elegante. A túnica parece flutuar na semiescuridão do corredor, só poucos fachos de luz cortam a penumbra, projetando de forma ritmada o brilho da veste sobre os afrescos nas paredes: é uma carícia luminosa que toca as pinturas, leve como uma nuvem. Segue na direção de uma janela distante, e a figura destaca-se contra a luz. A túnica, então, parece dissolver-se, transformando-se em uma auréola brilhante ao redor do corpo que envolve, o corpo de uma jovem mulher de 25 anos, pequena, esbelta na medida certa, mas com formas muito sinuosas. Cada movimento dela sussurra uma indefinível combinação de harmonia, curvas e elegância, dando vida a uma profunda sensualidade. Seu passo lento e o desenho dos quadris contra o céu fazem o resto. O fascínio dessa mulher é tão impalpável quanto o rastro de perfume que deixa atrás de si. E, assim como os perfumes, seu verdadeiro segredo, mais do que em sua beleza, reside nas sensações que evoca em quem se aproxima. Um segredo que ela aprendeu a dosar e utilizar com maestria, assim como as poções curativas e os venenos que há tempos manipula.

Ela é Cleópatra.

Diferentemente do que se imagina, seu nome não é egípcio, mas... grego.

O significado literal é "glória do pai" no sentido de "estirpe gloriosa" (do grego κλε΄ος, *kleos*, glória, e πατρο΄ς, *patros*, do pai). Na verdade, Cleópatra não é egípcia, mas greco-macedônica. Pertence a uma dinastia de invasores que há quase 300 anos ocupa o trono do Egito, com hábitos diversos e outra língua, o grego: são os Ptolomeus (seria correto chamá-los também de Ptolemeus, mas neste livro optamos por utilizar o nome mais conhecido). Seu nome completo é Cleópatra Tea Filópator, que significa literalmente "Cleópatra deusa que ama o pai" (do grego θεα, *thea*, deusa, e Φιλοπα΄τωρα, *philopatora*, que ama o pai). Embora nos pareça um nome ímpar na História, o nome de uma rainha que foi de fato única, ela não foi a única a usá-lo. Sabe-se de outras seis antes dela, a ponto de os historiadores modernos, para não gerar confusão, chamarem-na Cleópatra VII. Como é possível haver tantas "Cleópatras"? O motivo é que entre os Ptolomeus é tradição usar nomes dinásticos recorrentes (um pouco como fizeram os reis da França com o nome Luís). Dessa forma, as princesas têm invariavelmente um destes três nomes: Arsínoe, Berenice ou... Cleópatra.

O Egito de Cleópatra é muito diferente daquele que todos nós imaginamos. Ela e outras mulheres egípcias famosas como Nefertari (a esposa do faraó Ramsés II), Nefertiti (a esposa do faraó Akhenaton) ou Hatshepsut são separadas por respectivamente 1.200, 1.300 e mais de 1.400 anos! É como comparar uma mulher da época moderna com outra que viveu no tempo de Carlos Magno ou dos Longobardos no início da Idade Média... Cleópatra, portanto, viveu em um Egito completamente diferente. Um reino já invadido e governado pelos persas por alguns séculos, antes de ser conquistado por Alexandre, o Grande, dando início, mais tarde, à dinastia greco-macedônica dos Ptolomeus, que manteve o trono por cerca de mais três séculos.

Quando Cleópatra nasceu, o Egito parecia destinado a terminar nas garras de Roma, a nova potência do mundo. Mas será ela, grande estadista e estrategista, que vai prolongar a existência do reino, chegando a conquistar novas terras e novas riquezas: graças à hábil política de Cleópatra, capaz de enredar primeiro César e depois Antônio, o Egito passará a controlar quase todas as margens do Mediterrâneo oriental, da Turquia à Líbia. Um resultado extraordinário que se deve apenas ao seu talento. Será o último grande domínio de um reino egípcio antes de seu completo desaparecimento na História. Cleópatra reinará por apenas vinte e um anos, mas o destino do mundo antigo a perpassará, transformando-a em uma das mulheres mais poderosas, influentes e determinantes para a história de todos os tempos. Talvez nenhuma outra mulher, com exceção de Elisabeth I da Inglaterra, tenha conseguido tanto. Cleópatra morreu antes de completar 40 anos.

Em um mundo dominado pelos homens, o destino do Ocidente está nas mãos de uma mulher. Isso ocorre em um momento crucial, quando Roma se transforma de República em Império. Sem Cleópatra isso não seria possível, ao menos não com os resultados que preenchem as páginas dos nossos livros de história: foi também por sua causa que se desencadeou a disputa por poder entre Antônio e Otaviano, que terminará com apenas um protagonista, Otaviano, capaz de viver e governar por um longo período a ponto de estabelecer bases sólidas para um império que durará séculos. Uma lista infinita de títulos acompanha a jovem que caminha em silêncio nas salas com afresco: rainha dos reis e das rainhas, rainha do Alto e do Baixo Egito, rainha de Chipre... Hoje, no entanto, depois de mais de 2 mil anos, seu nome ainda evoca, sobretudo, uma mulher de fascínio irresistível e exótico, culta, independente, hábil em dominar os homens e em conquistá-los com paixões avassaladoras. É mesmo possível que todas essas qualidades possam se concentrar em uma mulher de apenas 25 anos?

Cleópatra entrou em uma *pérgula*, espécie de balcão coberto por uma elegante grade de madeira que a separa do mundo exterior. Seus dedos tocam a trama de arabescos da peça e sentem a entrada do ar tempestuoso de uma manhã que acaba de se iniciar, com seu típico aroma fresco e penetrante. Fecha os olhos por um instante, enchendo os pulmões com uma respiração profunda. Depois, suas pálpebras se abrem lentamente e delas emerge um olhar quente, intenso, luminoso... como o sol da sua terra natal quando surge no silêncio dos desertos sem fim do Egito.

Agora, no entanto, refletida nos seus olhos e só interrompida pelo bater de seus longos cílios, há outra terra e, sobretudo, outro mundo. Aproximamo-nos progressivamente do seu olhar, e a imagem que se revela em sua íris é o reflexo de uma cidade enorme, do outro lado de um grande rio. É Roma, como surge a quem a observa de Trastevere, onde se encontra o Horti Caesaris, a ampla propriedade de Júlio César, que hospeda a rainha do Egito em visita a Roma.

Ela percebe a vastidão da cidade, a maior do Mediterrâneo e protagonista cada vez mais absoluta do mundo conhecido até então. Exatamente como foi o Egito por tantos séculos. Só que as coisas mudaram.

Agora estamos muito próximos do olhar de Cleópatra... cada vez mais próximos. A cidade refletida em seus olhos parece-nos muito nítida, a ponto de podermos entrar em suas ruas e começar a explorá-las.

Roma ao amanhecer

Estamos em 44 a.C., perto do fim da República. Ainda será preciso uma geração inteira para o nascimento e o fortalecimento do Império Romano. Mas há muito tempo Roma se tornou a cidade caótica e cosmopolita que surpreenderá os escritores e os arqueólogos. Em especial, já é uma cidade belíssima.

Uma forte ventania varreu as nuvens e a chuva das últimas horas. O sol acabou de despontar a leste, e seus primeiros e tímidos raios alcançaram o Capitólio, iluminando o grande Templo de Júpiter Capitolino, com suas imensas colunas. No interior, ao lado das estátuas de Juno e Minerva, entre as quais passam em silêncio alguns sacerdotes que preparam os ritos matutinos, destaca-se a imensidão da estátua do deus supremo Júpiter, provavelmente feita com ouro e marfim, uma verdadeira obra-prima. Na verdade, todo o templo, com seus cerca de sessenta metros quadrados, é de tirar o fôlego. De acordo com algumas fontes, as magníficas colunas com capitéis coríntios provêm da distante Grécia; Sila teria mandado trazê-las do Templo de Zeus Olímpico em Atenas no ano de 86 (ou 84) a.C. Uma alma grega no coração de Roma: prova da força da nova potência, mas também uma luz do passado para seu futuro. Era o desejo de Sila. Com o nascer do sol, as estátuas de bronze dourado e os relevos do frontão do templo se iluminam pouco a pouco; depois, inesperadamente, parecem incendiar-se como tochas. Um espetáculo grandioso e simbólico, visível de quase todos os pontos da cidade.

O amanhecer inunda de luz os palácios da Cidade Eterna e anima suas cores: aquele véu cinza-azulado que a envolvia desde a aurora desaparece aos poucos, deixando emergir o vermelho dos telhados. Nessa primeira respiração do dia, Roma surge como um mar revolto, uma extensão infinita formada por ondas que correspondem a edifícios de alturas diversas com terraços, lucarnas e verdadeiras "escadarias" de telhados, como se fossem colinas. Aqui e ali, como flores em uma pradaria, destacam-se os cumes verdes e brilhantes dos templos, construídos com telhas de um bronze dourado que já se oxidou.

Parece um teclado projetado por um arquiteto sobre quem a vida, como um hábil pianista, toca a sinfonia do despertar: por todos os lados levantam-se pequenas colunas de fumaça branca no ar fresco, sinal de que alguém acendeu uma lareira para preparar uma refeição, para celebrar rituais nos templos, para acender os grandes fornos das termas ou simplesmente para começar o trabalho nas oficinas.

E há também os muros. Roma ainda é uma cidade de tijolos. Será Otaviano, o futuro Augusto, que a transformará em uma cidade de mármore, como ele mesmo amava dizer. Supõe-se que esses muros de tijolos sejam cobertos por um gesso branquíssimo que em momentos como esse, com o sol, ilumina-se, revestindo a cidade de luz. Uma luz que desce aos poucos pelos becos ainda imersos na semiescuridão, como um vapor luminoso. Em um desses becos caminha um homem, que tenta evitar a sarjeta serpenteante no chão de terra batida. Sobre sua cabeça ouve-se o rangido de portas de madeira abrindo-se e batendo violentamente contra o muro (as janelas de vidro são verdadeiras raridades, pouco conhecidas pela plebe de Roma). O homem acelera o passo. Sabe bem que a abertura das portas significa também o esvaziamento dos vasos da noite. Por séculos, o banheiro dentro de casa será um luxo em todo o Ocidente, com a exceção dos ricos, que em Roma vivem nos andares baixos, mais nobres, onde chega água, um bem precioso que alcança apenas a morada de poucos felizardos (em geral famílias da aristocracia, homens ricos ou com "bons contatos" na administração).

A população, por sua vez, aglomera-se nos andares altos, sem saneamento nem água corrente, em pequenos apartamentos alugados e, como é comum na Suburra, o bairro mais populoso de Roma, muitas vezes com os vários cômodos subalugados (e não raramente ainda mais "fragmentados" com telas e divisões internas para permitir que estranhos compartilhem o mesmo ambiente).

A água, em Roma, dificilmente existe como um bem privado. Ela é um bem público de larga difusão e disponibilidade: nunca falta. No entanto, é preciso descer ao nível da rua, onde nos vemos diante de uma miríade de fontes públicas estrategicamente posicionadas. A distância entre elas nunca é grande demais, para não fazer com que aqueles que enchem baldes e jarras com a finalidade de levar para casa precisem andar muito: um sistema capilar de distribuição que satisfaz a sede da maior cidade do mundo ocidental.

De fato, abastecer 1 milhão de habitantes talvez seja o verdadeiro segredo de Roma. A cidade será definida de várias formas ao longo da história: Caput Mundi, Cidade Eterna. Será dito que "todos os caminhos levam a Roma". Mas poucos se lembram de que ela também foi chamada de *Regina Aquarum*, rainha das águas, de tanto que afluíam na época romana.

Haverá um período — posterior àquele da nossa história — no qual, graças a onze aquedutos, a cidade receberá 1 milhão de litros de água corrente... por dia! Uma quantidade que só na época moderna, precisamente em 1964, será alcançada e superada. Mas, considerando que os habitantes da Roma dos Césares, especialmente sob o governo dos Antonini, superaram por pouco 1 milhão de habitantes, enquanto hoje na Roma metropolitana vivem pouco mais do que o dobro desse número, podemos afirmar que nos tempos do Império Romano cada habitante dispunha do dobro de água per capita em relação a hoje.

O homem chega ao fim do beco e para em uma fonte para beber água. Depois, passando o dorso da mão sobre a boca, retoma o caminho, ao passo que às suas costas ouve um grito seguido de xingamentos em latim. Alguém foi atingido pelo conteúdo de um vaso da noite. Hoje uma imagem como essa talvez faça sorrir, mas, na época da nossa história, não. Na verdade, é um crime: entre as várias leis do sistema jurídico romano, contempla-se também esse tipo de poluição "aérea" (que, para todos os efeitos, é um crime), com muitas sanções de acordo com o dano às túnicas, togas e, claro, à pessoa atingida.

Embora o sol tenha nascido há poucos minutos, as estradas já foram invadidas por um grande número de pessoas. São, em sua maioria, escravos e servos que devem cumprir as primeiras incumbências do dia, figuras encasacadas que caminham tiritando no frio dos becos. Há poças por todos os lados. Choveu muito durante a noite, houve uma grande tempestade, com relâmpagos, trovões e vento forte. Pelo chão e nas esquinas veem-se inúmeros objetos caídos dos telhados e das varandas: roupas colocadas para secar agora reduzidas a farrapos disformes, cestas derrubadas, vasos de flores (pode ser surpreendente, mas já eram amplamente usados na época romana). A primavera ainda está por vir. É uma questão de poucos dias.

Uma coisa parece clara: Roma, nesse período, ainda não é a cidade esplêndida e monumental vista nos filmes ou narrada nos romances. É mais pobre e simples, tanto nos monumentos quanto na arquitetura, e ainda é um pouco "provinciana" se comparada com a imponência que vai adquirir em poucas décadas. É uma cidade caótica e cheia, com aspecto humilde e um sabor vagamente "medieval", porque é constituída por um emaranhado de becos estreitos, prédios altos, muitas vezes inseguros, coloridos por um mosaico de panos estendidos. Entre esses edifícios, pelas ruas de terra batida, em meio a regatos de chorume, fervilha a vida e correm as crianças com suas risadas e seus gritos. Muitos criticam o estado das estradas na Cidade Eterna, sobretudo em relação aos *clivi* (as estradas em subida), um problema tão incômodo que Júlio César chegou a ordenar que fossem pavimentados porque os julgava excessivamente poeirentos no verão e lamacentos no inverno. Mas isso nunca será feito. Hoje descobriremos juntos por quê.

Não havia Coliseu

Talvez seja surpreendente para você descobrir que Roma, na época de Cleópatra, ainda não tinha muitos dos monumentos e edifícios que conhecemos e acreditamos terem existido desde sempre. Milhões de turistas vão todos os anos a Roma para admirá-los, mas naquela época nunca teriam feito essa viagem, porque os monumentos ainda não tinham sido construídos. A listagem deles vai deixá-lo abismado.

Eis aqui o que Cleópatra e Marco Antônio, bem como Júlio César, Cícero e Otaviano jamais chegaram a ver:

- O Coliseu será inaugurado depois de mais de um século, 124 anos, para ser exato. Então, você perguntaria, onde combatiam os gladiadores? Para os *munera gladiatoria*, isto é, os embates entre gladiadores, eram levantados anfiteatros temporários de madeira, como fazemos hoje com estruturas metálicas para os espetáculos e as apresentações nas praças.
- O Panteão será construído após 17 anos, por Agripa, genro e fiel comandante de Augusto. Mas seu aspecto atual remonta a uma época ainda mais distante de Cleópatra: danificado por dois incêndios, será reconstruído sob as ordens de Adriano, cerca de 160 anos depois do período em que nos concentramos, e sua autoria é creditada a Apolodoro de Damasco, na opinião de alguns quase um Leonardo do Império Romano, que depois muito provavelmente foi assassinado sob as ordens de Adriano.
- As Termas de Caracala serão construídas depois de mais de 250 anos.
- As Termas de Trajano só existirão depois de 150 anos.
- As Termas de Diocleciano abrirão em 350 anos.
- Todos os Fóruns Imperiais serão edificados entre 42 (Fórum de Augusto) e 156 anos mais tarde (Fórum de Trajano).
- No Fórum Romano, o Arco de Tito e o de Septímio Severo, tão fotografados hoje pelos turistas, serão construídos respectivamente em 130 e 246 anos.

- As Catacumbas, é claro, ainda não existem na época de Cleópatra e César . Surgirão timidamente muitos anos depois, para se tornarem progressivamente um imenso labirinto já sob Constantino, no século IV.
- Os palácios imperiais sobre o monte Palatino ainda não existem. Em seu lugar, há apenas algumas belíssimas *domus* com afrescos das famílias aristocráticas mais importantes da cidade. Será preciso esperar o famoso incêndio de Roma, em 108 anos, para vermos surgir gradualmente os grandes palácios do poder em que viverão e comandarão os imperadores romanos.
- A *Domus Aurea* (Casa Dourada) surgirá depois de mais de um século, e desaparecerá em poucas décadas.
- Não há obeliscos nos circos nem nas praças. Eles ainda estão no Egito, e será Augusto a levar os dois primeiros a Roma com imensos navios construídos para esse fim.

Por outro lado, em Roma, no dia 15 de março de 44 a.C., data da morte de Júlio César, há monumentos e manifestações públicas que talvez Cleópatra tenha visto (apesar de não estar claro se, enquanto rainha estrangeira, ela pudesse circular no interior do Pomério, ou seja, no coração "sagrado" de Roma), mas que não existem mais na época moderna:

- Uma naumaquia que César desejara implantar no Campo Marzio poucos anos antes.
- O Templo de *Venus Genetrix* (Vênus Progenitora) e a zona sacra anexa (com uma estátua de Cleópatra em seu interior, diante da estátua da deusa).
- A *Basilica Iulia*, cuja obra ainda não havia sido finalizada.
- Podia-se admirar uma quantidade impressionante de estátuas de bronze retiradas da Grécia, de beleza comparável a dos Bronzes de Riace, das quais hoje se conservam em vários museus apenas poucas e esplêndidas cópias em mármore de época romana mais tardia, muitas vezes danificadas. Em particular,

no Pórtico de Metelo (depois renomeado Pórtico de Otávia em homenagem à irmã de Augusto) havia uma coleção magnífica que representava Alexandre, o Grande a galope com 25 dos seus cavaleiros mortos em 334 a.C. na Batalha do rio Granico, mas foi destruída e reformulada no início da Idade Média.

- Coleções imensas de gravações em pedra preciosa e de taças esculpidas em pedra dura, levadas a Roma por Pompeu e por César, como, por exemplo, a Taça Farnese (ou Taça dos Ptolomeus).

A Roma que César, Marco Antônio e Cleópatra conheceram, contudo, ainda existe, e é possível admirar edifícios, templos e monumentos que permaneceram de pé ao longo dos séculos (mesmo que ligeiramente modificados ao longo das gerações de romanos):

- O Circo Máximo (embora em 44 a.C. fosse menos espaçoso e imponente).
- O Fórum Romano com muitos de seus templos, inclusive o Templo de Vesta, onde fica guardado o fogo sacro de Roma.
- O Fórum de César, que fora inaugurado havia pouco tempo pelo mesmo.
- O Capitólio, com o Templo de Júpiter Capitolino.

Em resumo, a Roma em que estamos é diferente daquela que imaginamos quando pensamos na idade clássica, e é importante ressaltar esse fato, porque os eventos que serão descritos nesta história se situam em um momento, por assim dizer, "formador" de Roma, que ainda não floresceu na História: ainda não deu origem a um império, mas já submeteu amplas áreas geográficas, transformando-as em províncias. Embora Roma já seja o centro político do Mediterrâneo, ainda não tem o papel de motor cultural, econômico e civil pelo qual será reconhecida. Isso será adquirido no fim desta história: a partir de então, terá início o processo que, depois do Principado de Augusto, desencadeará no Império Romano. Mas sem o conteúdo das páginas que nos separam dessa conclusão, a

História teria sido bem diferente. Trata-se de um momento crítico e fundamental para todo o Ocidente, e quem pode imaginar como seria o mundo hoje sem os protagonistas desta obra: Júlio César, Otaviano, Marco Antônio e, naturalmente, Cleópatra, a mulher que uniu o destino de todos eles e determinou o destino de Roma. E do mundo.

A cidade desperta

Continuamos nosso percurso pelas ruas de Roma seguindo o homem que emergiu do beco. Ele acaba de deparar com um grupo de pessoas que discute acaloradamente em um cruzamento: duas carroças tentam passar, mas uma atrapalha a outra. É um problema banal de quem chegou antes, mas os ânimos dos carroceiros estão exaltados, e gritos e insultos voam para todos os lados. Ao redor deles uma pequena multidão se reuniu para assistir a tudo, divertida. É um dos clássicos espetáculos das ruas na vida moderna, mas já aconteciam no tempo de Cleópatra. E há uma razão para isso. Em virtude da superlotação de Roma, César proibiu o trânsito das carroças durante o dia, transformando a Cidade Eterna em uma imensa área de pedestres. Todos os meios de transporte que abastecem oficinas, lojas, edifícios e outros são obrigados a circular pelas ruas de noite, tirando o sono de quem vive nos andares mais baixos com o rangido das rodas e as imprecações de seus condutores. Como acontece neste exato momento: nenhum dos dois carroceiros desiste, porque ambos esperam conseguir acelerar a saída da cidade antes das primeiras luzes do dia, evitando multas e sanções.

Nosso homem passa por fora da aglomeração, flanqueando furtivamente o muro de um prédio e se afastando. É alto, magro, com as bochechas encovadas e um olhar penetrante nos olhos fundos. A espessa barba negra que desce pelo seu peito nos informa que é um filósofo. Um filósofo grego, para ser exato: seu nome é Artemidoro de Cnido. Há muitos anos ensina em Roma a língua, mas também a filosofia e a literatura do seu local de origem. Sabemos pelo historiador Apiano, também grego, que esse homem de aparência anônima é na verdade um amigo próximo de Júlio César. Sua presença nessas ruas se fez notar graças a outro escritor e filósofo grego da antiguidade, Plutarco. Esse homem que caminha em uma rua da cidade que, em pouco tempo, vista do alto, parecerá um formigueiro, não é um habitante qualquer. Embora nos faltem fontes, é muito provável que neste preciso momento ele esteja segurando um pergaminho de papiro no qual estão escritas poucas linhas que poderiam mudar a história do mundo antigo e de todo o Ocidente pelos próximos séculos...

Este parece um romance de intrigas internacionais: aquele pequeno rolo contém, de fato, um umbral entre os mais importantes da história da civilização? Continuemos seguindo Artemidoro.

A cidade desperta ao redor dele. Parece estar assistindo à preparação de um espetáculo, com os trabalhadores que montam o cenário. De repente uma loja abre seus batentes. Sim, batentes. Não existem vitrines ou persianas de metal: cada loja (ou *taberna*) é fechada por dentro com uma série de mesas de madeira colocadas na vertical e mantidas no lugar por um longo ferrolho. O rangido do trinco enferrujado já é familiar a qualquer morador da vizinhança, assim como o das mesas levantadas e depois apoiadas pesadamente contra a parede da loja. Um som que se transforma em uma pequena nuvem de poeira.

Passando à nossa frente, Artemidoro lança um rápido olhar para o interior do estabelecimento e na escuridão vê um pai com dois filhos que começam a expor as mercadorias, tecidos multicoloridos, fora da *taberna*. O filho mais novo sobe com incrível habilidade em uma longa haste de bronze para pendurar algumas almofadas no teto. É claramente a *taberna* de um comerciante de tecidos, capaz de fornecer qualquer tipo de toalha, coberta e almofada, e "...também as sedas mais raras e refinadas vindas do Oriente", como gosta de dizer o proprietário, que neste momento está nos fundos da loja. É possível entrever apenas seu perfil, iluminado pela claridade de uma lamparina. O homem recita as orações matutinas enquanto oferece vinho e alimento a pequenas estatuetas de bronze posicionadas no interior de um nicho. Esse nicho ornado por pequenas colunas de madeira é o Larário, uma espécie de templo para a casa, de importância crucial para a rotina dos romanos. Com essas oferendas, eles garantem a proteção dos deuses Lares contra furtos, incêndios, doenças e negatividade.

Não por acaso, muitas vezes, pendurados pintados ou até esculpidos na calçada diante de uma loja, veem-se falos eretos. Eles não indicam que naquela propriedade funciona um bordel, ou uma casa de tolerância, como às vezes dizem. Trata-se na realidade de simples amuletos que protegem a saúde, concedem energia vital, atraem bons lucros e, sobretudo, afastam como "para-raios" as injúrias dos passantes ou dos outros negociantes invejosos. Pode acontecer, como neste caso, que uma das estatuetas do Larário represente Mercúrio, divindade protetora dos comerciantes, mas também... dos ladrões. Muitas vezes, nessas rotas, a diferença é realmente sutil.

Artemidoro continua em seu caminho. A próxima loja é a de um oleiro, com ânforas, pratos pintados e jarros delicadamente expostos sobre mesas e bancos de madeira na entrada. Destaca-se também entre os vários objetos aquele tipo esplêndido de cerâmica chamada "Terra Sigillata", cuja decoração oferece a copos e pratos uma cobertura brilhante em típica coloração vermelho-vivo. Essas louças elegantes, produzidas em série a partir de moldes matrizes, são decoradas com refinados temas em relevo graças a uma técnica hoje chamada "à *barbotine*", que consiste na aplicação de argila diluída com uma escova ou espátula, de forma a criar pequenos caroços ou ondas circulares, e são equivalentes na época romana às cerâmicas de Capodimonte ou de Sèvres. Todas as famílias com mínima condição a possuem: é a melhor louça para exibir aos hóspedes. Cleópatra alguma vez as utilizou? Provavelmente sim, no entanto deve tê-las considerado baratas, habituada a pratos de prata, taças e copos em alabastro ou vidro e a um padrão de vida ainda mais alto e luxuoso.

Um ruído repentino faz Artemidoro virar a cabeça. Um escravo descuidado deixou cair um jarro. A reação do patrão é brutal: uma avalanche de frases intraduzíveis precede por poucos segundos uma chuva de socos e chutes. Isso nos faz recordar como essa é uma sociedade violenta em relação à nossa. Nós a chamamos de "civilização" (embora antiga), e está correto, porque nunca antes na história da humanidade se alcançou um nível tão elevado de organização social e refinamento artístico e cultural. Mas, se comparada à sociedade de hoje, em vários setores, sobretudo os ligados à liberdade e aos direitos humanos, pode ser muito bruta e cruel com o último nível social, os escravos. Mas não apenas eles. Nesse período, a pedofilia, a escravidão, a pena de morte e os massacres nas fronteiras são considerados coisas normais e não escandalizam ninguém.

Artemidoro acelera o passo e continua sua viagem pelas atmosferas da Roma de César e Cleópatra. A cidade está acordando com o novo dia. Em poucos metros, ele é recebido por um baque surdo. E depois outro e mais outro. Um açougueiro acaba de dar uma série de golpes em um bloco de madeira com três pés para separar as costelas de um boi. Cada golpe do cutelo reluzente é acompanhado pelo esvoaçar assustado de galinhas mantidas presas a poucos passos do homem. Talvez intuam o próprio destino… Nos fundos da loja, após um amontoado de cabeças de porco, enxames de mosca e cordeiros dependurados, uma mulher está sentada. É a esposa do açougueiro, que, à espera do primeiro cliente, limpa um grande ábaco. Na Roma Antiga, são quase sempre as mulheres que mantêm a contabilidade dos negócios e se ocupam do caixa, certamente porque são mais cautelosas nas contas e, sobretudo, mais confiáveis do que os maridos na gestão dos lucros.

Artemidoro faz uma careta e afasta com um gesto as moscas do açougue antes de atravessar a rua. Então é envolvido pelo perfume pungente das especiarias expostas na *taberna* diante dele, uma carícia para seus sentidos… que não supera o cheiro do pão recém-saído do forno que o acolhe ao passar pela loja seguinte. É uma *popina*, ou seja, o típico bar da época romana. São identificáveis até hoje, em sítios arqueológicos como Ostia e Pompeia, com o característico balcão de alvenaria em L e os grandes orifícios na superfície. Muitos dirão que tais orifícios correspondiam a jarros com vinho, mas não é verdade: o vinho, e Artemidoro pode confirmar essa informação, é contido em ânforas alinhadas no balcão. Por esses orifícios o negociante alcança legumes secos, grãos, espelta e outros alimentos que são vendidos aos clientes. Na época, portanto, os bares eram também comércios de alimentos onde se podia beber e comprar comida.

Alguns dos clientes sorvem vinho quente e comem ovos cozidos e *focaccia* com mel. É uma espécie de café da manhã padrão na Roma Antiga. É preciso lembrar que a primeira refeição de um romano é sempre muito farta e, dependendo de sua condição financeira, pode incluir leite, carne ou queijos, vinho e frutas, ingredientes que contêm a energia necessária para iniciar o dia. Um dia que começa cedo, ao amanhecer, para que se possa desfrutar de toda a luz disponível.

Este homem pode mudar a História

Artemidoro não para na *popina*. Segue adiante. Não está com fome, sente-se muito tenso e concentrado em sua meta. As mãos suam, a garganta está seca, os sentidos todos estão retesados ao máximo. Escolhe becos e atalhos, evita lugares cheios demais. Muitas vezes vira-se de repente para verificar se está sendo seguido antes de se enfiar com passos rápidos em passagens secundárias. Tem um único objetivo: precisa entregar sua mensagem o mais rápido possível, a qualquer custo, e sem ser interceptado. É uma questão de vida ou morte. Mas a quem deve entregá-la? E o que há de tão importante escrito naquele pergaminho, fechado com um selo? Se é tão urgente entregá-lo, por que não confiar a mensagem a um escravo veloz? Bem, sempre há o risco de o escravo ser capturado, e a mensagem, lida, o que significaria a morte de Artemidoro, e, sobretudo, da pessoa a quem é endereçada.

Já dissemos que as linhas escritas naquele pergaminho poderiam mudar o curso da História, mas o que há nelas de tão importante?

A mensagem, que de acordo com Apiano não apenas existiu de fato, mas, na manhã de 15 de março de 44 a.C., estava nas mãos de Artemidoro, tem um único objetivo: salvar Caio Júlio César.

Naquelas poucas linhas o filósofo adverte o amigo de que alguém está tramando pelas suas costas e tentará matá-lo durante a reunião do Senado. Talvez entregue também o nome dos conspiradores, esperando que César consiga evitar que se aproximem, ou talvez simplesmente o aconselhe a não participar da assembleia. Jamais saberemos. O que sabemos é que, se essa mensagem tivesse alcançado seu destinatário e César a lesse, o assassinato dos Idos de março poderia ter sido frustrado, com consequências incalculáveis e certamente profundas para todos os séculos por vir.

No curso dos milênios, raramente um homem teve nas mãos uma reviravolta tão importante para a história e o destino de tantas pessoas ao longo dos séculos. Aquele pergaminho é como uma chave que pode abrir dois tipos diferentes de cenário: a história sem César, como a conhecemos hoje, ou a história com César, e, como consequência, sem o confronto entre Otaviano e Antônio, sem o amor entre Antônio e Cleópatra, que teria permanecido como companheira de César e decerto obteria dos romanos o respeito pelo Reino do Egito, que portanto não teria se tornado uma província de Roma. Não teria ocorrido, pelo menos de imediato, a ascensão de Otaviano, não haveria o nome-atributo "Augusto", não seria possível o nascimento de um império criado com paciência e sabedoria, com o desenvolvimento do *cursus publicus* (o eficiente serviço postal desenvolvido na época imperial), uma rede de 80 mil quilômetros de estradas que é utilizada até hoje, não haveria nem mesmo suas leis e reformas. Outra pessoa poderia ter realizado tudo isso no lugar de Augusto? Talvez, mas não como ele, que graças a uma extraordinária longevidade (morreu com 77 anos, uma raridade para a época) teve tempo para edificar o império com cuidado.

César, ao contrário, já em idade avançada, não teria tanto tempo à disposição. À parte esse detalhe, se tivesse vivido, seu mundo teria sido, não obstante, um mundo diferente, forjado por suas reformas e pela sua força.

Sendo assim, como estaríamos hoje?

Neste momento está para entrar em ação um potente motor da História, com um "efeito dominó" que esculpirá os séculos por vir, as futuras gerações e, em definitivo, até a vida como a conhecemos hoje. Porque, se as coisas tivessem sido diferentes em 15 de março de 44 a.C., eu e você provavelmente nem teríamos nascido.

É incrível imaginar que aquele filósofo grego tenha entre as mãos suadas, literalmente, o destino de milhares de pessoas que ainda nem nasceram.

Pelos livros de História, sabemos como as coisas acabaram e, considerando as 23 punhaladas que serão desferidas em poucas horas, podemos concluir que César nunca recebeu a mensagem. Mas os fatos não foram exatamente esses. Na verdade, Artemidoro concluirá sua missão e entregará a César o pergaminho. O que vai acontecer depois é surpreendente.

A toilette de Cleópatra

As pálpebras de Cleópatra estão fechadas. Contraem-se só um pouco quando sua camareira, Eiras, apoia com delicadeza o bastãozinho de ouro para desenhar com o *kohl* aquela longa linha preta que segue dos olhos até as têmporas, talvez o traço mais famoso e distintivo da maquiagem egípcia. O movimento é lento, mas preciso, quase harmonioso. O bastãozinho escorrega sobre a pálpebra inferior, depois continua pela pele. Repete o gesto algumas vezes, até criar uma linha escura perfeita, sem manchas. Eiras é sem dúvida uma das cartas na manga de Cleópatra: alongados com o *kohl*, que eliminou ou escondeu qualquer imperfeição, os olhos parecem esculpidos no preto, como uma lua cheia no céu noturno. Quando a rainha os reabre, seu olhar já fascinante adquiriu uma potência surpreendente.

Já foi dito que, se Cleópatra tivesse um nariz menor, a face da Terra teria sido diferente (no sentido de ter uma história diferente). Descobriremos a verdade sobre o nariz da rainha mais adiante nesta narrativa. Mas decerto essa maquiagem egípcia, tão pesada e intrigante, é um segredo silencioso (e pouco citado), talvez determinante para o fascínio e o *sex appeal* de Cleópatra, que se tornaram lendários.

Eiras é a melhor maquiadora da corte egípcia, e talvez seja também mais do que isso, em virtude do seu contato diário com Cleópatra: provavelmente é uma mulher que sabe escutar e que detém suas confidências, mantendo segredo. Sabe-se que a rainha vai mantê-la sempre a seu lado. Estará presente, em alguns anos, na famosa batalha de Áccio, e continuará com ela, silenciosamente, até o fim: Cleópatra morrerá em seus braços. Portanto, é muito provável que ela também a acompanhe em Roma.

Mas como é feita a maquiagem de uma rainha? Qual é sua *toilette*?

Não difere fundamentalmente da *toilette* de todas as outras mulheres egípcias (a não ser pela qualidade dos cosméticos, dos perfumes e dos instrumentos). No Egito, as mulheres usam cremes para o rosto compostos por gorduras naturais às quais adicionam pigmentos naturais (retirados da terra) para dar um toque de cor à pele. Ao contrário de hoje, busca-se uma tonalidade de pele não bronzeada: deve ser claríssima. Isso obriga o uso de uma "base" cândida feita com variedades especiais de argila. Diz-se que as substâncias gordurosas são o ingrediente fundamental de seus cosméticos. Podem ser de origem vegetal (à base de óleo de mamona, de linho ou de oliva), que são muito mais caros, ou de origem animal, mais acessíveis a todos. Para as tintas, usam-se pigmentos naturais, quase sempre de origem mineral: o azul é derivado das azuritas, o verde, das malaquitas, o preto deriva de substâncias queimadas ou de minerais, o amarelo e o vermelho vêm do ocre etc. Esses materiais são desintegrados, pulverizados e misturados à gordura em pequenas paletas de madeira ou marfim. É isso que Eiras faz todas as manhãs. O conjunto depois é espalmado delicadamente com pequenas espátulas. Sobre as bochechas costuma-se usar um pouco de ocre, que dá calor e vitalidade ao rosto, assim como nos lábios. Por falar nisso, de que era feito o batom de Cleópatra e das mulheres egípcias? Pode esquecer o recipiente em formato cilíndrico com sistema de rotação dos dias de hoje. O "papiro erótico" conservado no Museu Egípcio de Turim mostra uma mulher no ato de passar o batom: usa uma longa vareta, talvez um pincel, para pintar os lábios.

Os instrumentos de maquiagem não são pensados, certamente, para levar na bolsa (que não existe). São menos práticos em relação à época moderna porque devem ser usados em casa, pela manhã. A *nécessaire* é uma caixinha de madeira com exterior pintado e decorado para personalizá-la, e no interior há divisórias que alojam frascos de vidro para unguentos, óleos, cosméticos variados e perfumes...

Cleópatra está sentada, imóvel, enquanto Eiras, ajudada por algumas servas, a prepara para um dia como outro qualquer; ninguém sabe que hoje a história do mundo antigo mudará para sempre. Elas, entretanto, prosseguem nos preparativos, que são trabalhosos. Cleópatra está com a mão estendida sobre uma mesinha: uma serva pinta com delicadeza suas unhas. A mulher egípcia também colore as unhas, como é feito hoje, mas que substância utiliza? Você se surpreenderia: a henna.

Muitas são as curiosidades no âmbito da cosmética egípcia. Seu objetivo, na verdade, não é apenas estético, mas também de proteção. Os cremes servem sobretudo para proteger a pele do sol intenso do Egito e de seu clima árido.

Um exemplo emblemático é o *kohl*: provavelmente é produzido com madeira queimada, gordura e antimônio, que também é um desinfetante, um antisséptico natural que defende o olho de agressões bacterianas, micoses e parasitas e o protege das consequências das irritações causadas pelo sol e pelo vento carregado de poeira do deserto.

Para os egípcios, portanto, cosmética é, especialmente e antes de qualquer coisa, proteção para o corpo.

Compreende-se assim um outro aspecto ligado ao cuidado íntimo. Caso você se pergunte como Cleópatra se apresentou a César na primeira noite, podemos dizer, com certeza, ainda que nenhum texto ou autor antigo o tenha afirmado: seu corpo estava totalmente depilado. O hábito de eliminar todos os pelos da superfície do corpo (com a exceção dos cabelos, dos cílios e das sobrancelhas, é claro) é fruto da busca por uma higiene o mais completa possível, impossibilitando o acesso de parasitas de qualquer tipo. Pequenos pentes de dentes finíssimos encontrados em tumbas egípcias e também em Pompeia nos mostram como na antiguidade (e até hoje) a luta contra os piolhos foi constante. A presença de lâminas cortantes, pequenas e grandes, ou de pequenas pinças elaboradas como as encontradas intactas na famosa tumba de Kha, cujo conteúdo extraordinário está exposto no Museu Egípcio de Turim, nos mostra que esse era um hábito difundido em todas as classes sociais. A presença de uma jarra que ainda guarda cera em seu interior sugere o uso de substâncias emolientes para passar no corpo depois da depilação.

Diz-se que as mulheres romanas também tinham o hábito de se depilar, mas os homens em geral não o faziam (embora se barbeassem todos os dias), com a exceção de Otaviano: Suetônio recorda seu hábito de queimar os pelos do corpo com nozes incandescentes para manter a pele lisa. Um costume um pouco curioso para um homem habituado à rude vida militar.

O mais interessante é que a maquiagem e a cosmética servem tanto para a mulher quanto para o homem egípcio, são unissex: os dois se maquiam e se depilam, e ambos usam perucas.

É isso que Cleópatra está fazendo agora. Para terminar essa longa e elaborada sessão de maquiagem (principalmente para uma soberana como ela), chegou o momento de vestir a peruca. Por ser greco-macedônica, em geral ela não usa a clássica peruca egípcia, mas, neste caso, por respeito à tradição, à religião e (também) à poderosa estirpe dos sacerdotes, é o que fará, visto que está para celebrar um ritual. Entre todas as soberanas ptolomaicas, Cleópatra na verdade é quem mais se aproximou do povo e da cultura egípcia, embora talvez isso seja mais resultado de um cálculo do que de uma convicção.

Uma serva segura uma grande caixa de madeira que, ao ser aberta, revela uma volumosa peruca preta que é retirada com delicadeza. O ambiente é tomado por uma forte fragrância de óleos perfumados. É feita com cabelos de verdade, pretos e brilhantes, reunidos com perfeição em filamentos ondulados que descem para cada lado como jatos de uma fonte, terminando com uma pequena trança estreitíssima e quase sólida, para dar peso à peruca e impedi--la de esvoaçar ao vento.

A peruca está penteada de maneira a formar três grandes porções: uma desce por trás, pela nuca, parando na altura das escápulas, as outras duas descem pelas laterais da testa, atrás das orelhas, parando no peito, acima dos seios. É exatamente essa disposição "tripartida" que lhe dá estabilidade. Por séculos, todos no Egito, homens e mulheres, usaram uma similar; diferente, é claro, de acordo com as possibilidades econômicas. Por baixo escondem-se os verdadeiros cabelos, que só podemos imaginar: lisos, encaracolados, longos, curtíssimos (um hábito muito difundido) ou totalmente raspados. Naturalmente, na vida cotidiana pode-se usar também os cabelos livres, penteados em diferentes formas e sempre tratados com emplastros de óleo.

Pronto, a peruca foi posicionada com delicadeza na cabeça da rainha e retocada com pentes de marfim com dentes dourados. Há ainda um último momento dedicado aos perfumes, que são aspergidos sobre a cabeça e as vestes, além de algumas gotas no pescoço. Termina assim uma longa operação, iniciada com a escolha das vestes por suas amas de confiança, que se repete todos os dias há anos...

Cleópatra se olha no espelho de bronze polido que Eiras segura diante dela. Um pequeno sorriso malicioso surge, involuntário, em seu rosto. Está pronta. Pode enfrentar o dia.

Um canalha simpático

Cleópatra se levanta e segue por um pórtico. Seu caminhar é diferente do da manhã: é um andar da realeza, e quem passa por ela se inclina em silêncio. A rainha desapareceu por uma porta, deixando-nos, para além dos arcos do pórtico que atravessou, a esplêndida vista das majestosas colinas do Capitólio a distância. Aos seus pés está o Fórum e, de um lado, uma grande *domus*, onde neste exato instante um escravo espera que seu patrão saia do quarto. Preparou para ele uma bandeja de prata com uma taça de vinho e uma mistura medicinal que precisa tomar todas as manhãs. Durante a noite inteira, o patrão roncou ruidosamente, depois de uma tarde passada entre risadas e rios de vinho em um banquete. Adora cercar-se de pessoas de reputação duvidosa, amantes da boa vida, com quem às vezes passa as noites. Com certeza fez sexo com uma mulher, não importa qual. E, embora seja casado, esse é um estilo de vida que adotou há algum tempo.

Houve certo escândalo, no passado, a respeito de um romance seu com uma "dançarina" muito famosa, Licoride, atriz de mímica conhecida também como Citeride, mulher sedutora, frequentadora dos salões e sobretudo dos homens importantes... Por aquele homem de fato perdeu a cabeça, como falaremos a respeito mais adiante: passeavam juntos de liteira por Roma precedidos pelos lictores.[1] Foi Júlio César quem lhe pediu para utilizar rotas mais discretas em virtude do seu cargo como cônsul. Ele obedeceu.

Cícero o define como "gladiador", porque julga que o desenvolvimento de seus músculos absorveu boa parte da energia que em teoria deveria ter sido dedicada ao cérebro. Ele de fato joga muito com seu desempenho físico, expondo o peito amplo e musculoso, mas também um sorriso enérgico com rugas cativantes, graças ao qual suas amantes e seus amigos lhe perdoam tudo. Podemos defini-lo como um "canalha simpático".

Seu nome é Marcus Antonius, Marco Antônio. Mas aqui ele será chamado indistintamente de Antônio ou Marco Antônio.

O escravo diante da sua porta abaixa a cabeça, balançando-a, e, inconformado, vai embora.

---

[1] Lictores eram guardas que, na antiga Roma, precediam as figuras da suprema magistratura, trazendo uma machadinha junto a um feixe de varas, com o qual iam abrindo caminho em meio ao povo. (*N. da T.*)

A casa do cônsul é muito grande. Encontra-se ao lado da residência de César, sobre a Colina Velia, um pequeno relevo, hoje inexistente, localizado entre o Palatino e o Monte Opiano (demolido para viabilizar a construção da Via dei Fori Imperiali). Estende-se por mais de 2200 metros quadrados. De acordo com Andrea Carandini, "tratava-se de uma morada austera se comparada a outras habitações do mesmo período no Palatino, que tinham entre 915 e 1340 metros quadrados". No entanto, seu proprietário, Antônio, reclamou de suas dimensões assim que a adquiriu, julgando-a "insuficiente para ele", e mandou aumentarem-na.

O grande jardim interno é circundado por um elegante pórtico colunado (o *peristilium*) com comprimento que chega a 86 metros: é um verdadeiro palácio real no coração de Roma. A parte central desse jardim interno revela um lado da personalidade de Antônio. Foi transformada em ginásio para exercícios físicos. E não para por aí.

Do quadripórtico, chega-se à parte da *domus* destinada ao cuidado do corpo, com um extenso *balneum* dotado de sauna privativa (*laconicum*).

Essa belíssima habitação pertencera em outra época ao grande antagonista de Júlio César, Pompeu Magno, e antes disso ao pai dele, Cneu Pompeu Estrabão. Como chegou às mãos de Antônio? De forma não muito elegante: foi fruto de uma vitória de César. Quando Pompeu foi morto, em 48 a.C., seu patrimônio confiscado foi a leilão. Falamos de um patrimônio infindável: segundo Cícero, a venda dos bens de Pompeu Magno rendeu mais de 700 milhões de sestércios! César encarregou Antônio da venda no leilão... e ele, é claro, conseguiu obter a residência a um preço baixíssimo (junto com outras propriedades em Campo Marzio). É uma casa que atravessou a História, portanto. E continua a fazê-lo.

Uma festa romana

Com o passar dos minutos, Roma se enche cada vez mais com pessoas que descem em pequenos grupos das *insulae*, os imensos cortiços que estão por toda parte. Há homens com bolsas cheias de comida, outros levam pequenas ânforas de vinho às costas e riem com os amigos, e há também mulheres com toalhas, cobertas e almofadas. Antes de sermos fisicamente cercados pela multidão, somos envolvidos por sua presença impalpável: perfumes femininos, cheiro de comida, fragrâncias de especiarias, mas também os sons de vozes marcados por piadas e risadas. Para onde vai toda essa gente? A resposta é simples. Hoje são os Idos de Março (com "idos" os romanos indicavam a metade do mês, e com "calendas" designavam o primeiro dia do mês), e para os habitantes de Roma isso significa só uma coisa: a festa de Ana Perena. Para comemorar o feriado, as pessoas vão para um lugar específico. Trata-se de um pequeno vale gramíneo cercado por colinas cobertas de bosques sagrados, onde é proibido derrubar árvores, recolher lenha e caçar animais. Esse vale fica a poucos quilômetros da cidade, e é possível chegar até lá a pé seguindo pela Via Flamínia. No centro desse vale há uma fonte sagrada dedicada a Ana Perena. Esse nome, que hoje nos diz muito pouco (parece com o de uma atriz dos anos 1970), pertence, na verdade, a uma divindade muito importante para os romanos, porque é quem controla a perpétua renovação do ano. Mesmo sem saber, referimo-nos a ela rotineiramente ao usar o termo "perene". Em 15 de março, esse vale se enche de pessoas de maneira impressionante, como em uma espécie de "festival" da época romana. Celebram-se rituais religiosos, bebe-se água da fonte sagrada, e, especialmente, rios de vinho escorrem enquanto todos festejam até o amanhecer deitados no chão. E não é só isso.

Manda a tradição que uma mulher faça amor pela primeira vez nesse vale, durante os festejos, porque é de bom agouro. É impossível afirmar se isso de fato aconteceu, mas ao longo da noite são muitos os que montam acampamento usando simples toalhas, pequenas tendas improvisadas para ter um pouco de privacidade, com a cumplicidade da escuridão e das poucas lamparinas. Na manhã seguinte, um pouco trôpegos, os remanescentes da noite de paixão e excessos voltam para a cidade.

A fonte sagrada existe ainda hoje, e é possível visitá-la. Seus restos, quase irreconhecíveis, constituídos por uma enorme massa de tijolos ainda solidamente unidos e de placas de mármore com inscrições bastante legíveis, ficam a alguns metros de um restaurante. Foi redescoberta por acaso, como muitas vezes acontece em Roma, durante a construção de um estacionamento subterrâneo. As colinas com bosques, porém, não existem mais: foram substituídas por uma selva de construções modernas, e no lugar das pradarias agora existe uma estrada onde transitam milhares de automóveis todos os dias. A mesma região que era sagrada para os romanos de 2 mil anos atrás, e cuja memória era indelével, para os romanos de hoje é simplesmente uma praça com uma grande igreja onde matar tempo para esperar passar o horário do *rush*: Piazza Euclide. Quantos de nós sabemos que exatamente onde hoje há uma grande igreja havia uma espécie de "Woodstock" da época romana, com todas as suas histórias e pessoas há muito esquecidas?

Mas voltemos àquele dia fatídico...

Artemidoro não tinha levado em consideração que naquele dia todos se levantariam tão cedo, e quando sai de um beco na direção de uma estrada mais larga vê à sua frente uma multidão sem fim. O filósofo grego não consegue mais evitar as pessoas, está cercado e se perde na turba, protegendo ainda mais seu rolo de papiro. Podemos reconhecê-lo pelo passo descoordenado, mas decidido. Será que conseguirá encontrar Júlio César a tempo?

Nilo e Tibre

Nesta cidade, neste momento, você já entendeu, é a História que se move. Artemidoro é só um peão em um grande jogo que determinará não apenas o destino de Roma, mas também o de povos inteiros (muitos dos quais ainda não nasceram). E o filósofo não é o único: em algum lugar, não muito longe, está Júlio César. Mais adiante, Marco Antônio. E também Brutus, Cássio e até Cícero.

Quase como se fossem atraídos por um ímã gigantesco, todos convergem inconscientemente na direção do mesmo lugar e no mesmo momento crucial da História. Agora faltam pouquíssimas horas.

E Cleópatra?

Apesar de estar na cidade, a rainha do Egito não se envolverá nos eventos, mas o que está prestes a acontecer vai torná-la a grande protagonista dos próximos anos. Neste momento, todavia, está excluída também fisicamente do que vai ocorrer porque encontra-se do outro lado do Tibre (*trans Tiberim*, isso mesmo; a moderna Trastevere), na residência dourada de César, fora dos limites da cidade. É um bairro onde tradicionalmente residem muitos *peregrinos*, isto é, não cidadãos de Roma. Como ela. Não é por acaso que vive ali. Pela lei romana, na verdade, nenhum governante estrangeiro pode ultrapassar, a não ser que seja oficialmente convidado como "amigo e aliado" de Roma, o perímetro sagrado que circunda e define a cidade, o *pomerium* (que talvez derive de *post moerium*, ou seja, "além do muro"). Tudo que está em seu interior é a verdadeira cidade, com seus templos, o Senado, o Fórum e... o caos. Mais além, há outros bairros, é claro, mas não se trata mais da verdadeira *urbs*, de onde vem o apelativo "Urbe" pelo qual Roma ainda é universalmente conhecida. Embora também façam parte da cidade, esses outros bairros têm, por assim dizer, um outro "prefixo" sagrado.

Ainda que hoje seja um dos bairros mais característicos da cidade moderna, coração da vida noturna romana, em 44 a.C. Trastevere era considerada uma área um pouco degradada da cidade. É uma zona baixa, em parte derivada de uma área pantanosa, onde tanto no inverno quanto no verão o ar é úmido e pesado, com muitas moscas e sujeita a frequentes inundações. Mas quando se vai além das casas perto do rio, ao subir a colina que domina a região, o Gianicolo, as coisas mudam radicalmente. Nenhuma inundação ou mormaço, o ar é refrescado pela brisa. E a vista que se tem de Roma lá de cima é espetacular. É por isso que Júlio César mantém aqui uma de suas fabulosas propriedades, o Horti Caesaris, localizado na *Via Portuensis*, na altura de sua primeira milha. Infelizmente não há descrições do Horti Caesaris, mas pelo que sabemos sobre os jardins romanos podemos tentar imaginar o lugar onde se estabeleceu Cleópatra: jardins elegantes, avenidas, fontes, estátuas, pequenos templos.

O canto do rouxinol que ecoava à primeira luz da aurora deu lugar ao canto de vários outros pássaros, transformando os Jardins de César em um concerto da natureza. Aqui estamos distantes do caos das ruas da cidade, dos vozerios do mercado e dos gritos dos carroceiros. Encontramo-nos em um bosque, cercados por uma natureza imaculada, envoltos pelo intenso perfume de resina dos muitos pinheiros de tronco altíssimo e pelas essências das ervas úmidas de orvalho.

Diante dos nossos olhos há uma linha de ciprestes, do outro lado da qual tudo muda: de repente a vegetação não é mais livre para crescer como quiser, foi literalmente domada pelo homem. Surgem árvores e arbustos com as folhagens podadas em formas elegantes, e longas cercas-vivas que circundam plantas perfumadas. Vemos arbustos de mirta e buxo, e depois, mais além, prados perfeitamente construídos com enormes pinheiros romanos ao centro, com o formato de guarda-chuva característico, verdadeiros gigantes, os únicos que não parecem ter se dobrado aos desejos do homem. Adentramos um pequeno labirinto de caminhos bem-cuidados, com cercas baixas. A intervalos regulares, surgem estátuas de bronze dourado, templos, altares coloridíssimos com guirlandas de flores, e não faltam pórticos onde parar para conversar à sombra. Em suma, um verdadeiro Éden em miniatura.

Júlio César adquiriu essa propriedade em 49 a.C. De acordo com Suetônio, seu objetivo era deixar que vivessem em liberdade os cavalos que atravessaram com ele o rio Rubicão, e que a partir de então foram considerados sacros. No centro da propriedade havia já uma esplêndida *domus*, que nada tinha a ver com algo que Cleópatra poderia admirar hoje. O edifício foi transformado, ampliado com novas colunas e pórticos, afrescos e mosaicos, tornando-se uma residência real imersa em uma pequena floresta de pinheiros. Há também um santuário no terreno, construído antes mesmo da compra da propriedade, dedicado à deusa Fortuna. Mais adiante, depois de algumas sebes elaboradas, vemos outro templo, onde uma mulher conclui um ritual em homenagem a uma divindade egípcia: Ísis. Está cercada de sacerdotes de cabeça completamente raspada, torso nu e longas vestes que chegam até o chão. Alguns cantam orações, outros dão o ritmo com sistros, que produzem um som cadenciado e obsessivo parecido com o de um chocalho metálico. Outros instrumentos acompanham a cerimônia, como acontece todas as manhãs. A mulher agora está ajoelhada diante da estátua da deusa e pronuncia fórmulas rituais. Os fios da peruca preta mantida no lugar com um diadema cobrem seu rosto. Seu vestido branco com mil plissados nos é familiar... Ele cai como uma luva em algumas partes do corpo, como o peito, o ventre e os quadris. Depois, a mulher levanta o rosto mantendo os olhos fechados e abre os braços com as mãos para o céu, enunciando em voz alta frases em língua egípcia. É um momento solene. São as últimas palavras da cerimônia. Por um instante, o silêncio domina. Por fim, ela se levanta e se vira: é Cleópatra.

A rainha se afasta apressada, gerando uma onda de reverências dos sacerdotes ao passar. Seu andar voltou a ser como o que vimos pela manhã, leve, impalpável, sensual. Parece flanar sobre o terreno. A poucos metros de distância, seguem-na dois de seus servos mais fiéis e, de modo mais discreto, três guardas armados. Cleópatra é uma rainha em território estrangeiro, e muitos em Roma não a veem com bons olhos, sobretudo por causa de sua relação amorosa com Júlio César. Não surpreende que, para defendê-la, César tenha colocado toda uma força armada, que, além de vigiar a mansão, o mantém informado sobre as reuniões da rainha. Obviamente, no entanto, quem a segue de perto são seus guarda-costas, vindos de Alexandria.

Férias romanas

Enquanto seguimos o balanço cadenciado da túnica de Cleópatra nas calçadas, descobrimos que essa não se trata apenas de uma Villa com jardins, mas de um pedaço do Egito transportado para Roma.

A rainha ocupou esta luxuosa mansão há dois anos, em 46 a.C., quando César, de volta a Roma havia algum tempo após a vitoriosa campanha na África, mandou chamarem-na.

Não sabemos se Cleópatra permaneceu em Roma por dois anos seguidos até hoje, os Idos de Março. É provável que tenha voltado ao Egito quando César partiu para a Espanha, e que depois tenha retornado no outono de 45 a.C., alguns meses antes do assassinato do ditador vitalício.

Não foi apenas por amor a César que ela voltou, mas também por estratégia. Na iminente expedição de Roma contra os Partas, no Oriente, o Egito vai exercer um papel fundamental, fornecendo navios e homens. É um pequeno detalhe, que, no entanto, revela a inteligência de Cleópatra. Mulher e rainha, mas principalmente uma estadista com desejo de ser protagonista para o bem do seu povo.

Com efeito, depois de restaurar a estabilidade da economia e da administração do reino, ela preparou com cuidado a viagem a Roma, comunicando à população estar partindo para defender e favorecer os interesses do reino. Foi uma operação delicada, e ausentar-se de um Egito que tão recentemente havia sido rasgado por numerosos feudos para cumprir uma viagem de 2 mil quilômetros (uma imensidão para a época) não foi fácil. Mas Cleópatra soube jogar bem as suas cartas: ligou-se a César com um filho "oficial" (apesar das dúvidas que mais adiante analisaremos), e ele garantiu estabilidade ao Egito com suas tropas, permitindo-lhe estar em Roma. Talvez César também duvide da paternidade, mas não cria grandes problemas a esse respeito: principalmente porque, como filho de uma estrangeira, o menino não tem nenhum direito legal ou de herança no mundo romano, e, além disso, o Egito é um reino riquíssimo, uma verdadeira segurança para Roma, para o próprio César e para suas ambições. Por fim, um Egito hostil ou não confiável não convém a ninguém, e Cleópatra é a melhor garantia de estabilidade para Roma. Além dos sentimentos, portanto, ambos são movidos por outros interesses, bem mais concretos...

Cleópatra, contudo, é uma mulher de vinte e poucos anos. Embora seja dotada de uma inteligência acima da média, além dos cálculos políticos, sua viagem a Roma foi ditada também por um desejo impulsivo de aproveitar a vida e as atmosferas da maior e mais poderosa cidade do mundo conhecido, e possivelmente também de viver no coração do poder que já controla todo o Mediterrâneo. Sem contar que daqui, como ela mesma disse, pode cuidar melhor do destino do Egito.

Talvez não seja a primeira vez de Cleópatra em Roma. É possível que já tenha estado na cidade aos 12 anos, com o pai Ptolomeu XII Auleta ("tocador de flauta"), que buscava refúgio de uma revolta em Alexandria orquestrada pela irmã de Cleópatra, Berenice, e por seu marido, Arquelau de Comana. As tropas de Roma intervieram brutalmente, e seu pai foi recolocado no trono com uma guarnição romana em sua defesa. Era o ano 55 a.C.

Muitos sustentam que nessa segunda viagem Cleópatra tenha seguido o modelo de estadia do pai, desde o espetáculo de riqueza e exotismo ao modo de deslocar-se com a liteira. Decerto obteve amplo reconhecimento da parte de Roma, que a considera formalmente uma rainha aliada. César inclusive encomendou uma estátua sua de bronze dourado para colocar no Templo da Vênus Genetrix, a divindade protetora da sua *gens*. Ela e o filho Ptolomeu XV, que todos conhecem como Cesarião, "pequeno César", não estão ali como escravos, mas como amigos. Esse é um grande sucesso político para ela.

Assim que chegou, Cleópatra assistiu aos triunfos de César, no curso do qual sua irmã mais nova, Arsínoe (que tentara apossar-se do trono e matá-la junto a César), é exibida acorrentada. Uma situação curiosa: Cleópatra na tribuna, como rainha amiga e aliada de Roma, e a irmã desfilando diante dela, como inimiga de Roma. César resolverá o impasse libertando Arsínoe, que vai se refugiar no Templo de Ártemis em Éfeso, uma zona neutra, parecida com o que era a Suíça na Segunda Guerra Mundial.

Naturalmente, a rainha levou consigo um pouco de suas origens. Graças à ajuda de César, aos poucos o Horti Caesaris de Trastevere se transformou em uma corte egípcia. Cleópatra permanece aqui com conselheiros, homens de confiança, servas, escravos de vários tipos e até mesmo eunucos. Sem mencionar os médicos, filósofos, costureiros, cozinheiros… e também todo o pessoal levado para cuidar de seu filho Cesarião.

Sabemos que em Roma, com ela, está Amônio, seu principal conselheiro, homem sábio e ardiloso, odiado por Cícero porque lhe recusará os preciosos volumes (quase certamente provenientes da Biblioteca de Alexandria) prometidos pela rainha em troca, como é provável, de algum favor. Uma entrega que não acontece por causa da repentina morte de César.

Com ela também está Serapião, um velho conselheiro do pai de Cleópatra, que, portanto, já esteve em Roma na viagem-exílio do faraó Ptolomeu XII Auleta: de toda a corte, é quem conhece melhor a Cidade Eterna e suas dinâmicas políticas.

Talvez a acompanhe Apolodoro Siculo, o fiel servidor de aparência hercúlea que levou Cleópatra às escondidas ao seu primeiro encontro com César.

Por fim, há Olímpio, o velho médico pessoal de Cleópatra, que talvez no futuro seja quem vai ajudá-la a suicidar-se.

Cleópatra obteve permissão para ter ao seu lado dezenas de funcionários e pessoas de estirpe, como o escriba gordo e careca que agora, inclinando-se, lhe estende papiros. Mas, com exceção dos aspectos administrativos, os membros da corte servem sobretudo para lhe fazer companhia e manter o estilo de vida "alexandrino", mundano e culto, que tanto lhe faz falta.

Cleópatra não é só uma mulher poderosa, nem uma mulher que prefere a vida frívola dos ambientes dourados da aristocracia. Ela ama a cultura, tem sede de conhecimento, adora aprender. Séculos mais tarde, também serão assim Hipátia, Teodora de Bizâncio, Leonor da Aquitânia, Catarina Sforza, Isabel d'Este, Catarina de Médici, Elisabeth I da Inglaterra e Catarina II da Rússia. Em dois anos, portanto, a propriedade de César tornou-se um lugar onde se respira o prazer da cultura. Nos jardins fala-se especialmente de filosofia, e embora estejamos em Roma, em um contexto egípcio, a língua em que se fala não é o latim nem o egípcio antigo, mas o grego, o idioma da sabedoria.

Durante os banquetes é possível conversar agradavelmente de sistemas máximos com Filóstrato, um dos mais célebres oradores da Alexandria, que foi preceptor de Cleópatra e lhe ensinou filosofia, retórica, oratória.

Em outra ocasião, é possível debater com Sosígenes de Alexandria, talvez o mais importante astrônomo da época. Cleópatra o apresentou a César durante sua estadia no Egito, e segundo muitos ele participou da preparação do novo Calendário Juliano (usado até o Renascimento, quando foi substituído pelo Gregoriano).

Andando nos jardins ou sentado sob uma pérgola e cercado de pessoas que o ouvem com atenção, podemos também encontrar Dídimo, famoso gramático alexandrino e um dos intelectuais de mais destaque na corte de Cleópatra. Pertence à escola fundada na Alexandria do Egito por Aristarco, na qual ele mesmo lecionou por um longo período. De acordo com Sêneca, é atribuída a ele uma vastíssima produção de pelo menos 3.500 livros e tratados. Por causa de sua "bulimia" literária foi apelidado "Calcêntero" ("das vísceras de bronze"), mas seu apelido mais famoso é "Biblioathas" ("esquece livros"), pois vez ou outra cai em contradição por ter esquecido o que afirmou nos livros escritos anteriormente.

Os aristocratas que frequentam o salão de Cleópatra ficam impressionados com seu talento em criar as atmosferas certas, com seu refinamento estético, e o luxo tão distintamente oriental.

A rainha egípcia lança uma nova moda em termos de penteados, copiada pelas romanas, e surpreende os homens com suas vestes justas e brancas de sacerdotisa.

Todos se impressionam com essa jovem mulher, tão diferente das típicas matronas romanas, pouco instruídas e raramente tão carismáticas. Ela, ao contrário, fala como um homem, mas com o fascínio da mulher mais desejada. Enquanto a voz doce de Cleópatra o envolve, sua inteligência o enreda.

Em essência, a Villa em que Cleópatra reside, mais do que um salão de cultura, é um oásis. Comida, música, discursos e atmosferas nos levam diretamente de volta à Alexandria. Ao delta do Nilo. Ao Egito... Até mesmo sua embarcação real está atracada em um cais privado. Desse mundo incrível do outro lado do Tibre não temos hoje resquícios arqueológicos, ao contrário do que acontece, por exemplo, com a Villa Adriana ou outras residências majestosas. Tudo desapareceu ao longo dos séculos, tornando impossível descrever com precisão a vida cotidiana e a arquitetura, a não ser com reconstruções verossímeis.

César e Cleópatra, casados, mas amantes

E Júlio César? Aqui, ele está em casa. Levou Cleópatra a Roma como amante, rainha e prêmio de guerra, mas sabe muito bem o risco que corre. Roma não é fácil, ele tem muitos inimigos na cidade e corre uma *vox populi* de fato maligna: o conquistador foi conquistado pela rainha estrangeira, uma mulher que ele acolhe com as honrarias mais altas e de quem tolera até mesmo a pretensão de ser a reencarnação de Ísis.

Todavia, César não é estúpido, e até para quem vive em época moderna seria um erro acreditar que sua relação com Cleópatra é meramente uma ligação de amor. César a procura sobretudo porque é uma rainha e tem, portanto, poder político. E escolheu manter o relacionamento com cautela. Ela vive distante de Roma, do Senado, do povo, em um palácio dourado depois do rio, onde pode encontrá-la com total privacidade. Até porque, não nos esqueçamos, César é um homem casado. A esposa, Calpúrnia, o aguarda todas as noites em casa, no coração da Cidade Eterna.

César, portanto, mantém a mulher e a amante na mesma cidade... e frequenta as duas sob os olhos de todos. De acordo com a moral moderna, essa oficialidade de uma dupla relação seria a ruína de qualquer político. Na Roma republicana, não, e esse não é um privilégio apenas de Júlio César. O homem romano, na prática, pode ter uma mulher oficial e, ao mesmo tempo, outras concubinas. A lei não o proíbe. Ter duas esposas, no entanto, não é permitido. E a situação de Cleópatra não é menos complexa, porque ela também é oficialmente casada. E o marido vive com ela na Villa. Trata-se, contudo, do irmão, Ptolomeu XIV, que se tornou seu marido graças a uma curiosa tradição "dinástica" dos Ptolomeus, segundo a qual irmãos e irmãs se casam entre si para não misturar o sangue de natureza divina ou semidivina. Mas, para Cleópatra, é um marido mais simbólico do que real: eles certamente não dividem a cama. A idade dele também não o torna um adversário temível para César: tem apenas 13 anos.

Mas Cleópatra é astuciosa, e o fato de ter levado consigo a Roma o irmão-marido demonstra uma grande previdência política: para além das garantias de César e da presença das tropas romanas, é muito arriscado deixar no reino um irmão-marido corregente, e ao mesmo tempo um trono vazio em Alexandria.

Na Villa há outra pessoa importantíssima para o coração de Cleópatra. É seu pequeno inquilino, um menino de apenas 2 anos: Cesarião é o filho de Júlio César, ou pelo menos é isso que Cleópatra sempre disse.

Contudo, os estudiosos não são unânimes a respeito da veracidade dessa informação sobre a paternidade de César. A seu favor há o fato de que as rainhas ptolomaicas não costumam ser promíscuas. Portanto, César poderia muito bem ter sido o primeiro homem de Cleópatra. Também é verdade que César, apesar de todas as suas amantes, teve oficialmente apenas uma filha, Júlia.

As fontes antigas não estão de acordo: Plutarco e Suetônio defendem que era filho de César. Suetônio acrescenta que "muitos gregos relataram que os dois eram bastante semelhantes, tanto no aspecto físico quanto no comportamental". Outros, como Caio Ópio e Dião Cássio, negam a paternidade de César, e este último, em particular, diz: "Seu filho de nome Ptolomeu, que ela afirmava ser de César e por isso mesmo chamava Cesarião."

Para complicar ainda mais a questão, as dúvidas a respeito da data de nascimento de Cesarião permanecem. Alguns estudiosos a estabelecem no ano de 47 a.C., outros em alguns anos mais tarde.

No entanto, não podemos estar de acordo com essa última tese pelos seguintes motivos: considerando a incompletude e as lacunas nos nossos conhecimentos a respeito de um período histórico de mais de 2 mil anos atrás, calcular os meses para verificar uma gravidez é muito ousado. César e seus conterrâneos não eram ingênuos. Sabiam muito bem fazer os cálculos, como nós, dos meses de gestação, assim como seus detratores, e sobretudo os inimigos de Cleópatra. Se ninguém, com a exceção de Cícero (que, no entanto, sentia um ódio pessoal contra Cleópatra), colocou em dúvida na época a paternidade de César, então não se pode ter certeza de que Cesarião não era efetivamente filho do ditador.

Será Otaviano, além disso, que vai mandar matá-lo, sinal de que não havia certeza de que não fosse filho de César. Até porque não há hipóteses alternativas críveis sobre a identidade de um outro possível pai de Cesarião. Não podemos esquecer, também, que para embelezar seu Fórum César encomendou uma estátua de bronze dourado com a aparência de Cleópatra no fim de 45 a.C. Esse conjunto de considerações nos leva a não tomar posições definitivas sobre o assunto. Consideraremos possível que Cesarião seja de fato filho de César, e vamos parar por aqui.

Não podemos fazer muito além disso, ainda mais porque, como diziam os latinos, *mater semper certa*. Por isso, nesta narrativa, escolhemos nos ater à tese mais acreditada, segundo a qual Cesarião seria filho de César e teria nascido em 23 de junho de 47 a.C.

É ele que agora corre na direção da mãe sob um pórtico, seguido por uma serva com medo de que ele caia. O abraço dos dois é longo e intenso. As pequeninas mãos de Cesarião afundam na túnica da mãe, buscando seu abraço protetor. E a mais poderosa rainha da África se torna, por um instante, a mais afetuosa e cuidadosa das mães.

Um homem brinca com o punhal

Do outro lado do Tibre, distante da luz dos jardins da morada de Cleópatra, dos sorrisos e da serenidade daquele mundo dourado, um homem combate mil demônios que laceram sua alma. Está fechado em um cômodo, sentado diante de uma elegante mesinha com pernas de patas de leão. Sobre ela há apenas uma lamparina acesa que ilumina seu rosto cansado, de traços encovados. A superfície da mesa é um disco perfeito de mármore branco. No centro há uma pequena talha, quase imperceptível, no interior da qual o homem inseriu a ponta de um punhal que usa como pino para girar a superfície. Seus dedos se apoiam na alça, e, com um movimento seco do polegar, giram o punhal com violência, quase como uma bailarina enlouquecida nas pontas dos pés. Seu olhar não se desprende do cintilar da luz na lâmina a cada volta. É um movimento obsessivo, em ato há tanto tempo, o último de uma noite passada em claro. Alguém bate à porta. É seu escravo de confiança. Quer saber se deve trazer-lhe o café da manhã. O homem levanta o olhar, encara a porta, mas não atende. É Marco Júnio Brutus.

Há algo no ar que não se revela. Algo impalpável, furtivo e invisível. Um veneno que atravessa os muros da cidade, que se difunde pelas ruas, serpenteia pelos becos, corre com as palavras murmuradas ao ouvido entre os vapores das termas, paira sobre os cristais dos banquetes importantes, insinua-se nas mentes dos senadores durante encontros particulares... E leva consigo uma palavra sinistra: morte. Morte a Júlio César.

Na cidade, há algum tempo, existe uma conspiração, uma das mais traiçoeiras da História, contra um homem que apesar disso é muito amado pelo povo de Roma, talvez como nenhum outro jamais foi. Um homem que nos séculos que estão por vir estará entre as figuras mais admiradas, comparável a Alexandre, o Grande. Mas como é possível?

Segundo Dião Cássio, historiador da época romana, a explicação reside no fato de que diferentes homens, e em diferentes momentos, conferiram a César honores tais que o tornaram odiado e invejado a ponto de levarem-no diretamente para a morte.

Na verdade, as motivações reais vêm de mais longe e são muito profundas. César tornou-se o novo líder absoluto de Roma ao tirar o poder do Senado. É ele quem toma as decisões, e não mais os senadores e seus interesses.

Desde tempos imemoráveis, de fato, quem segura firmemente as rédeas do poder e dos negócios de Roma são as famílias aristocráticas, representadas no Senado por seus expoentes de toga. É óbvio que cada decisão segue, acima de tudo, os interesses e as conveniências dessas famílias. Segundo alguns historiadores, a República, no ano de 44 a.C., não é mais aquela sólida aristocracia nascida com a caça ao último rei de Roma. Agora esgotou suas forças, perdeu seus ideais, e não existem mais as mentes iluminadas e moderadas dos tempos passados. As poucas remanescentes estão em clara minoria em relação ao que se tornou o Senado: um lugar atravessado (mais ainda do que antes) por corrupção, farisaísmo e abusos de poder. Uma enorme árvore podre por dentro, disse alguém. A avidez dos senadores (através dos próprios libertos, porque oficialmente eles não podem se dedicar a formas ignóbeis de lucro) colocou a República em crise, abrindo as portas para a chegada de homens fortes, em particular para um dominador absoluto como Júlio César.

Ele também pertence a uma família aristocrática, mas faz parte da facção dos *populares*, e fez suas até as causas do povo, que se sente grato e, em sua maioria, o apoia. E parte da aristocracia mais conservadora jurou vingança (mas não apenas por esse motivo).

O objetivo dos conspiradores é simples: matar César, que agora age como monarca, para criar um clima de confusão e incerteza, a partir do momento em que não há figuras carismáticas capazes de substituí-lo. Dessa maneira, o Senado retomaria seu antigo papel, ideal para continuar a gerir o poder livremente.

A "máquina de lama"

Artemidoro, o homem que seguimos pelas estradas de Roma, decidiu adentrar de novo no labirinto de becos: é mais seguro em comparação às ruas lotadas. Os edifícios ao redor dele são muito próximos, é possível até mesmo dar um aperto de mãos no espaço entre duas janelas, como nos informará Marcial nos seus *Epigramas*. Até a luz do céu tem dificuldade para atingir o solo: é só uma lâmina sinuosa suspensa a uma grande altura sobre a cabeça de Artemidoro. Suas pupilas estão dilatadas por causa da semiescuridão, mas também pelo medo. Está muito escuro, e por um instante o filósofo se pergunta se não é mais prudente voltar atrás. Nesses becos de má fama, agressões e assassinatos são frequentes: todas as manhãs algum corpo sem vida é encontrado no chão, sobre a lama. Homicídios sem culpados. Só seu bom senso o convence a continuar. O mau cheiro ficou às suas costas, e agora ele está cercado pelo odor adocicado do leite colocado para ferver em alguma casa. As vozes que o alcançam de diferentes direções o tranquilizam, provenientes das janelas abertas acima dele, dos balcões, das portas semicerradas que deslizam para os lados, ou do fundo dos becos. São como carícias de véus invisíveis que o fazem entender que está atravessando uma verdadeira galáxia de vidas paralelas, que animam essa colmeia humana que é a Suburra, talvez o bairro mais populoso de Roma. É como se suas orelhas lessem os diários cotidianos da vida dessas pessoas. Aqui está uma mãe que canta uma canção de ninar, um homem que recita orações matutinas em voz baixa, um escravo que trabalha murmurando uma história de seu longínquo lugar de origem. Uma mulher se despede afetuosamente do marido que sai de casa; outra lhe serve de contraste, a distância, brigando em alto e bom som com seu esposo, culpado de quem sabe o quê. Artemidoro sorri e segue adiante. Quase não percebe o som do choro de uma criança. É um barulho usual em um bairro populoso, mas quanto mais avança, mais o choro aumenta. O que lhe dão suspeitas é que não parece vir de uma casa, mas do fim do beco, onde não se veem portas nem janelas. Depois de poucos metros o filósofo para, como se estivesse petrificado. No alto do beco, em um cruzamento, vê-se uma coluna isolada. É só uma base com a haste quebrada, mas aos seus pés há um cesto com um embrulho. O choro vem dali. É um recém-nascido. Há também um bilhete que explica a quem o encontrar como buscar no futuro seus pais biológicos. É uma criança renegada pela família, ou melhor, pelo pai, não se sabe o motivo. Suspeita de traição da mulher? Grave anomalia física? Enésimo filho do mesmo sexo entre tantos outros irmãos ou irmãs? Falta de meios para sustentá-lo? Não sabemos. A lei e as tradições romanas permitem deixar um recém-nascido na rua de forma que qualquer um possa recolhê-lo e criá-lo como filho próprio. Pode acontecer que uma pessoa boa o encontre, piedosa, ou então alguém sem escrúpulos pode fazer dele um escravo. Quase sempre eles são abandonados em locais conhecidos por todos, como essa coluna (a mais famosa de Roma é a chamada *columna lactaria*, cujo nome se refere ao leite, um símbolo para os recém-nascidos). Um bilhete ou um objeto pessoal permite que quem recolher o pequeno possa devolvê-lo aos pais legítimos pedindo em troca uma soma pelo tempo da adoção "temporária". É a versão antiga das nossas "rodas", onde eram deixados os filhos indesejados.

Artemidoro está parado diante do bebê. Mas não é essa vida abandonada que o bloqueia, e sim uma frase deixada durante a noite sobre o muro ao lado da coluna, para que todos vissem. Ainda está fresca, e duas gotas escorrem ao longo do muro, tentando exaustivamente atingir o solo. A frase é contra Júlio César. Acusam-no de ser um ladrão, e, o que é pior, insinuam que está para fugir com todos os tesouros de Roma para Alexandria no Egito, junto de sua amante Cleópatra.

Artemidoro balança a cabeça e acelera o passo. É muito importante que consiga falar com César. Agora ele corre pelo beco, desaparecendo na penumbra.

Nos últimos dias, os conspiradores colocaram em ação uma verdadeira "máquina de lama" para desacreditar Júlio César. São *fake news* difundidas com o propósito de indignar o povo, às vezes sob a forma de frases escritas nos muros, mais frequentemente explorando a *vox populi*, o boca a boca baseado na irresistível atração das fofocas. Funcionam como propagadores os salões dos barbeiros, chamados *popinae*, os banquetes, as termas, além, é claro, do Fórum.

Mas quais são os boatos que circulam sobre César?

São atribuídas a ele fraquezas, velhacarias, depravações de todo tipo, e uma ambição sem limites que só acabaria caso se tornasse rei, uma palavra que para os romanos evoca os fantasmas do passado, quando a Urbe era dominada por soberanos de origem etrusca depostos com muito esforço. Mas César sabe bem disso, e por esse motivo preparou uma resposta. Há um mês, um dia após ter sido nomeado ditador vitalício, durante a festa de Lupercália, ele organizou, de acordo com Antônio, uma cerimônia no coração do Fórum, sobre os Rostra (o pódio dos oradores, chamados assim porque eram ornados com os *rostra*, as robustas esporas de bronze retiradas dos navios inimigos capturados). Dião Cássio conta que César estava sentado sobre um trono de ouro e Antônio se aproximou com um diadema, uma espécie de coroa real (segundo alguns, tratava-se, mais do que de uma coroa, de uma tira de pano branco ornada com pérolas), dizendo-lhe: "Você a recebe do povo por meu intermédio." Obviamente, tudo já havia sido combinado. César demonstrou claro desdém ao recusá-la, e disse: "Só Júpiter é rei dos romanos." Mas isso foi suficiente para acalmar os ânimos? Ao que parece, não.

Neste dia tão importante para a história, falta ainda o protagonista principal, César. O que ele fez em suas últimas horas?

O último jantar de César

Poucas horas atrás, César estava deitado sobre um triclínio na casa de um fiel amigo, Marco Emílio Lépido, *magister equitum* e, naquele momento da ditadura, a segunda pessoa mais importante do Estado. Além deles, sabemos que Décimo Brutus também estava lá. Não, estamos falando de Marco Júnio Brutus, que o apunhalará em poucas horas.

Trata-se de um general de grandes capacidades que de agora em diante, para não haver confusão, chamaremos apenas de Décimo. Ele é um amigo fiel e aliado... ou pelo menos é no que César acredita. Ele não sabe, mas... Décimo também é um dos conspiradores. Na verdade, está entre os principais! Jantando com o inimigo, poderíamos dizer. César está de fato comendo tranquilamente ao lado de um dos seus assassinos.

Os homens conversaram entre comidas, servos silenciosos que serviam o vinho e talvez, possivelmente, acompanhados de um músico ao fundo. Segundo o historiador Apiano, os três falaram da situação política em Roma, mas também de uma iminente expedição militar. Em três dias, César partirá para uma guerra contra os inimigos jurados de Roma, os Partas. Eles são uma verdadeira dor de cabeça para os romanos, e seu reino poderoso se estende da Síria ao Irã oriental e vai além, incluindo o que hoje é o Iraque. O que todos nós lemos no *De bello gallico* pode se repetir com novos inimigos e novos cenários no Oriente Médio. Ou melhor, poderia ter se repetido, porque, como sabemos, César será assassinado em poucas horas, e, portanto, livros inteiros de história nunca serão escritos, e, mais do que isso, séculos de uma história "diferente" da que conhecemos nunca acontecerão. Outro universo paralelo de vidas, extensão de impérios, monumentos e hábitos que nunca tomaram forma. Quem sabe como seria o mundo hoje?

Com relação à morte, em determinado momento do jantar o assunto da conversa muda de repente. Plutarco escreve que "enquanto César assinava algumas cartas, como fazia habitualmente à mesa, o discurso mudou para este assunto: qual seria a melhor morte. César, prevendo a resposta de todos, gritou: 'A inesperada.'" Apiano insiste que foi César quem puxou o assunto. De qualquer forma, a coincidência com os fatos que ocorrerão em poucas horas é de fato perturbadora. É possível que não suspeitasse de nada? Muitos boatos certamente chegaram até ele. Por que não agiu? É uma questão que alimenta a discussão de muitos historiadores até hoje.

Faz pelo menos dois anos que os boatos sobre possíveis complôs se sucedem. O próprio Cícero, em uma carta, deu a entender de forma sutil que há algum tempo existe um clima de conspiração. Pelo menos um desses complôs foi descoberto, mas estranhamente César bloqueou tudo, não deu início a investigações. Limitou-se a dar a entender aos conspiradores que descobrira seu plano por meio de um simples édito no qual afirmava saber de tudo. Nenhuma prisão ou investigação que levasse aos verdadeiros mandantes e à "cúpula".

Todos os seus defensores, amigos e aliados (chamados "cesarianos") estão preocupados e insistem que ele está sendo imprudente demais: até liberou sua guarda pessoal, constituída por soldados ibéricos que o circundavam em cada deslocamento com espadas desembainhadas. Por quê? Ele mesmo disse que o Senado e os senadores juraram defendê-lo. Circular com uma guarda armada pessoal seria uma demonstração de clara desconfiança em relação ao Senado.

No entanto, há muitos sinais de um atentado iminente. Poucos dias antes, de acordo com Plutarco, surgiram alguns escritos que... exortam Brutus à ação! Seu conteúdo é muito claro: "Oh, Brutus, estais dormindo?" e "Você não é verdadeiramente Brutus" (em referência a um avô dele, também chamado Júnio Brutus, que expulsou com heroísmo o último rei de Roma, tornando-se um grande nome da história da cidade). Esses escritos foram deixados de noite pelos escravos enviados por alguns senadores e aristocratas envolvidos na conspiração, para estimular Brutus a acordar e agir, visto que ainda está indeciso.

Mas, então, se César sabia (e já faz algum tempo), por que não agiu? Alguns estudiosos acreditam que César, acometido de epilepsia e já com idade avançada (para a época), tenha decidido morrer, em uma espécie de "suicídio programado", em vez de ficar cada vez mais fraco e acabar saindo de cena. Todavia, é difícil acreditar que um homem de ação e poder como ele tenha voluntariamente renunciado a terminar o próprio trabalho, concluir as reformas, vencer a guerra contra a Pártia, saborear o sucesso absoluto e interromper a relação com Cleópatra. Outros estudiosos, ao contrário, defendem teorias diferentes, mais plausíveis de uma perspectiva histórica. Para simplificar, a explicação seria que César não adotou contramedidas. Podemos intuir seu ponto de vista. A quem lhe indica Brutus como um possível chefe de uma conspiração, ele responde serenamente já estar com idade avançada. Para Brutus, é melhor esperar do que matar, porque não lhe convém subir ao poder manchado por um homicídio e com a vergonha da traição.

Essa explicação de César, no entanto, não tranquiliza seus aliados, que começam a ver comportamentos suspeitos por todos os lados, não apenas em adversários declarados como Brutus e Cássio, mas até entre as fileiras dos homens mais fiéis de César, como Antônio e Dolabela. Diante do pânico e do temor dos aliados, descreve Plutarco, ele responde com uma piada que demonstra toda sua serenidade: "Não o preocupavam os homens gordos de cabelos longos, mas os pálidos e magros." E, de fato, Brutus e Cássio correspondiam à primeira descrição, enquanto Antônio e Dolabela correspondiam à segunda.

Por fim, e este é o ponto crucial, César parece convencido de que, apesar dos contínuos avisos, um atentado não faria sentido e seria pouco "lógico" pela situação em que se encontra Roma, que sua morte não traria nenhum benefício, ao contrário, como recorda o historiador Antonio Spinosa, poderia afundar Roma em sanguinolentas guerras civis. Em outras palavras, todos se beneficiam da estabilidade e da potência que ele criou: desde o exército às instituições, ao comércio, até o povo... E ele tem razão. Depois de anos de guerras civis, a estabilidade talvez seja o bem mais precioso. César, em suma, tem a ideia clara de que ele é a pedra angular de todo o mundo romano. Se caísse, tudo ruiria junto...

Mas ele raciocina como estadista, com o olhar voltado para o horizonte. Não considera que seus inimigos e os conspiradores olhem muito mais para baixo, na direção de interesses bem mais próximos, imediatos e pessoais.

O erro de César foi superestimar seus adversários, não ter levado em consideração sua vilania e estupidez (todos serão por fim oprimidos e assassinados após sua morte, como ele mesmo previra). A ignorância e a ingenuidade de uma parte dos conspiradores o mataram, homens que não entenderam que a época do regime aristocrático chegara ao fim. Daquele momento em diante, o Senado, desonrado e esvaziado de valor por causa da difusão da corrupção e sobretudo da espasmódica busca por poder pessoal (de quem, no entanto, César é um dos principais expoentes), será por séculos apenas uma instituição de segundo plano a serviço de homens fortes: começando por César, prosseguindo com Augusto e seu principado, e em seguida com todos os futuros imperadores, verdadeiros protagonistas por quase cinco séculos de império.

O erro de César também foi subestimar o perigo como soldado. Ele, que combateu e derrotou gauleses, alemães, egípcios, celtas da Britânia, tribos ibéricas e até legiões e generais romanos, arriscando-se pessoalmente nas lutas sangrentas, talvez tenha pensado que senadores habituados ao luxo e pouco propensos à *militia* não fossem capazes de manejar nem mesmo um punhal. E nisso ele errou: os mesmos senadores o enredaram e prepararam para ele uma armadilha com o que sabem fazer melhor, palavras e discursos. César nunca teria caído em semelhante ingenuidade no campo, mas ele é um soldado e, como tal, está habituado a ter o inimigo à frente, não às costas.

Ao fim do jantar, antes de retirar-se, é provável que César tenha vomitado. Sabemos por Cícero que ele praticava havia algum tempo uma dieta emética: comia abundantemente e então, logo depois das refeições, vomitava tudo.

Perto das 22 ou 23 horas ele foi dormir... com uma mulher. Quem era essa mulher? Cleópatra? Não, e quem nos diz é Plutarco: "Foi dormir, como sempre, com a esposa."

2

A morte de César

Casa de Brutus, manhã de 15 de março:
por que César dever morrer hoje

Marco Júnio Brutus anda para lá e para cá agitado em seu quarto. Está sem fôlego, com a respiração acelerada. Não dormiu a noite inteira. Na sua mente só existe o dia de hoje, nenhum outro projeto ou pensamento consegue permanecer em sua cabeça. Diante dele, sua mulher, Pórcia, apoiada ao batente da porta, não o perde de vista nem um instante. Mantém-se em pé com esforço, pois sua perna está enfaixada em virtude de uma feia ferida, um corte profundo que fez em si mesma para demonstrar sua lealdade a Brutus. Vendo o marido tenso, nervoso e distraído, dias antes lhe perguntara o que o incomodava, mas ele não respondera. Os conspiradores nunca disseram nada aos amigos e familiares. Muito menos às esposas. Mas Pórcia é uma mulher diferente das outras. Seus valores são profundos: é filha de Catão Uticense, que se suicidou por César e ensinou Brutus a combater contra reis, tiranos e qualquer um que detenha o poder absoluto.

E César é exatamente isso, destaca o professor Giovanni Brizzi, que leciona História Romana na Universidade de Bolonha e é um conhecido especialista em história militar antiga. Seus próprios soldados não hesitaram em dizê-lo: referindo-se à pretensão de César de ter enfrentado a guerra civil para defender sua honra e segurança, entoaram o slogan: "Se você segue as leis, está condenado, se viola as leis, torna-se rei." César, como diziam, não podia voltar para as fileiras da República, nem se retirar, como Silla, de uma república reconstituída. A guerra empreendida *pro dignitate* deu-lhe tudo; mas ele continua indeciso sobre como gerir sua posição. Roma já é governada como uma cidade sujeitada: ele a administra como acha melhor. O Senado e os magistrados ainda existem, mas dependem da vontade de César. Falta-lhe o sentido das instituições: no Senado, vê substancialmente as individualidades de cada senador, muitos dos quais foram nomeados por ele mesmo. O Senado como um todo nada significa para ele, é apenas um colegiado que debate incessantemente e muitas vezes sem objetivo, desajeitado (também pelo fato de ter se tornado gigantesco: ultrapassa 900 membros). Se as instituições são insignificantes para ele, então a alternativa entre república e monarquia também não tem sentido, seja qual for seu posicionamento em relação ao título de rei. Faz o que quer do consulado, entregando-o ao capricho, e nomeia senadores conforme sua vontade. Chega a eleger um cônsul — Canínio — por um só dia. Os poderes, as prerrogativas, os tributos de honra que recebeu em várias ocasiões também estão, neste momento, além de qualquer limite. No fim do ano 45 ou no início do 44 a.C., em ordem temporal, estes foram os últimos:

- César poderá usar sempre e onde quer que vá os trajes triunfais;
- Poderá dedicar os chamados *spolia opima*, sem tê-lo merecido (nunca matou um comandante inimigo);
- Os feixes dos seus lictores deverão sempre estar envolvidos por louro;
- Obtém o título de *pater patriae*;
- O dia do seu aniversário torna-se uma festividade pública;
- O mês do seu nascimento é rebatizado *Iulius*;
- Estátuas suas são levantadas em todos os templos de Roma e das cidades itálicas, além dos templos em Nuova Concordia e na *Felicitas*;

- Obtém imunidade tribunal;
- Nas cadeiras do Fórum haverá um assento de ouro no lugar do usual;
- Poderá usar a coroa de ouro dos reis etruscos;
- Usa já há algum tempo, como descendente de Enéias, os calçados altos vermelhos dos reis albaneses;
- Todos os senadores deverão se comprometer com o juramento para defender sua vida, e a cada quatro anos lhe serão dedicados jogos como a um herói;
- A imagem de César como divindade, aprovada anteriormente e conduzida em procissão ao circo, receberá uma rede sacra como a dos outros deuses: sobre sua casa deverá ser colocado um frontão, como se fosse um templo;
- A ele e à *Clementia* será consagrado um santuário que deverá ter um flâmine, ou seja, um sacerdote dedicado ao culto de uma divindade em particular (Antônio é designado, mas o culto terá início apenas depois da morte);
- Deverá ser sepultado no interior da cidade;
- Os decretos de divinização deverão ser gravados em tábuas de prata em caracteres de ouro e colocados aos pés do Júpiter Capitolino;
- Serão prorrogadas de forma vitalícia a *praefectura morum* e sua superintendência à moralidade;
- E, depois, a ditadura.

Extingue-se, dessa maneira, até mesmo a aparência de provisoriedade do seu poder. É uma monarquia *de facto*, com caráteres divinos que não terão nem mesmo os imperadores dos séculos I e II. Mas por que ele aceita todas essas honrarias que o colocam em risco? Presumivelmente, o que o move é o desejo de imortalidade na memória dos concidadãos; há ainda uma diferença com Pompeu: Dião Cássio diz que "Pompeu ambicionava ser honrado por pessoas que agissem por vontade própria, [...] enquanto César não se importava de chefiar pessoas que o odiassem, se era ele mesmo quem se atribuía as honras". E eram honras divinas, como aquelas virtudes divinizadas — *Felicitas*, *Concordia*, *Victoria* — nas quais se espelhava. Uma atitude perigosíssima e, a longo prazo, fatal.

Pórcia, portanto, nutre um ódio profundo pelo ditador vitalício, alimentado também por seu primeiro marido, Bíbulo, grande inimigo de César. Esses detalhes são importantes para compreender o papel de Pórcia, uma mulher que tem grande influência sobre as decisões de Brutus. Os dois se conhecem há tempos e se amam sinceramente — o que é raro em uma época em que os matrimônios são combinados —, além de serem parentes, algo muito comum na sociedade romana. Catão, na verdade, era ao mesmo tempo tio de Brutus e pai de Pórcia; Brutus casou-se com a própria prima.

Pórcia, além disso, é uma mulher muito sensível e incrivelmente forte, tanto que, diante do silêncio de Brutus sobre o tormento que o assombra há meses, tomou uma decisão extraordinária: para ter certeza de que podia resistir à dor, afundou uma lâmina afiada na própria coxa, abrindo uma ferida profunda. Certa de que era capaz de suportar, aproximou-se de Brutus e lhe mostrou o corte, dizendo-lhe ser merecedora de sua confiança, pois nenhuma tortura nunca a obrigaria a falar. Diante daquela cena sangrenta, Brutus não perdeu tempo e lhe confidenciou não apenas o complô, mas também todas as dúvidas e temores que carregava. Daquele momento em diante, Pórcia tornou-se para ele mais do que um apoio. É certo que ele lhe contou também sobre o momento e o lugar do assassinato...

Afinal, por que decidiu-se matar César justamente hoje, em 15 de março, e em uma reunião do Senado? Não seria mais simples executá-lo na rua ou em um banquete entre poucas pessoas?

A escolha foi feita com muito cuidado e decidida por unanimidade na última reunião entre os conspiradores. Os motivos estão claros.

Não podem mais esperar, porque César está prestes a deixar Roma para combater contra os Partas: em poucos dias estará na Apolônia, atual Albânia, onde o exército o espera (entre suas fileiras está um jovem rapaz chamado Otaviano, o futuro Augusto, alheio ao destino que está por dominá-lo). De lá, alcançará o Oriente Médio para uma campanha que ninguém sabe quanto tempo vai durar, e caso retorne vitorioso será ainda mais amado pelo povo, tornando vãs quaisquer motivações para assassiná-lo.

Paradoxalmente, são Brutus e os outros conspiradores que devem ajudar a dar início a essa guerra: de acordo com os livros sibilinos, "apenas um rei poderá abater o Império Parto". Mas César não é um monarca. Por isso, o Senado precisa reunir-se para conferir-lhe o cargo provisório de rei (um cargo "técnico" útil apenas nessa ocasião, cuja validade, é claro, terá início apenas quando tiver saído de Roma, fora do *pomerium*, o perímetro sagrado da Urbe). Está se materializando o pior pesadelo dos senadores, isto é, que o Senado transforme oficial e legalmente César em um rei.

Tudo isso acontecerá em um momento preciso: na assembleia do Senado prevista para 15 de março, os Idos. Eis, então, por que tudo se encaixa perfeitamente, dando as condições ideais para o momento e o local do assassinato:

- 15 de março é um dia festivo, a cidade estará quase vazia e com pouca atividade.
- César chegará desarmado e, sobretudo, estará sozinho: não tem mais guardas pessoais e, dado que "confia" no Senado, deverá deixar fora da sala sua corrente de apoiadores, amigos e clientes que o protegem.
- Depois, será tarde demais.

Brutus está parado, e fixa a fraca chama de uma lamparina sobre a mesinha de mármore que ilumina o cômodo. Aquela claridade quase o hipnotizou. Depois, vira-se, e com um último olhar intenso observa o rosto pálido de Pórcia, mergulhando em seus olhos. Ela esboça um sorriso, não consegue nada além disso, oprimida pelo cansaço de noites insones e pela fraqueza causada pela ferida. Ele se aproxima dela em silêncio. Sua respiração quente acaricia suas bochechas frias. Pórcia levanta o olhar. Seus olhos buscam agarrar-se aos de Brutus. Parecem implorar por algo que falta há tantas semanas de angústia: a serenidade dos dias felizes. O longo beijo de Brutus parece levá-la de volta a um daqueles momentos distantes.

Depois, tudo desaparece de repente na mente de Pórcia: no abraço do seu homem sente algo frio e rígido pressionar seu ventre. Olha para baixo e entre as pregas da toga vê um cintilar metálico. É a alça de um punhal. Suas pequenas mãos delicadas descem como anjos sobre o instrumento mortal apoiado em seu ventre, distribuidor de vida. Acaricia-o e depois, com um movimento brusco, puxa-o da cintura do marido. Uma longa lâmina emerge progressivamente. Ela gira o punhal para cima e o interpõe entre os dois rostos. É a clássica arma usada pelos legionários, o *pugio*. É um pouco maior que um palmo. A empunhadura é de bronze, e em vez de terminar com um clássico pomo tem o formato de uma cruz, uma forma incomum (o punhal do outro grande conspirador, Cássio, apresenta em vez disso dois discos planos, como indica uma moeda com os dois punhais mandada cunhar por Brutus em seguida). Os olhos e os lábios de Brutus e Pórcia se refletem na lâmina por longos instantes. O olhar da mulher corre sobre o fio cortante de ambos os lados. Depois ela beija devagar a lâmina fria e a entrega ao marido, que a recoloca na cintura com um gesto brusco, sem nunca tirar os olhos da esposa. Um último beijo. Uma carícia lenta no rosto. E depois Brutus vira-se e sai do cômodo com passos decididos. Todas as dúvidas de repente parecem desaparecer. Distanciando-se da luz da lamparina, sua sombra nas paredes se engrandece cada vez mais, devorando os afrescos e apagando suas cores. Do mesmo jeito que sua sombra escura vai afetar efetivamente as cores da História.

Onde o mundo mudou para sempre

Para onde vai Brutus? Seu percurso terá muitas etapas, mas um único destino. Nesse dia aparentemente comum e feliz, há um monumento de Roma que funcionará como uma gigantesca chave da História para abrir uma porta em direção a cenários imprevisíveis para todos, até mesmo para os conspiradores. Trata-se do Teatro de Pompeu. Antes da edificação do Coliseu, e com exceção do Circo Máximo, é a construção mais imponente da Cidade Eterna. Por muitos séculos, Roma não teve teatros murados: de acordo com a rígida moral republicana, eram considerados lugares de perdição e promiscuidade, por isso eram erguidos apenas temporariamente, feitos de madeira, e sempre ao lado de templos ou locais de culto para lembrar a todos a origem religiosa das representações teatrais. Mas há algumas gerações Roma tornou-se uma cidade cosmopolita, e essas regras agora estão superadas e parecem um pouco... exageradas. O estilo de vida está mais aberto, e as pessoas amam se divertir. Os novos gêneros teatrais atraem um público cada vez maior. Por isso Pompeu Magno, grande antagonista de César que morreu há pouco tempo, dez anos antes mandou construir com o próprio dinheiro um imenso teatro murado, digno da potência e do domínio de Roma, que nessa época já se estende da Espanha ao mar Cáspio. Na realidade, esta foi uma hábil manobra política: utilizando o imenso butim conquistado nas guerras em que saiu vitorioso no Oriente, presenteou os romanos com o maior teatro já visto em Roma, de forma a obter maior consenso e aumentar sua popularidade. Para não ofender a antiga moral e as tradições religiosas, ignorou a lei com uma astúcia muito "moderna", por assim dizer: ergueu um grande templo dedicado à Vênus Genetrix no alto das arquibancadas. Dessa forma, ao sentar-se, o público tem o palco diante de si e o templo às suas costas, em cima. As arquibancadas, portanto, podem ser consideradas ao mesmo tempo uma escadaria para acessar o templo, no alto, ou bancos para assistir ao espetáculo, embaixo. Podemos falar de uma plateia ambígua, que agrada a todos, ainda que de maneira hipócrita.

O teatro é um edifício gigantesco, cuja grandeza nunca pôde ser igualada pelos que o sucederam, uma obra-prima da engenharia, fruto do refinado conhecimento das abóbadas arqueadas e do uso revolucionário do concreto (*opus caementicium*) inventado pelos romanos. Pode receber até 17.500 espectadores. Hoje, o pouco que resta dele está coberto por edifícios medievais, renascentistas e barrocos da Roma moderna, e é possível identificar seu perfil apenas da famosa praça de Campo de' Fiori.

Mas não é o teatro o destino final dos conspiradores. Por trás do palco, na verdade, estende-se um pequeno paraíso no coração de Roma, quase um gigantesco vestíbulo. Trata-se de um imenso jardim, emoldurado por um longo pórtico enriquecido com obras de pintores e escultores. No centro encontram-se dois bosques de plátanos com fontes, que são como aleias para uma rua central que conduz, a partir do teatro, na direção de onde ocorrerá o assassinato de Júlio César: a Cúria de Pompeu Magno. É uma grande sala à qual se chega por uma ampla escadaria. No seu interior, há mármores preciosos, colunas decoradas em diversos estilos e altas janelas em intervalos regulares. É nesse salão que hoje se reunirá o Senado.

Por que aqui e não no Fórum Romano, onde fica sua antiga sede natural, a Cúria Cornélia? Porque nesse momento acontecem obras para transformá-la em um templo. Por isso, enquanto esperam que se finalize a construção da nova Cúria Júlia desejada por César, a Cúria de Pompeu Magno tornou-se momentaneamente o coração pulsante das decisões de Roma. Dos dois lados, estão alinhados os assentos dos senadores. A cadeira destinada a César está sobre um pódio, e às suas costas há um nicho de onde se destaca uma gigantesca estátua de Pompeu Magno, seu antigo inimigo. São apenas suposições, é claro, ainda mais porque as escavações arqueológicas são particularmente difíceis, dado que na área em que antes havia a Cúria de Pompeu hoje encontra-se uma estrada.

Definimos esse edifício como uma "gigantesca chave da História" por causa do que está para acontecer. Porém, nesses primeiros momentos do dia ele é outra coisa. É um enorme ímã, uma energia de atração, que nessa hora atrai todos os protagonistas para si como um buraco negro, que engole estrelas e galáxias em um vórtice que está sempre acelerando. Como os veleiros, de noite, convergem na direção de um farol, Brutus, Artemidoro, e também Antônio, Cássio, Cícero e todos os senadores conspiradores, até a vítima sacrificial, César, aproximam-se inevitavelmente desse local, quer caminhando ou carregados em liteiras. Atores e espectadores de uma colossal mudança de rota da História.

Exatamente como uma estrela que cai em um buraco negro (de onde nem mesmo a luz pode sair) muda de estado e se anula, suas vidas serão devastadas e destruídas a partir do instante em que os punhais forem levantados. Nenhum deles poderá voltar atrás. Tudo desaparecerá: riquezas, sonhos, felicidade e, em muitos casos, a própria vida. Por isso, tentaremos segui-los todos ao mesmo tempo nesta manhã que não é como as outras, de um dia que nunca mais será como os outros.

Casa de César, manhã de 15 de março

César também teve uma noite tempestuosa. Onde está agora? Em outra época, viveu em uma casa no popular bairro da Suburra. Desde os 18 anos, porém, quando assumiu o cargo em 62 a.C., transferiu-se para uma morada bem mais luxuosa e importante: a *Domus Publica*, no coração do Fórum romano. É a residência oficial do *pontifex maximus*, cargo que exerce. Na realidade, essa habitação também tem duas faces: uma de representação, onde são desenvolvidas atividades públicas, e outra privada, onde César vive sua rotina pessoal, dotada até mesmo de pequenas termas.

Depois de retornar do banquete com Lépido e Décimo, César se aconchegou ao lado da mulher, Calpúrnia. A noite não foi tranquila. A partir do que Plutarco escreveu mais tarde, sabemos que no coração da escuridão o silêncio foi rasgado de repente por portas e janelas que foram escancaradas pelo vento. César deve ter se levantado para fechá-las, talvez recebido a ajuda no último instante de um escravo de confiança sonolento... De volta ao leito, não conseguiu pegar no sono novamente: o barulho do vento e a luz resplandecente da lua que chega ao quarto o mantiveram acordado. Fez um gesto muito tenro na direção da mulher, aproximou-se para abraçá-la e talvez, também, para reaquecer o corpo por causa do frio noturno que entrou no cômodo junto com o vento. Contudo, notou algo alarmante. Calpúrnia dormia um sono pesado, mas emitia sons indistintos e lamentos inarticulados. Depois, de repente, acordou tomada por uma agitação profunda, próxima do pânico. César deve tê-la abraçado por muito tempo, perguntando-lhe o que sonhara, e ela, como uma avalanche, contou-lhe o pesadelo, experimentando mais uma vez todo o drama dos seus sentidos ainda abalados. Sobre esse sonho, a mais de 2 mil anos de distância, temos muitas versões, todas impressionantes, contadas por autores diversos... Na versão de Plutarco, Calpúrnia sonhou que o pináculo sobre a casa deles caía, afundando o teto, enquanto ela gritava pedindo ajuda. Dião Cássio, no entanto, diz que no sonho "a casa havia caído [...] o marido era ferido por alguns homens e se refugiava no seu ventre". Apiano, por sua vez, conta que Calpúrnia sonhou com o corpo de César pingando sangue. Para Suetônio, por fim, a mulher "sonhou que o teto da casa deles caía e que o marido era assassinado em seu colo".

Imaginamos que as linhas do rosto do grande general tenham se enrugado por um momento antes de voltarem ao normal enquanto dava um longo abraço na esposa. Calpúrnia chora... e não é uma mulher supersticiosa: o pesadelo, no entanto, foi de fato convincente e muito vívido.

É possível que o forte barulho do vento contra a habitação tenha influenciado no pesadelo de Calpúrnia, dando-lhe a sensação de que o teto poderia desabar. Mas detalhes como o corpo ensanguentado, apunhalado e moribundo de César sobre seu colo talvez revelem algo mais. Poderiam nos sugerir indiretamente um fato não percebido, isto é, que naqueles dias chegaram-lhe boatos de um possível atentado ao marido, aterrorizando-a. Ou que ele mesmo pode ter lhe confiado que alguém tramava sua morte, rumores aos quais ele não dava muita importância.

Ainda de acordo com Suetônio, pouco depois César também contou à esposa seu sonho. E ele sonhara que se levantava no ar e voava para o alto, muito alto, até superar as nuvens, e depois apertava a mão de Júpiter.

A sensação de voar nos sonhos é típica de quem deve enfrentar um exame ou um desafio no dia seguinte, o que César efetivamente estava prestes a fazer.

Todavia, impressiona que, em ambos os casos, esses sonhos pareçam antever o drama real que se consumará em poucas horas. Seria preciso estabelecer, obviamente, se são verdadeiros ou se foram "criados artisticamente" depois da morte de César. Nunca saberemos. Mas, se fossem reais, poderíamos entender o estado de espírito de Calpúrnia e em especial de César, imersos há dias em um cotidiano de suspeitas, complôs e também profecias negativas e presságios nefastos. É fácil que tenham se deixado influenciar de forma inconsciente... Esses sonhos, em suma, mais do que "premonitórios", seriam, em uma interpretação mais racional, resultantes de uma atmosfera de temores e angústias que pairava sobre a casa e a mente deles naquele momento. É quase possível dizer que os dois estavam bastante conscientes dos riscos diários que o ditador corria.

De qualquer forma, são muitos e surpreendentes os presságios ameaçadores que podem ter influenciado César e Calpúrnia. Segue uma breve lista, com base no que escreveram os autores antigos.

Nos dias que precederam os Idos, conta Plutarco, "fulgores celestes e trovões repercutiam em muitos lugares à noite, e os pássaros solitários se calavam sobre o Fórum". Tudo isso certamente poderia apenas estar ligado a uma primavera repleta de temporais, mas com a mentalidade dos antigos, habituados a colher sinais e presságios em todo o lugar, tudo adquire outra luz. Plutarco relata também o testemunho do geógrafo Estrabão, contemporâneo de César, o qual conta que nos dias que precederam os Idos "viram-se muitos homens de fogo combaterem entre si e que ao servo de um soldado aflorou de uma das mãos uma grande chama, e pareceu aos presentes que a mão se queimava; mas quando a chama cessou, viram que ele não sofrera nenhum dano". Além disso, que hoje seria interpretado como um clássico truque usado por prestidigitadores e ilusionistas, na mentalidade dos antigos é mais inquietante o que aconteceria ao próprio César. Plutarco revela que "César, durante um sacrifício, não conseguiu encontrar o coração da vítima, o que é um terrível portento, porque não pode viver na Natureza um animal sem coração".

Segundo Suetônio, na Campânia alguns veteranos e colonos estavam demolindo, em virtude da lei Júlia, alguns cemitérios antiquíssimos para construir suas casas. Na tumba de Capi, o fundador de Cápua, foi encontrada uma placa de bronze com uma inscrição em grego que previa a morte de César: "Quando os ossos de Capi forem descobertos, um descendente de Iulo será assassinado pelas mãos de seus consanguíneos, e logo depois será vingado com grandes massacres e luto pela Itália." É também Suetônio quem conta que "nos dias que precederam sua morte veio a saber que os rebanhos de cavalos consagrados por ele na época da passagem pelo rio Rubicão, e deixados livres e sem custódia, tinham parado de pastar e choravam amargamente". E pouco depois acrescenta que "na véspera daqueles Idos, uma carriça, que também é chamada 'passarinho real', entrou na Cúria de Pompeu levando no bico um ramo de louro: de imediato, alguns pássaros vindos de um bosque vizinho voaram na direção dela e a mataram naquele mesmo lugar".

Dião Cássio cita que os escudos sacros de Marte, mantidos no palácio, na noite precedente vibraram e "fizeram [...] um grande barulho".

Por fim, há também Espurina, um arúspice etrusco, isto é, um sacerdote encarregado de examinar as vísceras durante os sacrifícios. Os romanos tinham grande consideração pelos arúspices etruscos, a tal ponto que, segundo o historiador estadunidense Barry Strauss, "alguns políticos importantes tinham um adivinho pessoal". Espurina foi o *summus haruspex*, ou seja, o sacerdote principal, que oficiara os sacrifícios nos dias que precederam a famosa Lupercália, em 13 e 14 de fevereiro, um mês antes dos Idos de Março. Uma vez que as respostas foram particularmente negativas tanto no primeiro quanto no segundo dia, e César parecia não se dar conta, em 15 de fevereiro Espurina olhou nos olhos de César e avisou-o, pronunciando uma frase que mais tarde Shakespeare tornou imortal: "Cuidado com os Idos de Março."

César, porém, era um romano anômalo: não acreditava em presságios e sinais funestos, e se estimulava tais superstições fazia-o para ir ao encontro das tradições de agradar a todos. Mas decerto não levou em consideração essa ameaça do arúspice etrusco. Provavelmente, inclusive, deu de ombros.

Casa de Cássio, primeiras horas da manhã

Brutus não está sozinho na direção da conspiração. Há outra figura importante, Cássio, um homem de temperamento forte, brusco, no limiar da arrogância. Tais características o tornaram um ótimo general nas legiões romanas, ainda que bem inferior a César em perspicácia e grandeza. Esta manhã há uma atmosfera um pouco agitada em sua casa, enquanto escravos colocam em ordem as últimas coisas nos cômodos limpos e organizados de forma incomum. Alguns escravos, os mais antigos, têm os olhos úmidos. Estão preparando uma festa. Mas o que vão festejar? É muito improvável que tenham ligação com o assassinato de César, do qual não fazem ideia.

Por causa de uma daquelas estranhas coincidências que às vezes acontecem, hoje, 15 de março, o filho de Cássio se torna, digamos assim, "maior de idade": por isso, deve receber a "toga viril" (*toga virilis*). Tem o nome do pai, Caio Cássio, e idade entre 14 e 16 anos. Ontem mesmo, antes de ir dormir, deu início aos ritos que abrem oficialmente sua vida adulta. Recolheu a toga de criança (*toga praetexta*, decorada por uma facha de cor púrpura) e a *bulla*, isto é, aquele pingente que contém amuletos da sorte que desde sempre carrega no pescoço, depondo-os no pequeno altar da casa onde encontram-se os *lares*, as divindades protetoras, e as máscaras mortuárias em cera dos antepassados mais ilustres. Depois foi para a cama, vestindo, de acordo com a tradição, uma túnica branquíssima (*tunica recta*).

Podemos imaginar o estado de espírito de seu pai, obrigado a sorrir e demonstrar o orgulho que sente em um momento em que sua mente deve estar em outro lugar, com os ânimos preocupados e submetido a uma tensão inverossímil. Precisou interpretar o papel de pai feliz, fingindo serenidade, mas em seu coração deve ter amaldiçoado César por lhe ter "ofuscado" um dia como aquele, tão importante para sua família.

Agora o filho veste uma outra toga, também branca, mas de homem adulto (*toga virilis*), e está muito emocionado. É o momento em que a tradição e a lei preveem que pai e filho se dirijam ao Fórum, atravessando-o inteiro, para subir pelo Capitólio e inscrever o nome do jovem nas listas cívicas do *Tabularium*.

Os dois não estarão sozinhos: amigos, parentes e clientes do pai os acompanharão, mas também outras pessoas que não haviam sido convidadas.

É com elas que Cássio conversa agora. Aos olhos de todos, parecem apenas amigos e colegas senadores, vindos para festejar o acontecimento em sinal de amizade. Muitos acreditam que seja uma prova da notoriedade e da força do dono da casa. Ninguém suspeita que aqueles senadores sejam, na realidade, alguns dos conspiradores que acompanharão Cássio até a reunião do Senado para mudar a História.

No entanto, bastaria um pouco de atenção para notar aquelas estranhas trocas de olhares e as meias palavras ditas em voz baixa. Entre eles há um rosto que já conhecemos: de trás de uma coluna se entrevê Marco Júnio Brutus, pálido e rígido.

Depois de um último ritual, um enésimo pequeno sacrifício e algumas frases para a circunstância de Cássio, o grupo sai da casa passando sob as guirlandas de flores para boa sorte fixadas sobre a porta. O patriarca sorri ao lado do filho, intimidado por esse estranho dia. Atrás deles segue o grupo de festejadores, entre frases e piadas ditas em voz alta. Quando o último deles sai e o cortejo se encaminha pela rua, podemos dizer com certeza que a conspiração começou oficialmente...

Ilha Tiberina, 6h20

Fechando a porta, um escravo alça o olhar na direção do céu e percebe uma sombra escura dando voltas. É uma ave de rapina, talvez um urubu, de voo lento e majestoso. Está em um voo de reconhecimento, em busca de possíveis presas, como pombos, rolas e roedores, que existem em grande quantidade nas cidades. Sua presença não passou despercebida a um arúspice em um templo vizinho, que há muitos minutos o observa esperando ver em seu voo um sinal divino, fausto ou infausto. Junta as sobrancelhas cheias quando o contorno do animal se destaca contra a parte mais luminosa do céu, a leste, antes de retornar para continuar a descrever amplos círculos no ar. Para onde vai? Por que os deuses não se decidem a "levar" a ave de rapina em uma direção precisa, que seja uma mensagem clara para ele? O raciocínio desse homem religioso difere completamente do instinto do animal. Não há divindades por trás de seu sobrevoo, apenas a busca por alimento. Uma vez que não se apresentam alvos fáceis, o animal decide mudar de lugar. Batendo as asas com força, distancia-se na direção oposta ao sol que surge, para atravessar o Tibre e chegar aos bosques e aos campos primitivos. O arúspice notou a brusca mudança de direção e o segue por muito tempo, até a ave se tornar um pontinho distante, depois faz uma careta e mantém o olhar fixo na terra, pensativo. A mensagem é clara… e muito preocupante. Uma rapina em voo na direção do ponto onde o sol se põe significa que está para acontecer algo grande ligado ao poder.

Poucos instantes depois, o pássaro sobrevoa a Ilha Tiberina, com sua forma alongada. Sob as asas, um pequeno exército está marchando. Os legionários, inacreditavelmente revestidos com todo o equipamento, o escudo de um lado e o *pilum* do outro, atravessam um dos dois pontos da ilha, distanciando-se de Roma. A coluna vista do alto é um rio vermelho-escuro por causa da cor de centenas de mantos que ondulam a cada passo. O tinido das armas, da armadura e de tantos objetos metálicos acompanha o usual canto ritmado dos legionários, que deixam a cidade sob os olhares de curiosos e passantes. São muitos os anteparos das janelas que se abrem de repente, as pessoas surgem para admirar o espetáculo. Esse exército representa a força de Roma e por muitos séculos vai lhe permitir escrever sua história.

Na Ilha Tiberina, é provável que mais de uma legião completa (excessivamente numerosa com seus 5 mil soldados) tenha acampado ao longo dos séculos. Não conhecemos seus nomes, mas, segundo o historiador Strauss, é plausível que se trate de veteranos, ou soldados com muita experiência, decerto não recrutas. Homens que marcharam por anos com César, lutaram suas batalhas. Bastariam pouquíssimos deles hoje (talvez um apenas, considerando sua habilidade e experiência) para defendê-lo, salvá-lo da morte. No entanto, vão embora... Sem saber, deixam-no para encarar seu destino. Esses homens não partirão para a guerra contra os Partas. São soldados de Marco Emílio Lépido, a quem César, há poucas horas, no banquete, confidenciou que receberá um novo cargo: em apenas quatro dias se tornará governador das províncias da Gália Narbonense e da Hispânia Citerior. Esses soldados o seguirão. E é provável que ele mesmo tenha transcorrido a noite aqui, junto com eles. Agora estão saindo de Roma para um exercício nos entornos da capital. Lépido, possivelmente, está à frente da coluna, visível a todos, sobre um cavalo branco. Ele também abandona César ao seu destino.

Casa de César, cerca de 6h20 da manhã

É um dia dramático. O vento intenso continua a flagelar a cidade. Enfia-se em todos os lugares, nos becos e nas casas, obrigando as pessoas a se envolverem em capas e mantos pesados e a acenderem braseiros. Nem mesmo o sol consegue aquecer o ar.

Na *Domus Publica*, a casa de César, os escravos já colocaram água para aquecer e prepararam o café da manhã do grande general. Um café da manhã rápido, como de costume.

Neste momento ele está de costas, sentado em uma cadeira curul, do tipo dobrável e sem encosto vista muitas vezes na tenda dos comandantes em acampamentos militares. Uma dupla de escravos cuida de seu cabelo com atenção, usando unguentos e pequenos golpes do pente. É um homem rude, habituado à vida no campo, mas gosta de cuidar da aparência. Se os cabelos grisalhos o deixam mais atraente tanto para o mundo feminino quanto para o masculino, o fato de estarem rareando constitui um verdadeiro problema... De acordo com os escritores antigos, César sofria muito com a perda de cabelo decorrente da idade. A solução mais eficaz foi levar para a testa uma longa mecha proveniente da nuca, como até hoje podemos ver em suas estátuas. E é isso que os dois escravos estão fazendo agora.

Entretanto, do lado de fora de sua casa, em varandas de alvenaria apoiadas aos muros, aglomeram-se há algum tempo alguns clientes, isto é, pessoas que pedem audiências a César para obter favores, ajuda com seus problemas ou recomendações, visto que ele logo partirá por muitos meses. O rumor repentino dos trincos do pesado portão de entrada emudece a todos. De lá sai um homem pequeno, careca e gordinho, com uma tábua encerada em uma das mãos e uma pena na outra. É o *nomenclator*, isto é, o escravo que tem a função de identificar os clientes para entender quem são e "classificá-los" de forma a acelerar o encontro com César. Ele começa a pegar seus nomes.

Assim teve início o último dia da vida de César. Como todos os outros. No entanto, hoje o dia começou mal. Segundo Suetônio, o grande general está esgotado por causa da noite agitada. Possivelmente passou por um ataque de epilepsia. Suetônio também afirma que nos últimos meses César tem sofrido com desmaios, pesadelos noturnos e ao menos duas vezes teve crises epiléticas, uma doença que teria começado a afetá-lo desde sua permanência na África, na batalha de Tapso, onde diz-se que ele não participou do ataque decisivo. Não podemos dizer nada em definitivo a esse respeito. De acordo com alguns estudiosos — entre os quais Barry Strauss —, a notícia dessa doença pode até mesmo ter sido inventada e difundida pelos seus defensores, depois do assassinato, para encobrir o evidente erro de julgamento que o levou à morte.

Casa de César, cerca de 7 horas: outros adivinhos

Calpúrnia não desiste. Está muito preocupada. Tenta convencer César a não sair de casa e a adiar para o dia seguinte a reunião do Senado. Talvez o temor de possíveis atentados seja muito mais profundo do que se imagina em tempos modernos. Demonstra o fato de que César, apesar de não ser um homem supersticioso, de qualquer maneira permanece "muito tempo em dúvida", como destaca Suetônio. Por fim, cede aos pedidos de Calpúrnia e ordena que sejam convocados adivinhos. Alguns dizem que o verdadeiro motivo para isso seria outro: por trás da vontade de adiar a reunião haveria um real mal-estar físico, pois seria inconcebível postergar uma reunião tão importante do Senado apenas para acalmar os ânimos da esposa... Se foi assim, é razoável presumir que tenha ordenado a presença de Antistio, seu médico pessoal, o mesmo que examinará seu corpo sem vida em poucas horas.

Cúria de Pompeu, 7 horas: chegam os gladiadores

Um escravo está varrendo folhas e farrapos trazidos pelo vento noturno diante da *domus* de seu patrão. O feixe de ramos estreitos que constituem a vassoura arranha a calçada em um ritmo quase hipnótico. Parecem longos golpes de escova. Mas seu longo e cadenciado lamento sobre as lajes de pedra se mistura a um outro rumor distante que com o passar dos segundos se aproxima cada vez mais. É a marcha regular de uma multidão de figuras masculinas que ocupam toda a estrada. O escravo para e os observa desconfiado. Os músculos, o aspecto maciço e atarracado daqueles corpos tão semelhantes entre si logo o faz compreender que se trata de pessoas que treinam todos os dias. Legionários? Não parecem. Lutadores? Não, eles têm um rabo feito com cabelos amarrados em nó sobre a cabeça. Parecem... gladiadores! O escravo arregala os olhos e aumenta a frequência dos golpes de vassoura, em seguida entra na *domus* e fecha o pesado portão com pregos de bronze um instante antes da chegada dos gladiadores. Eles têm o olhar concentrado, o passo solene. Muitos são reconhecidos pelos cidadãos porque são campeões, seus favoritos.

O que os gladiadores fazem na estrada a essa hora? Foram contratados por Décimo, o outro comensal do jantar da noite passada. Talvez pertençam à sua escola pessoal de gladiadores. E são muitos, uma centena. Sabem usar as armas a pequena distância como poucos. Por isso seu dever nessa conspiração é impedir eventuais interferências da parte de homens fiéis a César, inclusive bloqueando as portas da Cúria caso seja necessário. Entram no grande jardim do Teatro de Pompeu. Ninguém suspeita de nada: é habitual que nos dias de reunião do Senado haja combates entre gladiadores. Se alguém fizer perguntas demais, a desculpa é que estão ali para sequestrar um gladiador que violara o contrato com o patrão... Em silêncio, como bestas prontas a saltar sobre a presa, agacham-se sob o pórtico. Falta uma hora para o início da reunião do Senado, prevista para as 8 horas.

Nesse ínterim, Cássio, depois de acompanhar o filho no *Tabularium* do Capitólio para a inscrição nas listas cívicas, abraça-o e o manda de volta para casa junto com quase toda a comitiva. De lá, Cássio, Brutus e os outros senadores prosseguem para o Teatro Pompeu. Está lá em cima, visível do Capitólio, imenso e branco de mármore. Parece chamá-los com força... e com ar de desafio.

Casa de César, 7h45: César decide faltar à reunião do Senado

Os conspiradores em marcha não poderiam saber que César, no mesmo instante em que o grupo deixou o Capitólio, decidiu não participar da reunião. Os novos sacrifícios realizados pelos adivinhos deram resultado negativo, e ele ainda está ali, o olhar fixo no animal morto e eviscerado. Observa a lâmina suja de sangue que abriu o ventre sacrificado e Calpúrnia, que o olha com a expressão de quem implora. Depois sorri e acaricia seu rosto para tranquilizá-la. Diz que não irá.

Dirige-se para o secretário e lhe dita uma mensagem que deve ser entregue a Antônio, que mora ali perto: pede que vá ao Senado e que desfaça a reunião, em virtude de seu cargo de cônsul.

Calpúrnia está aliviada e se abandona, sem forças, em um leito triclínio ali perto: o peso da noite insone e das angústias que há tantos dias a atormentam enfim cobra seu preço.

César relê a mensagem, assina e depois, seguindo um curioso hábito seu, dobra o papiro de maneira a formar várias páginas, como se formasse um caderno para anotações. Depois que termina essa espécie de "origami", estende a mensagem para o secretário, que se dirige com passos decididos para a saída da *Domus Publica*. Suetônio destaca que apenas César tinha essa estranha mania de dobrar várias vezes as mensagens, pois até aquele momento "os cônsules e os magistrados enviavam as folhas escritas por inteiro, em toda a sua largura".

Cúria de Pompeu, cerca de 8 horas:
os conspiradores chegam e tomam seus lugares

Ninguém entre os senadores e os conspiradores, é claro, sabe da decisão de César. Na sua ausência, iniciam as atividades de administração normais. Brutus, por exemplo, como pretor urbano, deve examinar petições e resolver disputas e vários tipos de questões judiciais. E faz isso sob os pórticos que circundam o grande jardim do Teatro de Pompeu, onde foram posicionados alguns bancos. Ocupa-se disso com extrema frieza, sorrindo sempre a cada pedinte, mostrando-se concentrado e sereno. Mas seu estado de espírito é bem diferente. Por dentro lida com um tumulto de emoções, medos e tensões diversos. De vez em quando lança um olhar aos gladiadores sentados em silêncio a certa distância, na penumbra dos pórticos. Entende que a operação já se iniciou, embora ainda possa ser suspensa a qualquer momento. Seu olhar cruza muitas vezes com o de Cássio: ele também parece ter perdido a segurança que transparecia pela manhã. Às vezes parece desorientado. Com frequência fixa os olhos no chão, e quando os levanta sua expressão reconquistou a segurança perdida.

Os outros senadores e conspiradores também estão tensos, mas ostentam férrea serenidade. De um lado do pórtico, de maneira absolutamente anônima, seus secretários seguram caixas de madeira de faia, pouco mais altas do que um palmo, que podem conter meia dúzia de rolos escritos, neste caso os documentos que os senadores usarão ao longo do dia. Ninguém sabe que, dentro daquelas caixas, escondidos entre os documentos, estão também muitos dos punhais que matarão César... Dessa forma, antecipando em muitos séculos os filmes de espionagem, os conspiradores conseguiram fazer as armas entrarem na grande sala de reunião da cúria, aproveitando-se da porta de serviço.

Domus *de Antônio, 8 horas: a mensagem de César*

O primeiro impacto aconteceu contra os olhos verdes do escravo gaulês. O servo cartaginês que abriu a porta da *domus* de Marco Antônio encontrou-se diante de uma figura imensa, musculosa, com a barba ruiva e a pele claríssima. Decerto entendeu o que significou para os legionários de César combater na Gália com esses guerreiros cuja presença física desperta imediato temor. São populações fortes, orgulhosas e filhas de uma história com tradições antiquíssimas. Como a sua. Um cartaginês diante de um gaulês... Os poucos centímetros que os separam resumem a expansão do domínio de Roma no Mediterrâneo e na Europa. Mas a nenhum dos dois ocorrem tais conclusões históricas. Naquela época, era normal. Os gauleses e os cartagineses, por sua vez, também tinham escravos de populações conquistadas ou dominadas. O escravo gaulês de César tem uma mensagem para entregar, e poucos instantes depois está no *atrium* da grande casa de Antônio, imerso nas cores vivíssimas dos afrescos nas paredes, no forte odor da madeira tratada do teto em caixotão recentemente refeito, e no silêncio dessa habitação elegante, rompido apenas pelo som de um fio d'água que jorra do rosto de uma estátua de Hermes, cai em uma bacia e depois, transbordando, precipita diretamente na banheira do *impluvium* no centro da sala, criando uma elegante série de ondas concêntricas que refletem a luz do sol nas paredes.

O escravo de César não precisa esperar muito para que sua mensagem seja recebida pessoalmente pelo secretário de Antônio, que o libera e vai ao encontro do patrão. Vamos segui-lo.

O secretário, depois de atravessar o grande jardim interno, aproxima-se do patrão. Está de costas, com o torso nu, e um escravo termina de arrumar os cachos volumosos do seu cabelo. Com um gesto, ele o afasta e se vira.

A primeira coisa que se nota a respeito de Antônio é seu peitoral amplo e forte, esculpido pelo exercício físico. Depois, seus olhos grandes e escuros, com pequenas rugas sedutoras nas laterais, alargando-se na direção das têmporas como os raios do sol. Os lábios são carnudos. Quando sorri, formam-se duas pregas nos cantos da boca que dão sensualidade ao rosto forte e másculo, com maças pronunciadas e mandíbula robusta. Quando estão compridos, como hoje, seus cabelos grossos e ondulados terminam em uma cascata de caracóis. É de fato um rosto que impressiona por sua força e luminosidade, típicas de um homem de 39 anos cheio de energia.

Os grandes olhos escuros fixam o secretário com expressão interrogativa. Inclinando a cabeça, o homem lhe estende a mensagem de César. Enquanto a lê, Antônio sorri e seu rosto se ilumina com novas rugas sedutoras. A notícia de que a reunião do Senado será adiada o enche de bom humor. Hoje, na verdade, também seria o dia de eleger Dolabela, um homem que ele odeia, ao cargo de cônsul. E sabe-se lá quando isso poderia acontecer de novo, visto que César ficará por muito tempo fora de Roma. Decididamente, o dia se inicia com uma boa notícia...

Domus *do outro lado do Tibre, 8h20: Cleópatra*

A poucos quilômetros de distância de Antônio, além do Tibre, outra mão segura um papiro. Os caracteres, no entanto, são muito diferentes: nenhuma frase escrita com alfabeto latino, aqui a língua usada é o grego. Esses caracteres, escritos com cuidado por um escriba algumas semanas antes em Tebas, são acariciados pelo olhar profundo de Cleópatra. É a carta de um alto funcionário que lhe informa como dar continuidade à administração de um grande templo em sua ausência. Embora algumas semanas nos pareçam um tempo enorme para ter notícias, na época esse é o equivalente a uma "teleconferência" governamental, porque nunca antes as informações circularam tão "rapidamente".

Sob os Ptolomeus, dos quais Cleópatra é herdeira, a língua oficial da administração é o grego, na qual ela é fluente, mas também teria sido capaz de ler a mensagem se tivesse sido escrita em demótico, que é a língua falada no interior do Egito, e, portanto, em Tebas. Cleópatra, na verdade, foi habituada desde o nascimento ao contato diário com línguas, culturas e até escritas diversas. Do mesmo modo como hoje pode acontecer em Londres, Vancouver, Hong Kong ou Dubai.

É importante considerar esse aspecto para entender sua mentalidade moderna: se de repente atravessasse um portal que a fizesse viajar pelo tempo, poderia muito bem ser uma grande executiva de uma multinacional, pegar jatinhos privados para reuniões no exterior e frequentar o jet-set. E provavelmente dominaria os colegas homens...

Cleópatra é uma mulher moderna em uma época antiga. Emancipada, desinibida, forte e protagonista em uma era em que as outras mulheres vestem "burcas" culturais e se dissolvem no cotidiano de uma sociedade machista.

Ela para um momento, levanta os olhos, que se erguem dos sinais impressos no papiro e encontram uma pomba que arrulha sobre um galho do outro lado da varanda de mármore. Seu olhar atravessa a pomba para perder-se no céu da Urbe vista de Trastevere.

Roma, assim como Jerusalém, é provavelmente a cidade no Mediterrâneo, na Europa e talvez no mundo, onde se escuta o maior número de línguas ao mesmo tempo (para não falar dos dialetos, muito mais difundidos e importantes do que são hoje): desde as línguas dos gauleses às dos ibéricos e dos germânicos, e também o hebraico, o aramaico, o púnico, o etrusco e, muito possivelmente, línguas provenientes de lugares ainda mais distantes, como Núbia, Síria, Armênia e Índia, graças aos mercadores e aos navegadores.

Obviamente, o latim e o grego são muito difundidos, tanto que a classe dominante é muitas vezes bilíngue. Mas, para além das terras da Itália, quanto mais se dirige ao Oriente, menos latim se fala: o grego se torna a língua principal da Grécia, é claro, até a Turquia e todo o Oriente Médio, incluindo o Egito. Esse talvez seja o maior monumento deixado pela cultura grega e, sobretudo, por Alexandre, o Grande. A oitava maravilha do mundo antigo existe e é a cultura helênica que imbui de luz, conhecimento e abertura intelectual um território tão vasto que se estende por continentes e povos tão diferentes. E fará isso por muitos séculos. Não por acaso os Evangelhos serão escritos em grego. E não por acaso Cleópatra fala grego até com as pessoas que ama, como César.

Cúria de Pompeu, 8h30: nervosismo entre os conspiradores

Na Cúria de Pompeu, enquanto isso, aumenta o nervosismo entre os conspiradores. César demora a chegar e ninguém consegue encontrar uma explicação. Entre eles estão os dois irmãos Casca. De acordo com Plutarco, um dos dois em determinado momento é abordado por alguém que o segura pelo braço e lhe diz: "Tu, ó Casca, manténs escondido o segredo, mas Brutus me revelou tudo." E como Casca ficou consternado, o outro, sorrindo, acrescentou: "Meu caro, como você enriqueceu tão depressa a ponto de poder lutar pela elegibilidade?" Casca continua a encará-lo com olhos arregalados: enganado por aquele erro, estava para revelar-lhe sobre o iminente atentado!

Mas não foi só isso. Essa espera por César é uma sequência de coincidências que deixam ainda mais nervosos os conspiradores. Alguns minutos se passam, e um homem se aproxima de Brutus e Cássio, os líderes da conspiração. É o senador Marco Popílio Lenas.

Ele os cumprimenta. Parece mais cordial do que de costume, depois se aproxima de um deles e sussurra: "Oro convosco para que os deuses lhes concedam realizar o que têm em mente", depois se afasta. Os dois se encaram, aterrorizados: e se o complô tivesse sido descoberto? E se da porta, em vez de César, chegassem seus guardas para prendê-los? Levaram em consideração essa eventualidade, e estão prontos para o suicídio.

Um fato é certo. Não é possível esperar mais. É agora ou nunca...

Os conspiradores chegaram aos poucos, uns com Cássio e Brutus, outros por conta própria. A tensão está no limite. Alguns tocam a alça de seus punhais escondidos nas pregas das togas. Outros passeiam com nervosismo. Mas quem são exatamente esses homens? E quantos são? Difícil dizer, decerto são uma minoria em relação à multidão que enche o salão: na época de César, os senadores eram cerca de 900, mas os presentes nos Idos de Março são muito menos: além do fato de que em todas as reuniões há um grande número de absentismo, é preciso levar em consideração as dimensões do espaço (375 metros quadrados) e as deserções devido ao atraso de César. De acordo com alguns, são pelo menos 400, mas outros, como o historiador Barry Strauss, defendem que são entre 100 e 200. O que é certo é que os verdadeiros assassinos estão em quantidade bastante inferior: mais de 60 se levarmos em conta a opinião de Suetônio, cerca de 30 segundo outras fontes. De todo modo, um número tão alto de conspiradores significa que na reunião não estão presentes apenas senadores, mas também outros expoentes da aristocracia.

No cômodo também está presente Cícero: sabe da conspiração, mas não foi envolvido na última fase do complô, o homicídio, talvez porque fosse considerado pouco confiável e excessivamente falastrão.

O que mais impressiona é que boa parte dos assassinos deve muito, se não tudo, a César. Há quem lhe deva a própria vida, salva nos campos de batalha. Há quem tenha combatido ao lado de Pompeu, seu grande inimigo, e em seguida foi agraciado por César, depois da guerra, de forma a recuperar a dignidade e a posição política no Senado, talvez recebendo até mesmo cargos importantes. Aos nossos olhos, é o pior tipo de traição possível, humanamente falando.

Há também alguns fiéis desiludidos, mas também seguidores do seu velho inimigo Pompeu que desejam vingança, além de senadores que agem por interesse pessoal, principalmente nos negócios...

O caso de Brutus, no entanto, é o que nos deixa mais impressionados. Vejam bem.

Ele pertence a uma das famílias mais importantes e é o descendente de um dos fundadores da República. Embora seu pai tenha sido assassinado por Pompeu, Brutus se alia a ele contra César, e juntos o enfrentam em uma famosa batalha em Farsalo. César, no entanto, sempre o tratou com carinho... talvez porque seja o filho do seu primeiro grande amor, Servília, ou talvez por acreditar ser seu pai. Jamais saberemos.

De acordo com a professora Eva Cantarella: "Servília teve com César uma relação que não pode ser considerada como apenas mais uma das muitas paixões do ditador. Na verdade, ela foi a única mulher a quem César permaneceu ligado ao longo de décadas, no curso das quais, dada sua notável propensão às aventuras sentimentais, certamente não se privara de outras distrações. Mas Servília era, de qualquer maneira, a única mulher com a qual manteve um relacionamento que não foi apenas sexual, e não eram poucos os boatos que (não sem fundamento) diziam que Brutus era seu filho."

Assim, antes da batalha, César ordena que seus generais não o matem, e que o deixem escapar caso se oponha à captura. E é o que acontece. Brutus foge depois da derrota, e do seu refúgio (Lárissa, na Tessália) envia uma mensagem a César, que se alegra ao saber que está vivo e o convida a encontrá-lo para uma reconciliação. Quando se veem, Brutus intercede com César para a salvação do seu amigo Cássio (que em seguida será um dos organizadores da conspiração!), e César, como prova da sua consideração por Brutus, nomeia-o governador da Gália Cisalpina. Depois de tudo isso, em poucas horas ele mostrará sua gratidão com uma lâmina...

Uma última consideração: na conspiração estava previsto inicialmente matar também Antônio, fiel a César. Foi Brutus que se opôs e o salvou, para que os romanos soubessem que a intenção era apenas eliminar o tirano César, e não sua facção política. Além disso, está convencido de que, depois do homicídio, Antônio ficará ao seu lado. Esse se revelará um trágico erro de avaliação para Brutus e todos os conspiradores...

Cerca de 9 horas: César não virá

Os pensamentos e as vozes dos conspiradores de repente são emudecidos pela chegada de Antônio. Todos vão em sua direção. Com poucas palavras, secamente, ele anuncia que César não virá. O motivo? Os auspícios que emergiram dos sacrifícios operados pelo adivinho não são favoráveis... Depois do estupor e do desconcerto inicial, irrompem vozes, gritos e aclamações. Há quem siga na direção da saída a passos rápidos, amaldiçoando a perda de tempo. Há quem grite e proteste. Um escravo já está levando embora a cadeira dourada de César, visto que não virá... Os conspiradores logo se reúnem para discutir o que fazer. Pela primeira vez, é possível vê-los todos juntos. Talvez, o único que de fato possa se dar conta disso seja Cícero. Decidem enviar alguém em quem César confia cegamente para convencê-lo a encontrá-los. Escolhem Décimo, seu aliado e amigo íntimo de velha data, mas também um conspirador. Poucos minutos depois, está percorrendo as ruas cheias de gente, com o olhar concentrado e os pensamentos confusos: se não conseguir convencê-lo, César partirá ileso para a expedição contra os Partas, o complô será de conhecimento geral, revelado, e será o fim para todos eles. Não percebe, ao virar uma esquina, que colide com outro homem, também decidido e com olhar absorto: é Artemidoro, o filósofo grego que quer alertar César sobre o iminente atentado. Tem a garganta seca, as mãos estão suadas. Mas o papiro continua com ele, que está preparado para mudar os acontecimentos. Os dois homens se olham por uma fração de segundo. Representam lados opostos da marcha da História: um a favor de César, o outro contra… Diante do poderoso político romano, o filósofo, sendo um escravo liberto, abaixa depressa o olhar, inclina a cabeça em sinal de deferência e lhe cede a vez. Será exatamente o que a História também fará em poucas horas.

Casa de César, 9h45: Décimo chega

Décimo não tem dificuldade em ultrapassar a fila dos *clientes* à espera de serem recebidos por César. O escravo empregado na classificação dos postulantes, o *nomenclator*, assim que o vê, leva-o à presença do patrão. Agora Décimo está diante de César, que no mesmo instante percebe algo de errado no amigo de velha data que chega sem fôlego: sua testa está incomumente suada, o tom conciliador, a tensão ressoa em cada palavra. Mas, em vez de encher-se de suspeitas, procura ter empatia e compreender o mal-estar do amigo. "O que diz, César? Um homem como você dará atenção aos sonhos de uma mulher e aos presságios de homens tolos?", teria dito Décimo, de acordo com o escritor antigo Nicolau de Damasco.

Décimo, na verdade, começa a ridicularizar os adivinhos e adverte César de que sua decisão de não ir será vista como uma ofensa por parte do Senado. É fácil imaginar as calúnias, as invectivas, as acusações… Depois, Décimo acusa a esposa de César, Calpúrnia: se tivesse tido sonhos bons, como ele agiria? A recusa de ir ao Senado, diz-lhe o suposto amigo, pode ser interpretado como uma inútil manifestação de arrogância e desinteresse, a ponto de atingir também todos os aliados, que a essa altura estarão impossibilitados de defendê-lo. Onde está, então, o senso de servidão que César deveria experimentar em relação aos romanos e ao Senado?

Enquanto fala, César observa que as veias do pescoço de Décimo também estão ressaltadas como nunca antes… e se pergunta se não subestimou as consequências da sua renúncia. Na realidade, o ditador está com a razão, faria melhor se não fosse ao Senado, mas será traído pela confiança que nutre pelo grande amigo. Que, conforme declara Nicolau de Damasco, oferece-lhe em um prato de prata uma solução diplomática perfeita: se de fato considera aquele dia infausto, é melhor apresentar-se pessoalmente e anunciar que a reunião será adiada. Do outro lado da porta, escutando tudo, está Calpúrnia, que, sem fôlego, presta atenção a cada palavra, torcendo para que o marido não se deixe convencer...

Casa de Marco Brutus, *cerca de 10 horas*

Pórcia, a esposa de Marco Brutus, antagonista de César, está tomada pela ânsia. Não sabe o que está acontecendo na reunião do Senado. Falta-lhe o ar, e consegue ficar de pé com esforço, mas ao menor grito proveniente da rua corre para ver. Pede informações sem parar a qualquer um que venha do Fórum, e envia pessoas que possam buscar notícias de Brutus.

Nunca se fala dessas duas mulheres, apenas dos maridos. No entanto, por suas ações e emoções podemos descobrir muito a respeito do estado de espírito dos dois homens. Pórcia está angustiada. Agora, porém, alcançou o ponto de ruptura. Pálida, tenta dizer alguma coisa, mas de sua boca semiaberta não sai nenhum som, e, de repente, cai ao chão. As servas começam a gritar e todos vão socorrê-la, inclusive os vizinhos, que batem à porta. Começa a correr o boato de que esteja morta. É o que diz Plutarco. Mas o que acontece é ainda mais surpreendente.

Depois de alguns minutos, Pórcia se recupera. Nesse ínterim, contudo, a notícia da sua morte começou a viajar de boca em boca. E chega a Brutus por um escravo sem fôlego. Podemos imaginar seu conflito interno. O impulso de correr para casa, de fazer alguma coisa, e acima de tudo a sede de ter mais notícias da esposa. Mas permanece impassível. Sabe muito bem que agora precisa se concentrar apenas no assassinato de César. "Brutus, como era natural", escreve Plutarco, "ficou arrasado com a notícia que lhe chegou, e apesar disso não abandonou o interesse comum, nem, em vista da dor, mudou o foco para aquela desventura privada".

Casa de César, 10h20: César se prepara para sair

César mantém o olhar fixo nos olhos do caro amigo Décimo. Depois, distrai-se e segue os gestos de um pequeno pássaro, uma trepadeira-comum, entre os ramos de um arbusto de murta no jardim. Seu rosto relaxa e ele olha novamente para o amigo. Tudo bem, vamos até os senadores...

Mas não sai logo. César toma muito cuidado com a própria imagem. Escolhe vestir uma túnica de lã (por causa do vento e do clima ainda frio), e, por cima, a toga vermelha com bordado de ouro, típica dos generais vitoriosos no momento dos triunfos, que o Senado lhe permitiu usar sempre. Aos pés, usa calçados dourados. Passa muitos minutos esperando enquanto os escravos arrumam seus cabelos cada vez mais ralos.

E depois, há o momento da coroa de louros. Usa-a sempre e com prazer (de acordo com os maliciosos, sua utilidade é disfarçar a calvície). Agora sim está pronto.

Mas enquanto César e Décimo estão de saída, ocorre um imprevisto. Algo que ao longo dos séculos será considerado um dos "presságios" mais poderosos. Uma estátua de César, que se encontra no vestíbulo, cai espontaneamente e se despedaça. Os dois se viram de repente e permanecem em silêncio por alguns segundos. Décimo teme o pior e maldiz aquela estranha coincidência. Mas agora César está decidido e se dirige ao portão da *domus*. Observando-o se distanciar, Calpúrnia sente com ainda mais força a tragédia à qual seu marido está se deixando levar. César de repente para, vira-se na direção dela e olha em seus olhos. É um olhar profundo. O último da vida deles juntos, embora nenhum dos dois saiba disso. Depois ele sai pelo portão, onde uma liteira o espera, junto com uma pequena multidão de acompanhantes. Calpúrnia, porém, permanece imóvel, quase paralisada, incapaz de dizer ou fazer qualquer coisa. Observa-o ir embora. Quando o portão se fecha, há apenas o vazio em casa... o calor na alma deixado por aquele último e intenso olhar.

Casa de César, 10h25: um escravo tenta alertar César

Assim que César sai de casa, uma rajada de vento quase lhe arranca a coroa de louros. Enquanto a segura com a mão, percebe um escravo, um rapaz de cabelos crespos e pele escura, que ao lado da porta tenta aproximar-se para dizer algo. Mas no mesmo instante é empurrado e submerso pela massa de pessoas que vieram para acompanhar César. Tenta outras vezes, procura passar pelos corpos e pelas mãos estendidas que aclamam o ditador, até que os braços potentes de um lictor que faz a proteção de César o prendem e o bloqueiam contra um muro. Sua tentativa de dizer-lhe algo importante fracassa.

Quem é esse homem? E sobre o que deseja alertá-lo? Essas perguntas foram por muito tempo repetidas também pelos historiadores antigos. De acordo com Plutarco, trata-se do escravo de outra família senatorial. Não sabemos se sua movimentação foi feita por iniciativa própria ou se foi enviado pelo patrão, talvez um senador amigo, presente no salão, que percebeu o que estava sendo tramado ao ver o desconcerto dos conspiradores por causa da ausência de César, e sobretudo a estranha reação de Brutus, que se manteve lá apesar da possível morte da esposa. O que podemos dizer é que o escravo (ou quem o enviou) não conhece os detalhes precisos do atentado. O rapaz faz a única coisa possível no momento, como escreve Plutarco: "Vendo-se afastado da multidão que se reunia ao redor de César, entrou à força em sua casa; apresentou-se a Calpúrnia e implorou-lhe que o protegesse até que César retornasse, porque tinha sérias informações para lhe dar."

10h30: César se aproxima da morte

César subiu na liteira e deitou-se comodamente, na mesma posição de quando participa de um banquete. Liberou sua guarda pessoal, constituída por fiéis soldados ibéricos que o seguiam com as espadas desembainhadas, mas não está sozinho. Uma verdadeira multidão o acompanhava, fazendo sua viagem parecer uma espécie de procissão. Seguem-no 24 lictores, muitos magistrados, assistentes de César (enquanto pontífice máximo) e também um aglomerado de cidadãos, libertos, escravos e estrangeiros.

A liteira é gradualmente levantada por oito escravos e começa a movimentar-se, com as cortinas bordadas que ondulam a cada passo. O cortejo inicia a marcha sob os olhos curiosos que param e pessoas que aclamam César das janelas das varandas. Todos, aliados e adversários, já o consideram um grande protagonista da História.

A altura em que foi colocada a liteira supera o limite da cabeça de qualquer homem, e por isso ela fica bem visível mesmo de longe. Pessoas saem das *tabernas* para ver de perto o grande general, homens levantam os filhos para mostrar-lhes César, mas também há quem de longe (para dizer a verdade, são poucos) o conteste corajosamente, logo silenciado pelos insultos e pela repreensão de seus simpatizantes. Embora esteja em curso a festa para Ana Perena, há muitas pessoas ao redor do cortejo. Em sua maioria são apoiadores, mas ainda há quem deseje pedir favores, estendem cartas, têm esperança de receber uma indicação para um familiar, mostram-lhe petições… Não sabemos o percurso preciso, mas podemos calcular que cobriu entre 1.250 e 1.400 metros e que durou, considerando a multidão, as subidas e as decidas, cerca de 45 minutos.

Provavelmente César não se dá conta de que vê pela última vez a cidade de Roma desfilando diante de seus olhos em toda sua beleza, como em uma última saudação ao homem que a tornou tão grande. Esse cortejo tem um sinistro sabor de funeral antecipado…

O que César pode ter visto pela última vez? Entre todos os monumentos, os templos e os edifícios que passaram diante de seus olhos durante o trajeto da basílica Júlia aos Rostra, dois em particular lhe transmitiram uma forte emoção, porque estavam ligados a dois protagonistas da sua vida. Duas pessoas que lhe deram respectivamente a glória e o amor: Vercingetórix e Cleópatra.

A Prisão Mamertina, diante da qual a liteira está passando neste exato momento, leva-o de volta no tempo, às guerras na Gália e à rendição do seu grande inimigo, o chefe dos gauleses, Vercingetórix. Foi aqui que, muitos anos depois da vitória, do cortejo de triunfo e de uma longa prisão, ele mandou estrangularem-no. Pensa nos anos que passou na Gália com nostalgia, uma época tão impetuosa e dramática, e ao mesmo tempo tão cheia de vida...

Pouco depois, no Fórum de César que ele mandou construir (uma das poucas obras que viu quase finalizadas ao longo da vida), sente o coração afundar no peito. Lembra-se bem dos dias da sua inauguração, com os triunfos sobre a Gália, o Egito, o Pontus e a África. Foi nessa ocasião que, para acompanhar ao longo do percurso o butim e os vinte acorrentados, César mandou escrever em um grande cartaz VENI VIDI VICI ("vim, vi, venci").

Para o triunfo sobre o Egito, mandou que desfilassem com uma enorme pintura representando o Nilo e uma réplica do Farol de Alexandria. E também foi colocada em cena uma imensa batalha naval com 4 mil remadores e muitas embarcações egípcias que ele mesmo capturara e ordenara que enviassem a Roma para a ocasião. E como esquecer o assombro dos romanos ao verem desfilar também girafas, que ninguém na região vira antes, e que tinham sido rebatizadas "camelopardos" porque faziam lembrar camelos manchados como os leopardos? Naquele dia, desfilou acorrentada, como já foi dito, inclusive a irmã de Cleópatra!

Mas seu suspiro mais doce acontece quando passa ao lado do Templo da Vênus Genetrix, pensando nas tantas obras-primas que são mantidas lá, entre as quais uma estátua à qual se sente muito ligado: a estátua de Cleópatra. Mandou construírem-na em bronze dourado, e é belíssima. Foi colocada ao lado da estátua de Vênus e permanecerá ali por gerações. Ninguém nunca ousará tocá-la, talvez porque tenha sido encomendada por César, na opinião geral um dos maiores romanos de todos os tempos. Não conseguimos vê-la, mas é provável que tenha o semblante de Ísis, divindade que os egípcios associam ao amor, relacionada, portanto, a Vênus (e por isso colocada ao seu lado). De acordo com alguns estudiosos, ela foi representada nua, mas outros acreditam que não. O que podemos dizer com certeza é que retrata uma mulher bonita e sensual, a tal ponto que Apiano, que viveu quase 200 anos depois, relata que a estátua permanece no templo e que é "belíssima". É verdade, no templo há butins de guerra, mas essa escultura, mais do que uma conquista, simboliza outra coisa. O coração conquistado de César. Até porque representar uma rainha estrangeira em um templo sacro, no Fórum e no coração de Roma, é uma homenagem excepcional. Na realidade, é muito mais do que isso...

Cúria de Pompeu, cerca de meio-dia: chega Júlio César

A liteira de César abre caminho pelo grande quadripórtico do Teatro de Pompeu. O olho treinado do grande general logo percebe a reunião dos gladiadores: seus corpos musculosos destacam-se de forma eloquente. Vendo as sobrancelhas cerradas de César, Décimo, que caminhou ao lado dele por todo o percurso, minimiza o fato, justificando a presença deles com a caçada ao gladiador "desertor".

Depois de todas as armadilhas que o próprio César usou para enredar os gauleses, narradas também no *De bello gallico*, é surpreendente que ele não tenha suspeitado do perigo que corria. Talvez esteja distraído pelo caos que movimenta os pórticos, com um vai-vém de pessoas ocupadas com as causas judiciais e nas tantas outras atividades administrativas que são desenvolvidas ali embaixo.

A chegada de César reacende a empolgação dos conspiradores. Agora sim, o plano pode tomar forma. Muitos olhos fitam o grande general enquanto ele desce da liteira com a ajuda dos escravos. O olhar deles desanima quando veem um senador aproximar-se de César. É o mesmo que afirmara ter conhecimento do plano a Brutus e Cássio, e que lhes desejou sorte: Popílio Lenas. Veem-no abrir caminho entre os presentes para ser o primeiro a encontrar o ditador. Agora estão conversando. Brutus e Cássio trocam olhares arregalados. E todos os conspiradores fazem o mesmo: sem ouvir as palavras do senador, temem o pior, isto é, que o complô a César esteja sendo revelado. São instantes intermináveis de derrota. Cássio e alguns senadores já colocaram a mão sobre a alça gélida do próprio punhal, prontos para se suicidarem. Depois, Brutus nota que o comportamento do senador Lenas não é o de um delator, e sim o de um súplice. Brutus não pode alertar os demais porque ao seu redor há pessoas estranhas à conspiração, mas com sua expressão tenta tranquilizar Cássio e os outros, fazendo-os entender que devem aguardar.

O senador Lenas, de fato, beija a mão direita de César e se afasta com serenidade. É evidente que falou de questões pessoais. Talvez nem mesmo ele tenha entendido que o atentado ocorrerá ainda hoje. Os conspiradores relaxam. Alguns se deixam cair pesadamente sobre suas cadeiras com o olhar perdido.

Agora César está próximo de um pequeno altar onde será oferecido um enésimo sacrifício, como é habitual antes de uma reunião do Senado. Mais uma vez, os presságios não são favoráveis. César, aborrecido, dirige o olhar aos amigos, mas Décimo o convence mais uma vez a não dar importância "à conversa vazia" dos adivinhos, para usar as palavras de Nicolau de Damasco, e prosseguir com as questões de Estado.

Naquele exato momento, na multidão, César identifica um rosto familiar: é Epurina, o adivinho que lhe predissera os Idos de Março infaustos. O rosto de César se ilumina e, conforme escreve Plutarco, deixa escapar uma risada. "Chegamos aos Idos de Março, Espurina", diz-lhe, e o outro, em tom grave, solene, e o olhar sombrio sob as grossas sobrancelhas negras, responde: "Chegamos, sim, mas ainda não os transcorremos." Espurina sabe algo do complô e desejava ajudar César? Jamais saberemos.

O líder continua a caminhar no pórtico na direção da entrada da sala da cúria, onde a reunião vai acontecer. Imagine a cena: são muitos os que circundam César para pedir-lhe coisas, dar-lhe pergaminhos para ler, suplicar. Ele fala, brinca, tranquiliza, e segue em frente. A toga púrpura com bordas douradas e a coroa de louros sobre os cabelos brancos deixam-no visível para todos, como um rubi aninhado em um diadema.

Há um homem que não o perde de vista por nenhum instante, enquanto suas mãos suadas abrem caminho afastando as pessoas.

Sua respiração está entrecortada, e o coração lhe martela nas têmporas. Há horas o procura... Um senador de cabelos bem-cuidados e perfumados, incomodado com seu cheiro, vira-se de repente para afastá-lo. Mas fica sem palavras. O homem diante de si é muito mais alto, tem uma barba cheia inquietante, os cabelos crespos em desordem, e principalmente um rosto perturbado, banhado em suor. Em um instante, o senador desaparece. Agora, entre César e o homem não há mais ninguém. O grande general se vira na direção dele e seus olhares se cruzam. César o reconhece na mesma hora e sorri: é seu amigo Artemidoro. O filósofo, como sabemos, está atrás dele há horas para lhe dar aquele rolo de papiro que poderia mudar o curso da História... Agora, por fim, alcançou sua meta: está diante de César. Mas tem apenas uma fração de segundo para entregar-lhe a mensagem. No entanto, há um problema: percebeu que o general recebe muitos bilhetes e papiros enrolados e sempre os entrega de imediato ao secretário pessoal, sem lê-los. É fundamental que o seu não tenha o mesmo fim! César inclina a cabeça, curioso diante da hesitação do amigo filósofo. Artemidoro não tem escolha. Estende devagar a mão como quem aponta um dedo acusador e lhe oferece o papiro. Aproxima-se pouco a pouco, até estar colado ao seu ouvido, e murmura: "Este, César, deve ser lido só por você, e logo; contém revelações de grande importância para você." César faz uma expressão surpresa e não para nem por um segundo de encarar aqueles olhos negros: sempre foram tão seguros ao explicar as coisas da vida, e, no entanto, agora parecem suplicar... Ele olha o papiro banhado de suor e um pouco amassado. Desenrola-o e começa a lê-lo...

Mas a multidão o interrompe de repente, exigindo sua atenção para novas súplicas ou novos cumprimentos. César, no entanto, não entrega o papiro de Artemidoro ao secretário. Coloca-o entre as cartas que leva na mão esquerda para ler em seguida... Isso é o que vê Artemidoro (e o que dizem os antigos como Suetônio). O filósofo grego para e permanece imóvel, enquanto a multidão passa ao seu lado, empurrando-o. Alcançou seu objetivo. Entregou a mensagem a César. Mas será lida? Vê a turba engolir a toga púrpura do grande general, sua cabeça branca coroada de louros se distancia e desaparece por trás da entrada do Senado. Artemidoro está sem forças, esgotado, esvaziado. E vai embora, saindo da História. Terá conseguido mudá-la?

César recebeu a mensagem, e ele lhe pediu para lê-la imediatamente; por que isso não aconteceria?

Essa pergunta, ainda hoje, não tem resposta. É um dos fatos inexplicáveis que ocorreram em oposição à lógica, condenando o grande general. E não foi o único. Pense por um momento: há também as grandes dúvidas levantadas pelos adivinhos e pelos presságios negativos (César pode ser cético, mas é um homem da antiguidade, época em que domina a superstição). A esses fatos acrescentam-se os medos e as palavras de Calpúrnia, ou os temores dos seus seguidores. Sem falar nas suspeitas que certamente César tinha, mas às quais não deu importância. Por que não deu ouvidos a todos esses indícios, sinais, alarmes?

As tragédias, tanto na vida quanto na História, ocorrem através de tantos círculos concêntricos que, colocados um dentro do outro, criam uma espécie de funil mortal no qual a vítima termina. Basta que apenas um desses círculos não ocorra para que a tragédia não aconteça. O ciclo se repete tantas vezes e ninguém nem percebe a proximidade do desastre. No caso de César, o alinhamento resultante do complô, do acaso e, de sua parte, da subvalorização do perigo, foi perfeito. Está para ser cometido o mais famoso homicídio da História.

Cerca de 12h15: o assassinato de César

A poucas dezenas de metros, fora da sala, um outro passo, muito mais rápido e enérgico, atinge o mármore do grande pátio. É Marco Antônio. Havia se distanciado, mas quando soube que César aceitara ir à reunião, correra para a Cúria, contrariado. Está convencido de que o Senado está para nomear cônsul o odiado Dolabela. Não sabe que o que está para acontecer é muito mais grave e modificará sua vida, bem como a de milhões de pessoas sob o domínio de Roma.

Ele também percebeu os gladiadores. Agora estão todos de pé, como se à espera de uma ordem. Sobe as escadas para entrar na cúria, olhando-os com preocupação. Intuiu que há algo estranho no ar. A mão de alguém o segura; ele tira os olhos dos gladiadores e encara o homem que o bloqueou. É Caio Trebônio. Os dois se observam por alguns instantes. Antônio não tem nem mesmo tempo para lhe perguntar sobre os gladiadores, porque Trebônio começa a lhe fazer uma série de perguntas sobre algumas questões deixadas em aberto. Não parecem ser de grande importância, mas o tom decidido e a voz alta de Trebônio lhe incitam a buscar algum tipo de resposta. É o que faz. Mas não basta, o outro continua com novas perguntas, é insistente, segura seu braço e o bloqueia nos últimos degraus com uma série de desculpas. Tudo isso serve apenas para impedi-lo de estar ao lado de César e defendê-lo. O complô agora segue com mecanismos intrincados, colocados em funcionamento como um relógio cujas peças entram em movimento uma depois da outra.

César entra na Cúria de Pompeu com o olhar severo e o passo solene. Seus calçados dourados pisam lentamente em um elegante pavimento com pedaços de mármore colorido. A assembleia dos senadores se levanta e lhe outorga a homenagem habitual.

Ele para e olha a sala: além dos senadores, percebe o vaivém usual de ajudantes e empregados públicos (*apparitores*) que assistem senadores e magistrados. Parece uma reunião como todas as outras. Retoma o passo e prossegue com sua típica caminhada majestosa na direção de sua cadeira: colocada, curiosamente, sob uma grande estátua de Pompeu, seu antigo rival já falecido. Talvez tenha percebido que os conspiradores se dispuseram de pé atrás do seu assento...

Alguém vê Cássio olhar para a estátua de Pompeu e invocá-lo. É o sinal? Nesse ínterim, César se senta.

Os conspiradores agora convergem lentamente na direção dele como uma manada de lobos. Poderia ser uma aproximação inócua para discutir um problema, mas muitos deles têm as mãos escondidas sob a toga. E seguram o punhal...

O primeiro a alcançá-lo é o senador Tílio Cimbro. César mandou seu irmão para o exílio, e é sobre isso que deseja falar-lhe. Suplica que permita o retorno do irmão a Roma... mas é só um pretexto. O início do fim.

Outros conspiradores se aproximam, fingindo unir suas súplicas às dele. O cerco se aperta. A sala mergulha no silêncio, todos observam esse estranho comício de senadores que cercam o ditador.

É possível distinguir as vozes. César rejeita seus pedidos. Mas eles insistem. Então, ele os censura um a um... Sua firmeza nos leva a pensar que não havia ainda nenhuma suspeita, e que não entendeu que tudo aquilo era uma armadilha que de repente é ativada.

Tílio Cimbro o agarra pela toga com as duas mãos e puxa as vestes de César para baixo, expondo o pescoço e parte do busto, deixando-o vulnerável. É o sinal.

César, conforme conta Plutarco, grita: "Que violência é essa?" Sua reação e especialmente a submissão que incute em todos os presentes geram incerteza e indecisão. São instantes em que ninguém tem coragem de agir. Não é fácil, além disso, matar um homem a sangue frio.

César os observa com um olhar feroz. Quem rompe esse momento de paralisia geral, diz Apiano, é Tílio Cimbro, que grita: "Amigos, o que estão esperando?"

O primeiro a pegar o punhal e desferir um golpe é o senador Públio Servílio Casca. Mira no pescoço, mas atinge César no ombro esquerdo, um pouco acima da clavícula. Talvez tenha sido o próprio César que, por instinto (devido ao seu passado militar), se esquivou do golpe, que não é mortal nem profundo. Ele se levanta de repente e agarra o punhal de Casca com a mão, mantendo-o parado. Ambos começam a urrar, e César, acrescenta Plutarco, grita: "Nefasto Casca, o que está fazendo?" Ele, por sua vez, berra pelo irmão que é também senador.

A sala de repente emudece. Todos estão surpresos, até os senadores envolvidos na conspiração, que, segundo Plutarco, "foram apanhados por um arrepio de horror pelo atentado e não ousaram fugir nem socorrer César, e nem mesmo emitiram uma palavra".

De acordo com Suetônio, César agarra o braço do agressor e o perfura com uma caneta (*graphium*), e o fato de ele ter se defendido e atingido pelo menos um dos agressores é uma reação pouco observada e absolutamente importante. Tenta levantar-se da cadeira, mas é atingido pela segunda punhalada. Quem a desfere é Caio Servílio Casca, irmão do primeiro apunhalador. A lâmina cintilante penetra o corpo. O golpe é devastador, afunda no peito e, entre todos os que virão em seguida, será o único mortal. Sobre a pele de César já escorre o sangue...

A essa altura, todos os conspiradores desembainham os punhais e caem sobre César.

O ditador, "preso em uma armadilha, para onde quer que olhasse encontrava golpes e ferro vindo na direção do seu rosto e de seus olhos; ele se debatia como uma fera enjaulada, entre as mãos dos seus agressores", escreve Plutarco. Depois dos irmãos Casca, o primeiro a atingi-lo é Cássio, que instantes mais cedo era o pai sereno que acompanhava o filho maior de idade ao templo. "Dá-lhe um golpe cruzado no rosto", conta Nicolau de Damasco, acrescentando que pouco depois se aproxima o amigo íntimo de César, Décimo, que "o atravessa de um lado a outro sob o lombo".

Uma chuva de golpes cai sobre César.

Todos os conspiradores devem golpeá-lo simbolicamente, afundar seus punhais e "saborear seu sangue", como depois dirá Plutarco. Mas a confusão e a excitação reinam soberanas. E alguns acabam se ferindo também.

Cássio, que tenta lhe desferir outro golpe, acaba atingindo a mão de Brutus. Minúcio também erra o alvo e em vez disso rasga a coxa de Rúbrio.

César tenta resistir como pode e procura reagir, empurra seus agressores, se desloca para se esquivar dos golpes, grita quando é atingido. Os senadores veem apenas um agitar-se descomposto de togas brancas, entre as quais de vez em quando percebe-se a veste púrpura de César, e os punhais que se levantam e caem com violência.

César sente as forças e a lucidez abandonarem-no, um efeito das hemorragias internas e externas que impedem que o sangue e o oxigênio cheguem ao cérebro. Depois, quando vê que até Brutus tira o punhal e se aproxima, entende que é seu fim. Faz uma careta, enche os pulmões com as últimas forças que lhe restam e grita: "Até você, meu filho?", escreve Suetônio.

Essas palavras, que todos nós aprendemos na escola, *"Tu quoque, Brute, fili mi"*, na realidade teriam sido pronunciadas em grego por César: "καὶ σύ, τέκνον?" (*kai sü, teknon?*).

Ao soltar esse último grito, deixa-se cair, sem energia. Sentindo a morte chegar, cobre a cabeça com a toga, talvez na tentativa instintiva de esconder o próprio corpo de seus assassinos, ou talvez repetindo o gesto usado nos sacrifícios para consagrar a vítima aos deuses, morrendo dessa maneira como vítima sacrificial... E a escuridão desce sobre ele.

Com a respiração ofegante, os senadores param, as togas manchadas de sague, os punhais apertados nas mãos ainda pingando o sangue de César.

Alguns comprimem as feridas emitindo gemidos surdos, outros observam o corpo do ditador vibrar com as últimas contrações.

Sob a toga púrpura, escorre devagar uma mancha de sangue vermelho-vivo, que se expande sobre o mármore do piso seguindo as juntas das lajes de pedra. Parece estar buscando um novo horizonte, quase como se a vida abandonasse o corpo de César em busca da imortalidade da História.

Sobre ele, destaca-se a estátua de Pompeu, o antigo rival derrotado. Parece uma vingança póstuma. Foi por acaso que o assassinato ocorreu sob essa estátua, ou foi algo previsto? Nunca saberemos com certeza.

Tudo aconteceu muito depressa, possivelmente em menos tempo do que foi preciso para ler a descrição do assassinato. César recebeu 23 punhaladas, das quais, como já dissemos e será estabelecido por Antistio, seu médico pessoal, apenas a segunda foi mortal.

Mas é possível que ninguém tenha tentado salvá-lo? Apesar da rapidez da ação, dois senadores tentaram. César, como sabemos, elevou à categoria de senador muitos dos seus homens de confiança, inclusive antigos centuriões.

Dois deles, habituados aos campos de batalha, tentaram intervir, mas estavam desarmados, e o grande número de punhais dos assassinos os impediu de salvá-lo.

Agora, reina apenas a confusão. Brutus tenta dirigir-se aos senadores, gritando, para explicar o motivo do assassinato. Poucas palavras, incisivas e teatrais. Do tipo destinado a passar para a História... algo como: "Não temam, apenas César devia cair, nós lhes restituímos a liberdade." Mas suas palavras nunca farão história, porque ninguém o escuta. Nunca saberemos ao certo o que disse. Na sala, na verdade, há apenas uma correria geral, entre bancos e cadeiras caídos. Muitos temem que agora os punhais se dirijam a eles. A Cúria de Pompeu se esvazia rapidamente. Todos os senadores, conspiradores ou não, tomados pelo pânico geral, fogem gritando. Permanece apenas o corpo caído de César. Sozinho e cada vez mais frio.

3

ROMA NO CAOS

Um homicídio... muitos homicídios

O que mais impressiona é que naqueles poucos instantes não foi apenas uma pessoa a ser assassinada, mas várias. Na verdade, grande parte dos principais conspiradores terá uma morte violenta em poucos meses ou anos. Sem contar as milhares de pessoas que perderão a vida nas batalhas terrestres e navais, ou em virtude das listas de proscrição. Não é preciso surpreender-se: para além das lendas nascidas sobre o destino brutal ao qual todos os conspiradores se lançaram, diz-se que era uma consequência inevitável que a morte de César gerasse derramamento de sangue, vinganças e violência sem precedentes. Ele mesmo o previra, entre outros...

Basta uma breve menção ao destino dos principais conspiradores para ficar de boca aberta:

- **Caio Trebônio**, que bloqueara Antônio nas escadarias da entrada da Cúria de Pompeu, será o primeiro a morrer. Será assassinado e decapitado onze meses depois, em fevereiro de 43 a.C., em Esmirna, na Ásia Menor, pelos homens de Dolabela. Detalhe arrepiante: os soldados jogaram futebol com a cabeça dele.
- **Lúcio Pôncio Áquila**, tribuno da plebe na época do assassinato de César, morrerá treze meses depois, lutando contra o

exército de Antônio durante a batalha de Módena, em 21 de abril de 43 a.C.

- **Sérvio Sulpício Galba**, bisavô do futuro imperador Galba, será condenado e executado dezessete meses depois, em virtude da *Lex Pedia*, a lei que Otaviano aprovou em agosto de 43 a.C. que instituía tribunais especiais contra os conspiradores.
- **Décimo (Décimo Júnio Brutus Albino)**, fiel amigo de César e seu "maior traidor", encontrará a morte dezoito meses depois de forma rocambolesca, enquanto tenta fugir da Itália disfarçado de cavaleiro gaulês. Descoberto, executado e decapitado por uma tribo da Gália no fim de setembro de 43 a.C., sua cabeça será entregue a Antônio.
- **Lúcio Minúcio Basilo**, outro antigo fiel tenente de César que depois se tornou seu inimigo, será morto dezoito ou dezenove meses depois por seus escravos em uma vingança pessoal, no outono de 43 a.C.
- **Cícero** (defensor dos conspiradores) será assassinado em Fórmias, por ordem de Marco Antônio, pouco mais de vinte meses depois, em 7 de dezembro de 43 a.C.
- **Cássio (Caio Cássio Longino)**, um dos principais líderes da conspiração, ordenará que um escravo seu liberto o mate no fim da primeira batalha de Filipos, pouco mais de dois anos e meio depois, em 3 de outubro de 42 a.C. De acordo com Plutarco, era o dia do seu aniversário.
- **Lúcio Tílio Cimbro**, o homem que deu o sinal para o início da conspiração, morrerá no curso dos combates em Filipos no outono de 42 a.C.
- **Públio Servílio Casca**, o primeiro apunhalador de César, encontrará a morte em Filipos como Tílio Cimbro. Analogamente ao que acontecerá a muitos dos conspiradores, todos os seus bens serão leiloados, e uma mesa com seu nome esculpido será adquirida por um rico pompeiano e colocada à mostra no átrio da sua *domus*, no coração de Pompeia (onde até hoje pode ser encontrada).

- **Brutus (Marco Júnio Brutus)**, outro líder da conspiração, se suicidará depois da derrota na segunda e decisiva batalha de Filipos, em 23 de outubro de 42 a.C.
- **Pacúvio Antistio Labeone**, famoso jurista, grande inimigo de César, se suicidará em Filipos, no fim da batalha.
- **Petrônio**, refugiado no Templo de Artêmis, em Éfeso, depois da derrota em Filipos, será executado por ordem de Antônio no início de 41 a.C., pouco menos de três anos após a morte de César.
- **Públio Décimo Turulio**, comandante das frotas de Brutus e Cássio, será assassinado em Cós depois da batalha de Áccio pelos homens de Otaviano, no início de 30 a.C., pouco menos de quinze anos depois da morte de César.

A essa longa lista, é preciso acrescentar os conspiradores cujos detalhes das mortes não conhecemos:

- **Marco Espúrio**, senador ou cavaleiro.
- **Caio Servílio Casca**, irmão de Públio Servílio e segundo apunhalador de César, aquele que desferiu o único golpe mortal.
- **Rúbrio Ruga**, anteriormente apoiador de Pompeu.
- **Quinto Ligario**, militar de categoria equestre, foi um dos apoiadores de Pompeu agraciados por César ao fim das guerras civis. Junto aos dois irmãos, será provavelmente vítima das proscrições ordenadas por Otaviano, Antônio e Lépido.
- **Buciliano e seu irmão Cecílio**, dois senadores próximos de Brutus.
- **Públio Sesto Nasone**, senador ou cavaleiro.

Embora não conheçamos as circunstâncias de suas mortes, podemos, todavia, estabelecer o arco temporal em que o falecimento ocorreu. Ao fim de 30 a.C. nenhum deles está vivo: como defende Veleio Patérculo, na verdade, Cássio Parmense foi o último dos conspiradores a morrer. Em menos de quinze anos, portanto, todos os responsáveis pelo mais famoso crime da História foram eliminados.

A fuga de Antônio

Tudo que vimos — as punhaladas, os gritos, a comoção — aconteceu no interior da Cúria de Pompeu. Do lado de fora, ninguém viu nada. Esse evento crucial da História teve como testemunhas apenas os senadores, seus secretários e os trabalhadores presentes na sala. Mas o que aconteceu lá fora? Vamos tentar descobrir a partir do olhar de Antônio.

De início, ele não deu muita importância à insistência de Trebônio, que parou à sua frente bloqueando o caminho e mantendo seu braço preso com firmeza. Os dois são amigos de longa data, desde a campanha na Gália, na qual ambos se destacaram pela habilidade e pela coragem. Conversaram longamente e Antônio de início deu ouvidos ao discurso do amigo, respondendo às perguntas que lhe fazia. Depois de um tempo, no entanto, decerto se perguntou aonde ele queria chegar, mas não teve tempo de perder a paciência, porque a conversa foi interrompida pelos gritos de Júlio César no interior da cúria. É fácil imaginar o susto de Antônio, os cílios franzidos e o olhar interrogador que dirigiu a Trebônio. Naquele momento, percebe um movimento da multidão à direita. Viu a massa dos gladiadores convergir em sua direção, as espadas desembainhadas. Nos seus olhos deve haver assombro, e talvez, por instinto, tenha buscado inutilmente com a mão um gládio no quadril direito. Mas não estamos mais na Gália, hoje Antônio está aqui vestido de cônsul e, é claro, ele não está armado. Por um instante, sentiu-se perdido. Depois percebeu que os gladiadores formavam uma fileira ao seu lado, subindo a escadaria, para se posicionarem diante da porta da cúria, com as armas erguidas, impedindo a entrada de qualquer um. Apenas nesse momento sentiu aumentar a pressão da mão do amigo em seu braço, e ouviu seus gritos para manter-se calmo. Trebônio precisou usar toda sua determinação para lhe explicar o que estava acontecendo. Ou seja, que estavam matando Júlio César, mas que ele não precisava temer, porque o único objetivo da conspiração era César. Sua vida tinha sido poupada pela vontade de Brutus.

Talvez nenhum desses acontecimentos seja uma surpresa para Antônio. Cerca de um ano antes, no verão de 45 a.C., Trebônio propusera que Antônio participasse da conspiração. Antônio se negara, mas, por incrível que pareça, não revelara nada a César. É isso o que Cícero lhe reprovará nas famosas *Filípicas*. Sabia, portanto, que tramavam o assassinato? É razoável supô-lo. Decerto não fazia ideia de que seria realizado hoje. Mas há também outra hipótese: Trebônio, assim que bloqueou Marco Antônio na escadaria, não o atrasou, mas lhe disse que estavam para assassinar Júlio César. Exatamente como lhe propusera no ano anterior. A antiga cumplicidade entre os dois explicaria por que foi Trebônio a interceptá-lo, e não outra pessoa. E talvez ele também tenha lhe dito que, se não se opusesse, nada aconteceria com ele nem com sua família. Explicaria, além disso, por que Antônio não reagiu. São apenas hipóteses, é claro. O que sabemos é que diante das armas estendidas dos gladiadores e da fuga repentina dos senadores, Antônio teve pouco tempo para tomar uma decisão.

De repente as portas no alto da escadaria se escancararam, os gladiadores se puseram de lado e saiu de lá um verdadeiro rio humano em fuga desesperada da cúria. Uma massa que veio ao seu encontro na escada.

Ninguém explica o que aconteceu, todos os senadores gritam correndo, empurrando e assustando as pessoas que estão fora da cúria, que por sua vez também começam a fugir. Ouvem-se apenas palavras como "fuja, fecha, fecha!". Em um segundo se difunde o boato de que na cúria está acontecendo uma matança. O pânico é geral. Imagine a cena: por todos os lados ouvem-se os gritos de quem não participou do assassinato, mas teme que a tempestade possa alcançar a todos, incluindo aos seguidores de César que o acompanharam na liteira. Os presentes estão convencidos de que o delito seja obra do Senado, auxiliado por algum grupo armado, como demonstra a presença dos gladiadores.

Eles convergiram para os pórticos, arrastando quem estivesse na frente, depois no amplo jardim, na direção das saídas mais próximas para alcançar por fim as ruas de Roma, transmitindo bem depressa a terrível notícia.

Diante dessa confusão completa, Antônio faz a única coisa que lhe é possível: foge. Entende que até ele é um alvo em potencial, sendo um dos mais fiéis a César. Ainda não está claro para ele se também há a intenção de assassiná-lo. Mas nesses momentos exaltados, tudo é possível. Por isso, é provável que tenha se misturado à turba de toga dos senadores que tentam escapar. Em algum ponto de sua fuga, deve ter se refugiado em uma casa ou comércio para livrar-se da toga de cônsul e vestir roupas comuns, possivelmente vestes de escravo. Ou então ordena que um dos seus escravos lhe ceda a sua. E depois vai adiante, para casa, mas sem correr: controla o passo para não dar na vista.

Talvez, ainda no início da sua fuga, ele tenha se virado e visto os conspiradores saírem com calma da cúria, com os punhais ensanguentados ainda nas mãos...

Cúria de Pompeu, 12h45: os conspiradores saem

Foi Plutarco que relatou a cena: "Brutus e seus comparsas, do jeito como estavam, ainda quentes de sangue, saíram juntos da sala do conselho mostrando as espadas desembainhadas e se dirigiram para o Capitólio. [...] estavam radiantes, e cheios de ousadia exortavam o povo à liberdade."

Sob o pórtico da Cúria de Pompeu, o grupo se reuniu para fazer um balanço da situação. São muitas as togas ensanguentadas, e os ânimos estão exaltados. Alguém propõe jogar o cadáver de César no rio Tibre, mas Brutus se opõe. Outros sugerem mais uma vez eliminar Antônio. Também nesse caso, Brutus discorda: é fundamental que as pessoas saibam que o grupo desejava apenas eliminar um tirano, não toda uma fileira de adversários. O crime não é político: objetiva suprimir o ditador vitalício para devolver a Roma (e à República) a liberdade. Essa é a mensagem que deve chegar ao povo.

Com efeito, assim que retomaram o caminho pelas estradas de Roma, em certo momento parece que algum deles enfiou sobre uma lança um chapéu frígio de feltro, o mesmo que usam os libertos, os escravos livres, como símbolo do fim da tirania... O grupo de senadores conspiradores liderados por Brutus e Cássio se dirige para o Monte Capitolino. Caminham com calma; ao longo do trajeto unem-se a eles outros senadores que os apoiam. Sua tranquilidade se baseia, decerto, em convicções políticas, mas também na presença concreta do pequeno exército de gladiadores de Décimo, que os escolta pelas ruas com as espadas desembainhadas.

A notícia se difunde e alcança todos os protagonistas

A um fato tão excepcional, segue-se, é claro, uma reação igualmente excepcional. De início os tumultos e o pânico estão localizados em um lugar preciso: a saída da Cúria de Pompeu. Aquelas portas que se escancaram de repente, os senadores que fogem enlouquecidos, podem ser considerados o "paciente zero" de uma epidemia que se difunde por toda a cidade. Ver os gladiadores passeando armados e tão numerosos desencadeia medos profundos. As pessoas fogem desordenadamente, misturando-se aos senadores aterrorizados. O que um comerciante em sua loja ou um cliente em uma *popina* podem ter pensado diante de todo esse pânico? Há quem diga que um exército de gladiadores assassinou todos os senadores, e quem declare que, uma vez sem César, Roma está sendo saqueada. Muitas lojas fecham as portas, as pessoas se trancam em casa. Nessas longas horas de incerteza, serão sinalizados saques de lojas e armazéns, desordens e delitos sem motivos (provavelmente acertos de contas).

A notícia corre de boca em boca, de casa em casa, difundindo-se de um bairro a outro como a sombra de uma nuvem escura sobre Roma. E alcança muitos dos protagonistas que já encontramos até aqui.

Primeiro, a esposa de Júlio César, Calpúrnia. As fontes antigas não revelam como reagiu, mas é fácil imaginar o desespero e o arrependimento por não ter conseguido convencer o marido a não ir para a cúria. Casou-se com ele aos 16 ou 17 anos, e hoje tem

31. Neste momento, domina-a a sensação de que sua vida está irremediavelmente destruída e sem futuro. Nunca mais se casará de novo. É provável que passe longos períodos de recordações e tristeza olhando o mar da imensa Villa de propriedade do pai, Lúcio Calpúrnio Pisão, em Herculano. Como às vezes ocorre, a história e a arqueologia se dão as mãos: a famosa Vila dos Papiros, sepultada pela erupção do Vesúvio em 79 d.C., pertencia ao sogro de César, pai de Calpúrnia.

Quase ao mesmo tempo, a notícia chega à outra mulher, a esposa de Brutus. A reação de Pórcia é totalmente diferente. E, tranquilizada, é provável que lhe envie um mensageiro para informar ao marido que está melhor e parabenizá-lo.

A confirmação da morte de César chega também a Lépido, que retorna com seus soldados para a Ilha Tiberina. Não conhecemos suas palavras. Sem dúvida há desconforto e dor pelo amigo perdido, que gostaria de vingar, e uma miríade de perguntas sobre o futuro que, no entanto, continuam sem resposta.

E há também Artemidoro de Cnido. Como recebeu a notícia, não sabemos... Talvez tenha ouvido os tumultos e o pânico nas ruas. Como tantos romanos, aproximou-se para entender o que acontecera e alguém lhe disse. Passará o resto da vida perguntando-se se não poderia ter feito algo a mais ou melhor para salvar César, e onde errou. Talvez devesse ter-lhe dito cara a cara sobre o atentado, sem esperar que lesse o papiro? Agora essa pergunta não faz mais sentido.

13h20: domus *de Antônio*

Com o passo ritmado que usa para longas marchas, o escravo se enfia no beco lateral da *domus*, uma das maiores e mais suntuosas do Palatino. Todos na vizinhança recordam que aqui vivia o famoso tribuno Públio Clódio Pulcro, assassinado anos antes. Agora quem reside ali é sua viúva, com quem teve dois filhos. A mulher, na verdade, casou de novo, primeiro com outro homem rico e poderoso, o tribuno da plebe Caio Escribônio Curião, e depois, quando ele também foi morto na África pelos defensores de Pompeu durante um combate por César, com Marco Antônio.

O escravo agora está parado diante de uma das entradas atrás da *domus*, uma entrada de serviço que em geral é utilizada pelos escravos nas entregas da cozinha. Visto por trás, enquanto está batendo na porta, parece de fato humilde. Sua túnica é lisa e cheia de manchas de gordura, enquanto a *paenula* que veste é velha e furada em vários pontos. Parece um "poncho" de couro que termina com uma espécie de cone para envolver e proteger a cabeça, como um capacete medieval, e, com o lenço que lhe cobre o rosto, o escravo está irreconhecível. Embora tenha batido com força várias vezes, ninguém abre. Olha em volta preocupado e depois volta a bater. Finalmente o som da tranca o enche de esperança. A porta se entreabre e emerge o rosto de um escravo da casa, careca e com a barba negra, que o observa com suspeita. Vendo-o tão miserável, pergunta-lhe o que deseja, depois percebe algo de estranho: as mãos são bem-cuidadas, e, sobretudo, vê um anel de ouro maciço com pedra encrustada que ele conhece bem. Aquele homem não é um vagabundo que veio pedir esmola. No mesmo instante, o desconhecido tira o capuz e o lenço, revelando o rosto e a identidade: é Antônio, o patrão!

Pouco depois, o cônsul chega ao coração da *domus* e abraça com força os filhos Julo e Antilo (diminutivo de Antonilo, ou seja, "pequeno Antônio"), que têm apenas 1 e 2 anos. Naqueles momentos dramáticos, seu primeiro pensamento foram os filhos, que não vivem na elegante habitação onde o encontramos esta manhã. Aquela é uma casa de representação, em que oferece banquetes oficiais, recebe hóspedes importantes, e também mulheres. Na realidade, sua família vive aqui. E foi para cá que ele correu, temendo o pior. Sua esposa, Fúlvia, o observa com o olhar cheio de perguntas. O que faz um cônsul se vestir como um escravo? Em poucas e exaltadas palavras, Antônio lhe explica o que aconteceu e por que precisou se disfarçar. Fúlvia entende de imediato a gravidade da situação. Não é uma mulher comum, é uma verdadeira protagonista, uma czarina nos bastidores da Roma "que importa". Mulher decidida, ambiciosa e calculista, é muito diferente da matrona clássica. Não é graciosa: a respeito dela, Veleio Patérculo escreveu que "de mulher só tem o corpo". Mas conquista os homens com seu cérebro e seu caráter. O historiador Barry Strauss, em referência à chamada "guerra de Perúgia", que será combatida no futuro contra Otaviano, escreveu que Fúlvia foi a única mulher que pegara uma espada e recrutara um exército. Mais tarde, de acordo com as fontes antigas, se divertirá enfiando um alfinete na língua da cabeça decapitada de Cícero, que era, entre outras coisas, seu vizinho. Não é por acaso que nos detivemos no caráter e na personalidade de Fúlvia. O fato de ser uma mulher forte, uma megera, é muito importante na nossa história sobre Cleópatra.

Quando se casa com Antônio, os dois já se conhecem há algum tempo. Para ele, que havia sido amigo dos seus dois maridos anteriores, desposar Fúlvia representou não apenas um resgate da própria imagem — sua história turbulenta e mal falada com Licoride, a atriz, animadora de banquetes, prostituta de alto nível —, mas também um alívio para suas finanças, uma vez que Fúlvia era riquíssima. O relacionamento dos dois, em uma época de casamentos arranjados, decerto foi motivado por sentimentos sinceros. No entanto, não é uma relação de igualdade. O cônjuge forte é ela, muito provavelmente capaz de submeter Antônio aos seus desejos.

Embora seja um soldado corajoso, um comandante hábil, um orador experiente que nunca se deixa intimidar pela plateia ou pelos senadores, Antônio é fraco no trato com as mulheres, incapaz de se impor. Um macho "beta", bem diferente de César, que se destacava como "alfa".

Por outro lado, mesmo na época moderna, homens de sucesso no trabalho, capitães da indústria carismáticos e de caráter, muitas vezes demonstram uma ingenuidade desarmadora, submissão e perda da capacidade de decisão ao confrontarem-se com mulheres hábeis em enredá-los e dominá-los.

Para Antônio também é assim? É difícil dizer hoje, mais de 2 mil anos depois. No seu caso, parece ser algo mais: a busca por uma companheira forte e protetora em quem refugiar-se. E Cleópatra vai entender isso muito bem.

É importante destacar que as uniões nessa época não são guiadas por uma atração física ou sentimental, mas, sobretudo, pela vontade de selar acordos de política, poder e riquezas. O que explica muitas vezes estranhos equilíbrios entre os casais, compreensíveis apenas por uma conveniência recíproca na relação.

Horti Caesaris, 13h30: Cleópatra recebe a notícia

Do outro lado do Tibre, na deslumbrante Villa de propriedade de César, a notícia ainda não chegou. Cleópatra está deitada em uma cama coberta por travesseiros. Seu braço descansa sobre uma cabeceira que termina dos dois lados com cabeças de leopardo esculpidas. Está conversando com Carmione, sua dama de companhia, que lhe confessa a atração que sente em relação a um fascinante senador romano de olhos azuis como o céu. O vinho que estão tomando foi enriquecido com especiarias provenientes da Índia. A pouca distância, um braseiro difunde por toda a sala um perfume adocicado de incenso misturado a outras essências. Não parece estar em Roma, mas no meio do caminho entre o Egito e a Índia.

De repente, no fundo da sala surgem três homens: Amônio, o principal conselheiro da rainha, o ancião Serapião, em quem Cleópatra confia cegamente, e Olímpio, seu médico pessoal. Cleópatra fica tensa e os observa enquanto se aproximam, seguidos por um grande número de homens da escolta, que discretamente se colocam em posição de defesa na sala, enquanto os guardas romanos se mantêm na saída. A rainha percebe no mesmo instante que houve alguma emergência. Mas o que aconteceu? É o sábio Serapião quem vai até ela primeiro. Apesar do sorriso, sua expressão é tensa. Senta-se ao lado de Cleópatra. Olhando-a nos olhos, dá a notícia da morte de César, especificando que ainda são boatos, que nada se sabe ao certo, mas a cidade está tomada pelo pânico e colocaram em prática um plano de proteção da Villa para garantir sua segurança e a de Cesarião.

O olhar de Cleópatra de repente perde toda a segurança. Tem a sensação de cair em um abismo. Falta-lhe o ar. Sente-se fraca. Seu médico pessoal, Olímpio, se adianta, mas ela se recupera, segurando-se nas bordas da cama. Seus dedos afundam no colchão como garras. Encara Amônio, e depois Serapião, enquanto seus olhos se enchem de lágrimas que com esforço consegue conter. Passam segundos intermináveis. Todo o seu mundo está desabando: César, o homem que está no centro de sua vida, os projetos que tinham juntos, talvez um outro filho, e também o Egito que tornou-se vulnerável agora que lhes falta a proteção do ditador. Bastaram poucas palavras para fragmentar toda sua vida. Está em estado de choque, o olhar perdido no vazio. O que rompe esse feitiço maldito é o abrir de uma porta, da qual emerge um rosto sorridente: é Cesarião, que corre para a mãe, seguido pela serva que cuida dele. O abraço de Cleópatra talvez seja um dos mais fortes que ele um dia receberá. A rainha afunda o rosto no calor do filho, como se quisesse esconder-se ali. Depois de poucos segundos, levanta a cabeça. Seus olhos adquirem nova luz, estão novamente carregados de vitalidade e força. Lampeja neles toda a raiva de um leão ferido. Cleópatra observa de novo Serapião e Amônio. Ordena que enviem mensageiros para recolher a maior quantidade de informações possível. Nos últimos meses, habituada às intrigas do palácio, entendeu quem são os inimigos de César e como a elite tradicional romana é hostil. Embora ainda não saiba quem são exatamente os conspiradores, nutre em relação a Brutus e Cássio fortes suspeitas, e desconfia de pessoas falsas como Cícero e muitos dos outros senadores.

Aguardará na Villa o retorno dos mensageiros e, com base nas notícias recebidas, decidirá o que fazer.

13h30: o corpo de César é levado para casa

Faz cerca de quinze minutos que os conspiradores, ainda com os punhais desembainhados, entrincheiraram-se no Capitólio. Até agora tudo está acontecendo de acordo com seus planos. Oficialmente, estão aqui para rezar aos deuses, mas na realidade o Monte Capitolino para eles é como uma fortaleza: é muito íngreme em diversos pontos, portanto facilmente defensável, e encontra-se em uma posição estratégica porque domina o Fórum.

O corpo de César, contudo, permaneceu caído na cúria, sob a estátua de Pompeu manchada de sangue, já sem vida há mais de uma hora. Muitos vieram vê-lo, mas ninguém ousou tocá-lo. Como é compreensível, nenhum dos seus apoiadores permaneceu, todos fugiram por medo de serem mortos. De início, como já foi dito, os conspiradores pensaram em jogar o corpo de César no Tibre, mas desistiram, não apenas pela oposição de Brutus, mas também por causa da presença das tropas de Lépido na Ilha Tiberina. Teria sido muito arriscado.

Por fim, três escravos fiéis a César levam o corpo, levantando-o com mil cuidados. Como deve ser estranho sustentar o cadáver já frio desse homem tão grande e forte que escorrega para os lados quando o transportam na direção da liteira. Para onde foram sua realeza e sua dignidade?

Os escravos deixam para trás apenas uma grande poça de sangue que já começa a coagular, e listras vermelhas na base da estátua de Pompeu, que permanecerão ali por um longo tempo, de acordo com Plutarco, como se fossem uma espécie de filme da lenta e progressiva queda de César sob os golpes implacáveis dos seus assassinos.

No silêncio geral, um misto de embaraço e respeito, seu corpo sem vida é aninhado com delicadeza sobre a liteira de marfim e ouro que o carregara pela manhã. Alguém, piedosamente, apoia a coroa de louros ao lado do cadáver.

Inicia-se, assim, a última viagem de César. Uma viagem lenta, visto que apenas três escravos o carregavam. A liteira vai devagar em direção ao Fórum, evitando, por motivos óbvios, o Capitólio. É um trajeto tocante: quase posso vê-la passar pelas ruas, a passos lentos, e os romanos olhando a cena petrificados das calçadas, das casas, das lojas. Muitos deles choram. Ouvem-se lamentos e invocações. Por respeito, alguns cobrem a cabeça com o manto, um sinal com que reconhecem a sacralidade do homem.

A visão que lhes é apresentada é arrepiante. As cortinas laterais que protegem a liteira estão levantadas, e é possível ver o corpo agredido e o rosto atingido pelas punhaladas. Sem contar o detalhe que permanecerá por toda a vida na mente de quem o viu: o braço de César, pendido, que balança no vazio a cada passo dos três escravos.

As palavras de Nicolau de Damasco descrevem com grande eficácia a cena: "As cortinas estavam levantadas de ambos os lados, e era possível ver as mãos pendentes e as feridas no rosto. Então, ao observar aquele homem que pouco antes era homenageado como um rei, todos tinham lágrimas nos olhos; por todos os lugares o acompanhavam lamentos e gemidos de gente que chorava dentro das casas diante das quais passava, pelas ruas e nos vestíbulos."

A chegada à casa é um dos momentos mais dramáticos. Calpúrnia sai gritando e chorando, junto de suas criadas e todos os servos. Podemos imaginar a forma como o abraçou: como uma mãe abraça o filho. Provavelmente precisou se esforçar para reconhecer, naquele rosto frio, pálido e escavado pela morte, o homem que poucas horas antes a segurou entre os braços, forte, seguro e protetor. A morte de um marido, de um homem como Júlio César, supera qualquer limiar de tolerância. Não é apenas uma pessoa que morre, mas uma certeza sobre a qual se mantém uma casa cheia de vida (a de Calpúrnia), uma cidade fulcro da História (como Roma), e um domínio que se expande por todo o Mediterrâneo.

Pouco depois da chegada do corpo à casa, o médico pessoal de Júlio César, Antistio, o examina. Podemos imaginar sua comoção, a dificuldade de manter o papel de médico e afastar o papel de amigo de longa data. Depois da autópsia, deve ter chorado por bastante tempo. É ele, como já dissemos, que entre tantas feridas entende que apenas uma foi mortal: a segunda, recebida no peito. Quer tenha atingido o coração ou um pulmão, teve um efeito tão devastador que logo provocou a morte do ditador: em poucos segundos no caso do coração, e um pouco mais de tempo no caso do pulmão, considerando a hemorragia maciça que derivou dela.

Cerca de 14-16 horas: Brutus tenta convencer a multidão

É quase certo que Brutus e Cássio viram a liteira com o corpo de César passar aos pés do Capitólio. Não podemos precisar o que pensaram ou disseram, mas é razoável imaginar que tenham ficado exultantes. Em seguida, por solicitação de seus apoiadores, desceram ao Fórum para falar à multidão que se reuniu, escoltados por um pelotão de gladiadores e escravos. Entre os muitos que os parabenizam, há também cidadãos importantes. Pouco depois, os dois sobem na tribuna dos Rostra capturados pelos Antíates na batalha de 338 a.C., aos quais se acrescentaram em seguida os subtraídos aos cartagineses na batalha de Milas, em 260 a.C. O povo emudeceu. Brutus toma a palavra, e Cássio fala em seguida. Parabenizam Roma, que, seguindo o exemplo dos antepassados que destituíram os reis, reconquistara a liberdade. Seus discursos tranquilizam a turba, que agora parece ver os conspiradores com mais simpatia. Embora lamentando por César com um profundo silêncio, respeitam Brutus. Mas tudo muda quando Cina, um parente distante de César (é irmão da sua falecida primeira esposa), que havia pouco o nomeara pretor, toma a palavra. Cina o define como tirano e tira a toga de pretor em sinal de desprezo. É um grave equívoco. A multidão se torna feroz, Brutus e Cássio são obrigados a escapar, refugiando-se outra vez no Capitólio...

"Os conspiradores", observa o historiador Giovanni Brizzi, "apesar de terem preparado adequadamente o assassinato do tirano — até Rômulo havia sido morto em nome desse conceito —, não se prepararam para assegurar a posse daquele poder, deixando ao Senado e aos magistrados (entre outros, Antônio, cônsul, e Lépido, representante de César como *dictator*) a possibilidade de tomá-lo. Parecem acreditar, pelo menos os mais idealistas, que a República vai ressurgir no instante em que o tirano cair, por isso Cícero diz que a conspiração foi planejada 'com ânimo viril, mas inteligência infantil'. Do assassinato de César, diz-se que foi mais do que um crime, foi um erro. Mas se César tivesse tido uma morte natural, provavelmente as coisas não teriam sido diferentes: a República estava no fim, e sempre haveria um Otaviano para entender que a grandeza de César também fora sua fraqueza. Como alguns grandes nomes do passado, e talvez ainda mais do que eles, tinha sido um 'homem memorável, embora mais nas artes da guerra do que da paz', sem nunca compreender que, no inevitável poder pessoal que estava para nascer, contavam mais as justificativas do que a pompa".

Dolabela, o homem que seria nomeado cônsul apesar da contrariedade de Antônio, contribui para aumentar o momento de grande confusão. A morte de César adiou sua candidatura, porém, no entanto, ele se apresenta no Fórum vestindo a toga — na prática, se autoproclama —, sobe aos Rostra e faz um discurso violentíssimo contra César e a favor dos conspiradores. É um homem pouco confiável, que muda de opinião de acordo com a direção do vento, e agora está subindo no vagão dos vencedores. Pelo menos no vagão daqueles que ele, por um erro de julgamento, considera vencedores. Depois sobe ao Capitólio para parabenizá-los. Não está sozinho: Cícero é um entusiasta. A maioria dos senadores neste momento é favorável aos conspiradores, os quais enviam mensageiros a Antônio e Lépido para fazer um acordo por vias não oficiais e sem derramamento de sangue.

No fim da tarde, por volta das 16h30, abate-se sobre Roma um violento temporal com raios e trovões tremendos. O vento e a chuva forte fazem dispersar as últimas aglomerações de pessoas que ainda discutem sobre o assassinato de Júlio César. É como uma cortina que fecha um dos dias mais difíceis da história de Roma.

20 horas: Antônio e Lépido debatem

São momentos difíceis para os homens fiéis de César, Antônio e Lépido. O que devem fazer agora? Por certo os dois trocaram mensagens. Sabemos também que se encontraram, mas não sabemos a localização do encontro. Lépido, que é um homem de ação, impulsivo, tem uma legião na cidade e propõe agir de imediato, atacando os assassinos de César. Antônio, por sua vez, é mais prudente, prefere esperar. Teme que o Senado possa apoiar os conspiradores, e nesse caso seria o fim para eles. Os dois sentem-se encorajados quando percebem que até os conspiradores estão inseguros em relação ao próximo passo. Não parecem ter um plano. Além disso, o apoio da multidão no Fórum não pareceu muito convincente. Dessa maneira, decidem jogar no ataque e tomar a iniciativa. No dia seguinte, ao amanhecer, as tropas de Lépido tomarão posição no Fórum, prontas para atacar o Capitólio, se necessário. Antônio, nesse ínterim, envia mensageiros para fora da cidade a fim de pedir o retorno dos veteranos de César. Convence-os facilmente ao dizer que, com a morte de seu general, é provável que percam todos os terrenos que haviam recebido como recompensa pelas campanhas militares vitoriosas.

Meia-noite: a primeira noite sem César

Ninguém em Roma consegue dormir com facilidade. Os legionários na Ilha Tiberina estão alarmados como se estivessem em território inimigo. As estradas estão vazias, batidas pelo vento frio.

A população retornou após a festa dedicada a Ana Perena, mas se fechou em casa: em cada *domus*, em cada *insula*, em cada apartamento, as pessoas estão reunidas e angustiadas, invocando mil perguntas sobre o futuro. César estava ao lado do povo, que sempre o amou. Apesar dos boatos sobre ele e Cleópatra, era muito melhor do que a panelinha de senadores corruptos que agora voltou a comandar, fortemente ligada às famílias aristocráticas... E agora, o que vai acontecer? O sentimento não é o mesmo nas ricas *domus* dos senadores, onde a morte de César é muitas vezes vista como a possibilidade de recuperar o poder e os antigos privilégios do Senado. Mais de um deles brinda e se regala com banquetes, feliz por essa mudança.

Nos templos, sacrifícios são feitos para compreender o que vai acontecer a partir de agora. Antônio e Lépido têm reuniões febris com seus aliados. Calpúrnia chora desesperada. Pórcia está feliz. Brutus e Cássio, após as comemorações, tentam entender qual o próximo passo, intuindo que a morte de César não criou um mundo mais fácil em que todos estão de acordo, mas, ao contrário, gerou um desequilíbrio na balança política, com problemas ainda mais difíceis de resolver.

Assim termina um dos dias mais importantes de toda a história da humanidade...

E Cleópatra? Está fechada na sua residência do outro lado do rio, cercada por guarda-costas posicionados em cada entrada e em cada corredor. Em seu quarto, iluminada pela luz fraca das lamparinas, está aninhada entre lençóis cujas pregas, como um mar tempestuoso, mostram todo seu desespero. Carmione acaricia seus cabelos devagar, em silêncio, procurando passar-lhe alguma serenidade, mas ela quase não parece se dar conta. Seus olhos estão esbugalhados, encarando a escuridão: é como agora vê o próprio futuro. Nunca se sentiu tão sozinha e vulnerável. Entre os braços, como se fosse um salva-vidas na tempestade da vida, segura sua única certeza como mulher e como mãe: Cesarião, que dorme tranquilo, alheio aos acontecimentos, com os cabelos grudados à testa por causa do grande calor que as crianças produzem durante o sono. Cleópatra apoia o nariz sobre esses cabelos e busca seu perfume. É a única coisa que a acalma...

Os novos dados de César

Os dias que sucedem os Idos de Março são frenéticos. Não é o objetivo desta obra detalhá-los. Quisemos narrar cada minuto da morte de Júlio César porque são fatos que lançam, como dados sobre o pano verde da História, os protagonistas dos próximos capítulos: em destaque, Cleópatra e Antônio, e, depois, Brutus, Cássio e outros novos rostos como Otaviano, Agripa, Mecenas... Com o passar dos meses e dos anos (e das páginas), você verá como esses dados, rolando e piruetando, antes de pararem mostrarão uma face vencedora, depois uma perdedora, e de novo uma vencedora, e assim por diante, em um crescendo de tensão em que nunca será possível entender quem está para triunfar. Até que os dados param por completo, revelando o papel que o destino decidiu para cada um dos atores em cena. Não é fácil narrar em apenas um livro catorze anos de eventos políticos, batalhas em terra, confrontos navais épicos, amores, filhos que nascem, protagonistas que morrem... Uma vez que não é possível descrever tudo, buscaremos atravessar esse período tão importante concentrando-nos nos fatos mais relevantes e tratando outros com menos profundidade.

No dia seguinte à morte de César, ao amanhecer, Lépido segue com as tropas da Ilha Tiberina para o Fórum. Cleópatra, assim como boa parte dos romanos, certamente viu os soldados em marcha, e é fácil imaginar como todos devem ter temido o desencadear da situação: levar um exército para dentro da cidade, ultrapassando o *pomerium*, é um sacrilégio. Infringe uma das proibições mais sacras do governo de Roma. Mas essa violação demonstra o nível de tensão a que chegaram e a proximidade que estão da guerra civil.

Os legionários comandados por Lépido se posicionam no Fórum aos pés do Monte Capitolino, onde Antônio se junta a eles vestindo as insígnias de cônsul. O ataque parece apenas uma questão de minutos.

Brutus e Cássio, barricados no Capitólio, estão ao alcance sonoro e ouvem com clareza as ordens dos centuriões aos soldados; a essa altura, começam a temer o pior.

Tanto Antônio quanto Lépido incitam a multidão no Fórum, afirmando que o assassino de César não deve permanecer impune. A turba reage, há um tumulto... Estamos a um passo da carnificina nos lugares mais sacros da cidade: o Capitólio e o Fórum.

Cleópatra recebe notícias confusas e contraditórias. Ela está ao lado de Antônio e Lépido, é claro, mas com quem pode contar em momentos tão incertos? É provável que tenha enviado mensageiros aos homens mais confiáveis de César, como Lúcio Cornélio Balbo, um verdadeiro "Mazzarino" de César, ou Caio Ópio, definido por alguns autores modernos como "os olhos e os ouvidos" do grande comandante, os únicos com os quais tem canais abertos. Mas que poderes eles têm, agora que seu grande líder está morto? A alternativa seria Aulo Hírcio, um dos mais fiéis logo-tenentes de César e seu amigo: ela o conhece bem porque ele também esteve em Alexandria, quando precisaram defender-se por meses, barricados no quarteirão do Palácio Real e do porto grande. Mais uma vez esta é uma emergência, e certamente Cleópatra confia nele. Não pode fazer muito mais, e aguarda angustiada, vendo brilharem na noite as fogueiras dos acampamentos militares no Fórum e na Ilha Tiberina, e também as dos conspiradores sobre o Monte Capitolino.

São muitos os que gostariam de atacar o Capitólio e resolver a questão com Brutus e Cássio, mas, surpreendentemente, é Antônio quem os salva: decide negociar com os conspiradores e propõe a eles um encontro, uma reunião do Senado no dia seguinte. Ao fazer isso, demonstra sua habilidade de estrategista. É um ótimo negociador, mas também um político prudente. Ele mostra suas cartas com discrição, indo à casa de César para encontrar Calpúrnia, a viúva. A mulher lhe confia cegamente todos os documentos do marido e boa parte da fortuna, acreditando que estarão em mãos mais seguras... Em poucos minutos, Antônio torna-se o guardião de uma soma inacreditável: 4 mil talentos, equivalentes a 100 milhões de sestércios. É difícil fazer uma comparação com os valores da nossa época, mas é provável que seja uma quantidade equivalente a 600 milhões de euros. É como se um jogador de pôquer conseguisse de repente uma montanha de fichas. Nesse momento, do ponto de vista econômico, ele tem todas as possibilidades de vitória.

Mas os documentos representam uma outra carta que ele joga com habilidade: de acordo com Plutarco, na verdade trata-se de apontamentos a respeito de tudo o que César estabelecera ou projetara. Assim, nas semanas seguintes, Antônio acrescentará às listas de César novos nomes, que lhe agradam mais. E nomeará essas pessoas magistrados ou senadores, dizendo sempre que estavam nos apontamentos e, portanto, que era a vontade de César... Seguindo o mesmo estratagema, vai libertar amigos da prisão e permitirá o retorno do exílio de outros cidadãos. Os romanos não são estúpidos, e chamarão tais abençoados, salvos de forma duvidosa por quem já está no além, de "carônitos", em referência a Caronte, o barqueiro dos mortos.

Em sua visita a Calpúrnia, Antônio decerto viu o cadáver de César. De acordo com a tradição, seu corpo foi lavado e preparado com os unguentos dos *pollinctores*, os mesmos que colocarão em sua boca uma moeda para pagar a oferta a Caronte no além. Depois de ter sido vestido com as vestes mais luxuosas, o corpo é exposto no átrio de sua casa por alguns dias antes do funeral.

Se para César o tempo parou para sempre, fora da sua morada ele corre veloz na direção de um futuro ainda incerto para todos.

Na mesma noite, Antônio ordena que os soldados se alinhem para guardar os portões de Roma. Durante toda a noite, as tratativas prosseguem. Os romanos começaram a perceber que são poucos os conspiradores e seus apoiadores. A balança da opinião pública começa a pender a favor de Antônio e Lépido, e, em geral, a favor dos cesarianos, fiéis a Júlio César.

No dia seguinte, os senadores se reúnem no Templo de Telo, a deusa da terra, símbolo da fecundidade. Entre os senadores há também o notável Dolabela, que, percebendo o lado mais forte, mais uma vez mudou de campo de batalha, e agora está junto dos cesarianos. Lá fora, a multidão de veteranos grita "Vingança!", e, com dificuldade, Antônio consegue acalmá-la com seu discurso. Respondem, contudo, os gladiadores armados de Décimo, que gritam "Paz para a República!". A atmosfera é fervente dentro e fora do templo. E a discussão se aquece. É então que Antônio pronuncia um discurso magnífico, capaz de convencer a todos com a proposta de um compromisso: conceder a impunidade aos assassinos de César e ao mesmo tempo manter em vigor todas as suas decisões de Estado (os *acta Caesaris*). Ao que parece, isso salvaria tudo e todos: os veteranos mantêm suas terras, quem foi eleito por César ao cargo de senador, ou designado como governador, pretor ou outro cargo mantém seus benefícios, e ninguém matará os conspiradores. Todos, é claro, têm algo a ganhar com a proposta. Colocam de lado espadas e punhais para discutir e construir o futuro com as leis e o Senado. É um exemplo de democracia. E tal acordo também salva Roma, porque impede uma guerra civil. Mas muitos sabem que é apenas uma forma de adiar o acerto de contas que, como veremos, alimentará os próximos anos com guerras, acordos, conquistas, traições e... encontros, como o de Antônio e Cleópatra.

Essa reunião do Senado representa a vitória dos cesarianos e a derrota dos cesaricidas (como foram definidas pelos historiadores as duas facções). Mas é sobretudo uma obra-prima política de Antônio: ele não tem tropas; se tivessem chegado a um confronto armado, Lépido teria vencido, e a vitória teria sido atribuída a ele, não a Antônio. Além disso, mantendo a validade das decisões de César, Antônio faz acima de tudo um favor a si mesmo, porque conserva o poderoso cargo de cônsul. Ao sair do templo, é aclamado por todos como o salvador que impediu uma guerra civil.

Para entender o que virá em seguida, é preciso acrescentar que as províncias foram distribuídas com base nas disposições de César: a Brutus foi atribuída Creta, Cássio ficou com a África, Trebônio com a Ásia, Cimbro obteve a Bitínia, e Décimo, a Gália Cisalpina. Estabelece-se, assim, uma "geografia" dos futuros confrontos.

Não participaram dessa reunião todos os autores materiais do assassinato, como Brutus, Cássio e vários outros, porque temiam ser mortos. Na sala estavam, porém, todos os senadores que os apoiavam, e que desceram do Capitólio para um aperto de mãos no Fórum com Antônio e Lépido: mas, como prova de quanta desconfiança ainda havia, eles requisitaram primeiro uma troca de reféns. Antônio e Lépido aceitaram e enviaram ao Monte Capitolino os próprios filhos: sim, Antilo, que tem pouco mais de 2 anos, tornou-se um pino de estabilidade para Roma.

De noite, aconteceram banquetes de pacificação cruzada: Brutus, ainda com a mão enfaixada, foi jantar na casa de Lépido, e Cássio foi à casa de Antônio. É fácil imaginar a atmosfera na ocasião. Sabemos por Dião Cássio que em determinado momento Antônio disse a Cássio: "Você trouxe hoje também um punhal sob a axila?", e o outro respondeu: "Sim, e por sinal é muito longo, para o caso de você também aspirar à tirania."

O testamento de César ignora Cesarião e Cleópatra

Um momento crucial nesse período foi a abertura do testamento de Júlio César, guardado pelas Vestais em seu templo. Quem foi requisitar sua leitura pública e buscou o testamento, é interessante notar, não foi a viúva de César, Calpúrnia, sua parente mais próxima, mas o sogro, proprietário, como se diz, da fabulosa Villa dos Papiros de Herculano: Lúcio Calpúrnio Pisão. Por quê? Esta ainda é uma sociedade essencialmente patriarcal, apesar de sua inegável abertura para a emancipação feminina. Em muitas famílias, quem decide é sempre o homem, ou, em sua ausência, o homem "mais importante" à disposição. Quando um homem e uma mulher se casam, o matrimônio pode ser *"cum manu"* ou *"sine manu"*, e compreende-se por *manus* a posse da esposa: no primeiro caso, a "propriedade" da mulher passa do pai ao marido; no segundo caso, apesar de ter se casado com um homem, a "propriedade" do pai permanece e o marido não tem sobre ela nenhum poder legal. Vem daí a famosa expressão atual "pedir a mão" de uma garota ao pai: ao contrário do que se acredita, não é um pedido simbólico de pegar a noiva pela mão e levá-la na direção de um novo futuro, mas o que se pede ao pai é a sua propriedade (*manu*). Naturalmente, é só um modo rebuscado de falar, que hoje nada tem a ver com a realidade.

O matrimônio de César com Calpúrnia foi, portanto, *"sine manu"*, porque quem retirou o testamento do marido defunto não foi a viúva, mas o pai dela.

Podemos imaginar o sogro de César, com a barba por fazer em sinal de luto, sendo recebido pela *Virgo Vestalis maxima*, a Vestal mais anciã. As Vestais são as seis sacerdotisas dedicadas ao culto de Vesta, a deusa romana do fogo. Seu templo, com o "monastério" anexo, encontra-se no coração do Fórum, porque o culto e o próprio templo representam efetivamente o "coração" da cultura romana e, como se sabe, o fogo nunca deve se apagar dentro do templo, sendo a pena nesses casos a condenação à morte da Vestal responsável (que é trancada em um cômodo subterrâneo no *campus sceleratus* na Porta Colina, no Quirinal, onde morrerá de fome e sede). As Vestais que se maculam em relações sexuais com um homem têm a mesma sorte: devem, na verdade, permanecer virgens ao longo dos trinta anos em que cumprem o papel (eram escolhidas aos 10 anos, e "liberadas" aos 40), mas podem se casar quando esse período termina. O testamento de César, que as mãos da Vestal mais velha estenderam a Calpúrnio Pisão, devia ser constituído por alguns rolos cuidadosamente fechados e com o selo de César bastante evidente na cera. É muito provável que fossem conservados em um cofre de madeira também selado.

A leitura do testamento não aconteceu na casa de César, mas na habitação de Antônio, destinada aos eventos oficiais.

Imagine a cena.

É uma *domus* na qual os servos estão habituados a testemunhar encontros com numerosas pessoas de estirpe ou convidados oficiais. Mas na manhã de 19 de março, perto das 9 horas, o espetáculo oferecido por esses ambientes vai muito além da imaginação. Há senadores de ambos os lados da disputa, magistrados, muitos colaboradores e homens fiéis a César, inclusive alguns soldados, e também parentes. O que os servos percebem em comparação a todos os outros encontros é a atmosfera plúmbea que paira, um misto de tensão, tristeza, solenidade e espera ansiosa. Sim, porque todos sabem que, depois da abertura do testamento, muitas coisas vão mudar e o mundo será diferente. Há a percepção de um temor muito difundido por aquelas que serão, para sempre, as últimas palavras e, principalmente, as últimas decisões de César. Sabemos que seu patrimônio é considerável. Além dos 4 mil talentos que Antônio pegou em custódia com Calpúrnia, há muitas propriedades em Roma e em outras cidades. No entanto, daqueles rolos sairá algo ainda mais importante, muito mais do que o dinheiro ou do que os bens, algo que não é materialmente palpável, mas vale mais do que o ouro: "A herança política" de César. Ser nomeado seu herdeiro significará ter uma posição dominante nessa fase da vida da República.

Os rolos são abertos perante o silêncio de todos. Antes que as palavras de César sejam lidas, passam-se segundos intermináveis. Os olhos de Antônio não piscam mais, as pálpebras fixam o rolo em sua mão, que treme ligeiramente. Depois o silêncio é rompido pela voz que lê aquelas linhas. Todos estão concentrados no significado de cada frase por medo de não entender bem. Poucos percebem que ainda é César quem está falando agora, e que, embora esteja morto, continua a decidir o futuro de Roma.

Com efeito, para a surpresa geral, nomeia herdeiros seus três sobrinhos por parte das irmãs: "Caio Otaviano para os três quartos, Lúcio Pinário e Quinto Pédio para o quarto residual." Esse Caio Otaviano se tornará depois Caio Júlio César Otaviano, o futuro Augusto... O parentesco é um pouco distante, mas é claro: é o filho de Ácia, que por sua vez é filha da irmã de César, Júlia Menor. Pode parecer uma reviravolta um pouco estranha, mas, pensando bem, tem alguma lógica em uma sociedade machista em que a pureza da linhagem é sacra. Além disso, César segue um princípio coerente: a filha e o neto de sua irmã são certamente seus consanguíneos, mas não é comprovado que sua filha Júlia o seja, porque poderia, em teoria, ser o fruto de uma relação adúltera da esposa com outro homem... Não seria um fato estranho. Existe uma tribo, na África, na qual é tradição que um pai não deixe sua herança aos próprios filhos, mas sim aos filhos da irmã, porque esses decerto têm o seu sangue.

Para confirmar a vontade de César de escolher Otaviano como sucessor, ao final do testamento ele mesmo acrescenta uma importante disposição: como nos narra Suetônio, "adotou Caio Otaviano na própria família e no próprio nome", isto é, na *Gens Iulia*, e fazendo isso confere a Otaviano o direito, se o desejar, de chamar-se Caio Júlio César Otaviano. Em poucos segundos, deu a um simples garoto um poder imenso. E um lugar de destaque na História.

Alguns defenderam que esse testamento era provisório, porque César não imaginava que seria assassinado de forma tão prematura.

Que não tivesse em mente o grave perigo que estava correndo no dia do seu assassinato, o que fica evidente nas próximas linhas do testamento. Caso Otaviano (e os outros sobrinhos) não desejassem aceitar a herança, César nomeia outros herdeiros de "segundo grau", como se diz. São, na verdade, Antônio — o que é lógico, visto que era um dos seus mais fiéis seguidores — e... Décimo, um dos líderes dos conspiradores; e depois, na lista, acrescenta outros nomes entre os seus assassinos.

O mais surpreendente, talvez, é que em seu testamento César não deixa nada a Cleópatra e sobretudo a Cesarião, que poderia ser seu filho. No entanto, há outro golpe ainda mais devastador para os dois.

No testamento, o ditador pensa até no povo romano. Estabelece a soma de 300 sestércios a cada cidadão romano, uma soma enorme... E não apenas isso. Doa à cidade de Roma, para que sejam transformadas em parque público, as suas propriedades do outro lado do Tibre. Isto é, os Horti, onde neste momento vive Cleópatra...

Em outras palavras, a rainha e Cesarião ficam abandonados ao próprio destino.

Depois de ser lido na casa de Antônio, o testamento de César também é lido em público, para que todos os romanos conheçam seus últimos desejos.

É fácil imaginar a comoção por um legado tão generoso a todos os habitantes da cidade, mas também a tristeza por ter perdido um homem tão grande.

As reações de Cleópatra e Antônio

Como reage Cleópatra? É provável que tenha sido uma das primeiras pessoas, fora daquela sala, a conhecer o conteúdo do testamento: decerto havia um conselheiro seu presente que a informou logo. Ela é uma mulher inteligente e não criou ilusões: como rainha estrangeira, sabe muito bem que não poderia ser incluída no testamento do amante. César é o líder supremo de Roma, não pode deixar suas riquezas a um soberano estrangeiro, e muito menos torná-lo herdeiro político (coisa que não é possível nem mesmo a Otaviano: o jovem precisará mostrar que merece essa herança). O mesmo discurso vale para seu filho, Cesarião. Certamente ela pensou nisso em suas noites insones. Talvez a única surpresa tenha sido a doação do lugar em que mora, os Horti Caesaris, ao povo.

É quando Cleópatra de repente se dá conta de algo: sua exclusão do testamento será percebida pelos adversários de César, e especialmente pelo povo, como um claro sinal da sua fraqueza, devido à pouca consideração que teve com ela. A hostilidade que já existia agora pode se tornar extremamente perigosa. Roma não é mais um lugar seguro, e na mesma tarde, depois de uma consulta com seus conselheiros, começa a organizar os preparativos para a partida. Deve deixar a cidade o quanto antes. O destino: Alexandria, no Egito.

Se Cleópatra já contava com um cenário desse tipo, quem, ao contrário, fica amargamente surpreso é decerto Antônio. Nenhum dos historiadores antigos acenou ao seu estado de espírito, mas é aceitável imaginar que tenha ficado muito desiludido. Talvez até tivesse a esperança de uma adoção, e, portanto, vive a leitura do testamento como uma espécie de "fracasso" pessoal.

O herdeiro nomeado, Otaviano, não lhe causa medo: ainda é um garoto. Agora Antônio se concentra no funeral de César, que ocorrerá no dia seguinte. Foi escolhido, inclusive, para pronunciar a oração fúnebre na qualidade de cônsul, amigo e parente distante (sua mãe, Júlia, era prima de Júlio César). É verossímil que depois da leitura do testamento Antônio tenha buscado um conselho rápido restrito aos parentes e amigos para preparar o discurso e estudar a organização do funeral. É provável que tenha sido sua mulher, Fúlvia, a lhe sugerir uma solução espetacular para mostrar a todos as feridas de César: uma estátua de cera para ser colocada ao lado de seu corpo no coração do Fórum (ela havia mostrado a todos as feridas mortais do marido anterior, Clódio, trucidado pelos homens de Milone, um rival político).

O funeral de César e o discurso de Antônio

Na manhã de 20 de março, ocorre o funeral de Júlio César, cinco dias após o seu assassinato. O programa prevê o transporte do corpo até o Fórum e o discurso solene de Antônio. Em seguida, o caixão será levado a Campo Marzio, onde se encontra a tumba da filha de César, Júlia, falecida durante um parto ainda jovem, e onde será levantada a pira fúnebre. Os fatos acontecerão de maneira bastante diferente do planejado, e Antônio, excluído do testamento, mas decidido a desfrutar politicamente do funeral de César, terá um papel decisivo na cerimônia.

Desde as primeiras luzes da manhã, uma grande multidão se reúne no Fórum. Não veio apenas a população de Roma: nas horas e nos dias anteriores, chegaram muitos cidadãos das cidades vizinhas, além de soldados prontos para a expedição contra os Partas e dos veteranos de César, os quais, incitados astutamente por Antônio, desempenharam um papel decisivo nos eventos do dia.

O cortejo fúnebre se aproxima do Fórum, precedido por homens que levam tochas; junto a eles há muitas carpideiras que cantam louvores ao morto enquanto choram ruidosamente. Todos veem o corpo de César deposto sobre a liteira de marfim coberta de roxo e dourado, levada às costas de magistrados e ex-magistrados. No cortejo, de acordo com a reconstrução de Barry Strauss, há também atores que usam máscaras de cera com os traços de César e suas vestes triunfais, gesticulando com teatralidade conforme a tradição dos funerais romanos, e recordam os cinco triunfos do general. Apiano acrescenta que seus veteranos o escoltam nessa última viagem como se fossem guarda-costas. Atrás, seguindo o caixão, estão seus amigos e parentes.

Notam-se grandes ausências, como as dos conspiradores, que perceberam que não é o momento de chamar a atenção. Sobretudo, falta Cleópatra: como rainha estrangeira, não pode entrar no *pomerium*. Contudo, do outro lado do Tibre, em sua casa dourada, certamente não para de pensar em seu homem enquanto fervilham os preparativos da partida. Tudo está mudando para ela. Mais uma vez.

No momento em que o cortejo entra no Fórum, a emoção é grande, e a multidão cai em um grande choro coletivo. É um burburinho triste ouvido por toda Roma. Lágrimas caem nos rostos das mulheres, mas também nas faces cheias de rugas dos seus ex--soldados. Todos sentem ter perdido mais do que um general: um pai que agora os deixa órfãos. Os veteranos acompanham esse som lúgubre percutindo seus escudos em um gesto tradicional entre as legiões, para mostrar ao inimigo a força de suas fileiras, mas também para saudar seu general. Imagine apenas por um instante a atmosfera repleta de gritos, choros e do bater rítmico dos escudos. Muitos são os que se aproximam do caixão, estendendo os braços como se quisessem tocá-lo e protegê-lo.

A liteira fúnebre sobre a qual encontra-se o corpo de César é levada aos Rostra e colocada no interior de uma pequena construção dourada e preparada com antecedência, muito semelhante ao Templo da Vênus Genetrix, tão querido por César. Simbolicamente, Cleópatra também está presente, podemos dizer, porque dentro do templo no qual foi inspirado o pequeno templo dourado está sua estátua de bronze.

Sob essa espécie de dossel lustroso está pendurada, à mostra, a toga que César vestia no momento do assassinato, encharcada de sangue. Todos compreendem que o discurso de Antônio será carregado de tensão. E, de fato, a turba emudece de repente assim que ele sobe nos Rostra, pela última vez ao lado de César, levanta a mão e estende o braço, sinal inequívoco de que vai começar a falar. Tem a cabeça coberta por um véu. Os mais próximos notam também sua barba de cinco dias, deixada por fazer em sinal de luto.

Um eco que leva a... Shakespeare

O que ele diz à multidão? Não sabemos o discurso exato. Apenas dois autores antigos, Dião Cássio e Apiano, ecoaram suas palavras, quase certamente reconstruídas em função dos conceitos expressos naqueles minutos e que a tradição recordou. Esses testemunhos, no entanto, nos ajudam a entender a teatralidade da sua intervenção. Com base em vários autores antigos, buscarei reconstruir esse momento tão importante de sua vida e da história de Roma. É interessante observar como foi concebido aquele que, mais do que uma oração fúnebre, é um discurso político de mais de 2 mil anos atrás.

No silêncio surreal, Antônio deve ter observado a turba emudecida com um movimento solene da cabeça, de um lado a outro do Fórum. Baixando os olhos por um momento, como se quisesse organizar as ideias, ele depois levanta o rosto lentamente. Segundo Apiano, começou assim: "Não é justo, concidadãos, que a oração fúnebre de um homem tão grande deva ser pronunciada apenas por mim. Em vez disso, quem deveria fazê-lo é o território inteiro."

Suetônio conta que, nesse momento, "como elogio fúnebre, o cônsul Antônio pediu ao arauto que lesse o *senatus consultum* com o qual lhe eram conferidos, ao mesmo tempo, todas as honras humanas e divinas, e também o juramento no qual todos os senadores se comprometiam com sua salvação, e acrescentou apenas algumas poucas palavras próprias". É claro que desde o início Antônio desejou destacar a cruel traição que matou César para colocar os adversários em maus lençóis…

Em seguida, Antônio retoma a palavra. Segundo Dião Cássio, começa a falar dos antepassados de César, da sua estirpe, e depois passa às virtudes particulares, destacando sua generosidade com os amigos e a clemência sempre demonstrada aos inimigos. Portanto, recorda todos os feitos de César em vida: é uma longa lista de vitórias militares e dos benefícios que trouxeram ao povo romano. "Com sua desenvoltura e coragem, conquistou-nos lugares que não sabíamos que existiam e dos quais não conhecíamos nem mesmo os nomes; tornou acessíveis locais antes desconhecidos, e navegáveis regiões inexploradas. E se alguns homens, invejosos da sorte dele, que na verdade é a vossa sorte, não tivessem provocado desordens, obrigando-o a retornar a Roma antes da data estabelecida (este é outro ataque aos inimigos dos cesarianos), ele decerto teria subjugado toda a Britânia, assim como as ilhas que a circundam, e toda a Céltica (a Alemanha Ocidental), até o mar do Norte, e dessa forma teríamos como fronteira não mais terras e povos, mas somente o céu e o mar distante."

Todavia, é a parte final do discurso que traz o conteúdo mais emotivamente forte e violento.

"Mas esse pai, esse sumo pontífice, o inviolável, o herói, ai de nós, está morto. Ele não foi vencido por uma doença, nem degradou pela velhice, nem foi ferido longe de sua cidade em uma guerra, nem atingido de repente por alguma desgraça. Aqui, dentro dos muros, foi traído o homem que teve a felicidade de conduzir uma expedição à Britânia [...] Foi assassinado pelos cidadãos o homem que nenhum inimigo conseguiu matar [...] Foi morto por seus companheiros o homem que tantas vezes os perdoou. Onde estão, ó César, a sua bondade e a sua inviolabilidade e as leis? Você foi assassinado impiedosamente pelos seus amigos, você, que criou tantas leis para que ninguém fosse morto pelos adversários. Jazeu deitado naquele Fórum, pelo qual tantas vezes passou coroado; caiu atravessado por feridas sobre a tribuna de onde tantas vezes falou ao povo."

É possível imaginar a teatralidade de Antônio. Sabemos que, a cada frase, ele se vira na direção do cadáver de César, indicando-o com a mão. Apiano descreve, a essa altura, um gesto seu de fato particular. Alguns autores referem-se ao seu hábito de mostrar os músculos e o peito, amarrando muitas vezes a túnica de um lado só, como Hércules: "Depois, como se tivesse uma inspiração súbita, enrolou as vestes, entrelaçando-as como um cinto para ter as mãos livres."

Talvez tenha sido nesse momento que, tirando a toga encharcada de sangue de Júlio César do gancho do qual pendia, começa a balançá-la, como nos conta Dião Cássio: "Que tragédia, roupas ensanguentadas, toga lacerada, que você, ao que parece, só vestiu para ser morto!"

Depois, levantando a voz e estendendo a mão na direção do Capitólio, como escreve Apiano, ele grita trovejando: "Ó, Júpiter, protetor desta cidade, e deus de todos, estou aqui, pronto para a vingança, como jurei solenemente."

É provável que, ao ouvir essas palavras, muitos dos senadores tenham sentido um arrepio na espinha, porque intuem que Antônio se refira a eles. Mas ele sabe dosar a voz de modo venenoso, e com um tom mais pacífico se retrata em parte do que disse, considerando positivo o decreto de anistia aos assassinos, e dizendo que é preciso "se preocupar com o presente, não com o passado [...] para não sermos atingidos pela tragédia e pelas guerras civis". Está claro para todos, no entanto, que o futuro trará a morte de muitos dos conspiradores. Como Antônio jurou aos deuses.

Os Rostra agora são um palco de teatro sobre o qual movimenta-se o ator principal, Antônio, o único em cena, ao lado do cadáver de César.

Apiano diz que "colocou-se diante do caixão, como em um palco, inclinando-se e depois endireitando-se, e louvou César como uma divindade celeste, erguendo as mãos ao céu para testemunhar o nascimento de um novo deus". E nessa litania (que segundo alguns historiadores não seria nada além de uma versão muito "enfatizada" do tradicional hino fúnebre romano) a multidão segue as palavras de Antônio, alternando-se a ele quando lista o que César fez de bom e suas dores; um pouco como se faz na Igreja, durante a missa, quando os fiéis repetem as palavras do sacerdote, ou como os cantores fazem quando, durante uma música famosa, dão voz ao público. A habilidade de Antônio está em envolver emocionalmente a multidão em seu discurso, em não a manter apenas como espectadora. É preciso reconhecer que ele tem um instinto teatral inacreditável, uma rara capacidade histriônica e carismática de empolgar o público.

O ato ainda não havia terminado. No "palco" dos Rostra, agora surgem atores de verdade que celebram os feitos de César. Um deles em particular, que personifica o próprio ditador, provoca um murmúrio de emoção quando começa a listar os nomes de alguns dos homens a quem no passado concedera favores ou até mesmo salvara a vida, entre os quais estavam diversos conspiradores: "O povo achava monstruoso sobretudo o fato de que os assassinos [...] aprisionados enquanto lutavam por Pompeu [...] em vez de serem punidos, tivessem sido elevados por César às magistraturas de Roma e ao comando das províncias e dos exércitos."

Antônio conhece muito bem os tempos do teatro, e preparou-se com perfeição. Essa sua intervenção não por acaso será aproveitada por Shakespeare, sendo por séculos representada nos palcos de todo o mundo. Ele estudou até mesmo as reviravoltas no enredo para incendiar a turba: em dado momento, o testamento de César é lido mais uma vez em público, e sabemos, também por Apiano, que os presentes tiveram um movimento de revolta ao escutar o nome de Décimo entre os indicados por César como herdeiros.

As palavras de Antônio funcionam como gasolina sobre fogo. Os romanos, já exaltados, agora estão inflamados. E Antônio ainda alimenta esse fogo. Talvez seguindo uma ideia de Fúlvia, e com a cumplicidade dos muitos amigos do teatro que conhecera ao frequentar a famosa atriz Licoride, coloca em cena um autêntico *coup de théâtre*, como já mencionamos: a estátua de cera do defunto.

As palavras de Apiano descrevem a cena, que parece fantástica: "Nessa situação tensa, já muito próxima de uma explosão de violência, alguém levantou acima do féretro uma representação de César feita de cera. O cadáver, na verdade, jazia no caixão e não era visível. A efígie de cera, graças a um mecanismo, rodava sobre si mesma, mostrando as vinte e três feridas brutais sobre todo o corpo e o rosto. O povo não suportou aquela visão. Emitiram um lamento e, arregaçando as roupas, incendiaram o local."

A situação agora está fora de controle. Com dificuldade, os soldados conseguem conter a multidão, mas temem que o incêndio possa propagar-se a casas, teatros e templos. As pessoas querem cremar o corpo de César, mas não sabem exatamente onde: no coração do Templo de Júpiter Capitolino ou na Cúria de Pompeu, onde foi assassinado?

A essa altura, foi decisiva a ação de dois homens que, provavelmente por sugestão de Antônio, empunhando velas acesas tentam incendiar o leito fúnebre.

Tudo começa a degenerar. Quem descreve o caos que leva à cremação do corpo de César é Plutarco: "Alguns gritavam pela morte dos assassinos, outros [...] viraram os bancos e as mesas das oficinas, e, juntando-os, ergueram uma imensa pira; colocando o cadáver sobre ele, queimaram-no ali em meio a muitos templos e muitos outros lugares de asilo e invioláveis."

O local da pira, portanto, não é o Rostra, onde Antônio pronunciou seu discurso, nem onde César foi assassinado. Sua localização exata foi o coração do Fórum, a poucos metros do Templo das Vestais, em um ponto onde ainda hoje os turistas jogam rosas, flores e bilhetes comoventes, mais de 2 mil anos depois, confirmando a grandeza de César.

A pira é alimentada com os objetos que a multidão levou como oferenda, e não apenas: "Os músicos e os atores, além disso, tiraram as vestes [...] e as jogaram nas chamas. Os veteranos de suas legiões jogaram as armas que carregavam para a cerimônia, e as mulheres jogaram as joias", conta Suetônio. Os soldados presentes precisam se esforçar muito para evitar que o incêndio se propague e destrua os edifícios no entorno.

Mas a pira não recebe apenas objetos, também deixa brasas, que os mais exaltados recolhem. A turba agora dirige sua ira aos conspiradores e quer usar aquelas brasas para incendiar as casas dos assassinos de César. Um rio de pessoas raivosas segue em direção à *domus* de Brutus e Cássio, e depois também para a de Públio Servílio Casca, o primeiro apunhalador, mas é impedida pelos escravos dessas residências, ou pelos gladiadores de Décimo. No entanto, contam-se muitos mortos, e a moradia de ao menos um conspirador, a de Lúcio Belieno, é incendiada.

Ocorre também um episódio aterrador cujo protagonista é um amigo de César, Élvio Cina, que, adoentado, dirigia-se cambaleante para o Fórum a fim de assistir ao funeral. A multidão o confunde com o quase homônimo Lúcio Cornélio Cina, o pretor que havia arrancado a toga e chamara César de tirano, e o trucida no meio da praça. Depois, conta ainda Suetônio, "saiu carregando sua cabeça enfiada em uma haste".

Existe a suspeita de que tais ataques às casas e a caça ao homem tenham sido planejados e organizados por Antônio, como, entre outras coisas, declara abertamente Cícero. A falta da proteção dos soldados é outro elemento favorável a essa tese. No entanto, também é verdade que a situação, em determinado momento, foge completamente ao controle de Antônio.

A pira de César, alimentada por uma grande quantidade de objetos lançados, mantém-se acesa por horas, com uma procissão infinita de pessoas. Quando por fim as chamas se apagam, os restos e os ossos calcinados do defunto são recolhidos pelos seus libertos e transportados para a tumba da família, no Campo Marzio, junto àquela construção dourada semelhante ao Templo de Vênus na qual é deposta sua toga ensanguentada.

Uma curiosidade: as cinzas alimentaram variadas lendas mesmo muitos séculos depois da sua morte. Uma tradição medieval, retraçada nos *Mirabilia Urbis Romae*, espécie de "guia turístico" que começou a circular no século XII, dizia que estavam guardadas no globo de bronze dourado sobre o obelisco no centro da praça de São Pedro. Isso não é verdade. A história do obelisco é fascinante: foi transportado de Heliópolis ao Fórum Júlio de Alexandria por Cornélio Galo, primeiro prefeito do Egito, e depois levado a Roma por Calígula em 40 d.C.

Quando, em 1586, o papa Sisto V mudou a posição do obelisco na praça São Pedro, substituiu o globo dourado pela cruz que vemos hoje. A esfera metálica hoje fica exposta nos Museus Capitolinos (e mostra os sinais deixados pelas arcabuzes dos lansquenetes durante o saque de Roma de 1527).

No fim do dia, Antônio é o representante indiscutível de Roma. É claramente o principal líder dos cesarianos, deixando Lépido à sombra. Com incrível sabedoria política, continua sua consolidação do poder: sob a desculpa da violência que irrompeu durante o funeral, aprova uma lei que proíbe a qualquer um portar armas na cidade (com exceção dos legionários), impedindo, dessa forma, que os adversários utilizem gladiadores ou guarda-costas como um pequeno exército privado, exatamente como havia feito Décimo, que nesse ínterim tornou-se um dos homens mais odiados de Roma.

Os conspiradores compreendem que o plano que articularam fracassou por completo e fogem de Roma às escondidas. Alguns deles se retiram para as próprias vilas fora da cidade, outros desfrutam das nomeações nas províncias recebidas por César (e confirmadas pela anistia). Décimo, por exemplo, transfere-se para a Gália Cisalpina com seus gladiadores. Em meados de abril, Cássio e Brutus também deixam a cidade. Roma agora está nas mãos de Antônio e dos seus aliados.

4

Cleópatra retorna à Alexandria

Cleópatra encontra Antônio?

Quando a última luz do fogo da pira de César se apagou e as cinzas dele foram colocadas ao lado das de sua filha na tumba de Campo Marzio, a História retoma seu curso. Cleópatra decidiu voltar ao Egito. Mas ela precisa de garantias. E apenas uma pessoa, naquele momento, pode tranquilizá-la com certezas: Antônio. Contatá-lo é a escolha mais óbvia. Na ausência de César, Antônio, como cônsul, é a mais alta autoridade encarregada (junto com Dolabela, que se "autoproclamou" cônsul) e, depois do funeral, ele também se tornou o líder indiscutível dos cesarianos.

Que garantias pede Cleópatra? E, sobretudo, os dois se encontram, ficam cara a cara? É possível, ainda que não tenhamos provas disso. Talvez tenham apenas trocado mensagens. A opinião de muitos estudiosos, na verdade, é que Antônio prefira não ser visto com essa rainha tão impopular. Não lhe convém politicamente.

Cleópatra tem ao menos três pedidos a fazer. Primeiro, quer preservar a própria segurança e a do filho, Cesarião. Além disso, quer ter certeza de que a posição de Roma em relação ao Egito não vai mudar após a morte de César. Com os acordos que assinou, ele conferira ao Egito um importante reconhecimento, colocando-o no estreito círculo "dos amigos e aliados do povo romano". Também havia reconhecido a soberania do Egito sobre a ilha de Chipre, estratégica para as rotas comerciais e a política do Mediterrâneo oriental. Por fim, nas terras do Egito há cerca de 16 mil legionários, deixados ali por César para garantir a estabilidade da região. A pergunta que Cleópatra faz a Antônio é simples: a quem são fiéis esses legionários? Aos cesarianos ou aos cesaricidas? A Antônio, ou a Brutus e Cássio? Antes de retornar ao Egito, quer ter a segurança de que não a destituirão ou, pior, matarão.

Antônio a tranquiliza em relação a todos os pontos, concordando que o melhor que ela pode fazer é deixar a cidade.

Não sabemos, portanto, se os dois se encontraram ou apenas trocaram mensagens, mas, agora, uma pergunta é mais do que lógica: eles já se conhecem? Já se viram em algum momento?

A resposta é: muito provavelmente, sim. É plausível que tenham se encontrado em muitas ocasiões durante a permanência de Cleópatra em Roma: devem ter estado presentes em vários banquetes e ocasiões oficiais (embora, como já foi dito, em teoria a rainha estrangeira não pudesse atravessar o *pomerium*). Talvez Antônio tenha até mesmo visitado a moradia de Cleópatra do outro lado do Tibre.

Mas há uma hipótese ainda mais intrigante: poderiam já ter se encontrado no Egito há alguns anos, mesmo antes da ligação entre César e Cleópatra, quando ela era uma simples princesa adolescente e Antônio era um jovem e bonito oficial em suas primeiras experiências militares... Algumas fontes antigas sugerem esse primeiro contato. Mas até que ponto isso é real? Vamos tentar descobrir.

Os dois se conheceram tempos atrás?

Voltemos no tempo treze anos em relação aos Idos de Março, precisamente até o ano 57 a.C., quando Antônio é um jovem oficial estacionado em Atenas. Tem 26 ou 27 anos (curiosamente, não conhecemos com exatidão seu ano de nascimento, que poderia ser 83 ou 82 a.C., mas sabemos o dia, 14 de janeiro). Nessa cidade, ele encontra Gabínio, que havia acabado se ser nomeado governador da riquíssima e estratégica província da Síria, que incluía, grosso modo, os territórios entre a Cilícia, do golfo de Alexandreta, e o rio Eufrates, enquanto na direção Sul absorvia também Líbano e Palestina. Gabínio pede a Antônio para segui-lo, nomeando-o prefeito de cavalaria (*praefectus equitum*). Ele aceita. É ambicioso, e essa é uma ótima oportunidade para alinhavar uma escalada ao sucesso militar, político e pessoal. Ele de fato logo se destaca por ardor, coragem, tenacidade e perspicácia militar. Sozinho, reprime de maneira eficaz uma revolta que eclode na Judeia, e cumpre por ordem do governador algumas operações de patrulha com a cavalaria a leste, no território do Império Parto, grande inimigo de Roma. Mas sua obra-prima é a campanha militar egípcia, que tem como objetivo recolocar no trono o pai de Cleópatra, Ptolomeu XII Auleta, destronado em uma guerra dinástica pela filha Berenice, ajudada pelo marido Arquelau de Comana. Antônio buscava grandes feitos, e esse parece o melhor possível. O Egito nunca foi fácil de conquistar. O último exército a conseguir tal façanha foi o de Alexandre, o Grande, quase 300 anos antes. O território, na verdade, é protegido pelos desertos a leste, sul e oeste, enquanto ao norte há o mar, onde navega sua frota reforçada. Antônio demonstra coragem notável e uma grande habilidade militar ao conquistar a cidade de Pelúsio, que de certa maneira é a porta de acesso ao Egito para quem vem de Gaza, e também audácia e instinto estratégico nas fases seguintes da campanha. Além disso, demonstra grande magnanimidade com os derrotados e também em relação ao cadáver do chefe inimigo, Arquelau de Comana, quando o encontra morto: reserva-lhe um funeral real. Tudo isso faz aumentar sua fama não apenas entre os soldados, mas até mesmo entre os alexandrinos insurgentes. Após derrotarem os rebeldes, Antônio, Gabínio e Ptolomeu XII entram na Alexandria.

Antônio permanece ali por semanas, entrando pela primeira vez em contato com o mundo oriental, que o marca de maneira profunda. Como observou a professora Giovannella Cresci Marrone, sua curiosidade intelectual é satisfeita por uma cultura de matriz helenística com influências exóticas. Obviamente, depois de recolocar Ptolomeu no trono, ele passa a frequentar o Palácio Real, recebido pela corte nas mais variadas ocasiões. E é nessas ocasiões que encontra… Cleópatra.

Ela é uma jovem princesa de apenas 13 anos. Uma menina que decerto não chamaria muito a atenção de um homem de quase 30. Entre os dois, não há nada além de uma apresentação oficial e pública. Nada que lhes indique o romance que os arrebatará no futuro. É verdade, Apiano afirma que Antônio, segundo um rumor muito difundido, estava sempre inclinado a apaixonar-se, e que tenha se "inflamado" à visão de Cleópatra. Mas trata-se apenas de boatos, que não encontram confirmações nas fontes antigas.

Antônio, um militar com perfeito "physique du rôle"

Mas como terá parecido o jovem Antônio à menina Cleópatra? Não sabemos quase nada da infância dela, mas, do jovem oficial Antônio, Plutarco nos deixou uma bela descrição: "Tinha um ar nobre e uma bela barba, uma testa larga e um nariz aquilino que lhe davam um aspecto forte como o de Hércules, da forma como aparece nas pinturas e nas estátuas. De resto, havia uma antiga tradição segundo a qual os *gens Antoni* eram heráclidas, descendentes de Anton, filho de Hércules. Ele planejou confirmar essa lenda com o comportamento, como já foi dito, e com as vestes: de fato, quando precisava vir a público, ele sempre envolvia a túnica nos quadris, pendurava ao lado uma grande espada e levava um manto de pano áspero." Antônio, portanto, tem um aspecto atlético, musculoso e forte que o aproxima automaticamente ao modelo do super-homem em voga na antiguidade: Hércules. É fácil imaginar como isso se traduz em uma virilidade que atrai muito as mulheres.

Seu caráter também é fascinante: é extrovertido, ama ter companhia e aprecia a boa mesa. Como nos diz Plutarco: "A fanfarronice, as brincadeiras, o ato de beber em público, de sentar-se ao lado de quem almoçava e almoçar em pé na cantina militar inspiravam nos soldados uma afeição e uma conexão extraordinárias."

Um de seus diferenciais é a inata doçura para o amor: "Sua vida amorosa também não era carente de graça, mas isso lhe trouxe a simpatia de muitos, porque apoiava os enamorados e se permitia rir de bom grado a propósito dos próprios amores. A liberalidade e a concessão de favores aos soldados e aos amigos com mão generosa, sem economias, lhe ofereceram um esplêndido ponto de partida para o poder."

A esse respeito, é preciso acrescentar que por toda sua vida Antônio esteve cronicamente endividado...

Cleópatra deixa Roma

Ainda é madrugada quando Cleópatra sai dos Horti Caesaris. Esse é apenas o último ato de uma complexa série de preparativos que há dias agitam seus habitantes. É bastante provável que no dia anterior Cleópatra tenha saudado com uma pequena cerimônia os guardas e o séquito que por meses a assistiu (e protegeu durante os dias convulsivos após o assassinato de César) no curso da sua estadia em Roma. Serão os únicos a permanecer, ao contrário da corte e dos colaboradores mais próximos, que deixarão em massa a habitação junto à rainha, criando um gigantesco cortejo digno de um desfile real. Na Villa, já foram amontoadas carroças de todos os tipos, desde as mais simples, usadas em geral para o transporte das mercadorias (os *plaustra*), puxadas por mulas ou bois, as *redae*, isto é, veículos robustos de quatro rodas aparelhados com assentos sobre os quais tomam lugar os membros da corte. Sobre muitas carroças se acumulam os mobiliários reais que embelezavam a Villa, desde o trono real e sedas raras a ricas mesinhas para banquete, estátuas de divindades etc. Não é um transporte simples, é um reinado que está de mudança. Sobre as carroças são organizados também documentos, objetos da corte e, não menos importante, os luxuosos itens pessoais da rainha: inúmeros vestidos preciosos, joias, e também pratos, jarros e copos de ouro, prata, malaquita ou alabastro, delicadamente envolvidos em palha e colocados dentro de caixas. Sem contar que, além da rainha, há também um "rei" (seu irmão Ptolomeu XIV) e o filho de Cleópatra, Cesarião, cada um levando seus próprios objetos pessoais e os servos que os assistem...

Ela chega por último: avança com um caminhar real, lento, na direção da carruagem, e todos se inclinam à sua passagem. Antes de subir, ela para, vira a cabeça em um gesto muito humano, e observa o lugar onde viveu um período tão sereno e feliz. Seus olhos acariciam as janelas, as colunas com as cortinas que ondulam a uma leve brisa primaveril, e aquela *pergula* com elegantes grades de madeira onde tantas vezes olhava o amanhecer sobre Roma, tocando os arabescos enquanto o ar fresco acariciava seu rosto e cabelos... A madrugada de hoje também é assim. Cleópatra fecha os olhos por um instante, preenchendo os pulmões com uma longa respiração, como sempre fez. Mas essa é a última vez. Ela abre os olhos. Sua expressão muda de repente, torna-se aguda e concentrada. Vira a cabeça e sobe na carruagem. É um *carpentum*, um veículo sólido e luxuosíssimo, dotado de colunas que erguem um teto de madeira: parece quase um templo dourado que se move sobre quatro rodas, com cortinas de seda de cores vivas entre as colunas. A rainha do Egito lança um último olhar, e depois, com um movimento elegante, desaparece atrás da seda oriental, junto a suas damas de companhia.

A um sinal, o cortejo se move. O carro da rainha está no centro, protegido por um anel encorpado de guarda-costas. Alguns estão sobre o próprio veículo, com as espadas a postos.

Decidiram partir de madrugada por segurança, mas também para ter as estradas desobstruídas. Os gigantescos portões de bronze da propriedade se abrem majestosamente, consentindo que o cortejo real saia à luz das últimas tochas. Esperam-nos uma maciça quantidade de soldados romanos a cavalo: é a escolta poderosa enviada por Antônio para garantir a proteção da rainha. O cortejo é muito longo e parece nunca sair do Horti Caesaris. É uma caravana vistosa e rumorosa que acorda muitos romanos, os quais abrem suas janelas, em silêncio.

Que estrada eles seguem? Considerando a delicada situação política, a estrada escolhida é a que os levará mais depressa a Ostia, onde a rainha embarcará. Embora Cleópatra disponha de uma luxuosa embarcação atracada no cais privado do Horti Caesaris, não é aconselhável usá-la: Horácio informa que nos dias consecutivos à morte de César o Tibre está em um período de cheia excepcional, e em alguns pontos chegou a transbordar. O cortejo, portanto, muito provavelmente atravessa o rio sobre a grande Ponte Sublício, ao sul da cidade, e alcança a Porta Ostiense, a entrada meridional mais importante de Roma. Dali, a caravana se dirige para Ostia.

Hoje, esse percurso pode ser feito, de carro, em pouco mais de meia hora, mas na época de Cleópatra era preciso pelo menos metade de um dia para realizá-lo, talvez até um dia inteiro. É apenas o início de uma viagem muito longa e difícil. É fácil esquecer, mas deslocar-se na antiguidade exige tempo e esforço, até mesmo para Cleópatra.

Em Ostia, na verdade, a rainha não embarca logo: é preciso carregar as bagagens, e são necessárias muitas horas para isso. Assim, é provável que Cleópatra tenha pernoitado no local (em alguma Villa suntuosa) para zarpar na manhã seguinte.

Começa a longa viagem de 2 mil quilômetros pelo mar

A rainha e seu séquito, provavelmente, sobem em embarcações pequenas, de 10 a 15 metros de comprimento, inadequadas ao mar aberto, mas ideais para velejar depressa ao longo da costa.

Seus pensamentos são um mistério, agora que sente o mar a seus pés. Decerto é o momento em que percebe, até mesmo fisicamente, que sua vida só voltará ao rumo quando a viagem terminar e ela puder tocar a terra firme em Alexandria, sentindo no ar os perfumes do solo africano que tanto lhe fazem falta. É lá que o futuro a aguarda.

Talvez, observe o porto com o farol distanciar-se, abraçada a Cesarião, os cabelos esvoaçando com o vento, consciente de que uma página de sua vida se fecha para sempre. De fato, nunca mais voltará a Roma. Até a escolta de Antônio a deixa e retorna à Urbe. Será necessário um dia para chegar a Pozzuoli (*Puteoli*), onde grandes embarcações, adequadas à navegação em alto mar, por fim a levarão a Alexandria.

Nenhuma fonte antiga descreveu essa primeira etapa da viagem, mas é verossímil que um navio tenha sido utilizado, pois uma viagem por terra teria durado três ou quatro dias, com possíveis riscos para sua segurança. É melhor velejar pela costa: será mais rápido. Dessa forma, uma pequena frota egípcia move-se em bloco de Ostia para o sul, na direção de Pozzuoli.

A cor do mar na primeira parte da viagem varia com a profundidade e a correnteza: pode ser verde-esmeralda, e depois tingir-se de repente com cores terrosas por causa dos sedimentos do Tibre. Mas em certo momento adquire um azul límpido acompanhado pela espuma de golfinhos que parecem escoltar a nau de Cleópatra.

É só o início de uma viagem de mais de 2 mil quilômetros, uma distância enorme para a época antiga. Foi necessário prepará-la com muito cuidado, prevendo etapas e grandes suprimentos de alimento e água. É preciso lembrar que uma corte inteira se desloca com bagagens, e tudo isso exige tempo... algo que falta a Cleópatra: César morreu de repente, os equilíbrios políticos mudaram, e sua vida pode estar em risco. Além disso, precisa deixar sua residência. É provável que tire proveito de uma coincidência: seus navios egípcios estavam prontos para zarpar por causa da expedição de César contra os Partas, e isso agilizou a partida "repentina".

Contudo, há ainda outro problema: o mau tempo. A navegação, na época romana, precisa parar quase completamente no período do inverno por causa das tempestades. O Mediterrâneo pode de fato tornar-se assassino de uma hora para outra. Por isso, os deslocamentos concentram-se sobretudo entre maio e outubro, isto é, nos meses mais quentes. Na realidade, o tráfego marítimo não para por completo no inverno, mas é usado apenas em casos excepcionais: transporte de tropas e de alimentos para aliviar uma carestia etc.

Infelizmente, César foi assassinado em um período do ano em que a navegação ainda é considerada perigosa. E não apenas isso: para ir ao Egito, é preciso aguardar ventos favoráveis. Os antigos chamavam os ventos de verão de etesii, e são eles que facilitam a navegação em direção ao sul. Resultado das altas pressões sobre os Balcãs e das baixas pressões sobre o Egito, podem ser considerados verdadeiros "tobogãs" para quem deseja se deslocar do Mediterrâneo ocidental ao oriental, isto é, de Roma a Alexandria.

Isso também explica por que Cleópatra não partiu de imediato. Além de precisar aguardar uma confirmação de Antônio em relação aos acordos estipulados por César e da dificuldade em organizar uma viagem tão complicada, precisou esperar o melhor momento para partir. Foi necessário aguardar pelo menos um mês depois dos Idos de Março para desfrutar os primeiros ventos etesii, embora ainda não sejam constantes. Pode-se dizer que ela subiu no primeiro trem. Com efeito, muitos indícios, incluindo cartas de Cícero, dão a entender que tenha partido de Roma na madrugada de um dia entre 11 e 14 de abril.

Já em Pozzuoli, a rainha tem uma visão familiar: as grandes embarcações egípcias de alto mar ancoradas. Começa a saborear a potência do seu reino.

Pozzuoli, na verdade, é um verdadeiro centro da navegação antiga. Todo o comércio que entra e sai de Roma passa por aqui (Ostia só terá um porto importante a partir do imperador Cláudio). Exatamente como em um aeroporto internacional da época moderna, cruzamento de tantas rotas para direções diversas, aqui também deparamos com naus para transporte de nacionalidades variadas. Inclusive as embarcações egípcias. Mas há muitas outras.

Cleópatra também se sente mais à vontade porque na cidade vizinha, Nápoles, assim como na maior parte do Império Romano, a língua grega é muito difundida. É uma cidade de origem grega, de cultura grega, com uma planimetria grega...

Mas ela não pode perder tempo. Precisa voltar ao Egito o mais rápido possível, então sobe no navio-almirante. Certamente dispõe de uma das maiores e mais velozes embarcações da frota egípcia, uma das melhores da época. Pelas fontes antigas, não conhecemos os detalhes desse navio, mas é bastante provável que se trate de uma Galé, semelhante, talvez, à imponente *Antoniade*, que utilizará na futura batalha de Áccio, com o casco alto, uma imensa superfície de velas e mais fileiras de remos. Estamos falando de uma embarcação com mais de quarenta metros de comprimento, equipada com 200 remadores. Há também outras naus *offshore* de dimensões menores: devem transportar, como já foi dito, ao menos uma centena de pessoas, talvez até mais, desde os servos aos conselheiros, aos intelectuais e artistas que a rainha trouxe consigo da Alexandria. Além desses, há também seu exército de guarda-costas e todos os empregados do irmão e marido Ptolomeu XIV. Partindo de Pozzuoli, como já foi dito, sai uma pequena frota.

A chegada imprevista da rainha do Egito não deve ter passado despercebida, assim como sua rápida partida. A notícia se espalhou depressa e deve ter sido motivo de comentários na cidade por vários dias: podemos imaginar que uma pequena multidão tenha assistido do píer, curiosa, a todas as operações, até a partida da frota de Cleópatra.

O último longo percurso até em casa

A viagem não será cômoda: as naus daquela época não foram concebidas para o transporte de passageiros. Como regra geral, não existem cabines. Dorme-se no convés com a única proteção das cobertas. É no convés que todos tomam banho e comem. Se chove, os abrigos são precários. Naturalmente, esse não é o caso de Cleópatra (e talvez isso também inclua alguns membros importantes da sua comitiva), que dispõe de todas as comodidades e os confortos de uma rainha.

Além disso, é preciso lidar com a superstição dos marinheiros. Os homens do mar romanos são muito supersticiosos, e assim também devem ser os egípcios. Durante a navegação, é proibido dançar, cortar unhas ou cabelos. Espirrar subindo é um péssimo augúrio, e o desafortunado deve voltar à terra. Até os sonhos da noite anterior à partida são importantes. Por exemplo, sonhos com animais podem prever borrascas ou tempo bom. Caso antes da partida seja avistado um pedaço de madeira flutuando, ou um corvo se apoiar no mastro, é melhor adiar a partida: esses são presságios de um naufrágio certo. Os sacrifícios que são feitos imediatamente antes de zarpar também podem dar sinal verde ou vermelho. Por fim, há ainda os dias nefastos para viajar, como 24 de agosto, 5 de outubro ou 8 de novembro. Sobretudo, nunca se deve estar em mar aberto no último dia de cada mês...

Na realidade, todas essas superstições são típicas de um mundo pré-científico incapaz de entender por que ocorrem temporais ou de explicar a origem de um raio... Afinal, esses comportamentos "irracionais", limitando sensivelmente a presença de um navio no mar, diminuem em termos estatísticos a frequência de naufrágios, que todavia aconteciam, e eram dramáticos. No mar aberto, significavam morte certa: não havia botes salva-vidas a bordo como nos navios modernos, nem salva-vidas, muito menos serviços de emergência, e poucos sabiam nadar. Partir para uma viagem pelo mar era muito arriscado.

No entanto, neste momento, talvez todos esses preparativos sejam deixados de lado. Cleópatra é uma rainha, e além disso é considerada a reencarnação de uma deusa, Ísis. Como consequência, basta uma ordem sua para que todos zarpem.

A viagem é longuíssima. Calcula-se que, para ir de Roma a Alexandria, Cleópatra tenha levado entre duas e três semanas.

Podemos tentar reconstruir a rota da viagem. A frota se dirige para o estreito de Messina, e o alcança em um dia e meio ou dois. Dali, atravessa o mar Jônico, seguindo na direção leste até a ilha Zaquintos, a ultrapassa, e depois contorna o Peloponeso por um dia e meio, até o cabo Tênaro (cabo Matapão). Deixando o cabo à esquerda, a embarcação de Cleópatra dirige-se para a ilha de Creta, alcançando-a depois de mais de um dia de navegação. De lá, apontou direto para Alexandria, ou mais provavelmente costeou toda a ilha de Creta ao sul. Depois, após alcançar a ilha desabitada de Koufonisia, começou a grande travessia de uma semana por mar aberto até Alexandria.

Cleópatra abortou?

Embora na antiguidade fosse comum enfrentar dificuldades de todo tipo, sobretudo em comparação com os padrões atuais, segundo muitos autores, entre eles Cícero, que fala a respeito em suas cartas, a viagem foi tão estressante para Cleópatra que lhe causou um aborto.

Um drama pessoal que se acrescenta ao colapso de todas as certezas que ela construíra até então. Cleópatra, para além do status de rainha e de tudo que nós pensamos a seu respeito como personalidade histórica, é também uma mulher, um ser humano que, como todos nós, sofre com os reveses da vida.

A rainha esperava um bebê, então?

Fontes antigas sugerem que Cleópatra estivesse grávida no momento da partida de Roma, e sua gravidez é uma hipótese que sempre intrigou os estudiosos. Na sua morada do outro lado do Tibre, César e a rainha teriam conseguido encontrar um jeito de se amar? Foi possível, entre guardas, assistentes e conselheiros reais, ter privacidade suficiente para continuar a viver sua longa história de amor? Ou os dois mantinham breves encontros passionais, noites de amor não mais sob as estrelas de Alexandria, mas sob as de Roma? De fato, não seria recomendável que os dois fossem vistos muito juntos: César concentrava o olhar de todos, e Cleópatra não era bem vista; além disso, ele já tinha uma esposa em Roma. Nunca saberemos como tudo aconteceu. Cícero, enquanto Cleópatra viaja de Roma a Alexandria, escreve seis cartas (entre 16 de abril e 14 de junho de 44 a.C.) a um conhecido, Ático — um "magnata" da época —, regozijando-se pela fuga da rainha e mencionando mais de uma vez boatos sobre um suposto aborto, embora ele mesmo não pudesse confirmar as notícias. Frases como "gostaria que tivessem fundamento os boatos que correm sobre a rainha e sobre o tal César" deixam claro que Cícero alegrava-se com a ideia de que Cleópatra pudesse ter perdido um eventual filho...

Se esses boatos fossem verdadeiros, só podemos nos aproximar dessa mulher que, de noite, com o mar tranquilo, senta-se à proa, longe de todos (mas com os guardas pessoais prontos para interferir) e observa a calma do horizonte com esse enorme peso no coração e na alma.

Uma luz amiga surge na noite

Ouve-se apenas o bater das ondas sobre o casco, como o gemido das águas que se dividem sob a proa afiada do navio-almirante. O mar é negro, mas Cleópatra o percebe como um "amigo" que a embala com o balanço da embarcação. Como som de fundo para seus pensamentos há também o rumor do cordame, com os cumes que guincham e rangem, acompanhados pelo estalo surdo da vela, inflada pela brisa. Os olhos da rainha se levantam na direção do céu, que é mais claro que o mar. Nos seus olhos, refletem-se milhares de pontinhos luminosos. Parecem vaga-lumes em uma noite de verão. Não é possível descrever a sensação que experimenta sob as estrelas neste mar: não são astros, mas diamantes que brilham. E parece possível tocá-los com a mão. Graças à sua tênue luminosidade, tudo é visível a bordo, até os rostos.

Para quem viaja pelo mar em abril, não é difícil decifrar constelações familiares como Órion, ou Cassiopeia, a Rainha da Etiópia, uma constelação citada por Ptolomeu.

Cleópatra busca as constelações que aprendeu a identificar na infância. Quase consegue ouvir a voz de seus preceptores. Sempre gostou de escutar as histórias e os mitos que lhe contavam. Adora Homero, conhece muito bem a *Ilíada* e a *Odisseia*, com a incrível viagem de Ulisses. Não é improvável que tenha memorizado passagens inteiras, como faziam muitos gregos da sua época. O ensino, no mundo helenístico, é de fato estimulante para uma mente curiosa e sedenta de saber como a sua. Os poemas de Homero não são apenas literatura, mas transmitem noções de história, religião, direito, tecnologia... O mesmo ocorre com a mitologia. Suas fábulas não se tratam somente de histórias sacras, com as divindades e suas proezas, sendo uma verdadeira enciclopédia de conhecimentos, e não obstante, já naquela época, um parâmetro de referência cultural: lições de muitas matérias podem ser comunicadas a partir de um único texto. É um modo multidisciplinar para descobrir o próprio mundo, e é um aspecto típico da mentalidade helenística, expressão de uma grande abertura mental que está na base do modo de pensar ocidental.

Seu olhar repleto de doces recordações do passado, mas também de frias interrogações sobre o futuro, é interrompido pela voz do timoneiro, no timão ao fundo da embarcação: "O Farol!", grita, e é um som de liberdade que todos esperavam há horas. Diante deles, nos confins entre o mar negro e o céu estrelado, há uma pequena luz que quase parece flutuar sobre a superfície do Mediterrâneo. É a luz do Farol de Alexandria.

Às vezes desaparece por trás de uma onda, noutras tremula, talvez, por uma questão atmosférica... Na realidade, ainda estamos muito distantes, mas a frota de Cleópatra entra no seu raio de ação.

É fácil imaginar o alívio da rainha. A bordo há um bramido de alegria, todos o procuram e o apontam: depois de semanas no mar, o fim da viagem é iminente.

Com o passar dos minutos e das horas, sua luz torna-se cada vez mais visível e forte. O Farol de Alexandria projeta um facho luminoso que pode chegar ao limite da curvatura terrestre, ou seja, até 48 quilômetros. Mas como é possível? É o fruto da inteligência das mentes da antiguidade, e dessa época extraordinária em particular. O arquiteto Sóstrato de Cnido o projetou e construiu por ordem de Ptolomeu I, mas o farol só foi finalizado durante o reinado de Ptolomeu II, um antepassado de Cleópatra. O ano era 280 a.C., cerca de 20 anos antes das guerras púnicas. Podemos considerar

Sóstrato de Cnido uma verdadeira estrela da época. O custo dessa obra foi exorbitante, 800 talentos, mas o resultado é uma das sete maravilhas do mundo antigo!

Para ser capaz de enviar um facho de luz a uma distância tão grande, antes de tudo era necessário construir uma torre altíssima. Por isso, ele concretizou uma estrutura de cerca de 120 metros de altura, o equivalente hoje a um edifício de quarenta andares, constituída por três partes: a base é quadrada, o corpo central é um "tronco" octogonal e o cume é um cilindro aberto, provavelmente com muitas colunas. Em resumo, três formas geométricas diferentes. No cume resplandece a estátua dourada de Alexandre, o Grande (ou, de acordo com alguns, de Zeus ou Poseidon). Sob a estátua, entre as colunas, arde o fogo que representa o ponto de referência (e a salvação) para todos os marinheiros que navegam de noite. A chama é grande, alimentada com óleo, mas como sua luz pode superar quase cinquenta quilômetros de mar aberto, e impulsionar-se a distâncias tão longas, como nossos faróis modernos? O truque se dá pela presença de uma série de espelhos que concentram a luz em um facho intenso, capaz de alcançar até onde a costa já não é mais visível. Mas isso não seria suficiente. Embora não seja possível provar, é admissível que grandes lentes moldadas de modo particular (com "globo ocular" e "escaleno") contribuíssem para concentrar o facho com tanta eficácia. Verdadeiros espelhos parabólicos, exatamente como vemos hoje nos faróis modernos. Na época de Cleópatra, já existe o conhecimento para realizar lentes desse tipo, embora seja difícil obter materiais tão puros.

Carmione aproxima-se de Cleópatra, e juntas as duas observam aquela luz, hipnotizadas, enquanto algumas mechas de cabelo chicoteiam suas bochechas. Às costas têm um passado para esquecer, e à frente têm um futuro para construir e defender.

Agora, tudo é passado, sejam verdadeiros ou falsos os boatos que circulam em Roma sobre sua gravidez e o aborto. Cleópatra voltou para casa...

O céu clareia rapidamente e uma tonalidade azulada apaga pouco a pouco todas as estrelas, deixando apenas uma, resplandecente, apoiada no perfil negro da costa: o Farol de Alexandria. Logo o sol vai surgir. E, aos primeiros raios, serão feitos oferendas e rituais, agradecendo a ascensão de Ra, para os egípcios, ou de Hélio, para os gregos. Sobretudo, agradecerão aos deuses por terem chegado sãos e salvos ao Egito.

O espetáculo que se abre aos olhos de Cleópatra, e de todos os que se encontram a bordo, é indescritível.

A luz do Farol de repente parece duplicar-se. Ao lado do seu brilho poderoso, surge outro, ainda mais intenso: são os primeiros raios de sol que despontam exatamente atrás do Farol. A frota de Cleópatra segue uma rota que alinha o Farol ao astro nascente. Por poucas dezenas de segundos a torre fica perfeitamente emoldurada pelo sol vermelho que se ergue no horizonte. Um sol tipicamente esmagado, de forma oval, como é visto ao amanhecer por essas bandas. Sua tonalidade avermelhada deve-se à poeira do deserto em suspensão. Abril é o mês em que sopra o khamsin, um vento capaz de gerar terríveis tempestades de areia, uma das quais, cerca de cinco séculos antes, no deserto egípcio, engoliu uma expedição persa inteira, que nunca mais foi encontrada. Subindo, o sol logo "sacode" a poeira do deserto e passa em poucos segundos ao laranja, em seguida ao rosa e ao amarelo, até resplandecer com intensidade suficiente para impedir os olhares. Cleópatra ainda está ali, com os olhos fechados, acolhendo o calor como se fosse pura energia para o coração. Quando abre os olhos, vê a cidade, e as muitas velas no mar que vêm em sua direção. É a frota egípcia que saiu do porto para dar as boas-vindas à rainha. Um povo em festa a aguarda.

Alexandria acolhe sua rainha

O grande navio-almirante, parado a certa distância, é alcançado pela belíssima embarcação real de Cleópatra, muito menor, mas tão refinada e preciosa que, à luz do sol matutino africano, brilha como um tesouro. Da costa, todos podem ver o brilho de suas partes em ouro, o elegante balançar das bandeiras, tecidos e cortinas de seda entre as colunas que sustentam uma cobertura sob a qual a rainha se acomodou. Os remadores adotaram um ritmo lento e perfeito, alimentando uma atmosfera quase sacra. Assim que receberam a notícia, os alexandrinos saíram em massa de suas casas e agora se aglomeram ao longo do cais, da costa, e até mesmo sobre os telhados e terraços das habitações. Querem ver a rainha, demonstrar todo seu afeto e apoio. Ela é sua única garantia de independência e riqueza. Com a aproximação do cais real, Cleópatra escuta com cada vez mais precisão os gritos de cada um de seus súditos, os sons dos tambores, das flautas, dos sistros, que se transformam em um único grande clamor quando fica ao alcance das vozes.

Muitos entoam um hino a Ísis, escolhido entre aqueles que são cantados nos momentos culminantes das orações nos templos dedicados à deusa. Pouco a pouco outros se unem ao cântico, a ponto de Cleópatra ter a clara sensação de que todos juntos cantam o hino para ela. Só agora, diante do afeto dos seus súditos, percebe que viveu tempo demais cercada pela desconfiança e pelo ódio dos romanos, segregada na residência dourada do Horti Caesaris. Em pé na embarcação, o olhar altivo, acena com elegância para saudar seu povo, que irrompe em um bramido. A embarcação atraca no cais e os remadores levantam os remos verticalmente, na direção do céu azul. No silêncio, uma passarela é posicionada às pressas por alguns servos. À sua frente já se enfileiraram duas alas de guardas reais, e seus principais dignitários a aguardam ao fundo. Um pouco mais para o lado, porém com os escudos coloridos e as armaduras bastante visíveis, um pelotão de legionários com as insígnias à vista circunda o comandante das três legiões romanas estacionadas em Alexandria e os comandantes de cada legião, os legados. Sua presença em uniforme completo como reverência à rainha confirma a promessa de Antônio de respeitar os acordos que Júlio César firmou com ela, o que tranquiliza Cleópatra, porque isso se traduz em uma mensagem clara a todos os alexandrinos: nada mudou, ao contrário, a rainha está possivelmente ainda mais forte do que antes, porque é respeitada mesmo sem a proteção de César. Depois, tambores começam a rufar como trovões distantes.

Seu ritmo pode ser escutado a quilômetros de distância pelos camponeses espalhados nos campos, que levantam a cabeça, mas também nos barcos nos pântanos do delta do Nilo. Agora tocam os instrumentos de sopro, as harpas e dezenas de sistros que entoam um ritmo compulsivo. A rainha emerge da floresta de remos e desce da embarcação a passos lentos. Apesar da longa viagem e da dificuldade em prepará-la a bordo do navio-almirante, Eiras e suas ajudantes produziram um verdadeiro milagre. Cleópatra surpreende a todos com seu frescor e naturalidade. Avança solenemente entre as fileiras de soldados, até alcançar os dignitários que seguraram as rédeas da cidade enquanto ela esteve ausente. À sua presença, todos, com exceção dos legionários, se inclinam e se prostram. Depois das frases circunstanciais e de alguns ritos de boas-vindas (que infelizmente ignoramos), Cleópatra sobe em uma liteira coberta que a levanta sobre a cabeça de todos, começando o percurso até o Palácio Real. Ao seu redor, a multidão está em festa, mal contida pelos guardas reais que lhe servem de escudo.

Cleópatra conserva um comportamento real, mantém a cabeça erguida e faz lentos acenos de aprovação à multidão, mas em seu coração, embora não possa demonstrar, há um turbilhão de emoções. Em poucos segundos, foi mergulhada em uma explosão de cores, rostos radiantes, sorrisos felizes de pessoas que não via há tempos, mas também de odores aos quais uma mulher pode ser muito sensível: o cheiro acre do continente, pungente das plantas do pântano, frutado das flores, intenso do deserto. Sim, ela voltou para casa. Acolhida pelo fascínio mais forte e mais antigo, o fascínio da África.

Uma cidade saída da Odisseia *de Homero*

Deixemos Cleópatra seguir seu trajeto em direção ao Palácio Real. A multidão desfila ao nosso redor, acompanhando-a. Para nós, esta é também uma experiência nova. Há algumas páginas estávamos em Roma, com suas pessoas, seus grandes palácios, os inúmeros

Reconstituição de Roma vista do alto durante a época republicana.

Templo de Vênus Genetrix no Fórum de César, onde era mantida, por vontade de César, a estátua de Cleópatra.

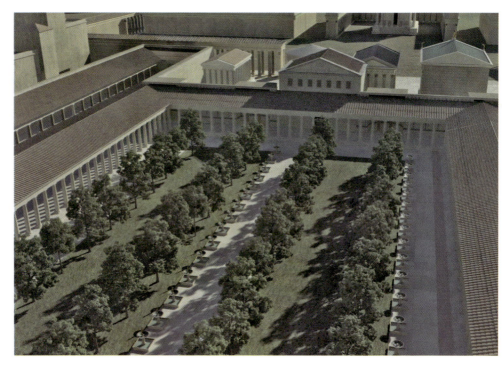

Pórtico e jardim do Teatro de Pompeu. O edifício retangular ao fundo foi palco do assassinato de Júlio César.

A morte de Júlio César, do pintor neoclássico Vincenzo Camuccini. Do início do século XIX. Óleo sobre tela mantido no Museu Nacional de Capodimonte.

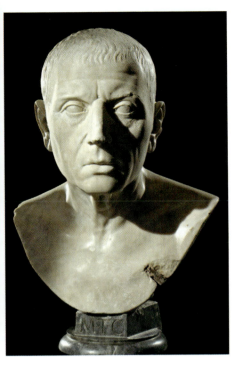

Possível representação de Cássio em mármore.

Punhal de ferro com cabo de osso encontrado na Casa dos Gladiadores, em Pompeia. É possível que César tenha sido apunhalado com uma arma semelhante a esta.

Moeda cunhada por Brutus para "celebrar" os Idos de Março.

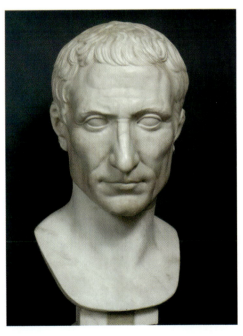

Representação de César em mármore com cabelos fartos, os quais ele provavelmente já não tinha na época do seu encontro com Cleópatra.

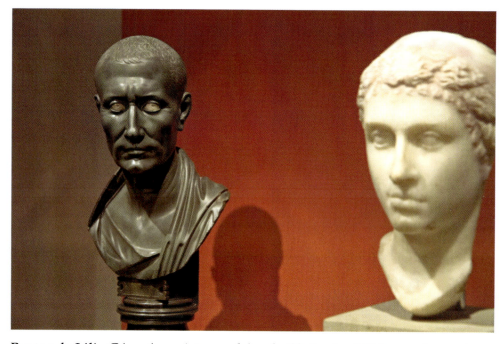

Bustos de Júlio César (em xisto verde) e de Cleópatra VII (em mármore) expostos no Altes Museum de Berlim.

À esquerda, a estátua de Cleópatra VII exposta no Hermitage de São Petersburgo. Envolvida em uma túnica aderente, tem na mão esquerda uma grande cornucópia, símbolo de prodigalidade, e, na cabeça, sustenta a coroa com os três uraeus.

À direita, o busto de uma rainha ptolomaica (possivelmente Cleópatra VII) exposto no Museu Egípcio de Turim. Uma descoberta recente e magnífica.

Possível representação de Cleópatra VII mantida no Metropolitan Museum of Art de Nova York.

Escultura alexandrina em mármore de uma princesa ptolomaica exposta no Museu Central Montemartini de Roma. No passado, foi identificada como Cleópatra VII.

Moeda cipriota em bronze (37-30 a.C.) cunhada para celebrar o nascimento de Cesarião, representado embaixo, à direita, entre os braços da mãe.

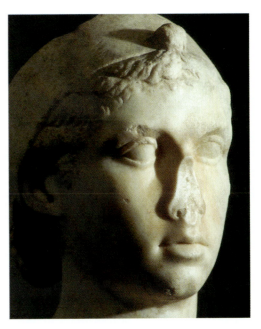

Cabeça de Cleópatra VII em mármore mantida no Museu Gregoriano Profano de Roma, nos Museus Vaticanos.

Moeda de prata proveniente da Antioquia que representa Cleópatra e Marco Antônio (36 a.C.). Ela usa em esplêndido colar de pérolas, simbolizando a grande riqueza do seu reino.

Busto em mármore de Marco Antônio, representado com seus traços viris e os cabelos ondulados e cheios.

Espelho, pente de osso e par de brincos com pérolas: os acessórios de uma mulher romana rica.

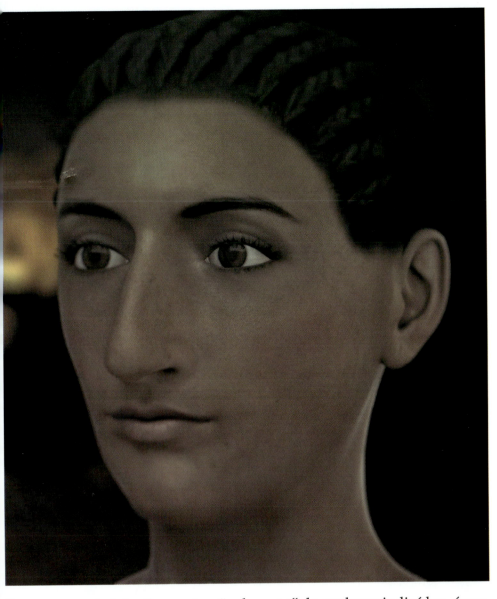

Para uma verdadeira "reconstrução do rosto" de qualquer indivíduo, é preciso que haja disponibilidade de resquícios ósseos. Com essa finalidade, pedimos a colaboração do Reparto Investigazione Scientifiche (RIS), de Roma, em particular do Cap. Chantal Milani, antropólogo e odontólogo forense, que, na falta dos restos mortais de Cleópatra, nunca encontrados, realizou uma espécie de "identikit" utilizando as representações da rainha, como se estas fossem os testemunhos dos artistas do passado. Bustos e moedas foram analisados por meio de pontos de referência anatômicos, medindo ângulos e distâncias, com base nos quais foi possível criar um rosto intermediário.

Busto de Cícero em mármore, exposto na Sala dos Filósofos nos Museus Capitolinos em Roma.

templos e o clima fresco da primavera. Agora nos sentimos um pouco deslocados. A primeira coisa que percebemos é o sol forte. Hoje seu raio parece concentrado por uma lupa e queima nossas cabeças. Em comparação ao barco, onde havia sempre um pouco de vento, aqui suamos porque o clima é quente e úmido: estamos na África, e bem na ponta do delta do Nilo. O grande rio não está à vista porque abriu-se como as raízes de uma árvore em uma série infinita de canais e cursos menores de água que alimentam, antes de chegar ao mar, uma imponente área úmida e pantanosa, tão grande que pode ser vista do espaço. Outro detalhe que se destaca são as moscas: em grande quantidade, parecem preferir nossa pele e nossos olhos. Afastando-as com um gesto, seguimos nossa exploração pela cidade.

Alexandria do Egito é agora a segunda cidade do Mediterrâneo, e do mundo antigo, depois de Roma. Se você for procurar em um mapa do delta do Nilo, Alexandria encontra-se na costa, um pouco à esquerda, a oeste.

A capital do reino egípcio, curiosamente, não se encontra em seu coração, como a famosa Tebas, área onde hoje admiramos Luxor, Karnak, o Vale dos Reis e o das Rainhas, mas às margens de suas fronteiras, com um pé sobre o mar. Como é possível? O motivo é que ela não foi fundada pelos antigos egípcios, mas por Alexandre, o Grande, em 332 a.C. (poucas cidades têm uma data de fundação tão precisa). O grande líder macedônio tinha uma ideia muito clara: a cidade se tornaria um dos principais portos comerciais do mundo conhecido. Às suas costas teria o Nilo, com suas terras férteis devido às cheias, que a alimentava com produtos agrícolas muito procurados. Do Oriente vinham mercadorias de todos os tipos, destinadas principalmente à Grécia e depois ao Ocidente. Que sentido havia em criar uma cidade no coração do deserto ao longo do Nilo? Posicionada daquela maneira, empoleirada sobre a costa, Alexandria constituía o ponto de contato perfeito entre as várias rotas de comércio, uma espécie de Hong Kong dos mares antigos, que enriqueceria e fortaleceria o domínio de Alexandre no Mediterrâneo.

Há ainda outro motivo, mais simbólico, para a escolha desse lugar e a orientação da cidade, que se espelha na Grécia em muitos aspectos. Alexandre, o Grande, era um admirador da obra de Homero, e em particular da *Odisseia*. A ilha de Faro, onde depois será construído o Farol de Alexandria, é citada no livro IV. Alexandre, portanto, teria decidido ligar-se a essa obra e homenageá-la, fundando uma cidade em um dos lugares descritos no poema. Uma extravagância pessoal que, no entanto, originou a cidade que depois se tornaria a capital de uma longa dinastia, a dos Ptolomeus, que por sua vez deu origem à Cleópatra e à nossa história.

Diz-se que o formato da cidade não foi casual, mas resultado de outra extravagância do grande líder macedônio: Alexandre exprimiu o desejo de que sua planimetria reproduzisse fielmente um clâmide, uma espécie de manto curto, leve e fechado com um broche, que ele adorava usar. Para todos os gregos, o clâmide representava um símbolo de poder masculino e de virilidade. Os comandantes o usavam, e os jovens que atingiam a puberdade o recebiam como uma forma de destacar a aproximação de sua hombridade.

Infelizmente, Alexandre, o Grande, nunca viu sua cidade finalizada (é preciso dizer que ele edificou outros 7 centros com seu nome ao longo do seu imenso império no Oriente Médio e na Ásia: Alexandria Asiana, Bucéfala, do Egito e do Cáucaso, Eschate, Niceia, Trôade). Alexandria não foi construída a partir do nada. Havia ali um núcleo habitado, chamado Raqote, uma espécie de cidadela fortificada para defender a costa das incursões dos piratas. Esse pequeno centro constituiu o ponto de partida, transformando-se mais tarde no bairro mais antigo e popular da Alexandria do Egito, com o nome grego Rhakotis. Ali vivia a maior parte dos seus habitantes egípcios, enquanto o restante da cidade era povoado principalmente por gregos. Isso já demonstra uma coisa: sob Alexandre, o Grande, e sob todas as dinastias dos Ptolomeus, incluindo a de Cleópatra, quem comanda no Egito são os gregos, um povo invasor que se estabeleceu essencialmente na Alexandria. O restante do país é ocupado por sua população originária, os egípcios, que são, no entanto, considerados cidadãos inferiores. Gregos representam os reis, a língua oficial, o nome de Cleópatra. E são gregos até mesmo alguns nomes que todos nós acreditamos serem egípcios: a palavra obelisco, por exemplo. Em grego significa "espada", e é o termo com que os invasores gregos definiam de forma depreciativa esses elegantes e magníficos monumentos. Havia "racismo" na relação com os egípcios, os descendentes dos faraós? Sim, mas não chegaram a um *apartheid* ou a uma discriminação violenta. Havia diferença de tratamento entre gregos e egípcios quando o assunto eram as leis ou os impostos? A resposta também é sim. O mundo no qual nasce Cleópatra, portanto, é o mundo de conquistadores que tomaram o comando de uma nação e mantêm sob jugo os seus habitantes, como antes deles fizeram os persas e como em seguida farão os romanos. Cleópatra, no entanto, é a única da sua estirpe a abrir-se aos egípcios, a falar a língua deles, a ir ao seu encontro e respeitá-los. Por isso é tão amada.

O segredo de Alexandria

Olhando ao redor, vemos uma cidade não tão extensa quanto Roma, mas densamente habitada, com praças, templos e palácios com estilos arquitetônicos que se misturam. Chama a atenção sobretudo o fervilhar de pessoas e as atividades comerciais que fermentam a cada esquina, tornando-a viva como todas as grandes cidades portuárias, encruzilhada de mercadorias, nacionalidades, etnias e culturas diversas que encontram um modo de conviver em um só lugar com seus próprios hábitos.

Construir Alexandria não foi fácil: o terreno que lhe dá lugar é arenoso. Talvez Alexandre tenha testemunhado a realização das primeiras estruturas, mas nada além disso, uma vez que depois seguiu para a Ásia a fim de realizar suas grandes conquistas, de onde só retornou morto. Sem o líder, seus generais repartiram o imenso império com uma série de lutas, alianças e batalhas. O Egito ficou com Ptolomeu, que deu origem à dinastia dos Ptolomeus, da qual Cleópatra é a última descendente no trono. Isso explica por que fala grego, se veste como uma mulher grega e herdou uma cultura grega: ela pouco tem a ver com a história antiga do Egito que todos nós conhecemos, a das dinastias dos faraós famosos, como o grande Ramsés II ou o hábil líder Tutmés III.

O grande edificador de Alexandria, portanto, foi o sucessor de Alexandre, o Grande, ou seja, Ptolomeu. É ele que compreende que Alexandria se tornará a nova capital do reino egípcio e transfere para lá a corte (que antes ficava em Mênfis). Em seguida, cada sucessor seu acrescentou novos edifícios e estruturas elegantes, transformando o que era um núcleo primitivo em uma cidade bela, fascinante, e acima de tudo "nova", que nada tinha em comum com o que por séculos surgira ao longo do Nilo. Um pouco como as atuais cidades metrópoles com seus arranha-céus quando comparadas às cidades medievais. O modelo urbanístico é grego, e é revolucionário. Quem "projeta" Alexandria é um arquiteto chamado Dinócrates, que aplica com perfeição uma ideia simples e eficaz que ainda hoje é a base das cidades modernas. É o chamado esquema "hipodâmico", fruto da genialidade de um arquiteto grego de grande bom senso, Hipódamo de Mileto, que viveu quatro séculos antes de Cleópatra. Por milênios as cidades cresceram de forma desordenada, uma casa após a outra, e as estradas eram constituídas pelo espaço deixado livre entre os vários edifícios. O que surgia a partir daí era sempre um aglomerado caótico, com estradinhas tortuosas. Hipódamo muda tudo: para construir uma cidade, o ponto de partida não são as casas, mas as estradas. Primeiro devem ser projetadas as ruas, depois, ao redor delas, a cidade se desenvolverá. Isso facilita todos os aspectos da vida cotidiana, desde os transportes até os reabastecimentos, a limpeza da cidade etc. Sua ideia é simples: as ruas se cruzam em ângulos retos, formando uma planimetria semelhante a um tabuleiro de xadrez. As estradas que seguem a direção do sol, leste-oeste, são chamadas *plateiai*. As que vão de norte a sul recebem o nome de *stenopoi*.

Como muitas vezes acontece, o sucesso se baseia em ideias simples e concretas: as novas regras são a base de quase todas as cidades gregas, e também das romanas, até as mais modernas como

Nova York. Ainda hoje, nas nossas cidades, seguimos sem saber a intuição de Hipódamo de Mileto. Um exemplo disso é a famosa rua italiana conhecida como "Spaccanapoli": com sua reta perfeita, corta o centro histórico de Nápoles de uma ponta a outra.

Alexandria, portanto, também é construída de acordo com esse esquema. Seu eixo principal chama-se Via Canópica, e atravessa toda a cidade de um lado a outro: cerca de 7 km (correspondentes a 40 estádios em média, como diria um habitante da época de Cleópatra, usando a típica unidade de medida grega, o estádio, que equivale a pouco menos de 180 metros). A sensação é a mesma experimentada por quem está na Fifth Avenue de Nova York: a estrada desaparece no horizonte, cercada por edifícios. E é importante destacar que Alexandria, nos tempos antigos, é eletrizante como a Paris do fim do século XIX, ou a Nova York dos tempos atuais. Para quem chega, é uma cidade imensa, com "exageros" de todos os tipos, mas que oferece grandes oportunidades.

A Via Canópica é interceptada perpendicularmente por outra grande rua, chamada Soma (é como ficou conhecida a tumba de Alexandre, o Grande). O cruzamento entre essas duas longas artérias constitui o "centro" de Alexandria, e se alarga na Ágora, a praça principal.

Um passeio pela cidade de Cleópatra

Quais são as sensações experimentadas por quem acaba de chegar em Alexandria? Vamos dar um passeio pela cidade. A rua por onde entramos não está entre as principais, mas mesmo assim é muito movimentada. Parece pertencer a uma cidade da Índia na hora do rush. Os edifícios são altos, elegantes, cobertos por um gesso claro. São muitos os terraços, em virtude do clima quente e menos chuvoso em comparação ao europeu. Aos pés dessas casas quase sempre há oficinas, lojas ou locais de restauração, cada um deles com uma tenda que mantém à sombra a entrada e a calçada em frente. As tendas têm cores variadas, algumas são listradas, outras têm estampas. Em muitas delas, o sol desbotou sua beleza inicial. O resultado é uma infinita série de toldos de várias cores, semelhantes às bandeiras de orações tibetanas, que se perdem no horizonte em cada rua, através dos diversos cruzamentos.

As estradas são pavimentadas com placas de pedra, como as romanas, mas a atmosfera que se respira é decididamente mais oriental do que a da Urbe. Sobre as longas calçadas não é possível caminhar: quase sempre estão ocupadas pelos produtos das lojas que ficam expostos. É preciso muitas vezes sair da calçada para desviar de cestos empilhados uns sobre os outros, ou ânforas e colunas de copos de barro, ou ainda pilhas de tecido de linho colorido organizadas sobre bancos. E há também o sol, que é bem mais forte ali do que em Roma, dando às estradas e aos bairros um aspecto deslumbrante e ao mesmo tempo fervente. Em poucos segundos, os olhos precisam se habituar à penumbra das tendas e depois são cegados de novo quando voltam à luz do sol. Atingem as barracas de objetos em bronze e metal, uma extensão infinita de copos, jarros de todos os tipos, lamparinas com correntes, tudo quase sempre finamente trabalhado. Não faltam prateleiras com estatuetas de divindades. Há de todo tipo: desde as que representam Hércules e Afrodite às egípcias de Hórus, Ísis e Osíris, mas também outras de origem persa ou do Oriente Médio. Domina sobre todos eles a deusa Serápis, uma divindade particularmente amada e venerada em Alexandria. Essa quantidade de estatuetas, que pode parecer tão comum a ponto de passar despercebida, na realidade é um claro sinal do vórtice de culturas e religiões que atravessa a cidade.

Há ainda as oficinas que expõem objetos de vidro: vemos porta-unguentos em vidros com listras coloridíssimas, esplêndidas anforazinhas com paredes tão finas que dão a impressão de que esmigalharão nas mãos, copos, jarros e vasos decorados com elegância. O trabalho em vidro no Mediterrâneo oriental é de fato muito mais refinado do que no restante da Europa, e as oficinas alexandrinas são repletas de produtos com qualidade superior.

Até os perfumes que enchem as ruas da cidade são diferentes. Durante uma caminhada, às vezes é possível sentir o cheiro da lenha que arde: é diferente, mais adocicado e aromático, exatamente porque as árvores utilizadas são africanas e não crescem em Roma. Todos os que desembarcam aqui depois de uma longa viagem a partir da Europa podem perceber isso. Até nas oficinas de perfumes nos acolhem essências e fragrâncias desconhecidas no mundo ocidental, provenientes de cidades distantes no Oriente Médio, e muitas até da Índia. São as mesmas que às vezes nos envolvem quando uma mulher alexandrina passa ao lado: fragrâncias intensas, frescas, carregadas de fascínio exótico. Impossível não intuir que alguns segredos de Cleópatra, como o perfume e a cosmética, ou a abordagem intercultural, são o resultado natural do mundo no qual nasceu e cresceu, mas que a um "estrangeiro", como um romano, parecem novos e envolventes.

Os sacos de especiarias ao redor da oficina (no interior há mais ainda, e é difícil imaginar como o comerciante consegue se locomover ali dentro) remetem a sistemas de tráfego e de comércio distantes. Neste momento, o proprietário está negociando com um cliente em um grego improvisado, mas compreensível e direto, enquanto repousa com cuidado, sobre uma pequena balança de bronze, alguns preciosos rizomas de cúrcuma, o chamado "açafrão das Índias". A mercadoria chegou até aqui depois de uma longa viagem, vindo da Índia ou talvez de ainda mais longe.

A origem exótica de tantos produtos expostos se reflete também nos rostos que cruzamos pelas estradas. Alguns passantes são claramente gregos, outros parecem ser do Oriente Médio, como este homem de barba e pele morena, que provém da península árabe e discute animadamente com um vendedor cartaginês, pequeno, barrigudo e de cabelos crespos. Depois, uma mulher alta, esbelta, com a pele escura e os dentes branquíssimos se aproxima devagar. Talvez seja nubiana, sem dúvida pertence a uma etnia nilótica. Considerando a elegância do seu porte, nos dias modernos poderia desfilar nas passarelas da alta moda. De repente, uma carroça puxada por dois bois surge à nossa frente. Traz um grande bloco de granito rosa de Assuão, que certamente será transformado na estátua de alguma divindade por uma das tantas oficinas de escultores de Alexandria.

Atrás do veículo, dois homens falam enquanto caminham no meio da rua; suas vestes são muito elaboradas, com bordados em relevos coloridos, e pelos chapéus, que não nos são familiares, intui-se que vêm de longe, talvez da Síria ou da Armênia. Cruzam o caminho deles três homens de pele de âmbar e andar cambaleante; todos são magros e suas roupas são feitas com tecidos orientais que formam indumentárias elegantes. Não é possível ter certeza, mas talvez sejam indianos que vieram com alguma mercadoria desembarcada em um dos portos egípcios no mar Vermelho. Não podem faltar também os soldados: ali estão três, atravessando a estrada. São legionários de folga, mas armados. Sua presença na Alexandria é maciça e, sobretudo no passado, deu origem a muitos problemas: estupros, brigas e abusos. Os alexandrinos não gostam deles, embora muitos tenham se estabelecido na cidade, formando famílias.

Cada pessoa que encontramos aqui tem uma história, uma língua, ideias próprias, uma forma típica de cozinhar, uma cultura. Nisso as ruas de Alexandria fazem lembrar um pouco as metrópoles de Londres ou Paris...

Enquanto continuamos nosso passeio, alguns detalhes dessa cidade chamam a atenção. Não há dúvida de que tem o aspecto de uma grande capital, com estradas largas, edifícios altos e elegantes com paredes claras e brilhantes, embora também encontremos sinais de desmazelo e descuido: nas calçadas despontam tufos de grama seca, nas esquinas as cabras remexem os lixos e burros ou vacas esbarram pelos caminhos e param no meio da estrada.

Alexandria é de fato uma miscelânea de mercadorias, pessoas e imagens de todos os mundos e reinos nela reunidas pelo fio invisível do comércio. Aqui, as negociações se baseiam na dracma, uma moeda grega. Mas outras moedas podem ser aceitas sem muita discussão, com exceção a um motivo: câmbio desfavorável. Nada que não seja considerado ainda hoje, em qualquer casa de câmbio de todo o mundo.

Um conselho precioso para qualquer visitante de Alexandria, assim como de todas as cidades gregas, é prestar atenção às portas de entrada das moradias. Ao contrário das portas romanas, que sempre se abrem para dentro das casas, aqui elas também podem abrir para fora, e o risco de dar de cara com uma, sobretudo nos becos, é mais do que real. Por isso existe o hábito de bater não apenas antes de entrar em uma moradia, mas também antes de sair.

Em algum momento a estrada que percorremos atravessa a rua principal, o Canopo ou Via Canópica. Ela é ladeada por um longuíssimo pórtico, sobre o qual há uma miríade de lojas. Graças à sua sombra permanente, aos comércios abertos e à possibilidade de encontrar pessoas conhecidas, essa é uma das ruas preferidas para passeio, um ambiente que faz lembrar vagamente os atuais souks da Tunísia ou de Istambul. Por todos os lados as diversas mercadorias ficam expostas, muitas vezes empilhadas, e às vezes se sente sobre a cabeça, de repente, a "carícia" dos tecidos à venda pendurados no ar. Seguindo um pouco além, alguns homens sentados em bancos simples trocam confidências enquanto bebem vinho temperado com especiarias. De vez em quando, dão um tapa na própria perna para matar as moscas, que são muitas. Durante nosso percurso neste "túnel" repleto de pessoas e objetos, às vezes avistamos algum pequeno altar do qual emanam perfumes de essências exóticas que queimam sob a imagem pintada e um pouco descascada de uma divindade. Podem parecer pouco importantes, mas na realidade são um detalhe que deve ser levado em consideração, e nos recordam que estamos em uma cidade e em um mundo (helenístico) onde impera a máxima tolerância religiosa. Tal tolerância deriva também do sincretismo, isto é, da fusão de muitos elementos de religiões diversas até criar divindades "híbridas" nas quais se identificam povos e culturas bastante distintos, como, por exemplo, os gregos e os egípcios. A grande abertura e a cultura do "acolhimento" de credos diferentes impedem que haja discriminação pela crença religiosa, a menos que tal credo signifique uma resistência política ao governo romano. Se somarmos essa característica à liberdade do vestir, falar, exprimir as próprias ideias e ao respeito pelos outros, temos um ambiente em que se pode falar de civilidade... Em Alexandria, naturalmente, também é preciso melhorar aspectos de convivência, há leis que não funcionam e privilégios evidentes para a comunidade grega que domina o país. Todavia, em relação a outros contextos, de certa forma, eles estão muito à frente. Talvez apenas Roma possa competir com a cidade nesse sentido.

Em meio ao som cada vez mais alto das vozes das pessoas, não demora muito para que o Canopo nos leve à praça principal de Alexandria, a Ágora. Saindo da penumbra fresca, não é fácil se habituar ao brilho ofuscante dos seus mármores. E o espaço, depois do alpendre estreito, nos parece ainda maior. Há grupos de pessoas que discutem, mulheres que passam com "sombrinhas" erguidas por um escravo, crianças que correm atrás umas das outras, soldados que marcham, mendigos que pedem esmola. Identificamos também figuras muito comuns na vida cotidiana de Alexandria: vendedores ambulantes que expõem todo tipo de mercadoria — desde panquecas e água fresca e aromatizada, até pequenos amuletos da sorte — sobre uma simples mesa apoiada por uma faixa pendurada ao redor do pescoço. São figuras "invisíveis" nos livros de história e museus, mas que, junto a tantas outras, constituem a carne viva da vida cotidiana de todas as cidades ao longo dos séculos, inclusive Alexandria.

A Ágora, localizada no cruzamento das duas ruas principais, permite a visão, idealmente, dos quatro lados da cidade. Do centro da praça, com o rosto voltado para o norte, na direção do mar, vê-se o Canopo, que prossegue a leste até um bairro novo, habitado majoritariamente pela comunidade grega, que no futuro será chamado Nicópolis (*nike* em grego significa "vitória"). O nome fará referência ao fato de que será exatamente pela Porta Canópica (ou Porta do Sol) — colocada no fim da rua — que em alguns anos entrará Otaviano, vitorioso sobre Marco Antônio e Cleópatra... Quase como uma contrapartida, a oeste, o Canopo nos leva a uma zona muito pobre, Rhakotis, primeiro núcleo da cidade, como já foi dito, habitado principalmente pelos egípcios. É um bairro popular, onde impera a miséria.

Ao sul, deixando a cidade, há um ambiente exclusivo e "chique". Ao redor de um grande lago, chamado Mareotis, as famílias mais ricas (quase sempre gregas) mandaram construir suas mansões luxuosas para se manterem distantes do desgaste da vida de Alexandria.

Do nosso ponto de observação, o centro exato da Ágora, podemos ver o Norte. Seguindo esta direção, chegamos aos dois portos de Alexandria, e especialmente ao seu extraordinário Farol. Vamos descobri-lo. Durante o trajeto, percebemos que o centro de Alexandria é dominado por obras-primas: imersos nos quadrantes das estradas que nos rodeiam na área da Ágora estão os monumentos mais bonitos, como o Soma, isto é, a Tumba Monumental de Alexandre, o Grande, e muitos jardins. É impossível descrevê-los, porque não chegaram testemunhos sobre seu aspecto à época moderna. Mas há também lugares menos espetaculares e mais aproveitados no cotidiano: além dos vários "bares" e locais para se refrescar, não faltam bordéis, com garotas à espera apoiadas na entrada. A clientela é composta sobretudo de homens que chegam à cidade após uma longa viagem pelo mar. Não por acaso, com toda probabilidade, quanto mais perto do porto, mais numerosos são os prostíbulos.

Depois de alguns minutos percorrendo o Canopo na direção oeste, aumenta o burburinho do mar. Então, pouco a pouco, é seu cheiro que penetra nossos narizes. Por fim, uma brisa inesperada bagunça nossos cabelos. Ao fundo, assim que atravessamos mais uma entrada da cidade que praticamente se abre sobre o porto e tem o nome evocativo de "Porta da Lua", surge de repente o mar, magnífico e infinito, com sua cor azul intensa... É impossível permanecer por muito tempo sob a porta: há sempre muito vento, e a roupa chicoteia nervosamente a pele.

Um pouco mais ao norte, a viabilidade de Alexandria prossegue "sobre a água" graças a um longo dique que liga a cidade a uma pequena ilha onde foi edificado o Farol. O nome do dique é Heptastadion (Eptastadio), isto é, "sete estádios", e nos indica seu comprimento: mais de 1200 metros! É uma obra-prima da engenharia helenística que nos leva a outra maravilha dessa cultura: o Farol. Está ali, à nossa frente, imponente, com a cor clara dos seus blocos que o torna visível de uma grande distância mesmo de dia.

O nome da ilha é Faro, e é daí que veio o nome da sétima maravilha do mundo antigo: de "Pharos" deriva "Farol" de Alexandria e mais simplesmente a palavra "farol". A cada vez que usamos o termo (até quando falamos de carros) fazemos referência tanto àquele prodígio da arquitetura quanto à pequena ilha que deu origem a tudo...

Agora que estamos na ilha, vamos subir pelo monumento. Passando pelos guardas, chegamos ao cume após uma interminável série de degraus, e um espetáculo de tirar o fôlego se apresenta aos nossos olhos. Alexandria estende-se diante de nós com seus templos, seus palácios e suas casas, fechada por grossas muralhas fortificadas. Vê-se claramente a famosa Biblioteca e, ao lado, o Mouseion, um centro de saber único no mundo antigo. Pouco adiante, distingue-se o teatro, e mais além, já fora dos limites da cidade, o Hipódromo. Entre os dois, no emaranhado das casas, localiza-se o bairro judeu (na época de Cleópatra, a comunidade da Alexandria é uma das maiores do Mediterrâneo).

Aqui, de acordo com Diodoro Sículo, vivem mais de 300 mil pessoas, o que significa que, em uma população estimada em cerca de 7,5 milhões de habitantes, como é a do Egito, quase 5% vivem na capital.

Para além de Alexandria estendem-se, ao infinito, campos cultivados e vegetação rasteira, com pequenos bosques de palmeiras cujo verde vibrante desaparece gradativamente no horizonte em uma leve névoa úmida que sobe do delta misturada às poeiras desérticas em suspensão. O branco da cidade, o bege das suas margens, o verde da vegetação, o azul do céu e do mar são as quatro cores de Alexandria. E permanecem na memória de todos.

Daqui de cima podemos ver claramente como o dique dividiu em dois a baía, criando, de fato, dois portos. À nossa direita, temos o porto Eunosto (que em grego significa "bom regresso"), com um perfil comercial, uma formação de armazéns e uma atividade frenética de carga e descarga dos muitos navios atracados. À esquerda, vemos o chamado porto Magno, com o cais real onde Cleópatra desembarcou esta manhã. Avistamos com clareza sua embarcação reluzente, ainda atracada. Mais adiante, podemos admirar os bairros reais e o palácio para onde retornou a rainha. Talvez, lá de baixo, ela esteja olhando para o Farol...

Cleópatra voltou para casa

Alexandria é uma cidade maravilhosa, de fascínio oriental, cerne de uma grossa rede de comércio e capital de um reino muito rico. Mas não se deixe enganar: a potência do Egito está em declínio há várias décadas, e o país, dilacerado por contínuas batalhas de sucessão, é cada vez mais refém e dependente da nova superpotência que se expande no Mediterrâneo, Roma.

É nisso que Cleópatra pensa enquanto, com a cabeça apoiada no parapeito de uma grande janela, observa as águas do porto e o Farol. Seus olhos examinam com cuidado todos os lugares que conhece desde a infância. Vê o cais onde desembarcou naquela manhã e sua embarcação dourada, ainda atracada. Agora o cais está vazio, e as lembranças do seu retorno festivo são progressivamente substituídas por outras recordações, que surgem do seu eu mais profundo. Seu olhar tornou-se fixo e sonhador. Mais uma vez, aproximando-nos de seus olhos, como fizemos no início desta história, podemos ver reflexos dessas imagens: é o porto de Alexandria, claro, mas intuímos que ela identifica muito mais nessa paisagem. É seu porto amado, onde chegam, enfileiradas como veleiros, tantas memórias, acompanhadas por emoções distantes, que o palácio e os locais tão familiares evocam de maneira poderosa. Essa viagem na memória, na realidade, é um pedido de ajuda a si mesma, um modo de buscar refúgio e proteção no passado, visto que o presente é tão incerto. Nos seus olhos, o barco dourado atracado no porto torna-se o navio de seu pai. Quantas vezes o viu, daqui de cima, descer ou subir com passo solene em sua embarcação, acompanhado por um cortejo de guardas, conselheiros, cortesãos. Ela o observava escondida, enquanto no palácio sua cuidadora a procurava desesperadamente. A lembrança daquela atmosfera da infância é como um doce afago no coração. Um afago protetor.

Mas como era Cleópatra na infância?

5

Cleópatra pensa em César

O pai e a mãe de Cleópatra

Infelizmente não temos registros sobre a infância e a adolescência de Cleópatra. Mas podemos imaginá-la, usando o bom senso para acreditar na hipótese de que nasceu neste mesmo Palácio Real. Era o ano de 69 (ou 70) a.C., mas não sabemos o dia exato... Seu pai era Ptolomeu XII, conhecido como Auleta, isto é, "flautista", porque se considerava um "novo Dionísio". Um pouco como Nero, adorava cantar e tocar em público, sobretudo durante as festas dionisíacas, e foi a partir daí que veio seu apelido. No entanto, foi um péssimo soberano. Amava a arte e a música mais do que o governo. Na verdade, sob seu reinado o Egito sofreu com temerosos desvios políticos e econômicos. A legitimidade do trono ou a proteção de Pompeu e de outros políticos romanos — César entre eles — eram compradas por promessas de quantidades colossais de dinheiro. Estamos falando de uma transferência de 6 mil talentos certa vez, chegando a 10 mil talentos em outra ocasião, o equivalente a todas as entradas anuais do Estado egípcio... Sem dispor de fato dessas somas, Ptolomeu confiou em um importante banqueiro romano, Caio Rabírio Póstumo, que lhe emprestou o dinheiro sob taxas exorbitantes. Foi assim que o Egito alcançou o status de "amigo e aliado do povo romano" anteriormente citado. Essa sujeição em relação a Roma não agradou os habitantes de Alexandria: quando os romanos, apesar dos acordos, ocuparam de repente Chipre, ilha muito rica no território egípcio, houve uma revolta popular que levou o rei a uma fuga apressada para Roma. Ali permaneceu em um exílio dourado, continuando a corromper políticos e homens poderosos, até garantir seu retorno ao trono. Mais tarde, os romanos, para assegurar o pagamento, chegaram a lhe impor aquele mesmo Rabírio como administrador das finanças do reino... com consequências desastrosas. O banqueiro saqueou tantas riquezas que precisou, mais tarde, ser enviado de volta a Roma sob proteção.

As dívidas de Ptolomeu Auleta eram tão substanciais que ainda pesavam sobre Cleópatra. De fato, foram um dos motivos que conduziram César à Alexandria quando ele conheceu a rainha: estava ali (também) para cobrar a dívida, exigindo 10 milhões de dracmas, e "perdoando" outros 7,5 milhões...

Embora Ptolomeu fosse totalmente inepto no governo, Cleópatra permaneceu fiel ao lado do pai até a morte dele: desse fato provém seu epíteto, Cleópatra Filópator, que significa "aquela que ama o pai". Ao traduzir seu nome completo, portanto, ficamos diante de um verdadeiro hino ao pai: "glória do pai" (Cleópatra) e "aquela que ama o pai" (Filópator), fruto de uma sociedade machista em que a figura paterna ficava no centro de tudo. Isso nos dá alguma ideia de como Cleópatra foi bem-sucedida ao romper com a estrutura patriarcal da cultura greco-macedônica.

A respeito da mãe, nada sabemos. Não conhecemos seu nome, sua aparência, nem mesmo sua proveniência. De acordo com algumas fontes, era uma mulher que frequentava a corte, uma concubina do rei, e nesse sentido seria uma relação ilegítima. Mas, ao que parece, ela era de alta linhagem, possivelmente uma egípcia proveniente dos ambientes e das famílias dos sumos sacerdotes de Mênfis, e, portanto, Cleópatra seria metade egípcia.

Outra hipótese, no entanto, é mais inclinada a uma origem grega: sua mãe poderia ser a primeira esposa do rei, que, segundo a tradição ptolomaica para as núpcias reais, teria sido uma irmã dele, uma homônima de Cleópatra chamada Cleópatra Trifena. Nesse caso, o sangue e os traços de Cleópatra seriam greco-macedônicos.

A infância

A rainha agora percorre um grande corredor entre duas alas de guardas que se inclinam silenciosamente à sua passagem. Está se reapropriando desses espaços tão queridos, com os cheiros, os sons, a luz...

Ela se lembra de correr neste mesmo corredor, seguida de perto pela babá e por uma escolta que nunca a perdia de vista. Imagina a si mesma acelerando o passo, e ri à ideia de obrigar os adultos a correrem deselegantemente atrás de uma menina... Tem recordações muito doces daqueles anos: as bonecas de terracota pintada, com vestidos de linho e joias falsas, e o cavalo de balanço. Eram os mesmos brinquedos de todas as crianças de sua época, com a diferença de que eram de luxo. Mais tarde, descobrira jogos de sociedade como o Senet, com um longo tabuleiro e peões, ou então o jogo da serpente, com uma mesa equivalente a do jogo de damas na época egípcia. Mas com quem ela jogava? Com outras crianças, filhos das famílias mais aristocráticas e bem-nascidas da Alexandria, que constituíam *in nuce* a sua primeira corte. Em resumo, desde pequenos todos eram habituados a viver em um mundo que no futuro seria sua cotidianidade.

Mas, no caso de Cleópatra, essa realidade ia além. Desde a mais tenra infância, ela foi educada para se tornar uma rainha. Foi a última de uma longuíssima tradição: desde a época dos primeiros faraós, as princesas sempre receberam uma educação refinada e de altíssimo nível.

Cleópatra entra em uma saleta onde vai mudar de roupa para tomar banho. Deitada sobre uma espécie de pequeno divã dourado, revestido com couro de guepardo, sorve uma bebida fresca e tonificante. Às suas costas, um serviçal a abana com um enorme leque de plumas de avestruz.

Agora ela já não se dá conta, mas cada bebida e cada comida são experimentados por um servo, para se certificar de que não estejam envenenados. Uma profissão curiosa e inquietante, a do experimentador...

O banho está preparado. Cleópatra se dirige à sala da banheira, sempre envolvida em seu elegante vestido de linho branco. Atrás dela, além da escolta silenciosa, vêm duas criadas levando unguentos, perfumes e lençóis de linho que serão usados como toalhas. A rainha atravessa um jardim interno, um verdadeiro oásis dentro do palácio, com plantas perfumadas, muitas vezes florescendo, e aqui e ali alguns animais despontam no verde, entre os quais um pavão. Ela para a fim de admirar esse paraíso (e com ela o pequeno "cortejo" às suas costas): o som da água que jorra de algumas fontes cria uma trilha sonora natural junto aos chamados de tantos pássaros coloridos que bebem ordenadamente nas bordas de uma bacia de mármore.

Cleópatra recorda que neste jardim, quando ainda era menina, passeavam filósofos, rei, dignitários e embaixadores, que se sentavam em elaborados bancos de mármore para saborear a atmosfera. Neste ambiente, cada um deles deixava de ser rei ou filósofo e mostrava seu lado mais humano, quase infantil, o rosto iluminado pela surpresa e a admiração diante daquela paz e dos fluxos de água.

O sinal na pedra

Cleópatra continua a caminhar pelas salas do palácio, entre mármores e colunas. Seu olhar se detém por um instante sobre uma estátua de pedra negra que a retrata. A rainha é representada enquanto marcha, solene, com as vestes asseadas. Tem o olhar fixo à frente. O estilo é sem dúvida egípcio, mas muitos detalhes são gregos, sinalizando a cultura que agora domina o Egito: tem traços floreados e redondos, seios fartos, bochechas macias, lábios carnudos, e já não se vê a linha esculpida pela maquiagem (*kohl*) que se alonga até as têmporas. Além disso, ela foi retratada erguendo uma cornucópia com o braço esquerdo, sinal de abundância e riqueza. Sobre a fonte, três cobras eretas, os uraeus, representam a grandeza de Cleópatra e as terras que ela acrescentou ao Reino egípcio. As outras rainhas tinham no máximo duas delas, mas ela levou o Egito a um novo patamar... O que será agora daquelas terras? Os romanos manterão sua promessa e garantirão a integridade e a autonomia do seu reino? A ansiedade aumenta e um sentimento de vazio domina Cleópatra, que aperta o passo e dá as costas a esta estátua que ainda é possível admirar, embora quebrada e com o rosto danificado (nunca saberemos se devido a uma queda ou resultante de marteladas por uma *damnatio memoriae* depois de sua morte...), no Museu Egípcio de Turim. Estava há décadas listada em suas coleções, e agora sua "redescoberta" despertou assombro e curiosidade, embora os estudiosos não estejam totalmente de acordo sobre sua atribuição a Cleópatra. Mas nós a imaginamos aqui, talvez provisoriamente, no palácio de Alexandria, antes de encontrar sua morada definitiva no lugar (desconhecido) onde depois foi encontrada.

A rainha prossegue, passando distraidamente ao lado de uma estela com um texto em hieróglifo: entre os vários símbolos, identificamos seu nome. Como o de todos os soberanos, aparece circulado por uma moldura oblonga, o chamado cartucho.

No Egito, seu nome é encontrado escrito de três maneiras: em grego (Κλεοπα'τρα), em latim (Cleopatra) e, também, em "egípcio"

Cleópatra se torna uma hábil rainha

Cada vez que a rainha encontra alguém em um ambiente, todos se reclinam. Mas desde quando ela está no poder? Faz mais de sete anos, embora na realidade tenha se preparado para recebê-lo muito antes. Onze anos atrás, Berenice, a irmã mais velha, destinada a se tornar rainha, falecera. A partir daquele momento, embora o pai ainda estivesse vivo e reinando, Cleópatra se tornou a primeira da fila de sucessão dinástica. Foi por isso que recebera uma educação adequada, realizando visitas e viagens para conhecer a nação que provavelmente logo governaria. Os responsáveis pela formação dela e de seu irmão foram três poderosos "tutores": Potino, um eunuco muito hábil e astuto; Áquila, o comandante supremo do exército, e o reitor Teódoto. Além disso, seu pai também pedira aos romanos para servirem de "tutores aos dois filhos", o que, como veremos, terá consequências importantes na história. Cleópatra, dada sua personalidade independente, logo entrou em conflito com os três poderosos tutores, ganhando sua inimizade e colocando-os ao lado do irmão.

Quando, com a morte do pai em 51 a.C., o destino bateu à sua porta, embora tivesse apenas 18 anos, ela estava pronta. Em uma cerimônia suntuosa, recebera a investidura oficial, provavelmente em Mênfis, diante do sumo sacerdote do Egito. Ao seu lado estava o irmão mais novo, com apenas 10 anos, com quem se casara seguindo a tradição dinástica que os Ptolomeus haviam retomado em função autocelebrativa dos antigos egípcios, os quais, por sua vez, se referiam a Ísis e Osíris. Tratava-se substancialmente de um matrimônio mais "formal" do que efetivo. A partir daquele momento, Cleópatra havia iniciado uma intensa série de viagens de Estado ao longo do Nilo e no restante do reino para ser reconhecida pelo seu povo. Desde o início, todos notaram e apreciaram o fato de que ela falasse fluentemente a língua egípcia, sem necessidade de um intérprete, uma verdadeira exceção entre os soberanos ptolomaicos.

Na realidade, durante esses encontros ela já começara a trançar uma rede de contatos e suportes, sobretudo com a poderosa casta dos sacerdotes, para consolidar o próprio poder. Sua estratégia foi bastante refinada: sendo mais velha que o irmão, que ainda era uma criança, pouco a pouco o excluíra do poder, deixando-o à sombra. As moedas traziam apenas um rosto, o seu, e especialmente no início de seu reinado os retratos da rainha eram feitos em estilo alexandrino, para destacar a ligação direta com Alexandre, o Grande, e legitimar seu poder e suas ações... Até os documentos oficiais terminavam com apenas a sua assinatura. Aos olhos de todos, era ela que comandava, e justamente, como única soberana.

Os primeiros dois anos do reinado (51-50 a.C.), contudo, não foram fáceis: as inundações menos abundantes do Nilo e as colheitas escassas levaram toda a população à fome. Cleópatra exigira que se distribuíssem recursos alimentares em todos os distritos, até quando foi possível, e depois ordenou que as mercadorias fossem confiscadas em Alexandria, já em pleno estado de emergência: por causa da carestia, fluxos intermináveis de pessoas se dirigiram à cidade e aos entornos fugindo dos campos ao longo do Nilo, onde havia escassez de comida. Tumultos irrompiam, com saques e invasões em vários bairros. Em resumo, ela conseguiu superar um período de muita dificuldade.

Com o passar dos meses e dos anos, a rivalidade com o irmão aumentou. Na realidade, não havia apenas os dois, mas principalmente dois "times" rivais de conselheiros às suas costas, que tramavam e tentavam colocar à sombra o regente adversário.

Nesse impasse, estavam imersas toda a inteligência e a acurada habilidade política de Cleópatra. Por uma estela, tomamos conhecimento de que em 51 a.C. ela navegou pelo Nilo até Hermontis para levar o novo touro sacro, Buchis, após a morte do anterior. De acordo com os antigos egípcios, os touros sacros eram a reencarnação da divindade suprema, o deus sol, Amon-Rá. Além disso, Cleópatra distribuíra doações a diversos cultos egípcios em todo o reino. Foi um modo de fortalecer sua ligação com a religião do país, agradando dois grandes protagonistas do reino, os sacerdotes (como já foi dito) e o povo, que a via como uma protetora. Ptolomeu XIII, no entanto, falava apenas o grego, permanecendo confinado ao ambiente helenístico que permeava a cidade de Alexandria.

A fuga no deserto

Um episódio interessante aconteceu em 49 a.C., quando o Egito se envolvera na guerra civil entre César e Cneu Pompeu Magno: este último enviara um de seus filhos, Cneu Pompeu, para pedir naus e trigo à Cleópatra. E ela lhe fornecera sessenta navios carregados de grão e 500 legionários romanos, escolhidos entre os estacionados no Egito. A respeito desse encontro entre Cleópatra e Cneu

Pompeu circularam boatos de que ela se concedeu ao jovem Cneu, filho do homem que, para todos os efeitos, surgiria como o futuro vencedor da guerra civil. No entanto, muito provavelmente, essas foram maledicências que circularam depois da morte de Cleópatra com a intenção de desacreditá-la aos olhos da História, fazendo-a parecer uma espécie de "Messalina egípcia" (para dizer a verdade, nem Messalina era de fato a mulher luxuriosa e lasciva cuja imagem nos foi transmitida, e também sofreu a ação da "máquina da lama" de sua época). Cleópatra nunca se relacionou com Cneu.

O apoio fornecido a Pompeu, no entanto, causou a revolta dos alexandrinos que, sofrendo um terrível período de colheita e, como consequência, uma inclemente carestia, acusaram a jovem rainha de vender o Egito (e seu grão) aos romanos. À frente dos protestos, como se pode imaginar, estavam os três poderosos "tutores", que alimentavam o problema, aproveitando-se do período difícil que o país atravessava.

Em 48 a.C., Cleópatra foi obrigada a fugir da Alexandria, enquanto os três aproveitaram para colocar no trono seu irmão Ptolomeu XIII, um garoto facilmente manipulável.

Trata-se de uma fuga pouco difundida, mas impressionante. Em uma longa marcha feita em muitas etapas, Cleópatra ultrapassou os confins orientais do reino, atravessou a Palestina e foi parar na Síria meridional. Por fim, a encontramos acampada no meio do deserto, barricada em uma tenda com um exército de mercenários que a protege (não se sabe onde conseguiu o dinheiro para pagá-los). Uma cena raramente vista na História, que parece saída do roteiro de um episódio de *Star Wars*... De fato, os ingredientes da grande narrativa sobre Cleópatra que estamos construindo, pensando bem, são muito semelhantes: frotas "imperiais", desertos, rainhas em guerra, rebeldes, batalhas campais com infinitas massas de soldados e veículos, ações heroicas de indivíduos, mulheres carismáticas, traições, palácios luxuosos, ataques imprevistos e fugas apressadas, só que no lugar do universo e dos planetas onde os protagonistas se escondem ou travam batalhas, como Naboo ou Hoth, há o Mediterrâneo com suas ilhas e sua costa. A carga de ação e dramaticidade da História, com suas repetidas reviravoltas, é quase idêntica.

Essa comparação é apenas um desejo de provocação, com o objetivo de pensar sobre o fato de que a História muitas vezes supera a fantasia, até a dos mais bem pagos cinegrafistas de Hollywood. Nenhum deles, no cinema, jamais conseguiu se aproximar da vida de Cleópatra, ainda que disponham dos melhores efeitos especiais e da criatividade mais mirabolante, porque cada página da sua vida causa um fascínio ainda maior do que a precedente e nos leva para dentro de sua história. Se não soubéssemos que existiu de verdade, um filme a seu respeito seria pouco crível. A realidade dos fatos supera em muito a ficção. Neste caso, o que mais pode acontecer agora a uma rainha acampada no meio do deserto?

A cabeça cortada de Pompeu

No xadrez, se ela fosse o peão do rei, em um canto, com poucos outros peões para protegê-la, todos imaginaríamos um xeque-mate iminente. O irmão Ptolomeu XIII se movimentara com seu poderoso exército, desviando-se em Pelúsio, entre o Egito e a Judeia, na região do Sinai, na extremidade norte-oriental do delta, barrando seu caminho e pronto para atacar. Estava a um passo de matá-la.

No entanto, como uma lição de vida para todos nós, basta resistir ou esperar, porque depois os próprios eventos podem mudar o curso e abrir um caminho (que, contudo, é preciso ser capaz de reconhecer). Foi o que aconteceu com Cleópatra.

Sobre seu tabuleiro, na verdade, não havia apenas dois jogadores (ela e o irmão), mas muitos outros, e um deles surgiu de repente e mudou, sem querer, as cartas na mesa. Chama-se Pompeu Magno. Acaba de ser derrotado por Júlio César durante a batalha combatida em 9 de agosto de 48 a.C. em Farsala, na Grécia, precisamente na região da Tessália, e está fugindo de navio. Seu destino é o Egito, ou melhor, o acampamento do irmão de Cleópatra, e conta com seu apoio. No passado, Pompeu ajudou o pai deles, Ptolomeu Auleta, quando estava no exílio em Roma, recebendo promessas de grandes recompensas, como já foi dito. Pompeu, confiante em seu imenso crédito, não apenas tem esperança na proteção do jovem rei, mas acredita poder reconstituir o próprio poder desfrutando do riquíssimo reino egípcio. Todavia, os acontecimentos não corresponderão às suas expectativas.

É 28 de setembro de 48 a.C. O irmão de Cleópatra, no instante em que são avistados os navios de Pompeu, envia uma pequena embarcação para conduzi-lo à costa. A bordo estão Áquila, o comandante supremo das tropas egípcias, e dois soldados romanos: Sálvio, um centurião, e Lúcio Septímio, que Pompeu reconhece, tendo combatido sob seu comando em campanhas anteriores. Quando sobe a bordo há um grande silêncio, um silêncio estranho. Pompeu não sabe, mas foi decidido que seria assassinado. O barco se aproxima da costa. Dos trirremes em alto mar, os amigos de Pompeu e sua esposa Cornélia, que seguem com angústia o desenrolar dos acontecimentos, recuperam a coragem ao verem chegar à praia muitos cortesãos do rei em sinal de boas-vindas e respeito. Pompeu se levanta. Mas, nesse exato momento, Septímio o golpeia com o gládio, logo imitado por Áquila e pelo centurião Sálvio. Pompeu cobre o rosto com a toga e cai, ainda recebendo os golpes. O que se segue é arrepiante. Quem narra é o escritor Lucano: "O implacável Septímio [...] arranca o véu, descobrindo o rosto venerável do moribundo Pompeu, agarra a cabeça que ainda respira e apoia o pescoço, já desprotegido, lateralmente a um dos bancos dos remadores. Quebra então os nervos e as veias e despedaça com repetidos golpes as vértebras: ainda não se conhecia um modo de separar, com apenas um corte da espada, a cabeça do corpo. [...] Aqueles cabelos, ainda mais belos por causa do rosto nobre, foram agarrados com violência por uma mão e — enquanto o rosto ainda conservava traços de vida, suspiros escapavam da boca e os olhos se arregalavam — uma haste lhe foi enfiada [...]. Dessa forma, foram retirados da cabeça, com técnica execrável, o sangue e os humores, o cérebro foi removido, a pele foi ressecada, tudo que poderia apodrecer foi mumificado, e o rosto, com a ajuda de um preparado venenoso, solidificou-se."

Por que Ptolomeu XIII ordenou o assassinato de Pompeu? Para cativar a simpatia de César, o novo astro em ascensão. Pompeu, agora, era um derrotado; sua cabeça cortada foi preparada e conservada de maneira a constituir uma prova do seu assassinato que pudesse ser mostrada a César. E em 2 de outubro, apenas quatro dias depois, César, no encalço de Pompeu, desembarca na Alexandria com dez navios de guerra e 4 mil homens (3.200 infantes e 800 cavaleiros). Quem o recebe não é o rei adolescente, mas uma delegação sua liderada pelo reitor Teódoto, talvez o mais capacitado para encontrar as palavras certas e explicar aquela delicada circunstância. Ele lhe mostra o anel de Pompeu, com um leão empunhando uma espada. E depois, de uma caixa de madeira, emerge o macabro troféu... A reação de César, contudo, não é a esperada. Muito pelo contrário...

Diante da cabeça cortada e "restaurada" de Pompeu, César chorou (ou fingiu chorar, porque na realidade Ptolomeu lhe prestou um grande favor ao eliminar fisicamente o poderoso adversário). De todo modo, trata-se de um fato gravíssimo: Pompeu, um poderoso e aclamado filho de Roma, foi assassinado por um soberano estrangeiro que não consultou o Senado nem o próprio César... Esse é um dos crimes mais graves para um romano como César, que se enfurece com Ptolomeu XIII e sua delegação. Ele os insulta e lhes ordena que cubram com todas as honras aquela cabeça, exigindo que os espólios de Pompeu sejam restituídos à esposa, Cornélia, que, de acordo com Plutarco, "colocou-os em sua propriedade de Alba" (hoje Albano Laziale, perto de Roma).

O reitor Teódoto conseguiu subtrair-se à ira de César. Foge do Egito, mas depois, em uma estranha reviravolta da História, será encontrado na Ásia por um dos assassinos de César (Brutus ou Cássio, não está claro), e será morto.

César se instala no Palácio Real, demonstrando que o Egito não é mais um reino poderoso, apenas um protetorado romano. Quase certamente se banha onde agora está Cleópatra, e depois manda chamarem os dois irmãos. Precisa decidir quem apoiará. Na prática, tornou-se árbitro dessa disputa dinástica. Ptolomeu se recusa a se apresentar, considera uma afronta que um general romano lhe ordene ir à sua presença. Cleópatra, por sua vez, está no meio do deserto e estaria disposta a encontrá-lo, mas teme que no trajeto, distante de suas tropas, seja atacada e morta por algum assassino enviado pelo irmão.

A beleza e a astúcia de Cleópatra

Cleópatra agora se despe para o banho. Em um instante, a roupa branca de linho puríssimo cai sobre o chão sem nenhum barulho. Permanece apenas o corpo nu da rainha. O branco do linho sobre a terra e as formas sinuosas de Cleópatra remetem a uma vela, com a chama que ondula sobre a cera derretida. É um corpo sedutor, enérgico e de traços harmoniosos. O seio é cheio, ainda que não abundante, os glúteos são sólidos e torneados, a cintura estreita acentua a amplitude dos quadris. Chama atenção sua pele lisa: a total ausência de pelos sobre o corpo dá à rainha a aparência de uma estátua. Pequena, mas perfeita. Todavia, seu aspecto não é o único componente da incrível sensualidade de Cleópatra. Seu físico é uma visão agradável, mas decerto não tem uma beleza rara ou impetuosa. Infelizmente, não temos descrições precisas do seu corpo, mas, prestando atenção ao que os antigos escreveram a seu respeito (muitas vezes sem nunca a terem visto, depois da sua morte, em referência, é claro, a descrições de outrem ou a discursos do senso comum...), podemos imaginar que o que torna Cleópatra uma mulher superior às outras seja o modo como usa corpo, mais do que ele em si: na prática, ao colocá-lo em ação com seus movimentos, sua voz ou sua inteligência. Sim, é o que comove a todos. É um pouco como um instrumento musical: vê-lo é uma coisa, escutá-lo é outra. De forma análoga, se damos atenção aos antigos, Cleópatra inunda quem se aproxima com uma música inesperada, torna-se graça em estado puro e exprime uma sinfonia feminina pouco usual. O que enfeitiça, se entendemos bem, é a elegância de suas ações, a doçura da maneira como estende a mão, por exemplo, ou vira a cabeça quando a chamam, tudo isso em conjunto com o orgulho de seu porte. Se acrescentamos esses aspectos também um modo suave de falar e a acuidade do raciocínio, entendemos logo por que ela quebra a mentalidade do homem romano, viril e habituado a dominar a mulher. Como Páris, Cleópatra mira com suas flechas o calcanhar descoberto do homem romano, com a velocidade e o perigo de um escorpião...

Ela dá poucos passos na direção da banheira, uma pequena piscina em um cômodo revestido por mármores preciosos. Realiza um último gesto muito natural, quase sem pensar: alonga o pé para sentir a temperatura da água. Depois, devagar, desce os degraus e entra na banheira. A imagem refletida do seu corpo nu que se move é perfeita e muito sensual. Mas dura apenas um instante, para depois romper-se em mil pedaços fluidos, criados pelas ondas da água quando ela ingressa. Primeiro, as nádegas, depois as coxas harmoniosas. Os quadris e o ventre parecem escorregar com elegância na banheira, como se colocasse um novo vestido. Para um segundo, quando os seios tocam a superfície, deixando que o leve abraço da água a envolva docemente. E depois submerge...

Em seus olhos e em sua mente, ressurge uma lembrança ao mesmo tempo precisa, doce e dramática. Durante os terríveis dias em que estava no deserto, com o dilema do convite de César, a água se revelara sua aliada mais preciosa para resolver o problema.

Cleópatra recorda aquelas horas de angústia, passadas sob a tenda com seus conselheiros mais próximos: sua única esperança, em pleno deserto, era a de encontrar César e obter seu apoio antes do irmão. Mas como conseguir tal façanha? Ir para Alexandria era muito perigoso. Durante a viagem, ela e sua delegação seriam uma presa vulnerável demais para os assassinos do irmão. Então, elaborara um plano audaz, mas muito arriscado: ninguém imaginaria que a rainha pudesse se deslocar incógnita, sem guarda-costas nem séquito. Ninguém, portanto, prestaria atenção a uma simples embarcação com dois passageiros a bordo, um homem e uma mulher, que entraria ao anoitecer no porto de Alexandria. E foi o que ela fez. Partiu em segredo com seu servo mais fiel, Apolodoro Siciliota (evidentemente de origem siciliana).

O famoso encontro com Júlio César

Imagine, portanto, esse barco que, de noite, entra no porto oriental de Alexandria e se aproxima dos muros do Palácio Real. O verdadeiro golpe de gênio, no entanto, ainda está por vir. Há um grande risco de que os guardas do palácio a reconheçam. Apolodoro entra com ela em um saco de cânhamo, do tipo usado para repor cobertas ou tapetes (uma tradução errada do texto em grego antigo fez com que muitos acreditassem que ela houvesse sido enrolada em um tapete). Assim que alcançam a terra, Apolodoro fecha o saco com uma correia e deixa a rainha lá dentro, ajeita-o às costas e se encaminha na direção do palácio. Esse episódio demonstra dois fatos: Apolodoro devia ser um homem grande para servir de guarda-costas para a rainha e transportá-la por um longo percurso, e, ao mesmo tempo, Cleópatra devia ser uma mulher magra e de baixa estatura, provavelmente pequena como tantas mulheres da antiguidade (na época romana, a estatura média de uma mulher era 1,55m).

De todo modo, ele consegue passar pelos guardas (corrompendo-os generosamente? Mostrando o rosto a quem lhe era fiel? Não sabemos), entra nos jardins do palácio e alcança os cômodos ocupados por César com a desculpa de levar-lhe um presente.

Vem daí a famosa cena do encontro entre César e Cleópatra representada em tantos filmes. Decerto todos se lembram daquele de 1963, em que Liz Taylor emerge de um tapete desenrolado diante de um atônito (e atemporal) Rex Harrison nas vestes de César.

Talvez seja o encontro mais espetacular entre dois líderes já ocorrido na História. Como tudo aconteceu exatamente? Cleópatra saiu de repente do saco depois de ter sido transportada de uma forma que deve ter sido não apenas incômoda, mas também massacrante? De acordo com Dião Cássio, ela teve como se preparar e se mostrar apresentável, atraente e, sobretudo, real: "Enfeitou-se e penteou-se de forma a parecer ao mesmo tempo uma mulher digna de máxima admiração e de máxima piedade." A estudiosa Stacy Schiff argumenta que após semelhante viagem seria altamente improvável que Cleópatra tivesse um penteado "decente"; seria muito mais plausível que, em vez disso, para demonstrar sua realeza, usasse um diadema real sobre a cabeça. Podemos tentar imaginar aqueles instantes, Cleópatra surgindo de repente diante de César e, antes que o general se recupere do susto, dando seu máximo no que se refere a sensualidade, graça, realeza e palavras (certamente preparou um discurso perfeito). Os antigos são os únicos que podem nos ajudar nisso.

Plutarco destaca que "César foi conquistado por esse primeiro estratagema de Cleópatra, que lhe pareceu desenvolta, e ficou fascinado por sua conversa e graça". A descrição de Dião Cássio é mais rica em detalhes: "Era de fato uma mulher belíssima, e então, encontrando-se na flor da juventude, brilhava em todo seu fulgor; tinha uma voz doce e sabia conversar amavelmente com todos. Por isso, fascinava quem a via e quem a escutava, e podia subjugar qualquer homem, mesmo quem fosse arisco para o amor e estivesse com mais idade", como César.

Mas em que língua falaram? Em grego, naturalmente, a língua materna de Cleópatra que César dominava com perfeição. E foi de fato a voz o verdadeiro "elixir" que enredou e seduziu César, como confirma Dião Cássio: "César, assim que a viu e a ouviu falar, ficou tão fascinado que, sem perder tempo, antes do amanhecer, mandou chamarem Ptolomeu e tentou conciliá-los: assim, se antes se declarara juiz de Cleópatra, agora estava ao seu lado para defendê-la."

A primeira noite de amor

Cleópatra saiu da banheira, enxugou o corpo tonificado pela água fresca com branquíssimos lençóis de linho que capturaram cada gota escorrendo em sua pele. Agora está deitada em um leito de mármore coberto de lençóis e travesseiros. Nos cantos do cômodo e no teto há lamparinas, e braseiros perfumam o ar com incensos misturados a outras essências orientais. De duas janelas entram fachos de sol mal cobertos por levíssimas tendas de seda que se levantam a cada sopro da brisa marinha.

Mãos sábias a massageiam. Está de costas, mostrando toda a sensualidade da coluna, enquanto as mãos e os dedos de âmbar descem ao longo de seu corpo desejado por tantos, demorando-se com os polegares sobre as duas cavidades do quadril, tão provocantes. Experientes, os movimentos regulares desfazem uma tensão acumulada há muito tempo em cada músculo, em cada centímetro da pele. Cleópatra fecha os olhos. Mergulhada nas lembranças, as mãos que a tocam agora são as de César, fortes, decididas, capazes de trazer a morte, mas também o amor. Recorda profundamente os arrepios que percorriam seu corpo sempre que a mão dele lhe acariciava as costas. Mão cheia de desejo, que a puxava com decisão na direção dele, de seu corpo viril, apertando-a em um abraço intenso que a libertava de toda defesa, envolvida no torpor do odor masculino de sua pele.

Tudo isso aconteceu também *naquela* noite? Cleópatra sorri e nada nos revela...

De acordo com muitas versões, *naquele* momento, junto à centelha acesa entre os dois, teria ocorrido uma noite inteira de paixão e sexo... Não se pode ter certeza, é claro, mas, segundo muitos estudiosos, sem querer desiludir os fãs de Cleópatra e César, naquela noite os dois não tiveram relações.

Sem dúvida não foi por desinteresse de César, mulherengo incorrigível, mas por causa de Cleópatra, que tinha apenas 21 anos. César já tinha mais de 50 e deve ter lhe parecido um homem muito velho ("poderia ser seu pai", como se diz tantas vezes, mas talvez pudesse ter sido até mesmo seu avô, se considerarmos como os antigos eram precoces...). No entanto, não foi isso que impediu Cleópatra: é preciso lembrar que na época tais diferenças etárias eram muito comuns, em especial nos casamentos combinados com objetivos "políticos". Na realidade, há uma explicação bem mais "técnica" que poderia justificar a ausência de sexo naquela noite. Como já foi dito, a dinastia ptolomaica previa matrimônios entre irmãos, e muitas vezes a procriação acontecia entre eles (Cleópatra é provavelmente uma exceção, visto que sua mãe talvez fosse uma das concubinas do rei). Uma vez que o irmão de Cleópatra e seu primeiro marido, Ptolomeu XIII, tinha apenas 15 anos, e levando em consideração os dissabores entre os dois desde o início, é provável que nunca tivessem consumado o casamento. Em outras palavras, na noite em que viu César pela primeira vez, quase certamente Cleópatra ainda era virgem e não estaria propensa a deixar-se conquistar facilmente.

Todavia, também estava em jogo o destino do reino, sua segurança, e talvez até o fascínio masculino de um grande conquistador nos campos de batalha e na cama. Um sedutor de cabelos grisalhos (e meio calvo), viril, protetor, ao estilo de Sean Connery ou George Clooney. E também um homem poderoso e bem-sucedido, aspectos que eram provavelmente a maior força de seu *sex appeal*, sobretudo para Cleópatra, que como já ficou claro tinha 21 anos (o que era muito em uma época na qual as mulheres costumavam ter a primeira gravidez por volta dos 15) e precisava escolher um homem que estivesse à sua altura como rainha, mas também como mulher: entre Júlio César e o irmão adolescente, a escolha parece mais do que óbvia. Por fim, Cleópatra estava apostando todas as suas fichas: arriscara a vida para chegar ao Palácio Real e precisava convencer César a apoiá-la e protegê-la. Conhecendo-a, a sua impetuosidade e suas estratégias refinadas, é bastante possível ou até bem provável que tenha se concedido ao general já naquela noite, deixando de lado o coração. Era algo próprio dela.

Contudo, se não foi naquela noite, foi em alguma das noites seguintes, visto que depois de alguns meses ficou grávida, muito provavelmente de César...

Sendo virgem ou tendo pouca experiência (nunca saberemos), é verossímil que tenha se revelado em sua primeira noite de amor um pouco tímida e desajeitada. Ninguém a imaginaria assim, mas Cleópatra era uma mulher que precisava enfrentar as etapas da vida como todas as outras pessoas, com ânsias, medos e dúvidas, um aspecto que muitas vezes esquecemos, idealizando-a em seu papel de *femme fatale* agressiva e experiente.

Como quer que tenham sido os acontecimentos, César talvez tenha sido o primeiro a guiá-la pela descoberta dos prazeres do sexo.

Diz-se que daquela noite em diante os dois se tornaram amantes inseparáveis. Efetivamente, essa é uma belíssima e grande história de amor. Mas quanto de atração e paixão esmagadora havia? E quanto, em vez disso, não passava de mera conveniência? De fato, nenhum dos dois era ingênuo. Sabiam muito bem que, além dos beijos, havia muito mais. Para César, Cleópatra era uma soberana determinada e independente, portanto bem mais confiável do que o irmão dela. E acima de tudo, a forte ligação que os unia lhe permitia ter um melhor controle sobre ela. Por outro lado, para Cleópatra, César era um aliado poderoso com quem contar para subir ao trono e nele permanecer.

Além da paixão, portanto, o que os impulsionava a ficar juntos era também pura conveniência...

A reação do irmão

Cleópatra foi muito inteligente e corajosa, é preciso admitir. Primeiro, arriscou a vida ao chegar à Alexandria sem escolta, e depois, entrando no Palácio Real dentro de um saco. Não tinha a mínima ideia de como César reagiria diante de sua aparição imprevista. No entanto, fez o impossível e venceu. O encontro com César demonstra com clareza a índole e o caráter de uma mulher que se revelará capaz de surpreender o Senado e os romanos. Cleópatra é capaz de desafiar o destino com ímpeto, determinação, ambição e uma energia vital que ainda hoje, depois de mais de 2 mil anos, a tornam única. Como está sempre sozinha, precisa ganhar o consenso, conquistá-lo com os dentes, ninguém lhe dá nada. Além disso, é uma mulher em um mundo de homens. E isso a torna um ser humano realmente excepcional.

O que antes parecia um jogo de azar, aquele encontro surpresa com César, transforma-se em um sucesso político.

Quando o irmão-rei Ptolomeu XIII chega ao palácio para ver César, descobre que a irmã, que acreditava estar ainda barricada em uma tenda no deserto, o antecedeu e ganhou a partida. Pior ainda, concebe que os dois se apaixonaram à primeira vista. É fácil imaginar seu assombro e sua raiva ao ver Cleópatra (que, além do mais, em teoria, é também sua esposa) com o general romano.

Ptolomeu entende sua derrota e irrompe em uma reação típica de um adolescente, que Dião Cássio assim descreveu: "Trouxe à tona toda sua fúria, e correndo em meio ao povo começou a gritar, dizendo que fora traído, e por fim arrancou da cabeça o diadema e o jogou longe." O historiador prossegue contando como essa atitude desencadeou uma verdadeira revolta em Alexandria, a ponto de que "os soldados de César raptaram o rapaz, enquanto os egípcios criavam tumultos e atacavam o reino, simultaneamente pela terra e pelo mar".

A multidão só se acalma depois que César, convocando uma assembleia, lê em público o testamento oficial de Ptolomeu Auleta, pai de Cleópatra e do jovem rei, no qual é dito que os dois devem governar juntos, seguindo as tradições ptolomaicas, e sob a tutela do povo romano... César está de costas para o muro: dispõe de poucos homens, e uma cidade inteira está contra ele, com um forte exército pronto a atacá-lo. Portanto, é obrigado a fazer mais uma concessão para acalmar os ânimos. Por iniciativa própria, doa a ilha de Chipre aos irmãos mais novos de Cleópatra, Arsínoe e Ptolomeu pequeno, que tinham sido excluídos do testamento. Ainda ouviremos falar deles...

A ilha de Chipre é fundamental para o funcionamento do Mediterrâneo, por ser um verdadeiro "depósito" de recursos para o Egito: graças às minas de cobre, permite-lhes ter o monopólio sobre esse metal, e com seus bosques possibilita que um reino cujo território é constituído majoritariamente pelo deserto tenha lenha em abundância.

Matar César e Cleópatra no banquete

Para selar a reconciliação, decidem por unanimidade organizar um grande e opulento banquete oficial nos dias seguintes. Sob as cinzas, no entanto, o fogo ainda arde. O jovem Ptolomeu XIII aceitou oficialmente o acordo, mas seus conselheiros, Potino e Áquila (Teódoto estava foragido nessa época), são muito mais astutos do que o jovem rei e começam a tramar: com discrição, chamam de volta o exército ptolomaico que há semanas observa a tenda, agora vazia, de Cleópatra (é possível, talvez, que sua fiel dama de companhia tenha se vestido como ela naqueles dias, permanecendo na tenda para que eventuais espiões acreditassem que a rainha ainda estava ali). Os dois organizam um complô: o objetivo é matar César e Cleópatra durante o banquete...

Eles sabem muito bem que, na verdade, César está apenas ganhando tempo e que vai dominar tudo e entregar o trono à Cleópatra. Para eles, isso significa o fim do poder; serão afastados da gestão do reino, porque Cleópatra não apenas já é adulta e não precisa de tutores, mas também lhes é hostil.

No dia do banquete, tudo é organizado com pompa impressionante e uma perfeição real. Sobre as mesas aparelhadas com louça preciosa, são servidos alimentos raros, enquanto escorre nos copos o vinho mais apreciado. Entretanto, nas salas internas do palácio, protegidos de olhares indiscretos, os executores materiais do plano de assassinato vão ao encontro, provavelmente, de Áquila, para escolher o momento certo de agir. Não é fácil, tendo em vista o grande número de legionários em guarda, mas os assassinos "estão em casa", por assim dizer, porque conhecem o palácio e sabem como ultrapassar a vigilância e atingir as duas vítimas designadas.

Há apenas um problema, e causado por um personagem aparentemente inócuo: o barbeiro pessoal de César. É um homem ansioso, tem medo de tudo e nota qualquer coisa fora de lugar. Até discursos estranhos. Foi ele que, segundo Plutarco, enquanto todos comiam e festejavam, descobriu por acaso o complô iminente, talvez ao escutar os detalhes por trás de uma porta, ou talvez, sem ser visto, observando Áquila enquanto ele falava aos homens armados escondidos em um dos cômodos. Não se sabe o que realmente aconteceu. De todo modo, correu para avisar César, que teve uma reação explosiva.

Imagine a cena. Ao receber a notícia, muito provavelmente sussurrada ao seu ouvido pelo barbeiro, o general manda chamar os legionários e lhes ordena que circundem o salão. Depois, no silêncio geral, com os olhos cheios de furor, ordena que um centurião mate Potino, alheio a tudo, e este o atravessa com um golpe seco. Por um instante o homem permanece imóvel, petrificado. Depois, todos começam a gritar por terem visto com os próprios olhos a morte do astuto conselheiro, e por fim correm para fora da sala, deixando para trás o corpo caído de Potino, ainda em seus últimos estertores. Saem em busca de Áquila, o comandante das tropas ptolomaicas, mas ele conseguiu escapar e alcançar seu exército, dando início à chamada "Guerra Alexandrina".

Diante dessa conspiração, é impossível não pensar naquela outra que vitimou César na própria pátria, quatro anos depois. Neste caso, o general romano não tinha conhecimento do complô, e, no entanto, sua reação foi fulminante. Em Roma, contudo, nos Idos de Março, sabia há tempos que tramavam contra ele, talvez até tenha lido a mensagem do amigo filósofo, mas, por incrível que pareça, não agiu. Por quê? É uma pergunta para a qual todos os estudiosos buscam resposta. Mas a única pessoa que poderia respondê-la é o próprio César...

A Guerra Alexandrina: Cleópatra se entrincheira com César

Cada esquina deste palácio faz com que Cleópatra se lembre do seu passado com César.

Com um toque delicadíssimo, sua fiel Eiras espalha um creme nutritivo no rosto de Cleópatra, marcado pela longa viagem no mar e pela ansiedade. Eiras é ajudada por uma equipe de servas que cuidam do corpo e da aparência da rainha, que enquanto isso lhes narra tudo o que aconteceu em Roma e o difícil retorno à pátria.

Só agora, que finalmente consegue se conceder um pouco de relaxamento, é que Cleópatra começa a sentir todo o cansaço acumulado nas últimas semanas de tensão e sofrimento. Enquanto está deitada e as criadas se ocupam das suas mãos e dos seus pés (usando henna para pintar as unhas), seus olhos se concentram em um detalhe do teto de vigas. Há uma grande fissura na madeira dourada. Ninguém a percebeu, ou estão esperando para consertá--la. Foi exatamente ali que quatro anos antes caiu uma bala de pedra, lançada por uma máquina de guerra. De repente é tomada pelas sensações daqueles meses de medo, quando junto a César foi novamente atacada e tinha poucas esperanças de vencer.

A guerra durara apenas seis meses, mas fora uma das mais difíceis, mesmo para César. Talvez porque o inimigo não era um exército enfileirado em campo aberto, mas um "monstro" criado pelas intrigas e pela política do palácio de Alexandria.

Quando desembarcou pela primeira vez no Egito, César nunca imaginara em que ninho de serpentes estava entrando...

Áquila se unira ao exército, e a ordem era simples: cercar a cidade e atacá-la. Não havia apenas as tropas ptolomaicas, mas também um bando de saqueadores e piratas das províncias da Síria e da Cilícia, assim como muitos condenados à morte ou ao exílio, e escravos fugitivos dos domínios de Roma que não eram perseguidos caso se alistassem. Um total de 20 mil homens (aos quais se acrescia toda a população da cidade, inflamada pela notícia de que César mantinha prisioneiro o jovem Ptolomeu XIII). César, que só tinha 4 mil legionários, ordenou que se barricassem no Palácio Real, fortificando-o, criando barreiras e transformando-o em uma fortaleza. Os dois emissários que enviou para negociar tiveram um final ruim: um deles foi morto, o outro ficou gravemente ferido. Depois começou o ataque, com uma "chuva de dardos que se abateu sobre o Palácio", conforme narra o escritor Lucano. Então, ondas de ataques em massa, assustadores, violentos, mas desorganizados, que os legionários, com sua experiência, conseguiram bloquear e afastar. Arsínoe, a irmã mais nova de Cleópatra, fugiu de repente do palácio para se unir aos rebeldes e foi eleita pelo furor popular a "nova rainha do Egito". Isso complicava as coisas. Como destaca o historiador Michael Grant, "o episódio representou um duro golpe para César, pois a partir dele a guerra não pôde mais ser considerada uma simples rebelião de alguns contra a autoridade legal". Ele estava no meio de uma luta pelo poder que decidiria a posse do trono do Egito.

Nas horas, nos dias e nas semanas seguintes, aconteceram muitas coisas que agora se sobrepõem na mente de Cleópatra. Por exemplo, o dia em que César entendeu que a armadilha mortal estava para se completar: estavam cercados por terra, mas ainda não pelo mar; o palácio vinha sendo atacado pelos becos e pelos bairros, enquanto às suas costas havia o porto real e o mar aberto. Se os alexandrinos tivessem capturado as naus egípcias na baía diante do porto, teriam completado o cerco, impedindo qualquer comunicação com o restante do mundo. Sem perder tempo, César ordenou que os navios romanos saíssem do porto e atacassem as embarcações egípcias, incendiando-as com flechas embebidas em piche. Mas o fogo, animado pelo vento, propagou-se dos navios aos arsenais e depois às casas na costa. Foi nessa ocasião que, de acordo com uma opinião muito difundida, teria sido destruída a Biblioteca de Alexandria. Na realidade, os estudiosos hoje estão de acordo que devem desmentir essa injustiça histórica (se tivesse sido assim, muitos homens cultos da antiguidade, como Estrabão e Dídimo, não teriam podido frequentá-la apenas alguns anos depois, sob o poder de Augusto). Em vez disso, foram destruídos alguns depósitos nas proximidades do porto, no interior dos quais, de acordo com o historiador Luciano Canfora, eram estocados livros destinados à exportação. Isso não impediu César de continuar. Aproveitando-se da desordem criada pelo incêndio, ocupou o grande Farol com uma repentina ação noturna, assumindo o controle da entrada no porto e conseguindo também enviar pedidos de ajuda.

Arsínoe, nova rainha do campo adversário, mandou matar o comandante Áquila, e em seu lugar colocou um dos seus mais fiéis, Ganimedes, que demonstrou uma astúcia cruel. Servindo-se de grandes maquinários, colocou enormes quantidades de água marinha nos canos do distrito onde ficava o Palácio Real, de maneira que a água potável se tornasse cada vez menos potável. Mas César mandou escavar poços e conseguiu resolver o problema graças a seus legionários que, além de serem hábeis soldados capazes de defender a cidade, eram também engenheiros, ferreiros e marceneiros com habilidade para construir estradas, aquedutos e poços.

A essa lembrança liga-se outra que surge vívida na mente de Cleópatra, um episódio em que César arriscara a própria vida. E é como se voltasse no tempo, até aquele dia...

Do alto do Palácio Real, Cleópatra observa César e seus homens, que do Farol tentam conquistar o longo dique que o liga à terra firme (o famoso Heptastadion). Eles o percorrem por inteiro e, muito depressa, começam a construir uma barricada para impedir o acesso da cidade aos egípcios. Contudo, às suas costas, a aproximação repentina de naus egípcias ameaça acabar com todas as rotas de fuga. Dessa forma, os legionários, tomados pelo pânico, saem em retirada apesar das exortações de César, mergulhando na água ou apressando-se em direção aos navios alinhados ao longo do dique. César também acaba voltando ao seu navio, mas é seguido por tantos homens que a embarcação emborca e vai a pique, levando consigo muitos soldados enquanto afunda. Apenas no último instante ele consegue mergulhar com a armadura pesada e nada por quase 200 metros sob as flechas inimigas, mantendo até mesmo segundo dizem, algumas de suas anotações protegidas da água. A respeito desse último detalhe, citado por Plutarco, existem hoje muitas dúvidas. Todavia, considerando que César tinha mais de 50 anos, o episódio deixa claro que era um homem de ação e muito vigoroso. Cleópatra não tem a seu lado um velho, mas um homem ainda em pleno poder de suas forças. Não se pode deixar de mencionar, além disso, que uma relação com uma rainha de pouco mais de 20 anos possa tê-lo inclusive revigorado, estimulando-o a realizar ações extremamente arriscadas, mas de grande importância. Sobretudo se sabe que está sendo observado por ela do palácio...

Por fim, a salvação, como Cleópatra se lembra muito bem, chegou com os reforços tanto esperados, que vieram em resposta ao seu pedido de ajuda. Contudo, às fronteiras do Reino egípcio, não se apresentou uma formação de legiões romanas, mas um rei, Mitrídates do Pérgamo, à frente de um exército heterogêneo angariado na Ásia Menor, na Síria e na Arábia. Havia também um grande contingente de tropas judaicas comandadas pelo sumo sacerdote Antípatro, que apoiavam César e eram hostis a Pompeu.

Nesse ínterim, o audaz comandante romano liberara astutamente o menino-rei Ptolomeu XIII, de maneira a criar desordem entre os adversários (quem estaria no comando: o menino-rei ou a nova rainha, Arsínoe?). Poucos dias depois, as duas formações se confrontaram em uma região do delta não muito distante da cidade, chamada "Campo dos hebreus". César se unira com seus soldados ao exército "salvador". Diante dele havia todo o contingente egípcio, comandado pelo menino-rei. A batalha havia durado horas, mas por fim a tropa de César saiu vitoriosa, colocando em fuga os adversários. Ptolomeu XIII, embora tenha combatido com honra, fugira apressadamente, subindo em um navio que acabou afundando por excesso de peso. Ele terminou na água, mas, ao contrário de César, afogou-se sob o peso da sua armadura dourada.

Na mesma noite, César voltou à cidade e foi aclamado por todos os habitantes (os mesmos que até aquela manhã o queriam morto). Nesse momento, já capturara e prendera Arsínoe, que, como já foi dito, desfilou acorrentada em seu triunfo em Roma.

Na realidade, César não queria que o Egito, uma terra com importância estratégica por causa de seus grãos e de outras matérias-primas, se tornasse uma província, sob o risco de ser designada a um governador pouco confiável, ávido e cruel, uma vez que tais figuras eram sempre escolhidas entre os senadores, com tudo o que isso significava em termos de amizade, clientelismo, negócios e ambições pessoais.

Decidiu, portanto, deixar na região um grande contingente militar composto por três legiões (a XXVII, a XXXVII e outra que não foi precisada) sob o comando de um homem de confiança chamado Rufião, ou Gaio Julio Rufio. Era "filho de um liberto e seu amante", escreveu Suetônio, usando a palavra *exoletus*, uma gíria para indicar homossexuais passivos adultos.

Impressiona o fato de que César tivesse uma esposa em Roma, Calpúrnia, e pelo menos dois amantes em Alexandria, de gêneros diversos: uma mulher, Cleópatra, e um homem, Rufião. Mas talvez seja apenas um exagero.

A partir daquele momento, sobre o trono do Egito permaneceu apenas Cleópatra, a quem, por respeito à tradição, César associa simbolicamente na regência o último irmão que lhe restou: Ptolomeu XIV.

O amor de César e a lua de mel em um cruzeiro

Com essas últimas imagens na mente, Cleópatra reabre os olhos. A maquiagem terminou, e diante dela há um espelho que Eiras e as outras servas mantêm levantado, aguardando temerosas o julgamento sobre seu trabalho. A rainha assente com a cabeça, a maquiagem está perfeita. Mas ela está pensando em outra coisa. Pela primeira vez, em Alexandria, vê emergir o próprio rosto da superfície luminosa do bronze. Parece surgir da neblina. E ela não se reconhece. Percebe que seu olhar se apagou, privo da vitalidade que sempre fascinou a todos. Provavelmente quem a conhece já entendeu, mas não disse nada para protegê-la. Agora precisará usar uma "máscara", mostrar-se decidida e cheia de energia, e esconder seus sentimentos, a infinita tristeza que se abre quase em um profundo desespero, e sobretudo a ânsia pelo futuro. Apenas ela e sua dama de companhia Carmione, que tantas vezes acolheu em um abraço o seu choro de mulher normal e não de rainha, conhecerão a verdade da sua alma. Ninguém mais. Seria uma catástrofe para todos mostrar-se vulnerável. Especialmente para Cesarião. A lembrança do filho que brinca despreocupado e lhe sorri desencadeia nela uma inesperada força e determinação. Respira profundamente, levanta-se e vai embora com passo decidido.

Contudo, sua firmeza resiste pouco e desmorona um passo após o outro; o destino a persegue e a ataca como um predador: cada sala, escada ou janela traz César à sua mente, com sua voz, seus abraços, seu otimismo em relação ao futuro até nos momentos mais sombrios do cerco. São exatamente seu otimismo e sua segurança que lhe fazem falta como o ar agora.

Não há motivo para se surpreender com isso. César e Cleópatra viveram o início de sua história de amor neste palácio, talvez o mais bonito de todo o Mediterrâneo, nas piores condições possíveis, isto é, cercados pelo inimigo e com medo de serem mortos. Ela se lembra perfeitamente das corridas desesperadas pelos pórticos, e de ser acordada de repente, na calada da noite, por guardas que, com espadas em punho, a levavam às pressas a um local mais seguro da residência. Mais que um palácio, aquele é, na realidade, um castelo imenso, uma verdadeira cidade dourada, com praças, pavilhões, jardins, galerias e fontes... tudo construído de maneira suntuosa, deslumbrante e com o impecável bom gosto helenístico. Viver uma impactante história de amor neste incrível cenário, sob o terror de poder morrer a qualquer momento, alimentou a relação deles de maneira rara, sublime e intensa. Quantas vezes, com o medo dominando o corpo, durante um ataque, eles juraram amor eterno, enquanto ao redor deles os soldados gritavam e choviam por todos os lados flechas ou balas de pedra... Essa relação se baseou em momentos contínuos de paixão intensa e profunda. Noites ardentes antes de uma ofensiva. Abraços apertados depois de um ataque. Beijos roubados atrás de uma coluna... Cleópatra se lembra bem da sensação do peito de César contra seu corpo, enquanto sua boca e suas mãos a conquistavam com um calor que raramente um homem como ele se preocupava em conceder.

Quantas vezes, naqueles longos abraços, acariciou com doçura a nuca do seu homem. Esses momentos de grande paixão, que nenhum escritor antigo algum dia contou, mas que podemos imaginar como verdadeiros, alimentados pelo amor, pelo prazer de viver e pelo medo de morrer, se desenrolaram em um lugar que não existe mais. Hoje há apenas construções anônimas, restaurantes, lojas... Cleópatra, César, os legionários, Alexandria e todos os seus habitantes (das mães com seus filhos aos marinheiros, aos servos, aos filósofos do Mouseion) desapareceram, e deles não existem mais nem mesmo os ossos, exceto em raríssimos casos. Contudo, esses personagens nos deixaram uma história extraordinária, que tentamos reconstruir.

César chega à Alexandria em 2 de outubro de 48 a.C.; se, como já foi dito, levarmos adiante a suposição de que Cesarião é filho dele e nasceu em junho do ano sucessivo (47 a.C.), isso significa que Cleópatra teria ficado grávida em outubro. Praticamente nas primeiras relações com César (talvez até mesmo na primeira vez?). De acordo com o historiador Michael Grant, em dezembro ela já tivera a confirmação da gravidez. Tudo parece encaixar-se à perfeição no desenho magnífico de uma extraordinária história de amor. No entanto, é preciso repetir que muitos estudiosos, hoje, defendem que Cesarião não era filho de César, o que confere a Cleópatra uma sinistra capacidade de cálculo político e de propaganda.

No imaginário popular, o casal acorda de manhã em uma cama imensa, os corpos envolvidos por cobertas de seda colorida e cercados por uma infinidade de travesseiros, a cabeça de Cleópatra apoiada sobre o peito musculoso de César, que a acaricia devagar... Uma bela imagem de um dos amores mais famosos da História.

Na realidade, as coisas não eram bem assim.

César e Cleópatra dormiam em quartos separados. Não surpreende: na Roma antiga e nas classes privilegiadas do passado, até pouco tempo atrás, marido e mulher dormiam quase sempre em cômodos diferentes, talvez em parte porque os matrimônios eram arranjados e não por amor. Era um costume estranho ao nosso, que Cleópatra e César seguiam, embora passassem o restante do dia juntos. Mas havia também outro motivo. É Grant quem destaca que naqueles meses, em particular, era importante mantê-los em alas separadas do palácio durante a noite, ou até mesmo em edifícios diferentes. Durante o cerco, de fato, suspeitava-se que podia haver traidores e assassinos no interior do reino. Como hoje fazem os membros da realeza, que viajam em aviões diferentes para evitar que uma única catástrofe possa eliminar toda a família, considerava-se mais prudente que dormissem em edifícios distantes, cercados por uma barreira de guarda-costas e de homens de confiança.

Logo, era muito provável que César se retirasse para uma habitação localizada em um pavilhão protegido por seus oficiais, com o menino-rei Ptolomeu XIII e sua corte numerosa (composta por membros das famílias dominantes de Alexandria, além do famigerado primeiro-ministro Potino). Junto a Cleópatra, ao contrário, provavelmente não havia muita gente: todos os alexandrinos importantes acreditavam que ela estava a um passo da eliminação política e física, portanto estava cercada apenas por poucas pessoas de confiança. Além disso, sua corte permanecera no deserto, para além das fronteiras. Até em relação a isso Cleópatra demonstrou enfrentar sempre o destino de peito aberto, mesmo nas mais difíceis situações. Talvez pudéssemos defini-la, no sentido mais íntimo, como uma rainha solitária diante da História.

Quando a guerra terminou, contudo, em 27 de março de 47 a.C., Cleópatra e César se presentearam com um período só para eles. Muitos historiadores (e até mesmo Napoleão Bonaparte) se surpreenderam com esse parênteses que César se permitiu, apesar dos problemas em sua pátria: ele não voltava para Roma havia mais de um ano e as pessoas reclamavam da gestão de Antônio, que, aproveitando-se de seu papel como responsável pela Itália na ausência de César, estava gerindo os bens confiscados de Pompeu em vantagem própria na tentativa de se autopromover. Ademais, embora tivesse derrotado os rivais em Farsalo e Pompeu tivesse sido vencido, as forças republicanas ainda estavam ativas e bem distantes da cúpula. Aqueles meses de espera eram um perigo e ninguém conseguia encontrar uma explicação para a ausência de César. Exceto o próprio César e Cleópatra...

Os dois eram agora os controladores absolutos do Egito... e com enormes vantagens recíprocas: Cleópatra sustentava economicamente as ambições políticas de César, e em troca ele a mantinha no controle do reino. Foi nessa época que decidiram viver um verdadeiro sonho juntos, uma viagem de contos de fada: um cruzeiro pelo Nilo.

Foi sem dúvidas um evento único na história do Mediterrâneo. Duas das três personalidades mais famosas da História realizam uma viagem romântica em um dos lugares mais fascinantes do planeta. Parece a página de um romance, mas aconteceu de verdade. Qualquer pessoa que já tenha estado no Egito sabe o significado de um pôr do sol sobre as pirâmides ou sobre o Nilo na altura de Luxor, com o céu se tingindo de vermelho e os barcos a vela descendo placidamente pela superfície semelhante a um espelho. Podemos imaginar, nessa atmosfera, a imagem de César abraçando Cleópatra por trás, beijando seu pescoço. Nenhum escritor antigo contou essa história, mas deve ter acontecido muitas vezes.

A decisão de César de permanecer no Egito, no entanto, era irracional apenas na aparência. O país tinha sido pacificado havia pouco, e ele queria se assegurar de que outras desordens não tivessem início quando ele voltasse a Roma, verificando pessoalmente o humor das pessoas, dos sacerdotes e a situação nos campos. Para César, enquanto Cleópatra estivesse no trono, o Egito seria uma fonte econômica fundamental. E, com seus fornecimentos de grão, o país também era essencial para Roma.

Mesmo assim, sobre sua decisão influíram também outros elementos. Poucos consideram que César não era apenas um soldado e um comandante, mas também um personagem extremamente curioso e um grande apaixonado por geografia (basta ler seus *commentarii*). A possibilidade de explorar o Egito e as maravilhas das quais ouvira falar desde garoto, como todos os nobres romanos, deve ter sido uma tentação irresistível. Especialmente descobrir os territórios que contornavam o curso do Nilo. Ele mesmo declarou tais motivações durante um banquete, conforme narra Lucano: "Não há nada que eu deseje conhecer tanto quanto as razões — que permaneceram desconhecidas por uma enorme quantidade de séculos — que provocam as cheias do Nilo, e o problema de sua fonte ignorada: se me forneceres a certeza de identificar as nascentes do rio, eu abandonarei o conflito civil."

Por fim, o ditador tinha um último motivo para continuar no Egito. Um motivo com nome e sobrenome: Cleópatra. Podemos perceber, pela milésima vez, o extraordinário talento de persuasão dessa mulher. Lucano o afirma de maneira bastante explícita: "Cleópatra conseguiu vencer as resistências de um velho com suas artes mágicas." Antes de falar de "artes mágicas", talvez fosse mais correto usar termos como capacidade oratória, força de persuasão, sedução, *sex appeal*... Um coquetel de habilidades que por alguma razão revela-se sempre devastador sobre os comandantes romanos, como também veremos com Antônio...

O casal partiu no início de abril e "sumiu" por cerca de três meses. César não deu mais notícias. Desapareceu por completo do radar da política e do comando... Em Roma, começaram a fazer especulações de todo tipo. Por Cícero, por exemplo, sabemos que começou a circular pela cidade a notícia de que César passava por graves dificuldades no Egito. Na realidade, ele estava muito bem... Entrara em ação a "máquina da lama" sobre tudo que diz respeito a ele.

Aquele não foi um cruzeiro romântico para duas pessoas. Na realidade, eram muitos navios, podendo chegar a 400, de acordo com Apiano. Portanto, aquela era também uma expedição militar, com muitos soldados. E sobretudo era uma missão política com o objetivo de mostrar a todos que Cleópatra desfrutava de um apoio poderoso, de maneira a reforçar sua posição no comando.

No entanto, a principal motivação dessa viagem foi, para os dois, uma lua de mel para ser aproveitada até o último instante.

Apiano é muito claro em relação a isso: "César subiu o Nilo com 400 navios, visitando a região junto com Cleópatra e divertindo-se com ela de muitas formas." Sem entrar em detalhes sobre que "formas" foram essas, podemos imaginar o cenário daquela que, para todos os efeitos, é uma viagem de núpcias, ainda que os dois não fossem formalmente casados.

O navio sobre o qual navegaram era colossal. Os Ptolomeus dispunham de embarcações incrivelmente luxuosas para esse tipo de viagem, os magníficos *thalamegos*.

O historiador grego Calisseno de Rodi, em sua obra sobre a Alexandria do Egito, da qual nos chegaram amplos trechos graças ao escritor egípcio Ateneu, nos informa que tais embarcações tinham a base plana para adaptar-se ao rio, mas uma vela imponente, que se levantava bem alto no ar: "A parte superior do casco, em especial no trecho correspondente à proa, alcançava uma altura notável, formando um arco regular." Essa descrição, por si só, já dá a ideia de um navio grandioso, mas outros autores acrescentam detalhes surpreendentes. Sabemos que o primeiro exemplar dessas embarcações, encomendado por Ptolomeu IV, tinha quase cem metros de comprimento e altura maior do que uma casa moderna de sete andares: 25 metros. Em suma, era um edifício que se deslocava, algo comparável aos modernos navios de cruzeiro, ou talvez muito além: um pequeno castelo flutuante.

Como nos transatlânticos dos dias de hoje, havia passeios externos sobre algumas pontes. E também santuários, pequenos jardins, salões, salas de refeições, colunatas, imponentes estátuas douradas. O mobiliário, é claro, era luxuosíssimo: eram abundantes o ouro, o marfim, madeiras de lei esculpidas, decorações, e talvez até mesmo placas de mármores preciosos. Também podemos imaginar espaços elegantes para as abluções e os banhos. E, por fim… um quarto muito elegante para os dois amantes.

Agora podemos imaginar essa descida das embarcações sobre o Nilo, e o imenso *thalamegos* de César e Cleópatra.

O ritmo de navegação deve ter sido lento por causa do objetivo da viagem, uma espécie de "procissão triunfal". E os dois viveram um dos períodos mais felizes de sua existência. Tudo lhes sorria.

É possível refazer as etapas dessa viagem romântica de César e Cleópatra pelo Nilo? Alguns historiadores tentaram. Partindo do lago Mareotis em Alexandria, o comboio subiu o delta do Nilo até Heliópolis. Nesse trecho, o casal admirou as pirâmides e a Esfinge que já havia ali há cerca de 2.600 anos. Ainda estavam em perfeitas condições, com o revestimento liso, claro e cintilante. Só podemos imaginar os pensamentos de César diante de tamanha beleza. E as explicações que Cleópatra lhe teria oferecido, contando a história dos faraós que a precederam.

Decerto alcançaram os templos de Karnak. É possível que Cesar tenha visitado a tumba de algum faraó? Poucas gerações mais tarde, esse será um hábito frequente de imperadores, médicos e oficiais romanos de passagem pelo Egito (seus grafites são visíveis ainda hoje sobre as paredes pintadas). De acordo com o arqueólogo e professor de História Antiga Duane W. Roller, é verossímil que Cleópatra e César tenham parado em Syene, hoje Assuão, onde Eratóstenes conseguira calcular a circunferência terrestre. É fácil imaginar o interesse de César. Também participavam da viagem estudiosos e intelectuais de Alexandria, e talvez tenha sido aqui que o líder romano teve a ideia de reformular o calendário. Por fim, eles fizeram uma parada em Elefantina, onde César teve a oportunidade de ver o Nilômetro, retratado no famoso Mosaico do Nilo da Palestina. Tratava-se de uma estrutura composta por uma rampa de 52 passos, com entalhes ao longo das paredes que tinham como objetivo medir o nível da água durante as inundações. Conhecer o nível lhes permitia também ter informações sobre o andamento dos cultivos.

Suetônio nos faz reviver a atmosfera que os dois respiravam: "[César] amou Cleópatra, com quem muitas vezes se entreteve em banquetes até o amanhecer, e em um navio gigantesco adentrou com ela o Egito, quase até a Etiópia, onde teria entrado se o exército não tivesse se recusado a segui-lo." Foram, portanto, seus soldados — um pouco como na história de Alexandre, o Grande — que se recusaram a seguir adiante e o convenceram a voltar? Jamais saberemos. Mas isso dá uma ideia da singularidade daquela viagem. E também do seu fim.

No final de maio, a viagem terminaria. De fato, chegaram até César as notícias sobre a ameaça de Fárnaces no Oriente. Voltou depressa para Alexandria e preparou a partida para a Síria. Saiu do Egito no início de junho. Em Alexandria, deixou uma defesa forte constituída por três legiões, isto é, 12 mil legionários, no comando do fiel Rufião (para defender Cleópatra, mas também para "controlar" seus movimentos). Não estava presente no nascimento do suposto filho, que ocorreu provavelmente duas ou três semanas depois. Mas aguardava Cleópatra e Cesarião em Roma nos meses seguintes, sem imaginar que sua vida terminaria de forma repentina em 15 de março de 44 a.C. Com Cleópatra tão perto.

Certa manhã ele foi embora, depois de ter abraçado uma última vez a amada Cleópatra, despedindo-se do Egito e de Alexandria, que para ele tinham se tornado um paraíso.

Outro homem, poucos anos depois, teria pensado o mesmo: Marco Antônio.

O nascimento de Cesarião

Passeando pelos amplos corredores do Palácio Real, Cleópatra vê à distância os cômodos onde pariu Cesarião. Aproxima-se, como se quisesse reconectar o presente àquele momento tão importante para ela, o nascimento do primeiro filho. Como uma rainha ptolomaica paria? Como quase todas as mulheres egípcias de sua época: de joelhos.

Como temos certeza de que com ela foi assim também? Graças a um templo que ergueu em Hermontis, cidade à qual sentia-se conectada desde quando subira ao trono, porque era o local para onde ela levara o touro sagrado Buchis. Infelizmente, esse templo foi destruído (desmontado pelos mamelucos a fim de construírem edifícios novos). Feito em perfeito estilo egípcio, era o que chamavam de "templo do nascimento" (*mammisi*), que Cleópatra dedicara ao filho Cesarião. Nesses edifícios sagrados, seguindo uma antiga tradição dos faraós e de suas esposas, os Ptolomeus realizavam ritos complexos relacionados ao nascimento dos filhos. Cleópatra foi representada de joelhos, ajudada por algumas divindades femininas (nunca saberemos se, na realidade, algum homem, médico obstetra, a assistiu, em vista dos conhecimentos extremamente avançados em matéria de cirurgia e ginecologia dos estudiosos alexandrinos, e levando em consideração a delicadeza política desse parto). Sobre sua imagem aparece em hieróglifo o seu novo nome: "Mãe de Rá" (o deus Sol), enquanto sobre o recém-nascido foi colocado o escaravelho sagrado, simbolizando que Cesarião é o deus do sol que surge. Pouco adiante, Cesarião é amamentado por duas divindades com cabeça de vaca. Junto a ele há outro menino, o deus Hórus. Nunca antes se vira a associação de dois recém-nascidos, um real e outro divino.

A explicação, todavia, nos ajuda a entender o que Cleópatra tinha em mente: o deus Hórus tinha como "missão" vingar a morte violenta do pai Osíris. De acordo com Michael Grant, na época ptolomaica Hórus ainda era chamado de "vingador do pai". A mensagem estava clara para todos: Cesarião vingaria a morte de

César. Para além da vingança sugerida, essa era uma declaração evidente de intenções: Cleópatra continuaria ao lado de César, e era hostil àqueles que o tinham matado ou que tendiam para a República. A mensagem era também uma espécie de mão estendida para Antônio e sua facção por parte do "Celeiro do Mediterrâneo", isto é, o Egito.

No entanto, o Templo, neste momento, provavelmente ainda não foi construído. Por enquanto, Cleópatra apresentou a todos Cesarião como fruto da hieros gamos, isto é, de uma união divina, e mandou cunhar moedas que a retratam com o filho nos braços. Cesarião, em suma, não é mais apenas seu filho, mas um manifesto político que assinala a todos os apoios e as alianças que sustentam a rainha, mas também a quem ela dá a mão. Templos como o de Hermontis ou de Dendera, onde ela é sempre representada com Cesarião, também têm o objetivo de ligar Cleópatra ao passado do Egito, às tradições faraônicas. E não só isso: até na escolha de se representar com descrições que imitam um estilo de mais de 250 anos (como nas moedas), há uma clara referência a rainhas ptolomaicas "vencedoras" que a precederam, como Arsínoe II, que ainda é tão amada... O desejo de Cleópatra, portanto, é recuperar todas as energias possíveis, até as do passado, para se fortalecer na sua marcha para o futuro.

Agulhas de Cleópatra

Outro exemplo da hábil "política de mensagens" de Cleópatra é o Caesareum, um edifício imenso e extraordinário que dava para o porto de Alexandria, um verdadeiro santuário em homenagem a César, que ela mandara construir no fim da Guerra Alexandrina, mas que o próprio César nunca verá finalizado. Admirado por séculos, era enriquecido por ofertas votivas, entre as quais pinturas e estátuas de prata e ouro. Ornado da maneira magnífica, com pórticos, bibliotecas, salas, jardins, alpendres, amplos terraços e grandes pátios abertos, como o descreve, cerca de um século depois, Fílon de Alexandria, filósofo à frente da comunidade judaica da cidade. Certamente no seu interior havia muitas estátuas, algumas em ouro, que representavam um César divinizado após a morte, com sacerdotes que oficiavam ritos em sua homenagem. Estranhamente, quem finalizará este templo não será Cleópatra, nem Antônio, mas... Otaviano, em memória do pai adotivo. Por fim, há uma curiosidade que nos remete à nossa época: na modernidade, bem pouco permaneceu desse magnífico templo, apenas alguns pedaços de muro foram desenterrados, com a espessura de 3,5 metros. No entanto, quem deseja admirar um exemplo de sua imponência deve dar um passeio por Londres ou Nova York. Em frente ao Caesareum, em 12 a.C., Otaviano mandou erigir dois gigantescos obeliscos: retirara-os na cidade vizinha de Heliópolis e eram obra de um grande faraó do passado, Tutmés III, que viveu cerca de 1400 anos antes de Cleópatra. Esses dois gêmeos em granito rosa de Assuão, repletos de hieróglifos, têm 20 metros de altura e pesam mais de 200 toneladas cada um. Deram-lhes o apelido de Agulhas de Cleópatra. Com o passar do tempo, caíram, possivelmente em razão de algum terremoto, e permaneceram sepultados por séculos. Ao serem reencontrados, os soberanos egípcios os deram de "presente" às superpotências do século XIX: aos ingleses, em 1819, para fortalecer as relações diplomáticas, e em 1881 aos americanos, em sinal de gratidão pelos fundos que tinham sido doados para a modernização do Egito. Hoje, esses dois obeliscos, depois de realizarem viagens complexas por mares e oceanos, erguem-se majestosos nas duas metrópoles: em Londres, às margens do rio Tâmisa, e em Nova York, bem no meio do Central Park. Mas quantas pessoas, mesmo aquelas a bordo dos ônibus de dois andares ou dos carros que se enfileiram ao lado do obelisco do Tâmisa, ou entre as que correm com fones de ouvido no verde de Nova York, percebem de fato o que têm diante de si? Dos eventos incríveis dos quais as Agulhas de Cleópatra foram testemunhas? Infelizmente, muito poucas. A maioria passa por esses monumentos imersa nos próprios pensamentos. Se parassem apenas por um instante, teriam a oportunidade de fazer uma incrível viagem no tempo...

6

A batalha de Filipos

Partir com a morte no coração

César está morto. Cleópatra voltou para Alexandria. Agora seu principal objetivo é proteger a si mesma, Cesarião e o Egito. Ela sabe que precisará enfrentar novas provas e diferentes ameaças externas ao país. Sua primeira atitude é reorganizar a administração do reino para aumentar a produtividade. Um país economicamente forte pode comprar alianças, construir navios, ou preparar exércitos temíveis. E a política de Cleópatra sempre objetivou a independência, bem como a tutela da identidade e da cultura ptolomaica, embora com a consciência de encontrar-se no interior de um protetorado romano.

Um gigante natural é um dos maiores aliados da rainha: o Nilo. Uma cheia excepcional oferece ao reino grande fertilidade, e as pessoas começam a ficar convictas de que uma nova era se inicia, repleta de sorte e prosperidade.

Nesses meses de paz, Cleópatra consegue se recuperar e consolidar sua posição. Ao seu lado, no trono, por respeito às tradições, tem um marido corregente, o último dos seus irmãos, Ptolomeu XIV, que estava em Roma com ela quando César foi assassinado.

No entanto, já se avistam as primeiras nuvens no horizonte. Uma delas tem o rosto da irmã Arsínoe. É a mulher envolvida na Guerra

Alexandrina, a mesma que depois desfilou acorrentada em Roma em um dos triunfos de César. Vê-la daquela maneira comovera a opinião pública romana, e César, para agradar o povo, a liberara. Em seguida, Arsínoe se refugiara no Templo de Artêmis, em Éfeso, uma das sete maravilhas do mundo antigo. Como muitos lugares sagrados, o templo garantia imunidade e segurança a quem acolhesse. De fato, ali Arsínoe foi tratada com todas as honras, e sabemos que o grande sacerdote do templo, um eunuco, a chama de "rainha". Em resumo, a jovem ainda é uma ameaça para Cleópatra: fora da prisão, está apenas momentaneamente à margem, em um exílio dourado, e, portanto, existe a ameaça concreta de que volte para a disputa caso seja chamada por seus apoiadores em Alexandria, que vivem dentro da própria corte de Cleópatra.

Outro problema são as legiões deixadas por César em Alexandria, que aumentaram de três para quatro em virtude da iminente campanha contra os Partas, momentaneamente suspensa após o assassinato do ditador. Estamos falando de ao menos 16 mil legionários sobre os quais Cleópatra não tem nenhum poder, embora Rufião, o comandante deles, seja confiável. Essas legiões poderiam tirá-la do trono com facilidade se houvesse uma rebelião, caso fossem comandadas pelos seus poderosos inimigos romanos. Sobretudo, esses homens são muito úteis a quem, depois de César, está tentando emergir pela força e decide requisitá-las à soberana do Egito. Mas a quem ela deve concedê-las? O primeiro a aparecer é Dolabela, que renunciou ao cargo de cônsul para ir à Síria assumir o comando de sua província. Na realidade, em sua ambição, busca poder e glória pela caça aos assassinos de César: acercando-se de um deles, Caio Trebônio, governador da província da Ásia, depois de um processo sumário o decapita, levando a cabeça em uma haste e arrastando o corpo pelas ruas até lançá-lo ao mar. Trebônio é o primeiro dos assassinos de César a ser morto.

Dolabela agora busca outros apoios em sua batalha contra os cesaricidas, e pede ajuda a Cleópatra. Sua proposta, em resumo, é a seguinte: dê-me as quatro legiões e um apoio naval, e em troca Antônio e eu confirmaremos o status do Egito como "povo amigo e aliado dos romanos". Na mesma época, Cássio, que está no Oriente Médio angariando tropas e alianças, também lhe faz uma proposta semelhante. Em quem acreditar? O futuro do Egito e de seu filho Cesarião dependem de sua decisão. Por fim, Cleópatra decide ajudar Dolabela, que busca vingança pela morte de César, e se junta à sua facção. Então, Dolabela envia um legado, um general do exército romano, para buscar as quatro legiões, mas este último, ao partir, as "presenteia" a Cássio. Uma incrível reviravolta, uma verdadeira traição. Talvez já houvesse um acordo secreto entre os dois.

Na verdade, o legado, chamado Alieno, é um velho amigo de Cícero, que por sua vez toma partido de Cássio e Brutus: como se vê, a História às vezes faz percursos secretos e invisíveis... De acordo com outros historiadores, de forma mais simples, quando o legado se viu diante das tropas de Cássio e percebeu que o inimigo era muito superior (quatro legiões contra sete), cedeu as legiões "espontaneamente". Agora, Cássio emerge como o verdadeiro senhor do Oriente Médio. Os comandantes lhe entregam as legiões sem resistência e ele insiste mais uma vez com Cleópatra: quer os poderosos navios egípcios. Ela negocia, alega que não pode satisfazê-lo por causa de uma grave carestia (o que é verdade, o Egito tem sido atingido por cheias insuficientes e por uma consequente epidemia de peste bubônica). Mas também neste momento há uma nova reviravolta: o governador da ilha de Chipre, que está sob o controle do Egito, fornece os navios a Cássio sem o conhecimento da rainha, traindo-a. O desenho que emerge é muito claro. A desobediência do governador de Chipre em relação à Cleópatra significa que provavelmente ele apoia Arsínoe, e que planeja, com Cássio, colocá-la no trono do Egito. Como se não bastasse, Cleópatra recebe a notícia de que Dolabela, sem suas legiões e sitiado pelo famigerado Cássio na cidade de Laodiceia, na Síria, se suicidou...

São momentos difíceis para a rainha: ela deu seu apoio à facção perdedora, está sem suas legiões, foi traída no interior do próprio reino e perdeu a preciosíssima ilha de Chipre. Como se não bastasse, no Oriente Médio dominam agora Brutus e Cássio, que gastam os últimos focos de resistência filocesariana e fixam o Egito como próximo objetivo, uma presa rica e fértil, com a provável ideia de eliminar Cleópatra e colocar Arsínoe em seu lugar. Com efeito, no fim de 43 a.C., conforme diz Apiano, "Cássio voltou a atenção para o Egito. [...] Há tempos pensava que as condições em que se encontrava o território eram particularmente favoráveis aos seus projetos, porque o país fora devastado pela carestia e não podia contar com um exército consistente".

Podemos imaginar a ansiedade de Cleópatra. César não está mais ali para defendê-la, Antônio está ocupado demais consolidando seu poder na pátria e sofrendo as consequências das famosas *Filípicas* de Cícero, o país está de joelhos por causa da carestia e o inimigo bate à porta. O que ela pode fazer?

Na realidade, algo já foi feito: tem um novo "marido" ao seu lado no trono. Ptolomeu XIV morreu no fim de agosto de 44 a.C. em circunstâncias que nunca foram esclarecidas. A suspeita de muitos historiadores modernos é que ela encomendou seu assassinato a fim de evitar que ele encabeçasse algum complô para tirá-la do poder. Sendo assim, se trataria de uma atitude que revela a implacável frieza que a distinguiu por toda a vida. Agora, todos os parentes próximos de Cleópatra estão mortos: o pai, a mãe, a irmã mais velha, Berenice IV, os dois irmãos, Ptolomeu XIII e XIV. Resta apenas Arsínoe, mas em relação a ela Cleópatra tem ideias muito claras. E assassinas.

Quem se senta no trono ao lado dela neste momento é um novo "marido", um novo rei: Cesarião. Essa também é uma mensagem clara. Seu nome torna-se Ptolomeu XV Filópator, isto é, "que ama o pai". E quem é o pai? Talvez, como vimos, o próprio César. Ptolomeu XV Filópator, Cleópatra diz dessa forma, é o único verdadeiro herdeiro de César, seu filho natural, mais importante do que Otaviano, que só se tornou seu filho por adoção em virtude de um testamento...

Mas essas proclamações, atributos reais e referências a Júlio César decididamente ocorrem no momento errado da História. Um exército comandado por um dos assassinos do ditador marcha em direção ao Egito! Agora tudo parece perdido. Mas, como já aconteceu no passado, a História virá ao socorro de Cleópatra. Cássio, em marcha, recebe um despacho de Brutus pedindo-lhe para voltar atrás: no horizonte materializou-se um grande perigo. A conquista do Egito e a eliminação de Cleópatra podem esperar.

O dedo apontado

O dedo apontado de Cícero parece uma lança inclinada na direção de um inimigo que se quer eliminar. Permanece por alguns segundos suspenso no ar, revelando um leve tremor devido à tensão e à idade. Cícero terminou assim um longo ataque verbal contra Antônio, no silêncio irreal de uma sala lotada de senadores. Depois, para destacar a conclusão dessa obra-prima da arte oratória, segurando, à sua maneira habitual, o queixo com a mão esquerda, encara os colegas senadores com um olhar direto, venenoso, e um sorriso zombeteiro. Todo o Senado irrompe em um estrondo, formado por aplausos e também por gritos e protestos. É o fim da primeira das célebres *Filípicas*, uma série de 14 (que podem chegar a talvez 17 ou 18, de acordo com alguns estudiosos) discursos que Cícero pronunciará no Senado contra Marco Antônio. Seu nome é uma homenagem aos discursos que o orador Demóstenes, séculos antes, usou para atacar o pai de Alexandre, o Grande, Filipe II da Macedônia (provém daí o termo de uso comum "filípica"). Nessas invectivas, algumas das quais nunca foram lidas em público no Senado, mas circularam em forma de texto nos ambientes políticos romanos, Cícero ataca Antônio e seus aliados (sobretudo os irmãos), descrevendo e salientando fatos, comportamentos e episódios reprováveis, muitas vezes inventados. Essa "máquina da lama" de Cícero provavelmente contribuiu para criar através dos séculos uma imagem negativa de Antônio, retratando-o como ávido, violento, ambicioso e adicto a todos os tipos de prazer e transgressão concupiscente. Na *Segunda Filípica*, nunca lida em público, por exemplo, o filósofo declara que Antônio, durante um casamento, bebera tanto vinho que no dia seguinte chegara a vomitar diante de todos durante uma assembleia de Estado. E prossegue atacando-o por ter tomado posse das propriedades de Pompeu e por ter frequentado e abandonado uma duvidosa "bailarina", a famigerada Licoride... O ataque de Cícero é um sinal claro de como a situação se desenrola em Roma. Mas o que aconteceu?

As *Filípicas* foram pronunciadas mais de um ano antes do iminente ataque de Cássio a Cleópatra. Começaram em 2 de setembro de 44 a.C., ou seja, seis meses depois da morte de César, e prosseguiram até 21 de abril de 43 a.C.

O que aconteceu naqueles meses foi uma evolução do cenário militar e político, violenta e surpreendente, que levará ao surgimento dos dois grandes protagonistas dos próximos capítulos: Antônio, é claro, e sobretudo Otaviano.

Nesses meses, enquanto Cleópatra busca consolidar seu poder no Egito, ocorrem na Itália embates entre as legiões de Antônio e de Otaviano, e são redigidas as famosas listas de proscrição, com homicídios a sangue-frio de centenas de pessoas. Não entraremos em detalhes porque é uma sequência muito complexa de eventos, mas é preciso entender de alguma forma o que aconteceu, e como o mundo da Roma Antiga, nesse período, escreveu uma de suas páginas mais obscuras.

Poucos dias depois da leitura do testamento de César, Otaviano desembarca em Bríndisi. Estava em Apolônia, na atual Albânia, com as legiões do grande general que partiria para a guerra contra os Partas. Aguardava César, que lhe pedira para acompanhá-lo nessa nova aventura (confirmando, de certa maneira, sua escolha hereditária no testamento).

Otaviano é pouco mais que um garoto, não tem nem 19 anos completos, mas revela uma cautela e um instinto político impressionantes. Certamente no acampamento militar ficou sem palavras ao receber a notícia da morte de César, e ainda mais ao descobrir que era seu principal herdeiro. Sua mãe, Ácia, e seu padrinho, Felipe, temendo por sua vida, aconselham-no a recusar a herança para não tomar parte no perigoso conflito político que a morte de César precipitou, mas ele decide ir a Roma e aceitá-la. Antes de chegar à Urbe, no entanto, estabelece contato com os ex-conselheiros de César, como o poderoso Marco Nônio Balbo e outras pessoas influentes que podem lhe oferecer conselhos sábios. Depois, faz uma parada na Campânia para estreitar laços com muitos veteranos de César e conseguir seu apoio. Por fim, alcança a Urbe, no fim de abril. Sua chegada quase coincide com a partida de Cleópatra e seu séquito real para o Egito. A situação que encontra na cidade não é fácil. Antônio é o líder indiscutível e faz o que quer, fortalecido pela posse das anotações de César (*Acta Caesaris*) e por aplicá-las, conforme já foi dito, de acordo com sua interpretação pessoal, colocando seus homens nos cargos importantes.

Além disso, administra a enorme soma de sestércios (em torno de 700 milhões) destinados à expedição contra os Partas e depositada no erário. Nas últimas semanas, consolidou e ampliou sua base de poder com concessões a veteranos, dando a cidadania romana a todos os habitantes da Sicília, e também dispondo a favor da comunidade judaica a partir de promessas feitas anteriormente por César.

De início, Antônio subestima Otaviano, considerando-o um garoto inexperiente, mas logo precisa reavaliar suas convicções. Otaviano dá início a uma série de golpes políticos importantes que o tornam querido pelas pessoas, como por exemplo recolher fundos autonomamente para pagar o que César deixara como herança ao povo de Roma, ou financiar e organizar jogos (combates entre gladiadores e corridas de quadrigas) para celebrar a vitória de Farsalos. Foi durante esses jogos que um episódio emociona os romanos. Passaram-se quatro meses desde a morte de César, e no céu surge uma estrela que brilha por uma semana inteira, cuja luz é tão forte que a torna visível mesmo de dia. Em geral, cometas são considerados mau agouro, mas Otaviano consegue transformá-lo em uma mensagem divina positiva: é um sinal, ele afirma, que César já está no céu, ao lado dos deuses. Um deus entre os deuses. Por esse motivo, mandará colocar no alto das estátuas de César uma estrela chamada *Sidus Iulium*. Conforme destaca o historiador norte-americano Barry Strauss, trata-se de "uma esplêndida intuição para fins propagandísticos", de tal forma que até mesmo os adivinhos seguem essa interpretação, defendendo que o cometa anuncia, como o sol, o amanhecer de uma nova época.

Bem depressa as divergências entre Antônio e Otaviano resultam em uma disputa cara a cara com trocas de acusações. Otaviano, com uma técnica furtiva que sempre distinguirá suas ações, induz à deserção legiões inteiras vindas da Macedônia e destinadas a Antônio, pagando somas substanciais a cada legionário (500 denários per capita, o equivalente a dois anos de salário). É só o início de uma queda de braço entre os dois que os manterá ocupados nos meses seguintes e terá como consequência uma incrível série de eventos que podemos resumir em linhas gerais: batalhas campais, cercos de cidades como Módena (por parte de Antônio), onde estava Décimo, e até confrontos entre as legiões de Antônio — declarado pelo Senado como "inimigo público" graças à intervenção de Cícero — e as de Otaviano e de outros dois cônsules. Sim, pode-se falar em guerra civil. Exatamente como previra Júlio César. Mas há também reviravoltas: Otaviano entra em acordo com Antônio e realiza a famosa "marcha sobre Roma" à frente de suas legiões (seguindo o mesmo percurso de César depois de atravessar o rio Rubicão) e chega a Roma para obrigar o Senado a declará-lo cônsul. Um gesto tão impressionante que inspirou, muitos séculos depois, Napoleão, que vai imitá-lo à perfeição, entrando no Senado com armas em punho, acompanhado de seus soldados, para tomar o poder. Nessa mesma época, Décimo, que tinha jantado com César na noite anterior aos Idos de Março e fora à sua casa convencê-lo a participar da reunião no Senado, encontra uma morte atroz. Abandonado por seus homens, que se uniram a Otaviano, tenta atravessar os alpes com um pequeno grupo de cavaleiros gauleses, realizando uma longa viagem para unir-se a Cássio e Brutus na Macedônia. No entanto, ao entrar no território dos gauleses sequanos, entre a França e a Suíça, é reconhecido e trucidado. Sua cabeça, mais tarde, é enviada a Antônio...

Nessa fase, a frente dos cesarianos se reagrupou. Falta apenas um acordo solene, que ocorre próximo a Bolonha, em uma pequena ilha no rio Reno. Ali Antônio, Otaviano e Lépido se encontram, dando vida ao chamado "Segundo Triunvirato" (para distingui-lo do primeiro, muito mais famoso, formado por César, Pompeu e Crasso). O clima era muito tenso. Cada um deles chega com cinco legiões, que são alinhadas uma na frente da outra, prontas para o combate. Depois, os três avançam sobre as pontes que atravessam o rio, cada um com 300 homens. Lépido, que chegou primeiro, inspeciona a ilha e o templo localizado nela, e sinaliza aos outros dois, ao agitar o manto militar, que o lugar está seguro. Então, Antônio e Otaviano, deixando seus homens, o alcançam e se unem a ele, debatendo e discutindo por dois dias.

Nos dias de hoje o rio mudou seu curso, e, portanto, essa pequena ilha não existe mais. Mas na localidade de Sacerno uma coluna permaneceu por muito tempo esquecida, às margens de um campo, que documentamos no programa *Ulisses — O prazer da descoberta*. É a última de uma longa sequência de colunas e monumentos que existiram ao longo dos séculos e que recorda o local de encontro do Segundo Triunvirato. Sabemos que Antônio, Otaviano e Lépido escolheram esse lugar por ser equidistante de suas respectivas áreas de poder. E sabe-se que a ilha garantia condições de segurança ideais não apenas por ser cercada por água, mas também porque os templos eram considerados sempre áreas "neutras". O nome Sacerno, de acordo com o arqueólogo Nicola Cassone, quase certamente deriva da divindade céltica da natureza Cernuno (*Cernunnos*), representada com chifres de cervo. Isso faria supor a presença, na antiguidade, de um local consagrado a tal divindade bem nessa região, confirmando dessa forma a escola da ilha "sagrada" para o encontro do triunvirato. Hoje, no lugar do antigo santuário pagão há muito desaparecido, há uma igreja, que substituiu (e "apagou") as antigas crenças locais com um local de culto cristão, como tantas vezes aconteceu também em outros lugares.

Ali Antônio, Otaviano e Lépido entram em acordo, colocando de lado momentaneamente as desavenças, para criar uma frente comum contra os assassinos de César, em particular Brutus e Cássio, que já dominam o Oriente. Estabelecem uma forma trina de poder semelhante a um consulado — o triunvirato, de fato —, dividindo entre si as províncias e prometendo aos próprios soldados doar--lhes como colônias 18 cidades italianas floridas e ricas, entre as quais Cápua, Régio, Benevento, Venosa, Nocera, Rimini, Vibo... Na prática, era como se fossem consideradas cidades já conquistadas na guerra, a ponto de ser possível reparti-las.

Nesse momento, ao serem deixados pelos conselheiros mais próximos e ficarem sozinhos, os três preparam as listas de inimigos que devem ser assassinados. Assim nascem as famigeradas listas de proscrição.

As listas de proscrição

Imagine que de repente o consideraram uma pessoa que deve morrer, sem que haja uma culpa precisa nem um julgamento justo. Sobre sua cabeça há um mandado de captura com os dizeres "vivo ou morto", uma espécie de *Procura-se* da antiguidade, qualquer um pode denunciá-lo ou matá-lo... e o assassino até recebe uma recompensa. As proscrições assinalam um dos pontos mais dramáticos das guerras civis. Em uma espécie de triturador social, acabam nessas listas pessoas muito diversas: "Aqueles de quem suspeitavam por causa de seu poder, e também inimigos pessoais; trocavam entre si também amigos e parentes a fim de eliminá-los [...] De vez em quando acrescentavam novos nomes às listas, às vezes por inimizade, outras por rancor, ou porque as vítimas eram amigos de seus inimigos ou inimigos de seus amigos, ou por causa de suas riquezas, porque o triunvirato precisava de muito dinheiro para financiar a guerra [...] O número de senadores condenados à morte e dos quais foram confiscados todos os bens quase chegava a 300, enquanto o número de cavaleiros atingidos chegava a 2 mil. Nas listas de proscrição havia irmãos e tios da tríade, e até alguns oficiais que tinham servido sob seu comando", afirma Apiano.

É um massacre. Antes mesmo de voltar a Roma, os três enviam sicários à cidade para assassinar 12 adversários que têm grande peso político (inclusive Cícero). Quatro deles são logo executados, surpreendidos à mesa ou nas ruas.

A chegada dos assassinos do triunvirato a Roma causa pânico na cidade: "Todos corriam para lá e para cá, gritando e lamentando-se", conta Apiano. "As pessoas se davam conta de que estavam sendo capturadas e mortas, mas não sabiam quem havia sido condenado, temiam estar entre os procurados."

Poucos dias depois, os três retornam a Roma com seus soldados, que ocupam pontos estratégicos, vigiando as portas. Em muitas zonas da cidade são afixadas as listas de proscrição. Elas não estão completas, os nomes são acrescentados diariamente, alimentando o clima de medo e incerteza. Há também nelas as recompensas oferecidas para quem mate ou forneça informações sobre os proscritos: "Quem matar os proscritos deve trazer sua cabeça para receber a seguinte recompensa: caso se trate de um homem livre, 25 mil dracmas áticas por cada cabeça; caso se trate de um escravo, a liberdade, 10 mil dracmas áticas e a cidadania de seu patrão. Os delatores terão a mesma recompensa", informa-nos ainda Apiano. Assim, cria-se um clima de angústia no qual desconfia-se de todos, desde o vizinho de porta ao parente com quem houve uma rusga.

MORTE NO BANQUETE

O primeiro magistrado a cair sob os golpes dos sicários é um tribuno chamado Sálvio. Devido a seu cargo, deveria ser um intocável, mas sabe que, como um fiel colaborador de Cícero, seu destino já foi definido: por isso, organiza um último banquete de despedida com familiares e amigos. Enquanto todos comem e conversam, os soldados invadem, ordenando que fiquem quietos. O centurião que os guia agarra Sálvio pelos cabelos, joga-o sobre a mesa e, com golpes secos, destaca sua cabeça e a leva embora diante dos comensais aterrorizados.

PARENTES OU SERPENTES

Nas listas são incluídos até mesmo alguns parentes dos homens do triunvirato: Antônio insere o nome do tio materno Lúcio César,

Lépido chega a adicionar o nome do irmão Paulo, o qual, no entanto, se salva e consegue fugir para a Ásia, retirando-se em Mileto, "com a conivência dos centuriões, que o respeitavam por ser irmão de um triúnviro", informa Apiano.

FILHOS CONTRA PAIS

Não faltam histórias em que os filhos traem os pais para apoderarem-se do patrimônio paterno. Haveria alguém confiável mesmo dentro de casa? O historiador antigo Veleio Patérculo conta que "grande foi a fidelidade das esposas, medíocre a dos libertos, pouca a dos escravos, nenhuma a dos filhos".

VÍTIMAS INOCENTES

A violência das proscrições não exclui nem mesmo os rapazes e as crianças, cuja única culpa é a de fazer parte de famílias consideradas inimigas ou de serem órfãos ricos. Apiano explica que "um deles foi assassinado enquanto ia à escola com seu mestre, que o abraçou para servir-lhe de escudo humano e morreu junto com ele".

ESPOSAS FIÉIS

Na maioria das vezes, quem está na lista tenta se esconder ou fugir, mas em geral com pouquíssimo sucesso. Em alguns casos, a esposa e uma pitada de sorte fazem a diferença. É o que aconteceu a um ex-comandante da XI legião, que lutara na Gália com César. Chama-se Caio Antístio Regino. Sua esposa, de acordo com Apiano, "escondeu-o em uma fossa na qual os soldados, no dia seguinte, não tiveram coragem de entrar por conta do mau cheiro. Naquela mesma noite ela o fez se disfarçar de carvoeiro, conseguiu um burro carregado de carvão para que ele guiasse e partiu pouco à sua frente em uma liteira. Um dos soldados de guarda às portas da cidade suspeitou e quis investigar a liteira. Regino, preocupado, acelerou o passo e, como se fosse um passante habitual, exortou o soldado a não importunar a mulher. Este último, que o confundira com um carvoeiro, ia lhe responder mal, mas depois, reconhecendo-o (pois servira sob seu comando na Síria), disse: "Segue teu caminho, general, porque é com esse título que devo me dirigir a ti."

ESPOSAS INFIÉIS

É também Apiano que nos narra um caso pavoroso: "Algumas mulheres traíram seus maridos de maneira infame. Entre essas estava a mulher de Septímio, que mantinha uma relação com um amigo de Antônio. Impaciente para transformar sua ligação ilícita em matrimônio, pediu a Antônio, por via do amante, para ajudá-la a livrar-se do marido. Septímio foi imediatamente inserido nas listas de proscrições. Quando descobriu, ele se refugiou na casa da esposa, sem saber que fora ela quem o traíra. A mulher, fingindo preocupação amorosa, fechou as portas e permaneceu com ele até a chegada dos assassinos. Engajou-se nas novas núpcias no mesmo dia em que o marido foi assassinado."

O FIM DE CÍCERO

A vítima mais famosa das listas de proscrição foi decerto Cícero, grande inimigo de Antônio. O ódio vem de muito antes do assassinato de César. Quando era cônsul, Cícero encomendara a morte do segundo marido da mãe de Antônio, a quem ele se ligara muito após perder o verdadeiro pai na infância.

No entanto, o que o condenou definitivamente à morte foram as *Filípicas*: Antônio reivindicou sua inclusão nas listas de proscrição, uma opção com a qual Otaviano não concordava, mas foi obrigado a aceitar. Cícero tentou fugir, mas em Fórmias, nas ruas sombreadas que conduzem ao mar, sua liteira foi interceptada pelos soldados. Percebendo a presença deles, o célebre orador se deu conta de que o fim estava próximo e ordenou que os escravos depusessem a liteira. "Tocando o queixo com a mão esquerda, como era seu hábito, olhou fixamente seus assassinos [...]. A cabeça, que ele inclinara para fora da liteira, foi cortada", explicita Plutarco. Quem decapitou-o foi um tribuno, Marco Popílio Lenas, que o próprio Cícero defendera da acusação de parricídio... Não foi capaz de cortar a cabeça no primeiro golpe. Apiano diz precisamente que "precisou golpeá-la três vezes, quase tendo que serrá-la por conta da inexperiência". E a barbárie não termina aqui: Sêneca, o velho, relata que ambas as mãos do filósofo foram cortadas por causa do que ele escrevera contra Antônio, e esses macabros troféus foram mais tarde levados ao cônsul, que ordenou a exposição da cabeça e das mãos nos Rostra, isto é, no lugar exato onde ele discursara contra Antônio nos meses anteriores. Um último detalhe marca de maneira atroz o fim de Cícero. Antes que a cabeça fosse exposta, diz-se que Fúlvia, esposa de Antônio, pediu para segurá-la e, cheia de rancor, cuspiu nela. Depois, colocou-a sobre os joelhos, abriu-lhe a boca, puxou para fora a língua e a atravessou com a haste que usava para os cabelos, insultando a cabeça de Cícero. Diz-se também que Antônio participou de um banquete com a cabeça de Cícero apoiada à sua frente na mesa. Mas é provável que esses sejam apenas boatos colocados em circulação sucessivamente para desacreditar Antônio.

As proscrições prosseguiram por muitos meses, e foram concluídas em definitivo apenas em 39 a.C. As primeiras semanas foram as mais terríveis. Com o passar do tempo, e com a fuga dos proscritos, a caça ao homem se estendeu por toda a Itália. Quem aparecia nas listas tentava desesperadamente alcançar o filho de Pompeu, Sesto, que estava na Sicília e acolhia todos os fugitivos, ou mesmo Brutus e Cássio, que dominavam no Oriente. E é exatamente para eles que se volta a atenção dos triúnviros, preparando-se para aquela que para todos os efeitos será a batalha final que sancionará quem vai ficar no comando de Roma.

É nesse período que nasce um novo culto, o culto de César. Ou melhor, do César divino, *divus Julius*. O Senado ratifica a decisão de incluí-lo entre os deuses do Estado romano e de construir para esse novo deus um templo no Fórum. Quem mais tem a ganhar com esse novo culto é Otaviano. Diz Strauss: "Isso permitiu a Otaviano definir-se *divi filius*, filho do homem que se tornou deus. Aclamado como *imperator*, Otaviano torna-se *imperator Caesar*".

Cleópatra arrisca um naufrágio no Mediterrâneo

O céu está escuro e relâmpagos iluminam o horizonte. Os olhos do timoneiro fixam as ondas tentando entender por pequenas mudanças do mar e do céu a evolução do tempo. As cristas ornadas de branco à distância, espalhadas por todos os lados, o vento cada vez mais forte, as grandes nuvens pretas que se aproximam ameaçadoras, nenhum pássaro no céu. Todos indícios que fazem temer o pior. São muitos os olhos a bordo que perscrutam o horizonte. Dois em particular. Os olhos de Cleópatra.

O Mediterrâneo é um mar perigoso, às vezes mais do que um oceano, porque no correr de poucas horas pode mudar e se transformar em um monstro sedento de vítimas. É isso que todos a bordo temem.

Cleópatra permanece sentada, imóvel, com as mãos fechadas no trono real, no meio do navio, sob um dossel com colunas douradas e tendas de seda impalpáveis que agora tremulam ao vento, quase dominadas pela histeria. Há alguns minutos o vento começou a soprar ainda mais forte. O céu acinzentou-se sobre a cabeça de todos. Das ondas, chegam respingos que banham os rostos, e o mar se move devagar. A sensação é a de se encontrar sobre o peito de um gigante que respira profundamente, quase como um fole. E que está para acordar. O mar perdeu as cores, não é mais azul ou verde. Agora é cinza como chumbo. Entre a escuridão do céu e o cinza lúgubre do mar, a frota de Cleópatra avança destemida, quase em sinal de desafio. Até as embarcações, coloridíssimas, perderam seus tons vívidos sob a luz lívida que a todos faz lembrar a morte. Imponentes e fortes, esses veleiros que pertencem a uma das potências navais mais temíveis de todo o Mediterrâneo parecem agora muito frágeis. No mar que infla suas velas, parecem pequenas plumas nos dedos de gigantes. Como em um jogo mortal, o mar se levanta, se incha, erguendo até as alturas o gigantesco navio-almirante de Cleópatra, que por um instante parece não ter peso. No cume da enorme onda, a proa emerge das vagas como se quisesse alçar voo; contudo, para por um instante antes de começar a louca descida por essa imensa montanha de água. Em uma fração de segundo desaparece da vista dos navios de escolta e da frota. Os olhos de Cleópatra e de todos a bordo estão arregalados e aguardam o fim dessa descida, que termina com uma explosão de estalidos. O navio-almirante é tomado por um arrepio, treme. Sua proa se enfiara inteira no mar, reemergindo depois de longos e intermináveis segundos como quem sente uma necessidade desesperada de ar… A bordo, enquanto isso, tudo cai, até os marinheiros. São muitos os objetos que voam para fora do navio. Mas ninguém se preocupa com eles. Todos estão agarrados a tocos e cordames, aterrorizados por um fim iminente.

O que Cleópatra foi fazer nesse imenso mar tempestuoso?

Não sabemos quando a rainha soube a respeito da terrível matança operada pelas listas de proscrição. Provavelmente não recebeu resumos completos até o início de 42 a.C., ou talvez tenha esperado até a primavera desse ano. Terá se surpreendido pela morte de Cícero, deliciada com a decisão de divinizar César e decerto ficou muito contrariada pela notícia de que Otaviano agora se autointitulava *divi filius*, em direta competição com Cesarião. Os triúnviros a procuraram porque precisam de aliados no Oriente, em vista da guerra iminente contra Brutus e Cássio.

E sua formidável frota é fundamental para desembarcar na Grécia, onde ocorrerá, como já é evidente, a batalha final. Não conhecemos os termos desse pedido de ajuda a Cleópatra, mas é muito provável que, exatamente como fizera Dolabela um ano antes, tenham lhe oferecido a autonomia do Egito e o reconhecimento de Cesarião como soberano do país. Em vista do iminente ataque de Cássio no Egito, Cleópatra não teve escolha a não ser responder positivamente. Dessa maneira, armou uma frota poderosa para alcançar a de Antônio e Otaviano. E ela vai pessoalmente guiar essa poderosa frota de ataque. Uma rainha no comando da própria frota é algo que nunca antes se vira nas dinastias ptolomaicas e dá uma ideia da força, da desenvoltura e da singularidade dessa mulher. Cleópatra era uma verdadeira raridade entre as rainhas gregas e pode ser comparada apenas a outra grande soberana, Artemísia de Halicarnasso, que, no entanto, vivera mais de 400 anos antes. Esse papel, como observou Duane W. Roller, reforça sua identificação com a deusa Ísis, em vista também de sua ligação repleta de significados com o mar. Deve ter sido um espetáculo incrível: uma grande frota que parte, deixando às costas o Farol de Alexandria, quase como um cometa que avança no azul do mar com um impulso de velas.

A expedição, entretanto, termina em um desastre. Estamos no verão de 42 a.C. e Apiano faz referência a um detalhe eloquente, do qual foi testemunha um comandante inimigo enviado com sua frota para interceptar Cleópatra: Staio Murco "viu os destroços dos navios destruídos levados pelas ondas até as costas da Lacônia (região do Peloponeso meridional cuja capital era Esparta), e em seguida soube que ela voltara para casa com grande dificuldade e em mau estado de saúde".

A esse respeito, vale a pena precisar um fato surpreendente: o Mediterrâneo é, provavelmente, o mais extenso e rico "museu" de arqueologia do planeta. Se considerarmos uma média de três naufrágios ao dia de todos os tipos de embarcações (uma estimativa razoável, considerando que esse mar se estende de Gibraltar às costas libanesas), em 2 mil anos alcançaremos a cifra exorbitante de mais de 2 milhões de detritos de naufrágios no fundo do mar! Cada um desses navios levava uma carga, que muitas vezes era preciosa.

Não sabemos que tipo de problema a rainha possa ter sofrido, talvez estivesse simplesmente esgotada pelo enjoo, tendo em vista as condições terríveis do Mediterrâneo. O enjoo causado pelo mar, com efeito, é um dos incômodos mais devastadores para o ser humano. Em todo caso, tratou-se de um batismo de fogo no comando de uma frota, um verdadeiro azar. Depois desse episódio, não temos mais notícia pelas fontes antigas a respeito da participação de Cleópatra na guerra em curso. Será preciso esperar seu encontro e sua história de amor com Antônio para vê-la de novo no comando em uma batalha.

Nesse acontecimento, emerge um aspecto que nos permite compreender a habilidade e a visão de Cleópatra. A identificação com a deusa Ísis não é casual, ao contrário, é uma constante da sua propaganda que justifica sua posição no trono.

Como encarnação de Ísis, Cleópatra é automaticamente "mãe" do reino e de todos os seus súditos: como mãe, ela os protege da injustiça e dos perigos externos, fornece-lhes alimento e tutela seu futuro. Nenhuma outra rainha ptolomaica resgatou com mãos tão habilidosas a antiga cultura e a religião egípcia: Cleópatra, como uma política contumaz, utiliza seu conhecimento linguístico, as concessões e as ajudas ao poderoso clero, além das referências às divindades antigas como a própria Ísis, para tornar palpável sua proximidade ao povo e à sua cultura, apresentando-se como aquela que garante a sobrevivência do reino e de seus habitantes.

Mas o projeto vai além. Desfruta com fins de propaganda até mesmo o nascimento do seu primogênito, Cesarião. Cleópatra e Ísis, na verdade, têm enormes semelhanças nesse sentido: ambas criam seus filhos sozinhas (visto que nos dois casos o pai foi assassinado), e não se tratam de filhos "normais", porque foram gerados por divindades. No caso de Cesarião, isso é particularmente evidente: vimos que Cleópatra o apresentava como filho de César, que foi "divinizado" por Otaviano, e a própria Cleópatra é a reencarnação de uma deusa... Como consequência, Cesarião tem legitimidade para subir ao trono e, por sua vez, é associado a Hórus, divindade egípcia com cabeça de falcão, filho de Osíris.

Com tal solução, a habilidade de Cleópatra ultrapassa os confins do Egito. O culto de Ísis provém, na verdade, do Reino Antigo, mas foi revitalizado pelos gregos, sobretudo na época helenística, que a assimilaram a diversas divindades gregas, como Deméter ou Afrodite... O que significa isso? Graças a essa "fusão" das crenças (sincretismo), o culto de Ísis se difunde em quase todo o Mediterrâneo, especialmente entre as mulheres, atribuindo à deusa, entre outras, virtudes ligadas à fecundidade e à proteção dos marinheiros. Em Roma, esse culto teve grande sucesso, favorecendo a propaganda de Cleópatra, que, ao se apresentar como a própria Ísis, transmite uma mensagem imediatamente compreensível até para os romanos.

Ao confronto

Quanto mais o tempo passa, mais fica evidente, como destaca o historiador Antônio Spinosa, que o homicídio de César foi, na realidade, um acerto de contas, um derramamento de sangue que gerou uma guerra civil, e não o primeiro passo de um grande projeto político. Cícero, escrevendo ao amigo Ático, já comentava que César estava mais vivo do que nunca e que consolar-se com a lembrança dos Idos de Março não fazia muito sentido: os conspiradores tinham demonstrado ter a coragem dos homens, mas haviam raciocinado com escassa prudência, uma vez que a árvore fora cortada na base, mas não havia sido arrancada pelas raízes e novos ramos continuavam a nascer. Aquela árvore, a herança de César, de fato está marchando neste momento na direção de Brutus e Cássio com numerosas legiões, que podem chegar a dezenove, guiadas por Marco Antônio e Otaviano para aniquilá-los no combate final.

Tanto Cássio quanto Brutus reforçam suas posições na Ásia Menor e no Oriente Médio com a eliminação dos últimos pontos de resistência, como o existente na ilha de Rodes, que defendera Dolabela. Cai também a cidade de Xanto, na Lícia, no sul da moderna Turquia. São episódios que ninguém considera, perdidos no turbilhão de acontecimentos da História Antiga. Mas vamos parar um instante a fim de refletir. Para muitas pessoas, milhares delas, tudo isso representou o fim da própria vida de maneira violeta, dolorosa e atroz. Xanto, por exemplo, é conquistada após um longo cerco: muitos dos seus habitantes se suicidam em massa para não cair nas mãos das tropas de Brutus. Plutarco diz que "tentavam matar-se de todas as formas, e não apenas homens e mulheres, mas também as crianças pequenas, com gritos e urros. Alguns se jogavam no fogo, outros pulavam de cabeça de cima dos muros, outros ainda ofereciam o pescoço nu às espadas dos pais, pedindo-lhes o golpe de misericórdia. Com a cidade assim destruída, avistou-se uma mulher com uma criança morta no colo, suspensa por um laço para se enforcar..."

Preferir uma morte desse tipo significa que a alternativa é ainda pior. De fato, os legionários (e as tropas estrangeiras aliadas) não têm toda aquela aura de nobreza dos soldados profissionais que fomos levados a lhes atribuir. Nas fileiras e nas batalhas, são extremamente disciplinados, é claro, mas são também pessoas sem escrúpulos: alistam-se e arriscam a vida na guerra tomados essencialmente pelo desejo de acumular o butim, viajar, fazer carreira ou obter a cidadania no caso dos estrangeiros (como os auxiliares). Unidos por um poderoso espírito de solidariedade, que gera atos de puro heroísmo, ao mesmo tempo são capazes de uma violência absoluta, cruel, implacável, semelhante a de uma milícia banal: na invasão de uma cidade, para tomarem para si objetos de valor, comida ou mulheres, não hesitam em matar quem estiver na frente, mesmo as crianças desamparadas, em um impressionante crescente de ferocidade coletiva. As legiões romanas, como todos os exércitos da História, aterrorizam os civis por sua brutalidade. O que as diferencia deles é sua preparação. São um exército moderno no que tange a organização e o profissionalismo, mas sua ferocidade é antiga. E agora estão para entrar em confronto dois exércitos com as mesmas características...

De um lado, a formação de Brutus e Cássio, constituída por 19 legiões, das quais apenas duas têm fileiras completas, com um total de 100 mil homens: 80 mil soldados de infantaria e 20 mil a cavalo. Uma força "internacional", constituída por tropas provenientes das várias províncias romanas: dos cavaleiros gauleses, lusitanos, hibéricos, trácios, ilírios, partas e tessálios aos arqueiros árabes a cavalo.

Contra estes, movem-se outras 19 legiões, como já foi dito, com um total de 108 mil homens: 95 mil na infantaria e 13 mil cavaleiros. Alguns historiadores modernos tendem a diminuir o número efetivo de soldados nos dois exércitos, argumentando que as fontes exageraram, mas ainda que os números sejam reduzidos, essa permanece sendo uma batalha titânica.

Brutus e Cássio decidem o campo de batalha: será a planície de Filipos, na Grécia. É atravessada por uma importante estrada, a Via Egnatia. Brutus alinha suas tropas de um lado da estrada e Cássio do outro. Os dois exércitos estão separados por apenas um quilômetro e meio. Unem os acampamentos com uma longa paliçada defensiva que embarreira a Via Egnatia. É uma posição estratégica: assim, eles têm as laterais protegidas, de um lado pelas montanhas, do outro por um pântano. Além disso, às suas costas a Via Egnatia prossegue até alcançar o porto de Tessalônica, que lhes garante um contínuo reabastecimento de comida, armas e homens. Sem dúvida, não poderiam ter escolhido um local melhor em vista de uma batalha que se prevê longa.

Muito diferente é a situação dos adversários. Antônio e Otaviano atravessam o Adriático com sua formidável força de ataque (Lépido permanece na Itália com nove legiões para proteger a península de possíveis investidas dos republicanos). Assim que chegam em Durrës e começam a marcha, no entanto, as forças navais inimigas conquistam a supremacia no Adriático. O que isso significa? Que, ao contrário de seus inimigos, não poderão receber reforços e novos soldados da Itália. Estão sozinhos, não podem contar com reabastecimentos das retaguardas... Para piorar, Otaviano adoece e suas condições de saúde (por uma doença que nunca ficou esclarecida) se manterão precárias ao longo de todo o conflito. De início, é obrigado a permanecer em sua tenda por dez dias.

É Antônio quem chega primeiro à planície de Filipos. Apenas diante do inimigo compreende que está em desvantagem: além de não poder contar com as provisões da retaguarda, o exército adversário embarreira seu caminho e está em posição decididamente favorável. O que ele faz? Joga as cartas da psicologia. Constrói seu acampamento, com fortificações, paliçadas e tudo mais a pouca distância do inimigo, apenas um quilômetro e meio. Sua coragem impressiona muito os soldados de Brutus e Cássio, e lhe dá uma inegável vantagem. De resto, não havia alternativa: a planície onde se posiciona é o único local (distante do pântano) no qual é possível escavar poços de água potável.

Depois de dez dias transportado em uma liteira, chega ao campo de batalha o grande doente, Otaviano. Os dois generais têm consciência de que logo a situação será crítica: o outono bate à porta e em breve chegarão as chuvas e o frio, sem que houvesse nenhuma ajuda da Itália em relação a homens e alimentos. É preciso levar depressa o inimigo à batalha. Do outro lado, pelo mesmo motivo, Cássio quer ganhar tempo. É um general com grande experiência e sabe muito bem que o tempo está a seu favor; logo o inimigo não terá mais recursos e começarão as deserções.

Brutus, por sua vez, guerreiro inexperiente, quer combater o quanto antes para impor a liberdade sobre o último representante da tirania de César, e também para intervir antes que os triúnviros completem a construção de uma barragem que teria servido como obstáculo para o reabastecimento dos republicanos e impossibilitaria que eles buscassem uma via de fuga pelo mar... Podemos imaginar suas discussões na tenda pretoriana no centro de um dos acampamentos, Brutus caminhando para lá e para cá diante de Cássio, fazendo grandes discursos sobre a política e a liberdade da pátria, citando os antigos... Enquanto Cássio, sentado, não o perde de vista, girando o anel de ouro ao redor do dedo, com a mente absorta em problemas muito diferentes.

A primeira batalha de Filipos

A um quilômetro e meio de distância, no campo adversário, em outra tenda de comando, podemos imaginar a situação inversa, com Antônio dialogando ao redor de uma mesa com Otaviano (ainda febril) e os principais comandantes das legiões.

É possível que enquanto isso tenham mapeado a área com base nas observações realizadas por reconhecedores, que se aproximaram das linhas inimigas sem serem vistos, e por informações extorquidas dos prisioneiros capturados. Se foi assim, podemos imaginar

Antônio com ambas as mãos apoiadas sobre a mesa, buscando o ponto fraco do adversário. Seus olhos refletem a chama de uma lamparina e interrogam os mapas por muito tempo.

Não podem dar início a um ataque frontal. O inimigo tem o mesmo número de soldados e está bem entrincheirado no interior de suas fortificações. Não podem nem mesmo tentar atacá-los por trás em razão da presença do pântano de um lado e das montanhas do outro... Como devem proceder? Em certo momento, Marco Antônio esboça um sorriso, levanta a cabeça e encara os outros, em pé diante da mesa. Talvez tenha encontrado a solução.

Brutus e Cássio não aceitam iniciar a disputa porque são reabastecidos constantemente. E se tentassem colocar os inimigos em pé de igualdade com eles, cortando sua linha de fornecimento pelo mar? Sem reabastecimento, seriam obrigados a sair em campo e aceitar a batalha.

É uma ideia ousada. Mas como colocá-la em prática? Com a experiência de muitos anos de batalha nas legiões, Antônio recorre ao gênio militar do exército. Os legionários não são apenas soldados: se necessário, conforme já foi dito, eles podem se transformar em engenheiros, bombeiros, marceneiros, ferreiros. Cada legião pode contar, internamente, com uma miríade de especializações que a transformam em uma máquina de guerra perfeita, capaz de destruir o inimigo, mas também de edificar estradas, pontes, aquedutos, cidades inteiras.

O plano é simples: construir uma "estrada" no pântano amassando terra e pedras e colocando pontes de madeira onde a água é muito profunda... Tudo isso em segredo. Antônio estabelece que o exército deve sair todas as manhãs para se alinhar diante dos acampamentos inimigos com todas as insígnias bem visíveis, fazendo-os acreditar que todo o efetivo esteja presente. Na realidade, um grupo grande de soldados, escondidos pelos juncais, colocará em prática o trabalho em completo silêncio. Depois de um último olhar aos comandantes, Antônio ordena que iniciem logo os trabalhos, enquanto Otaviano, assistindo a tudo silenciosamente, assente de um canto.

Por dez longos dias, sem descanso, os legionários constroem um leito de estrada no pântano. Quando o trabalho é concluído, Antônio ordena que um contingente atravesse de noite os pântanos sob essa "estrada" para ocupar a colina entre o acampamento de Cássio e o mar, de maneira a fechar sua rota de reabastecimento.

Na manhã seguinte, Cássio é tomado pela surpresa, mas, em vez de atacar o numeroso contingente inimigo na colina, ordena que seja construída no pântano uma "estrada" semelhante, protegida por uma paliçada, para interceptar a de Antônio e cortar as tropas adversárias. É um verdadeiro golpe de mestre.

Cássio é, sem dúvida, uma velha raposa dos campos de batalha, mas Antônio é feito do mesmo material. Percebendo a estratégia inimiga, ele ordena o ataque. Suas tropas precipitam-se sobre as rivais. O combate é feroz, e pouco a pouco, como um incêndio, avança até o acampamento de Cássio… que é conquistado e saqueado. Enquanto tudo isso se desenrola, a batalha se inflama também na outra ala das formações: Brutus tira suas tropas do acampamento e ataca Otaviano. Dião Cássio conta que os legionários das duas formações, "com um grito de guerra, percorreram os escudos com suas lanças e jogaram as javelinas uns contra os outros, enquanto os lançadores e os arqueiros jogavam dardos e pedras. Por fim, encararam [...] a cavalaria e as tropas encouraçadas que vinham da retaguarda". A formação de Otaviano é subjugada e inicia sua fuga. Brutus e seu exército não param, perseguem o inimigo até ocupar o acampamento de Otaviano (que não está presente porque foi transportado para outro lugar). "No entanto, acreditaram-no morto; de fato sua liteira, já vazia, foi transpassada por dardos e javelinas lançados pelos inimigos", escreve Plutarco. No acampamento, todos estão mortos: os soldados prisioneiros são massacrados, incluindo os 2 mil espartanos que chegaram há pouco como reforço.

No fim do dia, a situação é a seguinte: de um lado, Antônio ocupou o acampamento de Cássio, de outro, Brutus ocupou o acampamento de Otaviano. Nesse momento, ocorre algo inacreditável. Cássio se suicida por um terrível mal-entendido causado, talvez… por um problema de vista!

Mas vamos seguir a ordem dos fatos. Efetivamente, Cássio, subjugado pelas tropas de Antônio que ocupam seu acampamento, retirou-se para uma colina com poucos homens, "mas ele não viu nada além do saqueamento, e com muito esforço (tinha a vista ruim); os cavaleiros que estavam com ele avistaram o movimento de muitos outros cavaleiros vindo em sua direção: tinham sido enviados por Brutus, mas pareceram a Cássio inimigos em seu encalço", conforme diz Plutarco.

O general manda um alto oficial na direção deles para entender quem são. Os cavaleiros circundam o oficial com muita alegria, felizes ao vê-lo ainda vivo, e descem do cavalo para abraçá-lo e apertar sua mão, mas de longe Cássio não enxerga bem e acredita que o oficial tenha sido cercado pelo inimigo para ser morto. Assim, entra em sua tenda com um de seus libertos, Píndaro. "Tirando a clâmide pela cabeça e desnudando o pescoço, apresentou-o ao liberto para que o cortasse. A cabeça foi encontrada destacada do peito", conclui Plutarco, e acrescenta que Cássio morreu no dia do seu aniversário.

Sua morte é um duro golpe para a formação de Brutus, que só não organiza um grande funeral para não enfraquecer o moral das tropas. Ele mesmo, contudo, fica desesperado e, ainda de acordo com Plutarco, define o amigo como "o último dos romanos". Se pensarmos bem, essa morte tão absurda significa muito mais do que a perda de um hábil general: quem sai de cena, na verdade, é um dos grandes artífices do assassinato de César, talvez o principal. Parece o cumprimento de um destino iniciado no dia dos Idos de Março, e que matará, um a um, todos os principais conspiradores. Agora resta apenas Brutus...

A morte de Cássio, tão inconcebível, terá um peso determinante no andamento do conflito: de repente, a formação dos republicanos perdeu seu mais hábil e experiente general.

A segunda batalha de Filipos

Depois do combate, os dois exércitos, muito exauridos, retiram-se para se reorganizar e nada acontece por alguns dias. As perdas foram substanciais de ambos os lados: 8 mil mortos na formação de Brutus e Cássio, 13 mil entre mortos e feridos no exército de Antônio e Otaviano.

Agora Brutus precisa pensar no futuro. Está sozinho e não tem a mesma experiência militar de Cássio. Na verdade, está bem longe disso. Ele é um político e um amante da filosofia, mas conhece muito bem algumas das profundas alavancas que movem os legionários. Está bem consciente de que seus soldados não gostam de ter um comandante sem experiência. Assim, para assegurar seu apoio e evitar deserções, promete que em caso de vitória eles terão... liberdade para saquear as cidades de Tessalônica e Esparta. Em certo sentido, "presenteia" a cidade e milhares de habitantes à fúria devastadora dos soldados, que terão licença para matar, estuprar, invadir e incendiar...

Brutus não é menos cínico em relação aos prisioneiros capturados no acampamento de Otaviano. O estudioso François Chamoux evidencia que, se de um lado ele libera todos os que têm cidadania romana para cativar sua simpatia e conseguir apoio, por outro lado manda assassinar todos os escravos a sangue frio por serem muitos a alimentar e vigiar.

A um quilômetro e meio de distância, no acampamento dos triúnviros, as coisas decerto não estão melhores. Um grande destacamento naval com duas das mais importantes legiões de César a bordo, ao atravessar o Adriático para reforçar suas fileiras, foi interceptado pela frota adversária e completamente destruído.

Além disso, o clima está piorando: chove, faz muito frio, e o campo construído na planície ficou semialagado (também em razão das forças de Brutus, que desviaram um curso d'água). Somado a isso, faltam as provisões. É preciso enviar uma legião inteira para a retaguarda, na Grécia, a fim de buscar alimento.

No entanto, o moral está alto em razão da morte de Cássio. É óbvio para todos que Brutus é inadequado para esse conflito. Como destacou o historiador Ronald Syme: "Brutus teria conseguido vencer uma batalha, mas não uma campanha."

Brutus, consciente da própria inexperiência, adota a estratégia de Cássio, que defendia o desgaste do adversário pela ausência de batalha.

Dessa vez, contudo, são os seus homens que lhe pedem o embate com o inimigo. Todos os dias, Antônio sai com suas tropas e as alinha diante do acampamento de Brutus, cobrindo os adversários com insultos e convidando-os à deserção. É uma guerra psicológica e Antônio é muito hábil ao colocá-la em prática devido a sua experiência. Aumentando a pressão sobre Brutus, por fim, ocorrem deserções das divisões orientais aliadas, que abandonam o campo de batalha e retornam à pátria.

Por fim, Brutus precisa ceder e aceita o combate. É 23 de outubro de 42 a.C., exatamente vinte dias depois da primeira batalha.

Imagine a cena: diante das tropas enfileiradas de Antônio, ao som das trombetas de guerra, as divisões de Brutus unidas às de Cássio saem de maneira ordenada, e por sua vez se dispõem diante do inimigo. Os dois exércitos mais poderosos de Roma enfrentam-se neste momento: duas infinitas linhas de escudos apoiados sobre a terra, e uma floresta de *pila*, as típicas javelinas dos legionários, constituídos por uma haste de madeira que termina com uma longa e sutil parte metálica dotada de uma ponta maciça.

Do alto, a formação das legiões alinhadas é bem visível, com os quadrados dos centuriões, a aglomeração dos cavaleiros nas laterais e também os lábaros e os vexilos tremulando ao vento.

Olhando para esses legionários, percebemos que não são como costumamos imaginá-los. São soldados da época da República de Roma, não do Império (talvez os mais representados nos filmes), que virão mais tarde. Não usam armaduras constituídas pelas típicas faces metálicas (*lorica segmentata*), mas uma espécie de "cota" de malha de ferro (*lorica hamata*). Seus escudos não têm o formato de telha retangular, são ovais: coloridíssimos, pintados com os símbolos das divisões e com as lesões do último combate bem à vista. Os elmos, além disso, não são aqueles clássicos vistos com frequência nos livros e nos documentários, dotados de uma ampla "ventilação" protetora na nuca e de uma espécie de viseira grossa sobre a testa para bloquear os cortes. São ainda do tipo "Montefortino", têm formato esférico com uma ponta no alto, da qual às vezes emerge um insólito tufo de crina de cavalo, formando uma "fonte" que ondula nos combates e nas marchas. Muitas vezes, há elegantes penas de aves de rapina fixadas em ambos os lados do elmo, que se levantam como antenas (o hábito de usar penas de pássaros pertence a uma antiga tradição dos guerreiros itálicos e é possível encontrar traços remanescentes ainda hoje, por exemplo nos capacetes dos bersaglieri do exército italiano, além dos alpinos).

Parece um exército muito mais simples e "primitivo" em relação ao corpo imperial que virá depois. Na realidade, foi com essas legiões que César conquistou a Gália, desembarcou nas ilhas britânicas e atravessou o Reno, derrotando completamente os germânicos... Com esse tipo de armadura e de soldados, Pompeu, Cássio e Antônio combateram na Espanha, na Ásia Menor, no Egito e no Norte da África. Essas legiões são movidas por uma "fome" de vitória e de conquista que forjará os confins de Roma, dando forma ao futuro Império Romano que atravessará os séculos.

As duas formações permanecem uma diante da outra por horas, sem que nada aconteça. De vez em quando, começam uma guerra psicológica: um soldado insulta o comandante inimigo ou lança um grito de guerra que é reproduzido por milhares de seus companheiros, produzindo rugidos maçantes. A outra formação responde batendo de forma ritmada as lanças ou os gládios sobre os escudos. Divisões aliadas de guerreiros bárbaros entoam os próprios cantos de batalha, e muitas vezes emitem um longo som pressionando a boca na cavidade do escudo, produzindo um lúgubre ulular coletivo chamado pelos romanos de *barritus* (a raiz comum com a palavra "barítono" subentende uma tonalidade muito grave). Os escudos difundem esse som a baixa frequência, o que com o tempo acaba estimulando o sistema ortossimpático dos soldados adversários, gerando ansiedade.

É difícil descrever nos tempos modernos tais aspectos das batalhas, que se baseiam sobretudo no grande número de pessoas envolvidas: hoje, os únicos lugares onde podemos assistir a fenômenos parecidos são os estádios, com as multidões que entoam coros ou gritam em massa para comemorar um gol.

A visão é impressionante: dezenas de milhares de legionários estão prontos para o ataque, com elmos que cintilam ao sol, os vexilos balançando ao vento, as mãos apoiadas nos punhos dos gládios prestes a serem desembainhados ou que apertam, suadas, os *pila* que serão lançados. Sabem que haverá uma batalha, sabem que dessa vez será definitiva e sabem que entrarão para a História. Também sabem que muitos entre eles morrerão. O que mais chama a atenção é que se trata de duas armadas romanas "gêmeas" em um combate fratricida. Tal termo nunca foi tão verdadeiro. Os soldados das formações opostas muitas vezes se conhecem, podem ser amigos ou até... parentes. Uma tragédia dentro da tragédia.

Marco Antônio veste a armadura de comandante, que desenha seu peito esculpido de atleta. Sob o elmo enfiado na cabeça, os olhos tornaram-se frios e não perdem de vista o inimigo, movem-se para a direita e para a esquerda, como os de um tigre enjaulado, buscando possíveis pontos fracos nas fileiras adversárias, mas também as melhores divisões contra as quais deve opor uma sólida resistência... A experiência projeta na sua mente, sem descanso, possíveis estratégias e cenários, como um jogador de xadrez antes de mover os peões.

Ele está no campo, entre as tropas, e se desloca para ter uma visão melhor, para encorajar os homens. Seu cavalo suporta a espera em silêncio, balançando de vez em quando a cabeça em sinal de nervosismo. Otaviano, por sua vez, permanece atrás, fixa o vazio e parece ausente desde que saíram do acampamento, uma confirmação de que não ama a batalha e a ação, preferindo as estratégias e as intrigas... De vez em quando, entrevia Brutus, muito ao longe, surgir nas retaguardas de suas formações com o manto púrpura.

Esta manhã, antes de sair do acampamento, o assassino de César falou aos soldados com um discurso de tons patrióticos, usando termos solenes, de filósofo, que talvez os legionários não tenham entendido completamente... Ele não poderia sabê-lo, mas essa *adlocutio*, o discurso de encorajamento que os comandantes fazem a seus soldados antes de cada batalha, será a última de um general da República de Roma. Em algumas horas, este capítulo da História Antiga será encerrado para sempre. Em algumas horas, quando o sol estiver posto, a República de Roma deixará de existir em definitivo, e com ela qualquer esperança de trazê-la de volta...

Em comparação com Antônio e Otaviano, Brutus tem uma desvantagem: não tem certeza de que pode confiar em todos os seus soldados. Algumas relações internas, de acordo com Plutarco, lhe sinalizaram possíveis deserções. Sua falta de carisma militar e a escassa experiência em batalhas preocupam os legionários, que temem morrer por causa da ingenuidade bélica do comandante. De fato, depois de algumas horas de espera, ocorre uma primeira, gigantesca deserção: um brilhante cavaleiro gaulês chamado Camulato avança na direção da formação adversária e literalmente muda de campo.

Brutus o observa, como dezenas de milhares de soldados nos dois exércitos. Seu rosto torna-se vermelho pela raiva, e, antes que outros possam segui-lo, criando um devastador efeito em cadeia, ordena o ataque. Como um eco, sua palavra gera uma série interminável de ordens gritadas que se difundem em todas as fileiras do exército. As *tubae* de guerra soam o sinal de ataque. Os lábaros e as hastes com os símbolos das legiões e das centúrias são apontados na direção do inimigo. Milhares de escudos são levantados e selvas de lanças agora ondulam pelo ar. Os urros, gritos e cantos de guerra são ensurdecedores. É a História que rosna, sabendo que este dia será lembrado por milênios.

No combate

São três da tarde. O sol começa sua descida. Sua luz, de repente, parece atenuar-se imperceptivelmente, como quando revoadas de pássaros cruzam o céu: na realidade, o que escurece seu disco luminoso é uma chuva de flechas, dardos, projéteis lançados ao mesmo tempo de ambos os exércitos. O sibilo de milhares de flechas preenche o ar por alguns segundos, emudecendo todos os outros sons. Parece o zumbido de um colossal enxame de vespas dotadas de dardos mortais. Naqueles poucos instantes, todos compreendem que a vida de muitos está para terminar. Mas não há tempo para pensar: dezenas de milhares de escudos são levantados sobre as cabeças, formando um "teto" sobre os soldados. As legiões se cobrem de escamas, como o corpo de um peixe. Ainda assim, muitas flechas encontram espaço entre um escudo e outro, atingindo vários homens que caem no chão. Muito mais devastador é o impacto das imensas "flechas" dos *scorpiones*, semelhantes a enormes bestas com cavalete, cujos efeitos são equivalentes aos atuais canhões de pequeno calibre. Seus golpes são terríveis, assemelham-se a raios que caem sobre a multidão de soldados com uma precisão cirúrgica que ainda hoje surpreende os especialistas.

Nessa chuva da morte, os golpes das várias máquinas de guerra ressoam como trovões. Os *onagri* (literalmente "jumentos selvagens"), semelhantes a "catapultas", são posicionados às costas dos soldados em ataque e lançam, com tiros em parábola, pedras esféricas de dimensões variadas que vão do tamanho de um coco ao de uma melancia. Cada pedra esmaga crânios, mutila mais corpos nas fileiras antes de parar. É aterrador ouvir o barulho surdo dos escudos que implodem; o som metálico dos elmos que se despedaçam; o ruído sombrio das cabeças que se abrem; o som seco dos ossos que se quebram... pior ainda é ouvi-los todos ao mesmo tempo. Dessa forma a morte agarra, em poucos segundos, muitos soldados.

O espetáculo para quem está perto é repugnante. O companheiro de armas com quem se conversava alguns segundos antes agora está caído, uma massa disforme de sangue e armadura. Quem nunca viu esse horror é tomado por ânsias de vômito e terror. Mas não se pode escapar. Chegam novas ondas de projéteis, chamados "mísseis de bolota", dos lançadores: têm o formato e as dimensões de uma tâmara e são lançados com inacreditável precisão, da mesma forma como Davi derrotou Golias. O arco dos estilingues no ar gera uma espécie de coro, semelhante ao som de uma sirene, que alcança o inimigo e gera entusiasmo nas fileiras amigas, mas desânimo entre os adversários que se preparam para uma chuva de morte. Ao serem arremessados em massa, os projéteis fazem lembrar os tipos mais modernos, seja porque são de chumbo ou porque têm um formato alongado e chegam com uma força de impacto e penetração impressionantes, capazes de atravessar elmos e corpos.

Já é possível contar as primeiras fileiras de mortos, mas é apenas o início da batalha.

Agora os legionários avançam com as tropas auxiliares na primeira fileira. É um muro de escudos que chega. Todos com colorações vivazes, azul, verde, amarelo, vermelho, de acordo com as centúrias, com as divisões dos soldados. São decorados com imagens pintadas que representam animais (símbolos da legião ou da centúria), trovões, relâmpagos, grandes estrelas, ou então a palavra "grego" . Mesmo no que se refere aos símbolos das divisões, há muita fantasia, e numerosas são as diferenças entre um escudo e outro: em particular, em comparação com as placas *albae* (isto é, os escudos brancos ou sem decoração dos recrutas), ficam evidentes — e amedrontam — os escudos decorados dos veteranos.

Na ala esquerda, é Brutus quem comanda as tropas, que talvez por isso demonstrem muita decisão e ímpeto em seu ataque.

Quando as linhas inimigas estão na faixa de tiro, os legionários param e lançam arremessos de *pila* para perfurar o escudo adversário com sua ponta maciça e prosseguir com sua viagem graças à haste, que sendo mais fina enfia-se agilmente no buraco, buscando o corpo do inimigo. Se não o encontra, toda a haste metálica se curva e se amassa sobre o escudo, tornando-o imprestável. E um homem sem escudo, no iminente corpo a corpo, está com o destino marcado...

Equivalentes a tiros de metralhadora, os golpes de *pila* abatem muitos legionários adversários, os quais, por sua vez, usaram as mesmas armas com os soldados de Brutus. É uma guerra fratricida, com armas e técnicas idênticas.

Depois de poucos instantes, ocorre o contato entre as duas linhas. Os últimos metros são feitos correndo, com o gládio na mão direita e o escudo na esquerda, gritando a todo pulmão. O clamor geral é rompido pelo barulho surdo do impacto dos escudos, que faz lembrar o de muitos eixos caindo ao chão. E depois vem o som metálico das armas. Gritos confusos, urros desoladores. Já ouviu o som de uma lâmina afundando na carne? A luta produz um coro ensurdecedor de sons sinistros que parecem um forte tapa em tudo o que diferencia o homem dos animais...

Diante dos nossos olhos, agora há apenas uma massa interminável e confusa de seres humanos em combate, com gládios que se levantam por um instante para depois afundar no meio da luta e acabar com uma vida. A extensão de soldados que combatem parece um oceano de corpos que fervilha até o horizonte. Os vexilos e os símbolos das divisões ondulam nesse mar, quase como mastros de navios durante uma tempestade. Perguntamo-nos onde cada um desses homens encontra forças para lutar, a não ser no desejo desesperado de viver, ou melhor, de sobreviver.

A um sinal, de um lado surge a cavalaria de Brutus. Hordas de cavaleiros gauleses, aliados, lançam-se sobre o exército de Antônio e Otaviano, em apoio às tropas do assassino de César. Os cavalos submetem os legionários, suas lâminas descem como cutelos sobre os corpos de quem não se desloca. Quase como um imenso aríete, a massa de cavaleiros rompe a formação inimiga que se desequilibra, se desune e cede terreno. O movimento de Brutus é vencedor: sua formação está penetrando o *front* inimigo, que agora tende a debandar. Brutus está vencendo. E sua vitória é clara.

Mas o que está acontecendo no outro lado do campo de batalha?

Do lado esquerdo, as coisas não correm bem para Brutus. Ao contrário. Os soldados de Otaviano e Marco Antônio resistem e lentamente repelem os homens de Brutus, que cedem terreno, "como se estivessem empurrando uma máquina muito pesada", conforme especifica Apiano.

É um momento crucial da batalha, e Dião Cássio nos presenteia com uma descrição vívida desse instante, quase como se ele fosse um enviado especial no centro do combate. Suas palavras são terríveis: "Forte foi o choque e o cruzar das espadas. De início, cada um tentava atingir o adversário sem se deixar atingir, na intenção de matar quem estava à sua frente, salvando a si mesmo; depois, com o crescente ímpeto e o ardor guerreiro, o conflito tornou-se geral e desordenado, e todos, sem se importar com a própria segurança, foram tomados pelo desejo de massacrar o inimigo, desafiando o perigo. Alguns jogavam fora os escudos e, atacando o inimigo adiante, estrangulavam-nos com o elmo e os golpeavam pelas costas, ou então arrancavam seus peitorais e os feriam no peito; outros seguravam as espadas dos inimigos, quase desarmando-os, e os perfuravam com a própria arma [...]. Alguns se agarravam uns aos outros e, dessa maneira, não conseguiam defender-se e morriam nesse entrelaçamento de espadas e de corpos. Havia quem caísse após apenas um golpe e quem caísse após muitos; nem mesmo se davam conta das feridas, porque a morte precedia o sofrimento, nem emitiam sequer um gemido, porque não chegavam a sentir dor. Havia quem, ao matar um inimigo, tomado pela alegria do ato, não pensasse que também poderia ser morto; e aquele que caía perdia qualquer capacidade de sentir, e nem mesmo percebia o que lhe acontecera."

A narrativa de Dião Cássio é a de uma batalha furiosa e selvagem, onde se perde qualquer ordem e estratégia. Busca-se apenas matar para sobreviver...

Esse combate termina com o desgaste da formação de Brutus: sua ala esquerda se enfraquece cada vez mais ao centro, depois cede e se despedaça. Os soldados, então, iniciam a fuga. Em poucos instantes a deusa da Vitória escolheu sobre qual formação pousar (esse é o motivo pelo qual é representada com asas: ela sobrevoa por um longo tempo o campo de batalha para depois pousar de repente, muitas vezes de surpresa, sobre um dos oponentes): a dos triúnviros Antônio e Otaviano.

É um massacre. Marco Antônio sabe que não deve parar neste momento e ordena o ataque das portas dos campos inimigos para impedir o adversário de se refugiar lá dentro. Apesar da chuva de flechas que cai das torres e das paliçadas, seus soldados invadem os acampamentos, obrigando os adversários a fugirem para os montes, florestas ou na direção do mar. Antônio continua, ordena a perseguição e começa ele mesmo a caça aos fugitivos com um único objetivo em mente: capturar Brutus.

São muitos os que morrem para defendê-lo, e numerosos os que se sacrificam para permitir sua fuga. A esse respeito, há um episódio curioso narrado por Plutarco, que descreve a coragem de um companheiro de Brutus, chamado Lucílio, que se faz passar por ele e se entrega aos soldados inimigos pedindo para ver Antônio. Antônio, é claro, conhece Brutus muito bem e, assim que vê Lucílio escoltado por seus soldados, sabe que houve uma troca. Mas demonstra-se magnânimo (uma característica que sempre terá e que tantos grandes líderes de Roma, sobretudo César, sempre amaram demonstrar para aumentar o próprio valor) e, segundo dizem, pronuncia as seguintes palavras: "Vocês buscavam um inimigo e chegaram aqui com um amigo; pelos deuses, se Brutus estivesse aqui, vivo, eu não saberia que tratamento reservar-lhe; que me seja concedido ter homens como este como amigo e não como inimigo." E, dizendo isso, abraça Lucílio, que a partir desse momento ficará ao seu lado e o servirá sempre com grande fidelidade e lealdade.

O fim de Brutus

Marco Antônio e Otaviano observam o campo de batalha repleto de corpos imóveis em posições pouco naturais, de feridos que se arrastam, de lanças quebradas, escudos afundados, espadas abandonadas e hastes plantadas no terreno com vexilos que ondulam tristemente. Sobre essa paisagem de morte e desolação, os pássaros recomeçaram a cantar e o sol já se põe, restituindo uma paz irreal. Refletido nos olhos deles, há mais do que o fim de um dia no campo de batalha: César foi vingado.

Brutus, enquanto isso, desapareceu e não pôde ser achado. Na realidade, não está muito longe. Está em um vale profundo, isolado junto a poucos companheiros, onde medita por toda a noite. Esses homens depois contarão o que aconteceu nesses instantes. Sendo uma pessoa de grande cultura, encontra mais conforto, inspiração e força para enfrentar as últimas horas de vida nos filósofos do que entre seus soldados. Retornam à sua mente os versos dos poetas gregos. E, de acordo com Dião Cássio, em certo momento da noite dizem ter recitado os versos de uma tragédia que vê Hércules esgotado pelas inúmeras provas superadas e cheio de amargura (exatamente como ele): "Ó, mísera virtude, foste apenas uma palavra e eu te adorava como algo real. Mas tu foste escrava do acaso."

No coração da noite, depois de dar suas últimas instruções aos servos, que irrompem em lágrimas, pede que os amigos o ajudem a suicidar-se, mas todos se recusam. Então, aproveita-se de um momento de confusão, quando alguém grita para que todos fujam daquele lugar que agora se tornou perigoso, e se afasta com dois companheiros, um dos quais é Estratão, seu grande amigo da época do curso de retórica. Estão todos armados, com o gládio em punho, visto que a qualquer momento poderiam ser descobertos e capturados. Em determinado momento, Brutus se aproxima de Estratão, segura com as duas mãos o gládio do amigo, puxa-o em sua direção e se perfura, morrendo entre seus braços. De acordo com outras versões, foi Estratão, em lágrimas e convencido pela sua insistência, que lhe apontou a espada, virando a cabeça para o outro lado. Com grande coragem, Brutus teria apoiado o peito com força sobre a lâmina, empurrando sem hesitar, de modo a fazê-la atravessar seu corpo.

Assim teria morrido o último grande conspirador dos Idos de Março, também por uma lâmina, em meio a sofrimento e hemorragias. E agora nos perguntamos o que aconteceria se Júlio César não tivesse sido assassinado. A esta hora da noite, Brutus estaria em

Roma, dormindo entre os braços da esposa depois de um banquete. Cássio teria podido dar mais conselhos ao filho já maior de idade. Cícero estaria escrevendo, sob a luz de uma lamparina, a enésima oração que depois milhares de estudantes traduziriam na escola... César estaria em uma tenda em algum lugar do Oriente Médio, possivelmente na Síria, aproveitando o sucesso junto a Otaviano. Também os legionários estendidos na planície de Filipos, feridos, mortos ou moribundos, estariam com ele, e muitos ainda viveriam.

Mas as coisas aconteceram de outra maneira, em uma espécie de *tropeço* da História. E agora estamos aqui, em um vale profundo, distante do campo de batalha, com Marco Antônio de frente para o corpo sem vida de Brutus.

Diante dos seus olhos, a visão mais completa da sua vitória. Diz palavras de ódio ao se aproximar do cadáver: alguns meses antes, Brutus fora responsável pelo assassinato de seu irmão Caio, morto para vingar a morte de Cícero. Depois, manda envolverem o corpo com um manto púrpura e ordena que os despojos sejam enviados à sua mãe, Servília.

Em vista de dois "imprevistos", as coisas não se desenrolarão dessa forma: o manto púrpura será roubado, e ele, tomando conhecimento do fato, mandará matar o autor do furto. Para resolver a questão, intervirá aquele rapaz fraco, doente e de índole pouco guerreira que é Otaviano. Um rapaz, no entanto, que já demonstra aquele cinismo louco que caracterizará toda sua vida. É ele que ordena que a cabeça de Brutus seja cortada e enviada para Roma, a fim de que fosse deposta aos pés da estátua de César, mas, como narra Dião Cássio, "uma onda, abatendo o navio que a transportava, arrastou para a água a cabeça de Brutus". Com efeito, nenhum antigo jamais descreveu a cabeça de Brutus em Roma colocada aos pés de uma estátua de César. Assim se conclui a longa narrativa de seu assassinato. A História, como a noite que envolve a planície de Filipos, vira a página. Com o amanhecer se abre um novo capítulo, trazendo como protagonistas três figuras que sobreviveram aos acontecimentos que acabamos de narrar, movidas por dois tipos de paixão: o amor e o ódio. São Marco Antônio, Cleópatra e Otaviano.

7

O encontro de Cleópatra e Antônio

O destino escolhe Cleópatra

Como sempre acontece depois de uma grande batalha, nos dias seguintes as armas dos perdedores são recolhidas e empilhadas em grandes montes, e os mortos são contados, saqueando-se seus objetos de valor. É impossível cremar de 30 a 40 mil cadáveres ou mais, portanto isso é feito apenas com aqueles mais ilustres (da formação vencedora). Nas tendas, os médicos militares, quase todos de origem grega, trabalham sem descanso cauterizando feridas e amputando membros com uma habilidade e uma rapidez que deixariam de boca aberta os cirurgiões modernos. Ainda não se sabe sobre as bactérias, mas os médicos sabem que a natureza lhes concede apenas 24 horas para intervir, e que depois desse tempo as feridas começam a infeccionar irremediavelmente. Não existem as anestesias modernas, e se dispõe apenas de analgésicos brandos a base de compostos derivados do ópio, insuficientes para os milhares de feridos e moribundos que chegam em fluxo contínuo nas enfermarias do campo. Muitos morrem em meio a tormentos atrozes. Os urros, gritos e gemidos dos feridos preenchem o ar, para depois enfraquecerem cada vez mais, até cessarem por completo.

O destino dos prisioneiros não é menos cruel. De maneira geral, os legionários, preciosos enquanto soldados de profissão, quase sempre são poupados, desde que estejam prontos para serem reenquadrados sob a bandeira do vencedor. Caem sobretudo os homens no comando ou os de alto nível hierárquico. Em Filipos, entretanto, há algumas dramáticas exceções. Nesses momentos, Otaviano demonstra uma crueldade e um cinismo perturbadores. Quase parece experimentar um prazer sádico ao ordenar a morte dos soldados inimigos, como no caso de um pai e um filho que são levados até ele e obrigados a se ajoelhar à sua frente. Os dois pedem pela própria vida, mas Otaviano ordena que tirem a sorte para decidirem quem será salvo. O pai se oferece para morrer no lugar do filho e é assassinado pelo próprio Otaviano, mas o rapaz, atravessado pela dor, se suicida.

Aos olhos dos homens modernos, a brutalidade de Otaviano pode parecer surpreendente, explicável apenas pela imaturidade de um rapaz de vinte e poucos anos que experimenta uma sensação de onipotência graças ao poder ilimitado recebido após os eventos da guerra civil. É uma mistura perigosa, que transforma sua insegurança — em meio a militares rudes e experientes, ele está adoentado e privado de capacidade bélica — em arrogância. Uma arrogância que depois escoará em um poder que, nos campos de batalha, decidirá a vida e a morte de todos. Nele, vivem já a frieza e a capacidade de cálculo que o acompanharão por toda vida, consentindo-lhe de projetar o futuro império...

Hoje, o líder absoluto do cenário é Marco Antônio. É ele o verdadeiro artífice da vitória e todos concordam que seja o homem mais poderoso de Roma. De acordo com Apiano, com o tempo ele construiu "a reputação de ser invencível que adquirira em Filipos e que continuava a inspirar terror".

Nos dias seguintes, Antônio e Otaviano decidem mudar os termos do pacto que formou o triunvirato: desautorizam Lépido, acusado de ter feito acordos por baixo dos panos com a facção inimiga (em particular com Sexto Pompeu e sua poderosa frota), e repartem os domínios de Roma. Otaviano assume o controle da Espanha e o ingrato dever, sendo ainda o menos influente dos três, de confiscar terrenos para os legionários vencedores na batalha de

Filipos; para Antônio ficam a Gália e as províncias orientais, e, para Lépido, a África. A partir desse momento, a Gália Cisalpina, que inclui boa parte da Planície Padana e do Vêneto, deixa de ser uma província e é incluída na Itália, unindo politicamente pela primeira vez todo o território italiano e antecipando em 19 séculos boa parte da geografia do país.

A partir desse acordo, Antônio deverá colocar em ordem as províncias orientais, que foram a base das ações de Brutus e Cássio, neutralizando eventuais focos de resistência. O verdadeiro objetivo dessa "limpeza" geográfica é outro: recolher muito dinheiro para distribuir aos soldados, como prometido no momento da formação do triunvirato.

Nesse período, de fato, é o exército que determina a História. O eixo de poder são sempre as legiões. Para liderar é preciso ter o apoio de muitas delas. Mas, para contar com elas é necessário pagar, e para recolher dinheiro (no caso de quem não é muito rico), deve-se usar de força contra cidades e populações.

Assim, Marco Antônio parte para o Oriente com duas legiões fornecidas por Otaviano, a quem, em troca, garante o mesmo número de homens na Itália para combater Sexto Pompeu.

É uma decisão determinante, porque o levará ao encontro de Cleópatra.

Por que ele decidiu se afastar de Roma, que é o centro do poder? Há dois motivos. O primeiro é deixar para Otaviano, que retorna à Itália, um grande abacaxi para descascar: cumprir as promessas feitas aos veteranos, dando-lhes dinheiro e terras. Uma tarefa complexa e difícil que vai gerar muitos problemas. No Oriente, no entanto, a situação é oposta, há uma grande quantidade de pequenos soberanos vassalos, riquíssimos, sobre os quais é possível estender o domínio, aumentando assim a própria potência financeira em vista de novos projetos. Esse é o segundo motivo de sua escolha. Marco Antônio tem em mente a grande expedição contra os Partas, nunca realizada por César, mas que todos os romanos aguardam desde os tempos da humilhante derrota de Carras (ocorrida 11 anos antes, e na qual pereceram milhares de soldados, incluindo

Crasso, que constituíra junto a César e Pompeu o famoso Primeiro Triunvirato). Sua intenção é vingar aquela vergonha, de maneira a entrar no panteão dos maiores líderes romanos de todos os tempos, ao lado de César e de outros nomes célebres da história de Roma...

Mas talvez haja ainda outra razão que o leva ao Oriente, diretamente para os braços de Cleópatra. Antônio já combateu na região como um oficial anônimo da cavalaria. Decerto conheceu e sofreu o fascínio das atmosferas daqueles lugares e de sua gente. Deseja experimentar de novo aquelas sensações, voltando à Grécia para admirar aquela que todos os romanos consideram uma pátria cultural, assim como para se perder nas festas, nos ritos, nas tradições, no estilo de vida. E depois ir mais além, atravessar as terras do Oriente até alcançar o Egito, uma terra que já conhece e que exerce sobre ele um fascínio único. "O mesmo que afetou todos os outros conquistadores, desde Alexandre, o Grande, até César e Napoleão", escreveu o historiador Hermann Bengtson, que acrescenta: "Como Antônio poderia renunciar a tudo isso? [...] Era uma união de corações: pela primeira vez chegara um romano que sabia compreender o Oriente e seus habitantes; seu surgimento significaria uma nova época para aquelas terras e imprimiria sobre todos os contemporâneos uma pegada impossível de apagar."

Um novo Dionísio

Antônio deixa o campo de batalha, mas não sem antes fundar uma colônia com os veteranos da XXVIII legião, que combateram ali sua última guerra, e segue para Atenas, onde passa o inverno.

É seu ingresso no grande afresco oriental da História. Logo, ele se propõe como protagonista: encomenda a restauração de templos, concede doações à cidade etc. Sabe que já em 44 a.C. Brutus foi acolhido em Atenas como um filósofo-líder, e, portanto, muito astutamente também participa de conversas literárias, iniciações misteriosas e espetáculos agonísticos. Depois, visita Mégara e o santuário de Delfos, para o qual encomenda uma importante restauração. Supervisiona, além disso, como árbitro, algumas disputas judiciais, demonstrando grande equilíbrio. Desfaz, em suma, a imagem que muitas vezes os gregos dão aos generais romanos, isto é, de combatentes rudes e tolos. É um sucesso diplomático, como afirma Giusto Traina: "Em virtude dessa política, foi honrado com os importantes títulos de 'fileleno' e de 'filoateniense'; em Atenas celebraram-se em sua homenagem as festas 'Antonie Panatenee'."

Alguns meses transcorrem e, dos triunfos de Atenas, Antônio segue para a Ásia Menor. Ali também recolhe uma sequência impressionante de sucessos. As palavras de Plutarco são emblemáticas: "Os reis iam demonstrar-lhe respeito e as esposas dos reis se deixavam seduzir por ele, competindo entre si ao darem-lhe presentes e ao mostrarem sua beleza." Todavia, nessa viagem há também um lado obscuro que o acompanha em seus divertimentos. Não renuncia ao prazer pelo luxo, o ócio e as diversões, cercando-se de personagens de fama duvidosa e de baixo nível que se misturam aos que foram encontrá-lo vindos da Itália depois da vitória de Filipos. É uma espécie de "corte da luxúria", dos excessos, da vulgaridade e sobretudo da ignorância, que Plutarco descreve de maneira lapidar e interessante com palavras que evocam, imediatamente, "cortes" similares que acompanharam tantos poderosos nos séculos seguintes, até em épocas mais recentes. "Citaristas como Anassenore, flautistas como Suto, um certo bailarino chamado Metrodoro e uma grande congregação de artistas asiáticos, que superavam de maneira imprudente e absurda a funesta companhia vinda da Itália, enfiaram-se em sua corte e se tornaram seus governantes: não havia mais medida, dado que todos se deixavam levar por essas diversões. Toda a Ásia estava cheia de fumaça de incenso e de gemidos."

São palavras fortes, em relação às quais, a uma distância de séculos, devemos levar em consideração uma velada propaganda a favor de Otaviano por parte de Plutarco.

Ainda mais triunfal é a chegada de Antônio a Éfeso, que até cunha em sua honra uma moeda com os rostos dos triúnviros. Sua entrada nas portas da cidade é memorável. Mulheres vestidas de bacantes junto a homens e crianças vestidos de sátiros e Pã fazem a sua recepção, edifícios e estradas são recobertos de hera, enquanto liras, gaitas de foles e flautas acompanham sua passagem. As pessoas assistem a tudo das janelas e formam duas longas alas nas laterais do cortejo. Todos o celebram como um Dionísio benéfico e suave. Talvez o próprio Antônio perceba as aclamações em grego (que ele fala fluentemente) que o relacionam a essa divindade, Dionísio, uma das mais importantes do panteão helenístico. O mesmo se repete em muitas outras cidades.

Divindade ligada ao vinho, ao êxtase, à liberação dos instintos, mas também ao teatro, tal definição de fato parece resumir perfeitamente os prazeres de Antônio nessa "turnê" nas terras do Oriente.

Na realidade, o apelido de "Novo Dionísio", uma das principais divindades helenísticas, é fruto das grandes esperanças que as cidades e populações depositam nele. De acordo com o historiador Joachim Brambach, "não era um ato de mera adulação. Os gregos e os orientais em geral depunham realmente grandes esperanças naquele novo senhor, um romano muito mais simpático do que personagens como Sila, César, Brutus ou Cássio. Fosse na Grécia ou no Oriente Próximo, Antônio recebeu atestados de entusiasmo que não foram reservados a nenhum outro romano, nem antes nem depois dele". E ele joga com facilidade, com gestos de grande impacto "midiático", como diríamos hoje. Você se lembra da cidade de Xanto, destruída por Brutus depois de um longo cerco? Pois bem, Antônio fornece ajuda para reconstruí-la e isenta os habitantes de toda a região do pagamento de impostos. Faz o mesmo com a Laodiceia (onde morrera Dolabela) e Tarso, a cidade onde em poucos meses encontrará Cleópatra. Embora ainda não possa imaginar, naquele lugar sua existência mudará subitamente, quando ver chegar a mulher da sua vida.

Por enquanto, Marco Antônio aproveita o sucesso, mas não se esquece do motivo que o leva até ali: restabelecer a ordem e preparar uma grande guerra contra os Partas. Portanto, reúne-se a muitos soberanos dos reinos vassalos que se encontram ao longo dos confins orientais e recoloca na linha os que haviam se aliado aos assassinos de César.

Embora lide com delicadas ocasiões oficiais, às vezes esses encontros são desviados para outros "setores" da vida, fazendo reemergir o *latin lover* (não se pode usar expressão melhor) que vive em Antônio. Isso acontece, por exemplo, na Capadócia, no importante centro habitado de Comana, onde vive uma mulher belíssima chamada Glafira. É a esposa do sumo sacerdote de Belona, que comanda a cidade. Assim que a vê, Antônio se apaixona e os dois têm uma abrasadora *liaison*, muito intensa e duradoura. Ao que parece, sua beleza solar e expansiva era famosa. Mas ela não é apenas bela. É também uma mulher inteligente, hábil e astuta, um pouco como Cleópatra. Graças à sua relação pessoal com Marco Antônio, consegue atribuir ao filho mais velho, Sisina, o trono do reino da Capadócia. Não sabemos como seu marido reagiu, mas haveria muito pouco a fazer diante do mais poderoso general da época seguido por duas legiões. Glafira agiu de maneira incrivelmente semelhante a Cleópatra, enredando Antônio para colocar o filho no trono... E não será uma história passageira. Sabemos pelos antigos que foram necessários cinco anos de competição dinástica, estando o trono da Capadócia já ocupado por um soberano legítimo, Ariarate X. Será, portanto, uma usurpação gradual, sobre a qual Antônio colocará seu "selo", porque será ele em pessoa a destituí-lo para nomear como novo rei o filho de Glafira, com o nome de Arquelau da Capadócia. Tudo isso ocorre em 36 a.C. Sabe o que isso significa? Que Antônio, embora já esteja "estabelecido" com Cleópatra, quase certamente ainda mantém uma relação aberta com Glafira...

Nos meses em que permanece na Ásia Menor, ele convoca soberanos e chefes de comunidades religiosas de diversas cidades para obter consensos e tecer numerosas alianças, que lhe servirão como base para a guerra contra os Partas, mas também para consolidar o próprio poder no Oriente.

Entre os soberanos que contata e convoca, está também Cleópatra. Como rainha do Egito, ela dispõe de uma grande frota e de imensas riquezas que tornam seu apoio crucial para as operações militares.

O convite a Cleópatra

É o início do verão de 41 a.C. Em uma manhã quente, no branco dos mármores de um palácio dominado por um intenso céu azul, Marco Antônio entrega a um homem de confiança uma carta na qual pede à rainha que se apresente em Tarso, cidade da Turquia meridional. Trata-se de Quinto Délio, um exímio diplomata, ótimo conhecedor do Oriente, amante do vinho e da boa vida, que Antônio utilizará por dez anos como intermediário em todas as mais importantes e delicadas questões do Oriente Médio. É tão hábil que atravessa incólume todas as mudanças de poder que atingem aquela época: depois do assassinato de César, passou de um cesariano como Dolabela a um cesaricida como Cássio; com a morte deste último na batalha de Filipos, entra nas fileiras de Antônio e permanece com ele por dez anos. Depois, pouco antes da batalha de Áccio, que verá a derrota de Antônio e Cleópatra, passará às fileiras de Otaviano, vivendo com tranquilidade pelo resto da vida sob o regime augusto. Um "vira-casaca" de primeira ordem, em resumo, ou, como se diz, "um homem hábil em ir ao socorro dos vencedores".

A viagem de Délio foi precedida por diversas cartas de Antônio a Cleópatra, convidando-a para comparecer em Tarso, sem, contudo, obter resposta. O motivo é evidente e está relacionado à etiqueta: uma rainha não se curva para responder a um magistrado romano. Além disso, na população de Alexandria, serpenteia ainda um forte sentimento antirromano. Mas o que estava escrito naquelas cartas? Confiando em Plutarco, a rainha era convocada para que "se justificasse das acusações feitas contra ela, de ter fornecido muitos meios a Cássio e aos seus aliados e tê-los ajudado na guerra". Essa é uma referência às legiões estacionadas em Alexandria, que, guiadas por Alieno, foram passadas sem combate para o lado de Cássio.

Hoje sabemos que Cleópatra não teve nenhuma responsabilidade sobre esses fatos, mas é possível que Antônio quisesse compreender tudo, além de receber explicações sobre a falta da frota egípcia, que deveria ter chegado para ajudá-los antes da batalha de Filipos. Também nesse caso, sabemos que uma tempestade fez a rainha retornar, mas Antônio queria saber a respeito. Em virtude do silêncio de Cleópatra, foi obrigado a mandar um homem de confiança ao Egito.

Quando a rainha e Délio se encontram em Alexandria, ele logo compreende que está diante de uma mulher extraordinária que pode ser de grande ajuda a Antônio. Plutarco diz que: "Começou então a enaltecer e exaltar a egípcia a 'ir à Cilícia bem adornada' [...] e não temer Antônio, que era o mais amável e o mais benévolo dos comandantes."

Cleópatra aceita se encontrar com ele em Tarso. Pela história de Plutarco, parece que a rainha inicialmente sentira certo temor em relação a Antônio e sobre o que poderia lhe acontecer quando chegasse ao local estabelecido. Por fim, se convenceu: sabe que tipo de homem é Antônio e, além disso, já aprendeu a tratar com os romanos, e está consciente de seu papel importante para eles em vista da campanha contra os Partas.

Obtendo as garantias que buscava com Délio, Cleópatra começa a se preparar para o encontro com Antônio.

Pela descrição de Plutarco — uma das mais famosas de Cleópatra —, colhemos toda a força dela, que não tem tanta relação com seu status de rainha, mas com sua beleza, seu fascínio e sua capacidade de conquistar os homens usando a inteligência. "Persuadida por Délio, e julgando pelo tipo de relação que, graças a sua beleza, tivera com César e com Cneu, filho de Pompeu, teve esperança de conquistar Antônio com facilidade. Aqueles a tinham conhecido ainda jovem e inexperiente, enquanto agora estava para encontrar Antônio no momento em que a beleza das mulheres está no máximo esplendor e a inteligência desenvolve toda sua maturidade. Então, preparou muitos presentes, dinheiro e ornamentos, como era conveniente levar, vinda de um reino próspero a um grande Estado. Mas, ao se apresentar, colocou as maiores esperanças em si mesma, nos encantos, no fascínio e nos atrativos com que contava."

No fim do verão de 41 a.C., Cleópatra, depois de ordenar a preparação da sua frota pessoal, deixa Alexandria e se dirige a Tarso, na Cilícia. Está para acontecer o encontro amoroso que mudará a História...

O local do primeiro encontro

A Cilícia é uma região montanhosa ao sul da Anatólia que faz parte dos domínios romanos há poucos anos. Rica em madeiras utilizadas na construção de embarcações, foi por muito tempo assombrada por piratas, expulsos de forma definitiva por Pompeu Magno em uma famosa batalha (Korakesion, 67 a.C.). É uma terra historicamente associada à dinastia ptolomaica e a pouca distância da sua costa encontra-se a ilha de Chipre, cruzamento dos comércios no Mediterrâneo oriental e notável por suas minas de cobre.

Tarso é a cidade mais importante da Cilícia, e o cenário que verá o encontro entre Antônio e Cleópatra é, para dizer o mínimo, grandioso. Ao redor deles, há apenas mármore, colunas, fontes, estátuas, bibliotecas e escolas de filosofia e oratória. À sua volta estendem-se florestas e montanhas. O rio Cidno, pelo qual chegará Cleópatra, atravessa esse paraíso natural e essa cidade tão culturalmente rica.

Para dizer a verdade, esse rio tem um curioso precedente na História: Alexandre, o Grande, ao banhar-se em suas águas antes da famosa batalha de Isso, quase perdeu a vida. Era pleno verão e, para refrescar-se do calor, o grande líder tirou o peitoral e as vestes diante dos soldados e mergulhou nas águas frias do rio. Talvez por causa da diferença de temperatura, foi atingido por um repentino mal-estar. Empalideceu, seus membros ficaram rígidos e, não fosse pela ação dos companheiros mais próximos, teria morrido afogado. Foi levado à sua tenda sem sentidos. Mais tarde, recuperou-se. Essa história, podemos imaginar, vem sendo transmitida por séculos pelos habitantes de Tarso e é provável que alguém tenha indicado para Antônio o ponto exato onde quase aconteceu a tragédia...

Cleópatra se prepara para encontrar o futuro amante

A rainha do Egito tem em mente que o encontro com Marco Antônio será decisivo para seu futuro, para o futuro de seu filho no trono e para o reino em geral. Depois de anos de instabilidade e de lutas dinásticas, Antônio surge como um líder absoluto. E tudo leva a crer que ficará muito tempo no poder. É essencial, portanto, que ela o convença a ficar ao seu lado, deve persuadi-lo de que é conveniente para ele se manter perto dela tanto do ponto de vista pessoal quanto em relação ao governo, exatamente como aconteceu com César. Em outras palavras, deverá usar "argumentos" válidos para convencê-lo. Quais? Depois de mais de 2 mil anos, podemos entender a estratégia de Cleópatra para aquele encontro como se estivéssemos lá. Ela decide trabalhar em dois níveis: o público (oficial) e o pessoal (privado).

É muito provável que, graças a cartas e informantes, a rainha tenha seguido com atenção a viagem triunfal de Antônio à Grécia, e que tenha observado o título que o povo gosta de lhe atribuir, o de "Novo Dionísio". Hoje, essa expressão talvez nos faça sorrir, mas na antiguidade, em uma sociedade pré-científica e pré-tecnológica, as crenças eram muito enraizadas e a presença dos deuses permeava o cotidiano. Associar uma pessoa a um deus não era simples adulação, mas pressupunha uma fé e uma esperança pessoal em um futuro melhor. Guardadas as devidas diferenças, é um pouco o que acontece hoje quando papas, homens de fé ou pessoas comuns passam pelo processo de beatificação e são proclamadas santas. Há 2 mil anos, as pessoas de fato pensavam que alguns seres humanos, sobretudo grandes líderes ou benfeitores, podiam ser divinizados (acabara de acontecer a César, que já era considerado um deus e tinha muitos templos, ritos e sacerdotes). Não por acaso, a própria Cleópatra difundiu a ideia de que ela mesma era a reencarnação de Ísis. Esse pequeno parêntese era necessário para entendermos como a rainha do Egito conseguiu desfrutar e usar para vantagem própria essas convicções religiosas populares, unidas às honrarias para consolidar seu envolvimento com Antônio.

Se ele é considerado por todos o Novo Dionísio, então ela se apresentará no encontro como… Afrodite (Vênus para os romanos). Em particular como "Vênus saída das águas" (*Venus Anadyomene*), visto que chegará a Tarso subindo o rio Cidno. Cleópatra decide, portanto, mudar o significado do encontro: de uma simples reunião diplomática ao casamento entre duas divindades — ele, Dionísio, capaz de dar imortalidade, ela, Afrodite, deusa do amor, da beleza e da fertilidade.

É um movimento muito hábil, que apenas Cleópatra poderia imaginar, como prova de sua mente refinada e de sua maneira estratégica de pensar no poder, tão superior a de quase todos os soberanos da época e das épocas sucessivas.

O encontro que está para acontecer deverá impressionar não apenas Antônio, mas toda a Ásia Menor, como hoje faria um casamento real na "mídia global". Como evidenciou Michael Grant, serão de fato duas divindades que todas as populações do Mediterrâneo, no fundo, conhecem bem, ainda que de maneira diferente. No Egito, Dionísio (Antônio) corresponde à divindade egípcia Osíris, enquanto Afrodite (Cleópatra) corresponde a Ísis, da qual ela mesma é a encarnação na Terra.

Para o povo egípcio, há mais um significado intrínseco, que a rainha leva em consideração para selar o consenso em casa: Ísis (Cleópatra) é tanto irmã quanto esposa de Osíris (Dionísio-Antônio), e isso legitima automaticamente a ligação entre os dois porque, nas dinastias ptolomaicas, como bem sabemos, sentam-se ao trono sempre um irmão e uma irmã unidos por matrimônio...

Tudo isso, é claro, Antônio ignora. Enquanto aguarda a chegada de Cleópatra a Tarso, concedendo-se festas, banquetes e encontros, ela tece uma armadilha, na qual ele cairá sem possibilidade de retorno. Para além do aspecto oficial e religioso desse encontro, há o aspecto pessoal. E, no que diz respeito a este último, Cleópatra está preparando uma surpresa sem precedentes na qual, na realidade, vai superar a si mesma.

O incrível encontro entre Cleópatra e Marco Antônio

Assim que chega à Cilícia, a rainha do Egito manda preparar um grande navio, com o qual pretende subir o rio Cidno até Tarso para encontrar Antônio. Não sabemos se é o colossal *thalamegos*, que utilizou em sua romântica lua de mel com César pelo Nilo.

Antônio e seus oficiais a enchem de cartas pedindo-lhe para apressar-se, mas ela não lhes dá importância. Ao contrário, como uma estrela, deixa que a esperem e só se coloca em movimento quando a embarcação fica pronta: a aparência do navio foi modificada a ponto de torná-lo memorável nos séculos que estão por vir.

Imagine, portanto, este grande navio que solta as amarras, começa a se mover majestosamente sobre a água e, com uma lentidão triunfal, entra no rio Cidno pelo mar, subindo por ele. A população local o acompanha, seguindo-o por ambas as margens. As crianças correm, os velhos permanecem parados de boca aberta. Para eles, é como se vissem uma astronave vinda do espaço. Ninguém nunca viu nada semelhante em elegância e pompa. A notícia se espalha como óleo em toda a região e até os habitantes de Tarso deixam suas atividades de lado e correm para admirar essa maravilha flutuante...

E Antônio? Está sentado no meio da praça de Tarso junto aos seus oficiais e aguarda a chegada da rainha. Ao redor deles, há uma multidão infinita de curiosos, mas também convidados ilustres que aguardam o encontro histórico. Antônio provavelmente está irritado por causa do comportamento de Cleópatra e do seu atraso, mas sabe que a longa espera terminou.

Em certo momento, algo acontece. Antônio e seus oficiais olham para a direita e para a esquerda. A multidão se agita, estremece. Toda a praça é invadida por um perfume que se torna cada vez mais intenso. A leve brisa difunde uma fragrância desconhecida, ao mesmo tempo fresca e penetrante, que parece preencher os pulmões com mil "cores" olfativas. As pessoas olham ao redor tentando entender a proveniência desse aroma exótico. Não é apenas o perfume que preenche o ar. Agora há também um som distante, porém doce, que fica cada vez mais forte. As pessoas tentam entender... Depois alguém grita, indicando o rio, e todos correm para a margem, quase como se fossem atraídos por um poderoso ímã.

Antônio permanece sozinho com seu grupo, maravilhado, entre os mármores e as colunatas de uma praça subitamente vazia. O imenso ímã que atraiu os habitantes é Cleópatra. Seu navio desponta no horizonte.

A rainha arquitetou muito bem a própria chegada, despertando um sentido por vez: primeiro o olfato com os perfumes, depois a audição com a música, e agora chegou o momento da visão. O espetáculo é inesquecível. Antônio fica sem palavras.

O grande navio de Cleópatra surge sobre as águas calmas do rio em todo seu esplendor. A popa, completamente revestida de ouro, cintila sob o sol. Fileiras de remos com reflexos prateados se levantam e se abaixam na água com uma cadência solene, ao som de flautas, cetros e gaitas de foles... Aos olhos de todos, o navio parece uma imensa nuvem rosa suspensa sobre a água por conta das grandes velas pintadas de púrpura. E sabemos o quão precioso é esse pigmento (ele é obtido em doses microscópicas de um tipo de gastrópode marinho): se uma simples túnica colorida com púrpura vale uma fortuna, imagine uma vela!

São exatamente as velas que estão mergulhadas naquelas essências e naqueles perfumes de terras distantes que o vento trouxe à cidade, envolvendo a multidão na praça. Sobre o convés, foram espalhados grandes braseiros nos quais são queimados incensos e outras substâncias orientais, que difundem aromas doces e penetrantes. É um "efeito especial" desejado por Cleópatra, que planeja usar todos os seus truques para surpreender e fascinar. Mas o melhor ainda está por vir...

Enquanto o navio se aproxima, circundado de pequenas embarcações de escolta, exatamente como uma abelha-rainha rodeada pelas operárias, Antônio vê com cada vez mais clareza mulheres seminuas entre as velas purpúreas abertas. Tratam-se das mais bonitas servas de Cleópatra. Têm o aspecto de Nereidas e Graças e foram colocadas simbolicamente ao timão ou no alto da embarcação (manobrada, na realidade, pelos melhores marinheiros da rainha, escondidos da vista de todos).

Lá está ela, Cleópatra. Antônio se levanta com olhos arregalados e a boca aberta. A rainha do Egito está deitada sob um pavilhão dourado, e crianças, semelhantes aos cupidos que podem ser vistos nos afrescos, a abanam com grandes leques de plumas de avestruz. Está no meio de uma incrível visão mitológica, um verdadeiro quadro vivo com calculado impacto erótico, mas a grande reviravolta é que se apresenta como Vênus, "ornada como Afrodite surge nas pinturas", confessa Plutarco. Em outras palavras, isso significa que Cleópatra talvez esteja seminua ou até mesmo... nua. Uma rainha que chega sem véus ou quase isso a um encontro oficial é um fato sem precedentes. Nos dias de hoje, se lembrarmos toda a história, não poderemos recordar um encontro real comparável a esse. Em termos modernos, sua chegada segue o estilo de Lady Gaga, excêntrica e provocadora, mas obtém o resultado esperado. Porque a expressão de Marco Antônio não é muito diferente da de Jim Carrey no filme *O máscara*, com a mandíbula caindo ao chão.

Ele continua a observá-la, às vezes surpreso, outras excitado como um garoto, dirigindo-se aos seus oficiais e amigos, que estão tão atônitos quanto ele. Todos, no entanto, entendem depressa que a rainha está literalmente se oferecendo ao grande líder romano.

O que acentua essa atmosfera de iminente união mitológica é a multidão, que já considera abertamente o evento como a chegada de Afrodite com seu cortejo, que veio para encontrar e, sobretudo, para se unir a Dionísio pelo bem da Ásia.

Nisso, Cleópatra demonstra-se extremamente hábil. Entende os pontos fracos da população e satisfaz seus desejos, aproveitando-se das crenças e da religião. E faz o mesmo com Antônio: compreende que tem um fraco pelas mulheres, pela teatralidade dos eventos e pelas festas que acabam em luxúria. Sua chegada excêntrica a bordo daquela embarcação "mitológica" é a prova de sua linha de raciocínio.

Contudo, se agora Antônio tem como objetivo a conquista não apenas de uma mulher, mas de uma mulher-rainha (com grande conveniência política), Cleópatra mira bem mais alto: sua intenção é seduzir Antônio e obter através dele a proteção de Roma para o Egito, para si mesma e para o filho Cesarião.

O convite para Antônio

Quando o navio atraca no cais fluvial da cidade de Tarso, Antônio e seu grupo são atingidos por uma onda de perfumes ainda mais intensos. Depois da perplexidade inicial diante da chegada dramática de Cleópatra, agora retomaram seu comportamento mais rígido e severo. Ao menos na aparência. Estão sentados sobre um pódio, esperando que a rainha desça do navio e se apresente perante a eles, destacando dessa maneira sua superioridade.

O que os separa do navio é um trecho de praça livre, com duas alas de legionários que controlam com dificuldade uma multidão em festa. Uma passarela já foi descida ao chão para permitir o desembarque da rainha. Mas Cleópatra não desce.

Antônio, então, envia um oficial para requisitar seu desembarque. Começa a perder a paciência com aqueles jogos. Segue com o olhar o soldado que se aproxima do navio, fala com um emissário de Cleópatra que desceu à terra e volta a passos rápidos, visivelmente constrangido. Quando o alcança, anuncia que a rainha não vai descer, mas o convida, assim como a todos os seus oficiais mais importantes, para subir a bordo. Antônio olha ao redor, perplexo. Cleópatra o surpreendeu mais uma vez. Apenas nesse momento ele se dá conta de que ela conduz o jogo desde o início. Levanta a cabeça e vê seus oficiais e colaboradores olhando-o com expressões curiosas e divertidas. A multidão grita pelo encontro dos dois. Assim, decide: subirá a bordo. Oficialmente, o faz por "afabilidade e cortesia", como dirá Plutarco mais tarde. Na realidade, está para dar seu primeiro passo na teia de Cleópatra.

A rainha o aguarda e o observa por trás de uma grade. Seus olhos são os de uma tigresa que fixa a presa na penumbra. Para ela, é um momento crucial. Tudo depende do que o líder romano fará nos próximos instantes: aceitará subir ou a obrigará a descer, em uma medição de forças?

Cleópatra percebe um repentino movimento no pódio. Os romanos se levantaram. Terão se ofendido? São momentos intermináveis. Depois, do fundo da planície de mármore, vê Antônio com seus generais e homens de confiança, entre os quais, muito provavelmente, está também Quinto Délio, e o grupo caminha em sua direção. Cleópatra semicerra os olhos e sorri. O plano está funcionando. Vira-se e ordena que sejam feitos os últimos retoques na grande sala interna onde ocorrerá o encontro.

Antônio não suspeita de nada. Imagina que se trate de um simples banquete sobre o rio e está curioso para saborear os pratos exóticos que serão oferecidos, mas sobretudo deseja ver de perto Afrodite... Segue com o coração leve. Está tranquilo como qualquer pessoa que se sente dona do mundo.

Podemos imaginar o grupo de romanos subindo a bordo, os sons produzidos por aqueles homens ao caminhar sobre o convés e os rangidos da madeira do grande navio. São acolhidos por músicas orientais, dignitários reais que se inclinam diante deles e servas de seios descobertos usando poucos véus transparentes, que se movimentam sinuosamente e os observam com olhares lânguidos. O navio está envolto pelo perfume inebriante que sai dos braseiros, tão intenso que quase atordoa. Velas ondulam ao vento, assim como impalpáveis tecidos coloridos. Os soldados romanos, com Antônio à frente, têm a impressão de terem entrado em um sonho. No entanto, Cleópatra não está à vista. Onde está a rainha?

O marechal os convida a entrar no ventre do navio, seguindo uma fileira dupla de luzes acesas, cujas fumaças serpenteiam no ar como tentáculos perfumados. Depois de poucos degraus, diante de seus olhos abre-se um cenário inacreditável: um dos banquetes mais espetaculares que a história antiga fez chegar até nós. Deixamos ao escritor Plutarco e ao seu assombro (que foi semelhante ao de Antônio) a tarefa de descrever o impacto: "Encontrando-se diante de uma preparação superior a qualquer descrição, Antônio se comoveu principalmente pela quantidade de luzes. Diz-se, na verdade, que muitas delas brilhavam juntas e por todos os lados, apoiadas no chão e penduradas no alto, e estavam dispostas artisticamente umas em relação com às outras, com tais inclinações sábias a ponto de formar quadrados e círculos, gerando uma luminosidade que nunca nenhum olho humano pudera se aproximar de ver."

É preciso dizer que Plutarco descreve esse dia e o banquete mais de cem anos depois. É compreensível que haja imprecisões, assim como excessos, em vista da aura de *femme fatale* obscura que envolveu Cleópatra para as gerações seguintes de romanos. Todavia, há um fato interessante. O escritor grego diz ter havido apenas um banquete a bordo do navio. Outro autor antigo, contudo, fala de uma série de noites, uma mais esplêndida que a outra. É o historiador grego Sócrates de Rodes. Suas descrições, tendo nos alcançado — embora decididamente cheias de lacunas — graças ao erudito egípcio Ateneu de Naucratis, nos permitem prosseguir a nossa história e descobrir o que encontraríamos sobre as mesas e as paredes. Em suas palavras, emergem toda a arte sedutora de Cleópatra e o requinte da "armadilha" em que Antônio cai. Vamos tentar entender o que viram os olhos do líder romano.

Embora estejamos a bordo de um navio, a sala tem dimensões notáveis. Os romanos avançam em uma galáxia de luzes e lamparinas dispostas por todos os lados e em diferentes alturas, como estrelas formando constelações complexas. Nas paredes, há tapetes e cortinas de tecidos com fios de ouro e prata. No meio encontram-se doze leitos tricliniares, para ele, seus amigos e os oficiais mais íntimos, com cobertas preciosas e sedas caras. As mesinhas incrustradas diante dos leitos estão cobertas de pratos e taças de ouro cravejadas de pedras preciosas. A louça usada, em suma, é formada por verdadeiras joias de altíssimo valor. Antônio está impressionado com a riqueza à mostra. Cleópatra lhe sorri com doçura, dizendo que tudo o que ele vê o pertence, um presente da rainha, e ele pode levá-lo embora.

De acordo com Sócrates de Rodes, Cleópatra convida Antônio a voltar para comer com ela no dia seguinte, junto com seus amigos e oficiais, e também no dia que se segue, por vários dias.

Na noite seguinte, organiza um banquete ainda mais rico e deslumbrante. As taças de ouro e os copos de vidro finíssimo são tão preciosos que fazem parecer ásperos e grosseiros os que foram usados no encontro anterior. Mais uma vez, ela doa tudo a Antônio. E não apenas a ele. Cada um dos seus oficiais pode levar consigo até o precioso triclínio onde se deitou, com as cortinas que os cobrem e as taças de ouro em que beberam... A cada vez que vão embora, tarde da noite, ela oferece aos ilustres convidados liteiras com servos para carregá-las, e aos outros, cavalos com arreios de prata, além de escravos etíopes com tochas para iluminar o caminho de volta à casa.

Já é o quarto dia que Cleópatra supera a si mesma. Gasta em torno de um talento (o equivalente, hoje, guardadas as devidas proporções, a cerca de 10 mil euros, considerando que um talento ateniense/ático corresponde a cerca de 26 quilos de prata) para adquirir uma quantidade inacreditável de rosas, de maneira a formar um "tapete" com mais ou menos sessenta centímetros de espessura nas salas de jantar. Outras rosas estão dispostas por toda parte, formando guirlandas e festões que decoram todas as paredes da sala.

Essa descrição, embora também possa trazer exageros, deixa claro que Cleópatra coloca todas as cartas na mesa nesse encontro. Já se passaram sete anos desde que, ainda garota, emergiu de um saco diante de César. Agora é uma mulher consciente do próprio fascínio e hábil em gerir os instintos dos homens à sua frente para enredá-los.

Antônio e Cleópatra

Podemos tentar imaginar o primeiro encontro entre os dois, quando Antônio entra pela primeira vez naquela sala. Onde está Cleópatra? Decerto não está de pé fazendo as honras da casa. Provavelmente está deitada em uma cama entre muitos travesseiros, e uma multidão de meninos-cupido balança docemente alguns leques. É possível que esteja menos "nua" em relação a quando chegou de navio, e deve usar uma túnica, talvez uma daquelas brancas, levíssimas e plissadas com as quais ama se apresentar em público e que exaltam suas formas. Não haveria erro em pensar que essa túnica traria uma transparência cúmplice da astúcia de Cleópatra, capaz de incendiar os olhos de Antônio e seus companheiros. É bem viável que esteja usando as joias mais valiosas de sua época: é um triunfo do ouro acompanhado por safiras, esmeraldas, lápis--lazúli, malaquita, sob a forma de anéis, brincos, cordões e braceletes (talvez aqueles em formato de serpente, próprios de Ísis). Em sua cabeça, podemos imaginar os símbolos do seu status de rainha do Egito, como o uraeu, isto é, uma cobra com a cabeça erguida que domina sua testa.

Não sabemos, na realidade, quantas dessas joias estavam presentes naquele banquete. Cleópatra quis se mostrar como Afrodite, uma divindade pouco vestida e ornada quase exclusivamente com símbolos egípcios. Nunca teremos certeza, mas podemos imaginar a rainha em sua cama, suas formas emergindo a cada respiração enquanto fita Antônio com um olhar seguro, intenso, de quem convida, e os lábios carnudos entreabertos...

Provavelmente ela se levanta devagar para chegar mais perto do triúnviro com passo real, mexendo o corpo com elegante sensualidade. Quando, após os elogios ritualísticos, aproximou-se de Antônio, ele se deixou envolver por um abraço invisível de perfumes intensos, mas também de desejo, enquanto seus olhos capturavam os do líder, e seus lábios se alongavam imperceptivelmente na direção dele, tornando-se uma miragem de beijos carnais e voluptuosos.

Antônio deve ter sentido sua respiração e também um impetuoso desejo de beijá-la, apertar aquelas formas provocantes sob a túnica, tão tentadoras para suas mãos. Um instante depois, Cleópatra terá se afastado com habilidade, apenas o suficiente para tornar tudo isso impossível, acendendo um desejo crescente em seu futuro amante...

A beleza de Cleópatra

Aos olhos de Antônio, Cleópatra não é mais a garota que havia conhecido em Alexandria tantos anos antes, nem mesmo a amante jovem e decidida de César. Agora ela é uma mulher fascinante, com uma beleza sedutora e olhar profundo.

Antônio tentará, em vão, devolver o convite nos dias seguintes. Desafiar Cleópatra é uma iniciativa destinada ao fracasso. É Plutarco quem diz: "Antônio tentou superá-la em esplendor e refinamento, mas, derrotado, brincou a respeito da miséria e da rusticidade da sua própria recepção. Cleópatra, percebendo que as brincadeiras de Antônio eram as de um soldado vulgar, logo adotou com ele, por sua vez, o mesmo tom livre e destemido. De fato, conforme dizem, sua beleza por si só não era incomparável ou incrível a ponto de atordoar quem a via, mas sua companhia tinha um apelo irresistível. No conjunto, o aspecto, o fascínio da conversa, o seu modo de negociar deixavam uma marca." Essas famosas palavras de Plutarco descrevem a beleza e o fascínio de Cleópatra. Mas como ela era? É possível conhecer seu rosto?

Infelizmente não dispomos da múmia de Cleópatra, portanto é impossível reconstruir sua aparência ou pesquisar seu DNA para ter uma indicação sobre seu pertencimento a um grupo étnico ou geográfico. Restou pouquíssimo dela. As informações e as descrições sobre a última rainha do Egito são escassas porque, depois de sua morte, Otaviano, o vencedor, ordenará a destruição de todas as imagens que a representam: estátuas, afrescos, mosaicos, quadros, baixos-relevos...

Como ela era, então? É verdade que seu nariz era grande? De fato, a ideia de que Cleópatra tinha um nariz pronunciado é muito difundida. Todos já ouvimos essa história. Mas quem o afirmou foi um matemático, filósofo e teólogo francês que viveu no século XVII, Blaise Pascal, que disse: "Se o nariz de Cleópatra fosse mais curto, toda a face da Terra seria diferente." Ele, contudo, assim como nós, não conhecia a aparência de Cleópatra... portanto, não é confiável. O fato de que nenhum escritor antigo faça qualquer menção a respeito de um possível nariz grande (que teria sido um ótimo motivo para crítica dos seus detratores) significa que não devia ser uma característica tão vistosa.

Na realidade, suas características já não eram muito conhecidas 2 mil anos atrás. Os escritores da antiguidade descrevem apenas duas representações de Cleópatra em toda Roma Antiga: a estátua de bronze dourado no Templo da Vênus Genetrix, encomendada por Júlio César, e a pintura da morte de Cleópatra, usada como símbolo de vitória durante a procissão do triunfo de Otaviano.

Todas as reconstruções devem, então, compensar a quase total falta de informações. Como remediá-las? Podemos tentar imaginar seu rosto com o pouco que se sabe. Hoje dispomos de alguns bustos e estátuas, cuja atribuição, entre outras coisas, não se há certeza. Um discurso bem diferente cerca as moedas que a representam, mas que curiosamente não se parecem com as estátuas (exceto, talvez, em um caso). Isso acrescenta ainda mais mistério à beleza da rainha do Egito. Como é possível? Vamos reordenar os fatos.

Existem diversos baixos-relevos, bustos e estátuas de Cleópatra em estilo egípcio. Um deles está conservado há gerações no Museu Egípcio de Turim, e apenas recentemente foi protagonista de uma possível atribuição. Infelizmente, o próprio estilo artístico dos egípcios, tão pouco realista e ligado a cânones muito rígidos, não nos permite entender quais eram os verdadeiros traços de Cleópatra.

Entre os pouquíssimos outros bustos que a representam, dois em particular chamam a atenção: um deles foi resgatado na Villa dos Quintílios, em Roma, e encontra-se nos Museus do Vaticano (no Museu Gregoriano Profano), e o outro está no Altes Museum de Berlim. Ambos são parecidos e mostram uma moça jovem, com os cabelos recolhidos em um coque preso por uma faixa que passa pela testa. No busto de Berlim, contudo, o nariz não é volumoso, é apenas ligeiramente pronunciado. De acordo com os especialistas, esses bustos seriam duas cópias de mármore produzidas nas oficinas romanas, que retratam uma rainha ptolomaica penteada ao estilo grego, como o fazia frequentemente Cleópatra. Em teoria, poderiam representar também soberanas que a precederam, como Berenice IV ou Arsínoe IV. Mas por que um aristocrata romano encomendaria uma cópia em mármore de uma rainha desconhecida para expor em casa, se não se tratava da famosíssima Cleópatra, que colocara Roma em perigo? Seguindo esse raciocínio, muitos outros especialistas, entre os quais Matteo Cadario da Universidade de Udine, defendem que se trata da "nossa" Cleópatra (visto que infelizmente não há inscrições nos dois bustos que o atestem). O fato interessante é que os escultores representaram uma moça de cerca de 20 anos, porque essa era a idade de Cleópatra quando chegou a Roma como amante de César. Além disso, refinaram um pouco seus traços para fazerem-na se assemelhar a Vênus. Portanto, nos encontramos diante de dois retratos de Cleópatra idealizados e juvenis.

Nas moedas, contudo, a rainha surge mais madura: seus traços estão marcados, com um nariz aquilino muito evidente. Em quem confiar, então, nos bustos ou nas moedas? Bem, os tempos na época das moedas eram outros, Cleópatra não é mais uma jovem amante de César, mas uma soberana estabelecida, na plenitude do seu poder, à frente de uma nação e de um exército. Por isso, pode ter decidido (essa é apenas uma hipótese, embora muito provável) evidenciar alguns dos seus traços reais, sem suavizá-los, chegando, ao contrário, a masculinizá-los um pouco para dar mais força e credibilidade à sua autoridade e para realçar a semelhança com o pai, de maneira a legitimar o próprio poder (na antiguidade, as moedas sempre foram um instrumento de propaganda).

A verdade, portanto, está entre esses dois tipos de rosto, um suavizado e outro acentuado, um "feminizado" e outro "masculinizado". Baseando-se nessas características, é possível delinear um rosto "médio", que se aproxime do verdadeiro, ou seja ao menos verossímil?

Foi feita uma tentativa no ris de Roma, um dos departamentos da polícia italiana para investigação científica, os Reparti Carabinieri Investigazioni Scientifiche, que pertencem ao RACIS, o agrupamento de mesmo nome, sob comando do capitão Chantal Milani, antropólogo e odontólogo forense, para a transmissão de *Ulisse: Il piacere della scoperta*. Naturalmente, esse foi um estudo anômalo, cheio de dificuldades: sem um esqueleto ou uma múmia da qual partir, foram recolhidos pontos antropométricos do rosto de Cleópatra tanto em suas estátuas quanto nas moedas. Mais do que uma verdadeira reconstrução do rosto, buscou-se encontrar um semblante da rainha, como se as testemunhas fossem os artistas que a retrataram no passado. Os bustos levados em consideração foram os conservados nos Museus do Vaticano e no Museu de Berlim, além de quatro moedas que circulavam quando Cleópatra estava viva, confeccionadas, portanto, por artistas que conheciam sua aparência (ainda que a modificassem, como dissemos, por motivos de propaganda ou por outras razões): sem entrar em detalhes técnicos, depois foram calculadas relações, distâncias entre pontos anatômicos, ângulos e proporções com base no fato de que alguns pontos da pele sugerem a estrutura óssea subentendida. Dessa maneira, foi quantificado estatisticamente o quanto o rosto de Cleópatra se desviava dos padrões de referência de um "rosto ideal", usando os cânones da odontologia, da medicina estética e da cirurgia plástica. Para ser claro: um rosto "ideal" deve poder ser dividido em três faixas horizontais iguais entre si. Isso não acontece com Cleópatra, que tem a parte superior do rosto, ou seja, a testa, muito baixa, enquanto a faixa central é muito mais ampla do que a de um rosto "ideal", com um nariz mais alto e pronunciado do que a norma. A parte inferior do rosto, no entanto, está dentro da média (e, podemos acrescentar, tem uma boca pequena e de lábios marcados). É necessário repetir que, embora se trate de uma hipótese baseada em princípios científicos corretos, essa não é uma análise feita em um corpo real, mas em representações artísticas de um corpo (bustos de mármore e moedas), portanto tem limitações objetivas. Todavia, é uma confirmação do que os antigos sempre disseram: Cleópatra não era bela, era fascinante. E aquele nariz marcante não resultava em uma feiura fora de lugar (os antigos, sobretudo aqueles mais hostis a ela, seriam os primeiros a destacá--lo), mas evidentemente combinava com o restante do rosto, em harmonia com a índole e com o olhar. Como se diz hoje, o nariz dava "personalidade" ao seu rosto.

Por outro lado, se pensarmos em muitas atrizes belíssimas e famosas, perceberemos que várias dessas mulheres não têm narizes exatamente pequenos, e que essa característica acentua o fascínio e a força do rosto. Inclusive Maria Callas, que, como Cleópatra, era de origem grega, tinha carisma, um nariz pronunciado e uma voz doce.

Infelizmente, não há mais nada a ser dito sobre a aparência da rainha do Egito. Não conhecemos nem mesmo o tom de sua pele: como greco-macedônica, com antepassados que se casaram no interior de uma mesma comunidade, quando não se casavam entre si dentro da própria família, não podemos excluir a hipótese de que tivesse a pele clara, cabelos castanhos, louros ou ruivos, e até mesmo olhos claros. Se, no entanto, sua mãe, como algumas hipóteses fazem crer, provinha da comitiva de sumos sacerdotes de Tebas, então o exato contrário pode ser verdadeiro, isto é, sua pele poderia ser morena, os cabelos crespos e os olhos escuros. Para sustentar a segunda hipótese, há o fato de que na época romana o modelo de mulher ideal era mediterrâneo-oriental: tanto César quanto Antônio teriam despertado mais inveja e aprovação com uma mulher com essas características .

Na reconstrução do RIS dos *carabinieri*, apesar da dificuldade imposta por esse tipo de estudo, emerge outro aspecto interessante. Os parâmetros faciais sugerem que o rosto de Cleópatra tinha características prevalentemente "caucasianas" e não africanas (ou "negroides"), muito menos orientais ("mongoloides"). Dados significativos surgem também sobre seu "famoso" nariz. A conclusão é que tinha a ponta ligeiramente abaixada, com tendência à forma aquilina, e o conjunto de dados recolhidos, sobretudo, sugere uma dimensão maior do que o normal. Um nariz "ideal", usado como referência, se estende para fora do rosto por 67% do seu comprimento diagonal. No caso de Cleópatra, são 73%, um nariz bastante pronunciado que em sua representação final foi ligeiramente adaptado para tornar-se mais verossímil. Terminam aqui as sugestões da análise do RACIS.

A essas características provenientes da observação das moedas e dos bustos, acrescentamos uma outra, pouco considerada quando se fala da beleza de Cleópatra. São os olhos grandes. Talvez sejam eles, mais do que o nariz ou a estatura (Cleópatra provavelmente era pequena), a verdadeira arma de sedução da rainha do Egito. Pode ser que tenha conquistado o coração dos líderes romanos graças a seu olhar profundo e expressivo. Sem mencionar, é claro, seu cérebro, capaz de exprimir uma inteligência fora do comum.

Escravo do amor e do sexo

Apesar de sua ampla experiência com mulheres capazes e astutas, Antônio logo capitulou. A esse respeito, os antigos estão todos de acordo. Dião Cássio escreve, lapidar: "Antônio conheceu Cleópatra em Cilícia: apaixonou-se e, sem nenhuma preocupação com o decoro, tornou-se escravo dela e dedicou todo seu tempo ao amor." Apiano lhe faz eco: "Rendeu-se ao seu fascínio assim que a viu. E essa paixão acabou lançando a ruína sobre eles e sobre todo o Egito." Acrescenta também que Antônio teria se deixado seduzir por Cleópatra "como se fosse um garoto, apesar de ter 40 anos". Flávio Josefo, sempre hostil à Cleópatra, aumenta a dose, afirmando que Antônio era tão subserviente à rainha do Egito que concordava com todos os seus desejos, não como um homem normal enamorado, mas como se estivesse sob o efeito de uma droga.

E ela, Cleópatra, conquistou Antônio apenas por cálculo ou também se apaixonou? Talvez ela também tenha se arrebatado desde o início, caindo na própria armadilha. E tem um bom motivo, porque ele é, como até hoje se diz na Itália, *"un bel Marcantonio"* (ou seja, o nome dele se tornou uma expressão para significar um homem grande e bonito). Alto, com o peito amplo e musculoso, com as costas largas, o corpo maciço e poderoso de um Hércules, tem o rosto quadrado, viril e muitos cabelos encaracolados (diferentemente de César, que era quase calvo). Exala masculinidade aos 42 anos. Hoje diríamos que tem o fascínio do homem grisalho. E não apenas isso. Tem também o fascínio do poder. É o homem mais influente do mundo ocidental, todos os outros se inclinam diante de sua autoridade, enquanto as mulheres competem pela oportunidade de concederem-se a ele, já famoso como *tombeur de femmes*. Alguém já disse que o poder (com o consequente sucesso e a riqueza) é o afrodisíaco mais eficaz para uma mulher. Isso vale também para Cleópatra, atraída por esse personagem carismático que surge para todos como o líder.

Quase certamente, a centelha do sexo se acende entre eles desde as primeiras noites. Ambos estão na plenitude da vida, embarcados em um navio dos sonhos, entre banquetes, músicas, risadas despreocupadas e, mais do que isso, no meio do verão... Em uma avassaladora história de paixão e sexo, os dois se procuram, seus corpos se encaixam, suas bocas se unem e seus sentidos se fundem. Depois, eles se reencontram na noite seguinte...

No entanto, essa não é apenas uma história de sexo. Cleópatra e Antônio se gostam, sentem-se fortemente atraídos um pelo outro, e em breve nascerá entre eles uma compreensão e uma cumplicidade imprevistas. A confirmação de que entre eles floresceu alguma coisa deriva do fato de que não muito tempo depois eles se encontrarão de novo em Alexandria, no Egito.

Cleópatra fica em Tarso por apenas alguns dias, só o tempo necessário para obter garantias cruciais para si mesma e para seu país. Do ponto de vista diplomático, a missão foi um incrível sucesso: ela chega para dar explicações, mas vai embora com importantes concessões arrancadas de Antônio. É preciso dizer que dificilmente outros homens teriam sido capazes de entabular discussões diplomáticas naquelas condições... Na realidade, as discussões são feitas por seus emissários enquanto os dois aproveitam os banquetes. Cleópatra obtém, dessa maneira, resultados importantes: tendo esclarecido seu comportamento durante a guerra aos cesaricidas, Antônio reconhece novamente Cesarião como legítimo soberano do Egito. Em troca do apoio da rainha para a iminente expedição contra os Partas, reitera a posse da importante ilha de Chipre para a soberana.

As exigências de Cleópatra são cada vez mais prementes. Pede a eliminação física de todos os seus inimigos mais perigosos. Assim, Antônio ordena o assassinato a sangue-frio de todos os possíveis pretendentes ao trono do Egito que poderiam destronar Cleópatra e seu filho. A mais perigosa é decerto sua irmã, Arsínoe IV, autora da grande insurreição popular e militar na Alexandria contra César e Cleópatra. Depois de ser acorrentada e arrastada no triunfo de Júlio César em Roma, como já vimos, foi liberada e se refugiou no Templo de Ártemis, em Éfeso, uma das sete maravilhas do mundo antigo. Cleópatra pediu que Antônio a eliminasse. Ele concorda e envia sicários a Éfeso. Todavia, como o Templo de Artêmis é uma área sacra e inviolável, não é possível executá-la lá dentro. Dessa maneira, os assassinos a arrastam à força para fora do templo e a aniquilam rapidamente. Antônio, por sugestão de Cleópatra, manda assassinar também Serapião, o líder de Chipre que forneceu os navios a Cássio, traindo Cleópatra, Antônio e Otaviano.

De um golpe só, elimina quaisquer ameaças externas e internas ao seu poder, blinda seu lugar no trono junto ao filho e fortalece as relações com Roma, que agora é um poderoso aliado para a proteção do Egito. Sua vitória é incontestável.

8

O amor verdadeiro

Os dois se procuram

Com o fim dos banquetes e dos dias de paixão, o navio de Cleópatra solta as amarras e retorna ao Egito, enquanto Marco Antônio, à frente de sua tropa, prossegue viagem para colocar ordem e dar estabilidade diplomática ao Oriente Médio. Para além das expectativas e dos objetivos políticos desse encontro, os dois ficaram profundamente impressionados um com o outro, mais do que poderiam ter previsto. Antônio foi conquistado pela energia de uma mulher diferente de todas as que encontrara até então. Cleópatra, por sua vez, convencida de poder enganar aquele homem com instintos tão simples, não fica imune ao fascínio da sua virilidade protetora ou da energia masculina que ele emana. Não podemos esquecer que Cleópatra é, antes de tudo, uma mulher, e, ao contrário de Antônio, por causa do seu status real, não se pode permitir histórias de amor ou de sexo, sejam elas passageiras ou duradouras. É bastante provável que, apesar de ser uma mulher ambiciosa por poder, também sinta falta de ter um companheiro ao seu lado. Podemos supor, pelo modo como tudo aconteceu em seguida, que ela tenha se sentido particularmente envolvida por essa relação. E decerto não levara isso em conta ao arquitetar o encontro com a clara intenção de fazer Antônio cair a seus pés, deixando inclusive o filho no Egito para poder se "dedicar" totalmente ao líder romano... Os "efeitos colaterais" também a atingiram. Podemos, então, imaginar que ambos, com o passar dos dias, sintam com cada vez mais força a necessidade de rever o outro, ainda que não o confessem a nenhuma alma viva.

No Oriente Médio, Marco Antônio precisa enfrentar a ameaça dos Partas para além de seus fronteiras. Esse império inimigo, por incrível que pareça, tem agora um valente oficial romano em suas fileiras, portanto, Antônio precisa desafiar um "compatriota" que passou para o lado do inimigo.

Trata-se de Quinto Labieno, filho de um dos homens fiéis de César (seu pai, o legado Tito Labieno, pode ser encontrado no *De bello gallico*, sempre ao lado do general romano) que passou para o lado de seus assassinos. Brutus e Cássio tinham-no enviado como embaixador entre os inimigos de Roma para possibilitar uma aliança com eles no combate contra Marco Antônio e Otaviano. Já é absurdo entrar em acordo com quem deseja o fim de Roma, mas combater por eles é um absurdo ainda maior. O rei dos Partas, Orodes, até mesmo confiou a Labieno uma grande armada com a qual ele efetua invasões na Síria e na Ásia Menor (Turquia). Antônio, então, reorganiza a área do Oriente Médio fortalecendo as relações com os judeus na Judeia e mirando em quem manda na região, como o sacerdote Hircano ou o poderoso governador Herodes.

Depois, em novembro, decide ir ao Egito para rever... Cleópatra! Passaram-se apenas oito semanas desde o grande encontro entre eles. Provavelmente há também motivos diplomáticos que o levam naquela direção, mas o fato óbvio é que ele, para alcançá-la, atravessa todas as extensões áridas e desérticas do Oriente Médio. Isso deixa bastante claro o quanto está apaixonado. Naturalmente, a rainha não o desencoraja, porque o deseja com ardor.

Marco Antônio entra em Alexandria não como um líder à frente de um cortejo militar (ele se lembra bem dos problemas que César precisou enfrentar ao desembarcar com as insígnias de cônsul romano), mas como cidadão comum, sem estar acompanhado pelos soldados. É provável que tivessem ao seu lado apenas alguns guardas pessoais com vestes burguesas. Isso é mais uma prova de que os motivos de sua visita eram sobretudo pessoais.

No futuro, ele será muito criticado por sua decisão. "Enquanto um exército parta [...] se dirigia à Mesopotâmia e estava para invadir a Síria, Antônio se permitiu ver Cleópatra na Alexandria. Lá, deixava-se levar por diversões típicas de um garoto ocioso e consumia e desperdiçava [...] o que havia de mais precioso para dissipar, isto é, o tempo", escreveu Plutarco, deixando subentendido que foi Cleópatra a convidá-lo. É possível que Antônio considere o inverno uma espécie de período de pausa e de "férias", durante o qual não apenas não se pode navegar no Mediterrâneo, mas também as grandes campanhas militares são desencorajadas pelo clima...

Começa assim a relação entre os dois, que não será menos lendária do que o encontro deles em Tarso. Trata-se de uma longa "lua de mel" no extraordinário cenário de Alexandria.

A lua de mel dura seis meses

Podemos imaginar o encontro entre os dois. Por causa da chegada "incógnita" de Antônio, não há formalidades nem cerimônias a serem respeitadas. Sendo assim, é bonito pensar que Antônio entra no palácio e é deixado sozinho em uma grande sala, com uma porta que se abre de repente às suas costas. Cleópatra corre ao seu encontro, na direção de seu abraço intenso e tão aguardado. As mãos dele afundam nas vestes coloridas da rainha enquanto os braços musculosos agarram o corpo fino como se fossem os ramos de um antigo carvalho. Imaginemos o perfume dela que os envolve, sua coroa dourada que cai ao chão conforme suas mentes se anulam em um beijo longo, profundo e quente como as chamas do desejo que incendeiam seus corpos... Não bastam palavras; falam o silêncio, as mãos, os olhos. Falam, principalmente, os beijos, primeiro na boca, depois no pescoço, no peito que se desnuda oferecendo uma respiração entrecortada, enquanto a boca de quem esperou tanto repousa na pele e os lábios escorregam com doçura, escrevendo palavras invisíveis de uma poesia de amor que apenas o coração compreende.

Não são mais um general e uma rainha, não são mais Dionísio e Afrodite, são apenas um homem e uma mulher que se buscam, se amam e se querem bem. São Antônio e Cleópatra.

Desse momento em diante, os dois tornam-se inseparáveis. Ficam juntos todos os minutos, todas as horas, todo amanhecer e todo entardecer. Talvez descubram que, no fundo, estiveram sempre sozinhos, e que a pessoa que têm entre os braços os completa à perfeição. Sentem-se felizes, querem fazer o outro feliz e pressentem que a felicidade só existe se estiverem juntos.

Isso é o que nós, 2 mil anos depois, intuímos, embora não tenhamos estado presentes naquele palácio. Desconsiderando as recíprocas conveniências políticas, ambos sentem necessidade de amor e proteção: Cleópatra por causa da solidão, injusta para uma jovem mulher ("viúva" de César), e Antônio pela necessidade de ter ao lado uma mulher independente, forte e protetora na qual "refugiar-se", apesar da sua proeza física e das numerosas conquistas femininas.

Ele se sente tão bem com Cleópatra que parece esquecer todo o restante, como se estivesse sob efeito de uma amnésia ou de um encantamento. Tira as indumentárias romanas e usa as vestes e calçados tipicamente gregos.

Ela, por sua vez, faz de tudo para alegrar o novo amante. Apoia todos os caprichos de Antônio. Por cálculo, decerto, mas também por instinto, por desejo, por nenhuma razão precisa: apenas porque está apaixonada. Está sempre inventando novas formas de prazer. Acima de tudo, os dois são como adolescentes enamorados. Nunca se afastam: jogam dados, bebem e caçam juntos, se ele treina os exercícios militares, ela o acompanha… Embora alguns escritores antigos vejam em tudo isso o sinal do progressivo domínio da rainha sobre Marco Antônio, o que nós vemos são duas pessoas perdidamente apaixonadas. Os dois adoram conceder um ao outro saídas noturnas secretas pelas ruas de Alexandria, misturar-se às pessoas, vagabundear fantasiados de pessoas comuns ou até mesmo de escravos.

Nos bairros populares, Antônio muitas vezes para diante de portas ou janelas para zombar de quem está lá dentro, e, de acordo com Apiano, ele até mesmo apaziguava algumas brigas. Mas ninguém o reconhece? É Plutarco quem nos responde: "A maioria das pessoas suspeitava da sua identidade. Não obstante, os alexandrinos se divertiam com suas piadas e riam com graça, sem perder a medida."

Nesse sonho de três dimensões, Cleópatra e Marco Antônio vivem seu amor ao longo de meses. Um amor formado por festas, passeios íntimos, pores do sol flamejantes admirados em silêncio, um nos braços do outro, e noites quentes temperadas com uma paixão infinita.

Amor e banquetes em um ninho dourado

Embora seja uma mulher muito ativa e capaz de grandes viagens por mar e terra, um único cenário é pano de fundo para os momentos mais importantes da vida de Cleópatra: o Palácio Real dos soberanos ptolomaicos em Alexandria.

Há séculos vivem ali os "faraós" da dinastia à qual pertence. Cada um deles, a partir de Alexandre, o Grande, o fundador da cidade que também deu início ao Helenismo, o enriqueceu com novos edifícios ou estruturas. Cleópatra, dessa maneira, herdou uma joia arquitetônica única no mundo, que conhece como a palma das mãos, porque nasceu e cresceu ali com a família. Cada canto traz recordações do pai, da mãe, das cuidadoras, das irmãs e irmãos... que agora estão todos mortos. Mas foi ali também que encontrou Júlio César, aqueles ambientes os protegeram dos ataques que os dois sofreram juntos, e ali estão os cômodos onde Cesarião deu seus primeiros passos... Agora a vida escreve um novo capítulo da sua existência, dessa vez ao lado de Antônio, mas sempre nas mesmas "páginas" do palácio.

É preciso dizer que sua aparência não se assemelha a de um clássico palácio real: é muito maior. Parece-se mais com a Cidade Proibida de Pequim ou ao Topkapi de Istambul. E tem um nome: Brucheion.

Podemos falar de uma espécie de bairro real, de uma cidade dentro da cidade. Estende-se ao longo da costa, ocupando quase um quarto (talvez um terço) de Alexandria. No interior, há templos, pórticos, jardins, além de inúmeros edifícios e pavilhões. Pode--se admirar estátuas, mosaicos e fontes em todas as direções. Ali encontra-se também a tumba de Alexandre, o Grande, as necrópoles dos soberanos ptolomaicos, a grande Biblioteca de Alexandria e o famoso Museion, uma espécie de universidade da época.

Naturalmente, no coração desse bairro real fica a residência dos soberanos, o "Quirinal" dos Ptolomeus, que em seu interior também tem ruas, jardins, pórticos, palácios e até um teatro. Em cada edifício, o olho do visitante se surpreende com os móveis, que reúnem o melhor de três continentes: África, Ásia e Europa.

Vamos tentar imaginar esses ambientes. Em uma mesma sala, muito provavelmente, vemos superfícies em marfim de elefantes africanos, revestimentos feitos com conchas de tartarugas do mar Vermelho, tetos recobertos por camadas de madrepérola de ostras, estátuas e colunas de mármore provenientes de cavernas do mar Egeu, taças de malaquita africana, estatuetas de âmbar do Báltico, divãs forrados por pele de leopardo africano e lençóis de seda chinesa. A mobília é de madeira obtida dos cedros do Líbano e decorada com incrustações de marfim e madrepérola, enquanto as portas são revestidas de bronze dourado e os tetos em caixotão são pintados em cores vívidas. A madeira difunde no ambiente um intenso aroma exótico, às vezes apagado pelo perfume de braseiros nos quais ardem incensos e outras essências orientais. Há também ouro em grande quantidade, que reveste as decorações das camas, as taças de vinho e muitos outros elementos da arquitetura interior.

Para confirmar essa nossa visão, há uma narrativa de Lucano, que descreve o palácio de Cleópatra e acrescenta outros detalhes impressionantes. É sem dúvida um nível de luxo que o mundo romano nunca alcançou.

"Aquele lugar parecia um templo, que uma época mais corrupta dificilmente poderia levantar: os tetos em caixotão eram repletos de riquezas e as vigas eram cobertas de ouro maciço. O palácio refulgia, revestido não de placas de mármore cortadas e aplicadas sobre as paredes, mas por blocos de ágata e de pórfiro, enquanto todos os pavimentos da régia eram formados por pedras ônix. O ébano mareótico não cobria as grandes portas, constituía, assim como o carvalho áspero, a sustentação e não o ornamento do palácio. Os átrios eram revestidos de marfim, nos batentes haviam sido colocadas as conchas de tartarugas indianas pintadas a mão e salpicadas por uma grande quantidade de esmeraldas. Os leitos resplendiam de gemas, e os móveis, de jaspe fulvo; brilhavam os tapetes, a maior parte dos quais, cozidos por longo tempo na púrpura de Tiro, tinham absorvido a tinta em muitas imersões, alguns bordados em ouro, outros com uma cor vermelho-viva, como sugere a técnica egípcia de bordar e preparar os tecidos."

Há uma história que ainda hoje dá a ideia da dimensão ilimitada (sobretudo do ponto de vista econômico) do amor entre Antônio e Cleópatra. É do nosso conhecimento, por meio dos relatos dos antigos, que cada refeição que os dois faziam equivalia a um banquete pomposo. O próprio Plutarco declara que seu avô lhe contou uma história "dos bastidores" surpreendente, que emergiu das confidências de um amigo seu, o médico Filota de Anfissa, que se enfiara na cozinha de Cleópatra graças às boas relações que tinha com seu cozinheiro pessoal.

Como ninguém nunca sabe quando Antônio pedirá a refeição, visto que está sempre ocupado e é imprevisível, as cozinhas trabalham sem interrupção, assando ao mesmo tempo cerca de oito javalis (Plutarco é bastante específico) com acompanhamentos e muitas outras especialidades. Embora esta possa parecer a preparação de um banquete para muitas pessoas, de acordo com o cozinheiro os convidados nunca são muitos, cerca de uma dúzia, mas é necessário que cada prato esteja no ponto certo de cozimento, a qualquer hora. É dessa forma que se explica o grande número de carnes no fogo: "São preparados não uma, mas muitas refeições", admite, em uma espécie de restaurante ativo 24 horas por dia.

Podemos imaginar os banquetes e as festas de Antônio e Cleópatra graças a uma narrativa de Lucano, que na realidade se refere a quatro anos antes, mas certamente também é válida para a "lua de mel" deles em Alexandria.

"E ainda: uma multidão de amas e uma população inteira de servos. Alguns eram distinguíveis pela cor da pele, outros pela idade: um grupo usava os cabelos presos como os líbios, outro tinha os cabelos loiros [...] outro ainda, pertencente a uma raça queimada pelo sol, tinha cabelos tão crespos que, por isso, nunca caíam sobre a testa. E havia ainda crianças infelizes, castradas e privadas de seus atributos viris: em frente a elas, havia jovens mais maduros a quem, não obstante, apenas uma leve penugem recobria as bochechas."

A descrição do banquete prossegue com a especificação de que nos pratos de ouro são servidos todos os alimentos oferecidos pela terra, o mar, o ar e o Nilo: muitas vezes, tratam-se de animais e pássaros que os egípcios adoram como divindades. As mãos dos comensais são lavadas com água do Nilo derramada de cálices de vidro. O vinho é bebido em taças esculpidas em pedras preciosas (provavelmente ágata sardônica, como a esplêndida Taça Farnese do Museu Arqueológico Nacional de Nápoles, que é da época helenística e de escola alexandrina). Todos os comensais usam coroas entrelaçadas com flores de nardo e rosas que não murcharão rapidamente: sobre suas coroas, já untadas, é derramada canela de proveniência exótica e cúrcuma recentemente recolhida em um campo próximo. Os convidados, em resumo, estão adornados e perfumados. Às vezes, diante dos comensais (atônitos), Marco Antônio se levanta e vai massagear amorosamente os pés de Cleópatra, como contarão alguns autores antigos...

As pérolas de Cleópatra

A rainha senta-se ao lado de Antônio. Usa uma maquiagem pesada, e está repleta de joias. Lucano descreve um detalhe interessante: "Coberta de pérolas do mar Vermelho, ostentava suas joias no pescoço e nas coroas, apesar de todo aquele aparato lhe ficar pesado." As pérolas são um dos ornamentos preferidos de Cleópatra, tanto que aparecem também em algumas das moedas que a representam. A esse propósito, vale a pena contar uma anedota descrita por Plínio, o Velho.

Os dois enamorados competem para surpreender um ao outro com presentes e surpresas impressionantes. Durante um banquete, Cleópatra, para maravilhar Marco Antônio, usa uma raríssima pérola oriental...

De acordo com Plínio, Cleópatra tem as duas maiores pérolas de todos os tempos, recebidas das mãos de reis do Oriente. E agora elas pendem de suas orelhas.

Enquanto Antônio se refestela com magníficos pratos refinados, Cleópatra se lamenta, dizendo que poderia ser melhor. Diante do esplendor e do luxo extremo do banquete, ele pergunta o que alguém poderia querer além daquilo. Ela, com ar de desafio, responde que em apenas um jantar poderia consumir 10 milhões de sestércios. Antônio, é claro, não acredita, e por isso fazem uma aposta. No dia seguinte, Cleópatra manda preparar um jantar extraordinário, mas não muito diferente dos outros. Antônio ri ao notar isso e ela lhe garante que aquele jantar custará o preço da aposta, e que, sozinha, ela vai comer 10 milhões de sestércios antes do fim do banquete. Ao dizer isso, ordena que seja servido o segundo prato. Diante dos olhos incrédulos de Antônio, os servos lhe estendem apenas uma taça de vinagre. A rainha, então, tira um dos brincos com uma das maravilhosas e raríssimas pérolas e o mergulha no vinagre, "com um forte nível de acidez, capaz de derreter completamente uma pérola", sentencia Plínio, o Velho.

Do ponto de vista da química, uma pérola é formada essencialmente por carbonato de cálcio e derrete se a concentração de ácido acético é superior à do vinagre de mesa comum, perto de 5-7%. A pérola de Cleópatra, portanto, transformou-se em acetato de cálcio, produzindo água e anidrido carbônico sob a forma de um véu frisante: dessa maneira, a acidez foi parcialmente neutralizada e o vinagre pôde ser bebido.

Tendo liquefeito a pérola, Cleópatra a engole. Mas não acaba por aí. A rainha leva a mão ao outro brinco para lhe dar o mesmo fim, mas antes que a segunda pérola entre no vinagre um dos comensais, Lúcio Planco, juiz da aposta, coloca a mão sobre a taça e proclama Cleópatra vencedora, impedindo que essa segunda obra-prima da natureza também desapareça para sempre...

Depois da morte de Antônio e Cleópatra, essa pérola será levada para Roma, cortada em duas e usada como os brincos de uma famosa estátua de Vênus que se encontra no Panteão. A esse respeito, Plínio, o Velho, comenta com grande humor: "Quando a rainha foi feita prisioneira, [...] a pérola foi dividida ao meio para que nas duas orelhas da estátua de Vênus, colocada no Panteão em Roma, estivesse a metade daquele jantar entre os dois."

Esse episódio serviu de inspiração para numerosos pintores e artistas famosos, como Giambattista Tiepolo, que na metade do século XVIII o representou em uma obra imortal em uma das paredes do Palazzo Labia em Veneza.

A piada de Antônio

Marco Antônio e Cleópatra passam a maior parte do tempo juntos. Adoram brincar e se divertir com jogos que hoje em dia podem parecer infantis. Sabemos, por exemplo, por Plutarco, que gostavam de ir pescar.

Lá estão eles, a bordo de um elegante barco enquanto adentram pelos intrincados canais do delta, a pouca distância da Alexandria do Egito. A embarcação parece escorregar na água calma. Tem um formato curioso. A proa é reta e muito alta, elevada pela cabeça de um animal mitológico. Daqui parece Anúbis, mas podemos estar enganados. É revestida por superfícies douradas, esculturas em marfim e placas cinzeladas de prata. Tem três remos de cada lado, movidos por muitos remadores, que se erguem e baixam em uníssono, com uma perfeição e lentidão hipnóticas. A popa se levanta para o céu, ainda mais alta que a proa, curvando-se para a frente sobre a embarcação para depois subir na vertical como a barbatana de um tubarão. Sobre essa "barbatana" ondula uma majestosa fita de seda pintada de púrpura... O timoneiro senta-se no nicho da popa e orienta os dois timões laterais com poucos movimentos decididos. No centro, surge uma espécie de pequena casa dourada com grades de madeira trabalhada. No interior, na penumbra, dois corpos estão entrelaçados no amor. Em uma faixa de luz, vê-se apenas a mão de Antônio escorregar sobre a coxa de Cleópatra, afastando a túnica para depois subir pelo tronco... Ela desloca a coxa para acolher seu homem, mas de repente a sombra, como uma cortina, esconde tudo da nossa visão, seguindo a mudança de direção desejada pelo timoneiro: à proa, identificou a cabeça de um hipopótamo. Há também crocodilos, mas não é preciso ter medo, a presença desses animais é habitual no Nilo e em seu delta, e além disso os guarda-costas de Antônio e Cleópatra que os escoltam a bordo de outras embarcações vigiam cada movimento deles. Não é fácil, pois a vegetação é espessa. Avançam entre juncos, tufos de papiro e elegantes lírios d'água com as folhas abertas sobre a água como imensos leques. A superfície delas está salpicada de pequenas gotas de água que brilham como estrelas.

O barco real entra em um cone de sombra criado por árvores altas. Um grupo de patos selvagens se afasta nadando. É o lugar perfeito. O barco para e todos aguardam, mas ainda são necessários alguns minutos para que as cortinas da pequena construção dourada se abram. Antônio sai primeiro, ajeitando a túnica bordada de ouro. Cleópatra o segue alguns instantes depois e todos se inclinam em uma mesura. Não é a primeira vez que vêm aqui, este é um de seus lugares preferidos para a pesca... que na realidade é só uma desculpa para passarem algum tempo juntos, distantes do palácio. Enquanto isso, os remadores e o timoneiro subiram em outra embarcação para deixar o casal real a sós neste pequeno paraíso. Ficaram a bordo apenas dois serviçais, que permanecem isolados, prontos para servir-lhes comida, vinho e doces.

Os dois amantes se deitam sobre travesseiros à sombra de um pano tingido de púrpura. A rainha apoia a cabeça no peito dele, que acaricia docemente seus cabelos. Pega sua mão, lisa e da cor do âmbar, com dois anéis de ouro, um dos quais traz o selo real. A mão dela é muito pequena em relação à sua, rude e marcada pelas cicatrizes de tantas batalhas. Os dedos de Cleópatra sentem a maciez dos lábios de Antônio, que os beija um a um...

Entre uma taça de vinho e um lanche, já se passaram duas horas, mas Antônio não pescou nada. Sua vara permaneceu imóvel. Cleópatra tenta esconder um sorriso zombeteiro. Embora não diga uma palavra, o general romano entendeu tudo e sente um constrangimento crescente golpear o seu orgulho. Assim, com uma desculpa, levanta-se para ir até um dos serviçais. Sabemos qual é o plano: ordena-lhe que vá comprar os peixes de algum pescador local e que os pendure em seu anzol, nadando escondido sob a água. Depois, volta para o lado da rainha e continua a namorá-la. Alguns minutos se passam, então de repente a vara se dobra. Ele fica de pé fingindo animação e articula com a presa uma luta breve, mas intensa... e então retira um peixe grande da água, que entrega na mesma hora ao serviçal, de maneira que Cleópatra não perceba que já está morto. Antônio lança de novo a linha, e depois de alguns segundos ocorre mais uma captura milagrosa. Depois, ainda outra. Cleópatra o parabeniza por sua esperteza e sorte, mostra-se surpresa e animada também, com os olhos arregalados... Mas na realidade já entendeu tudo. E já pensa em uma resposta à altura...

No dia seguinte, comenta sobre a pescaria milagrosa de Antônio com alguns amigos, convidando-os a assistir ao espetáculo. Ele obviamente aceita, pensando em repetir o mesmo truque. Quando todos se acomodam nos barcos e Antônio lança sua linha, Cleópatra ordena que seus servos cheguem sob a água antes dos homens de Antônio, colocando no anzol um peixe salgado do Ponto. Depois, aguarda sorridente. Quando Marco Antônio sente que a vara se dobra, faz a encenação usual de sua captura difícil e finalmente puxa o peixe... já salgado. Obviamente, todos irrompem em gargalhadas. Então, de acordo com Plutarco, Cleópatra lhe diz: "Ó, grande comandante, deixe a vara de pesca para nós que reinamos sobre Faro e Canopo: sua presa são as cidades, os reinos e os continentes." Esse pequeno episódio contado por Plutarco e que romanceamos um pouco dá uma ideia de que tipo de mulher era Cleópatra: mesmo nos jogos, ama dominar e não quer perder...

O templo do conhecimento: o Museion e a Biblioteca de Alexandria

Os dois pombinhos não gastam seus dias só com esses simples passatempos. Também amam a cultura, e em Alexandria existe um verdadeiro "templo" do saber. É o Museion, uma espécie de meio-termo entre uma universidade e um monastério, e não raramente os dois se dirigem para esse local magnífico.

Alexandria não é apenas uma cidade comercial, é também o centro cultural mais importante de todo o Mediterrâneo. E não é o único "farol" do conhecimento: existem outros centros de saber como Atenas, Pérgamo, Rodes, Éfeso, não menos importantes dependendo da época e do campo de conhecimento (Éfeso, por exemplo, é uma das "capitais" da medicina antiga e da cirurgia, como são hoje Atlanta ou Baltimore, ou ainda outras cidades dos Estados Unidos e do mundo com centros de pesquisa ou escolas de medicina na vanguarda).

Foi o primeiro soberano de Alexandria, Ptolomeu I, que viveu cerca de 300 anos antes de Cleópatra, quem mandou erigir, graças a substanciais investimentos, os dois corações pulsantes da cultura antiga: o Museion e a famosíssima Biblioteca, que constituem um extraordinário templo do saber, o que há de melhor na capacidade expressiva do homem nessa área do planeta. Esses são os primeiros passos organizados que levarão ao pensamento científico e à moderna pesquisa científica.

Entremos no Museion. Não se deixe levar por esse nome. Não tem nenhuma relação com os nossos museus: não expõe coleções de achados antigos ou obras-primas de arte. Na realidade, é o equivalente, para a época de Cleópatra, de uma universidade ou de um instituto de pesquisa. Atravessando as colunas da entrada, somos dominados na mesma hora pela sensação de estar dentro de uma colmeia do saber, em meio a uma multidão de pessoas que passam ao seu lado e cuja única atividade é produzir o mel do conhecimento. Ao cruzarmos as salas ou os pátios, entendemos depressa que aqui as pessoas são completamente diferentes das que deixamos há poucos segundos nas ruas: não são comerciantes, soldados ou navegantes, mas estudiosos que vêm de todos os cantos do mundo conhecido. Muitos são gregos, outros chegam do sul da Itália, outros ainda vêm da Ásia Menor e do Oriente Médio. E não faltam rostos decididamente orientais, vindos até mesmo da Pérsia e da Índia. É possível reconhecê-los depressa quando saem de repente por uma colunata, falando com outros estudiosos, pois eles usam vestes de estilo exótico.

Explorando os vários ambientes do Museion, percebemos que há muitos homens de barbas longas, desde sempre uma característica dos filósofos e dos pensadores gregos. Todos esses estudiosos, que representam as mentes mais iluminadas dos países e das cidades de onde provêm, vieram para unir seus conhecimentos com os dos outros, para gerar confrontos e para aprender com quem sabe mais, permitindo que o saber, nesse jogo coletivo, cresça e alcance novos objetivos.

Aqui, eles têm total liberdade para consultar qualquer tipo de texto da Biblioteca, mas também podem aprofundar seus conhecimentos ao discutir com os outros ou estudando sozinhos. São muitos os que nos presenteiam com o próprio saber oferecendo lições. Em suma, é exatamente o que vemos hoje em uma universidade, com as salas de aula, as bibliotecas com livre acesso e os laboratórios de pesquisa. Para nós, parece algo natural, mas no ano de 40 a.C., é uma luz na escuridão, uma incrível exceção e uma esperança para o futuro.

Muitas das pessoas com quem cruzamos vivem aqui. O Museion, na verdade, exatamente como um Monastério, tem um cômodo para alojamentos e outro para as refeições em grupo dos estudiosos, uma espécie de "refeitório". Há também um passeio, dotado de uma êxedra, que lhes permite respirar um pouco de ar puro.

Aqui, cerca de dois séculos e meio antes de Cleópatra, figuras eternas para a humanidade viveram, estudaram e fizeram descobertas fundamentais na história do saber. Um exemplo é Eratóstenes, filósofo, matemático, poeta, astrônomo e terceiro bibliotecário da Biblioteca, famoso pelo seu trabalho sobre a geografia e sobre a História: foi ele quem calculou a circunferência terrestre, errando, hoje sabemos, apenas 1,5%, um resultado no mínimo assombroso que tem uma implicação importantíssima: o conceito de que a Terra era esférica havia sido aprendido e considerado 2300 anos atrás.

Aqui o conhecimento deu passos fundamentais também na matemática, com Euclides, pai da geometria; na medicina, com Herófilo, considerado o primeiro anatomista da História; na física com Estratão de Lâmpsaco, autor da teoria do vazio que permitiu a outro grande estudioso, Ctesíbio de Alexandria, desenhar bombas e sistemas hidráulicos. Como podemos intuir, o saber moderno afunda suas raízes neste lugar...

Mas aqui estudaram também grandes nomes da literatura, da lírica e da poesia elegíaca, como Calímaco e Teócrito. Calímaco, em particular, foi o maior escritor do seu tempo e realizou também um sistema prático para se orientar na infinita série de volumes conservados na Biblioteca de Alexandria.

Prosseguindo em nosso passeio, notamos que alguns homens vigiam discretamente uma passagem que conduz ao pátio interno do Museion. Podemos aproveitar a entrada de um empregado que leva uma caixa com papiros para passar pelo controle, e em poucos segundos estamos no fim do corredor. Somos atingidos pela luz do pátio e pelo silêncio. Há apenas uma voz que fala, alongando as palavras em grego. Seguimos em frente, entrando na área mais íntima de toda a estrutura. Ao atravessar o enésimo controle com homens armados (eles estão por todos os lados, vigiando o lugar e o deslocamento dos presentes), nos sentamos na borda da base de uma coluna. À nossa frente, um homem explica os movimentos dos corpos celestes. Descobrimos que aqui provavelmente não se discute sobre qual é o centro do sistema solar, se é a Terra ou o

Sol: os sábios de Alexandria sabem há tempos que no centro fica o Sol e que a Terra gira ao seu redor. Parece ter sido Aristarco de Samos, um gigante da astronomia, o primeiro a considerar o Sol no centro do universo e a tentar medir a dimensão da Terra e sua distância do Sol. São discursos que esperaríamos ouvir em uma conferência da NASA, no entanto estamos falando, é preciso frisar, de mais de 2200 anos atrás. Aristarco ensinava aqui, e agora o homem que todos escutam em silêncio passa adiante as suas ideias. Entre os presentes, identificamos Antônio e Cleópatra. Não têm tronos, dignitários ou servidores ao lado. Estão vestidos de maneira sóbria, com indumentária elegante, mas não pomposa; não estão aqui como rei e rainha, desejam apenas aprender novos conceitos. E escutam extasiados.

Conservar ou destruir o saber

Vamos nos distanciar. A poucos metros deles está a maior biblioteca da antiguidade, que contém, talvez, 800 mil volumes.

Não conhecemos a estrutura da Biblioteca em si, mas podemos imaginar que o mármore domina o lugar, com cômodos e mesas de madeira onde consultar as obras. A luz é um elemento fundamental para ler os papiros (já existem lentes para quem tem problemas de vista? Não podemos excluir essa hipótese), e decerto a luz solar é preferível à das lamparinas, que constituem um enorme perigo para os papiros por conta das chamas. É lógico imaginar grandes janelas ou pequenos pátios nas salas de leitura, fornecendo luz suficiente para consultar as obras com agilidade. O bom senso sugere também que essas salas ficassem separadas da biblioteca propriamente dita. Por causa do clima quente e úmido (devido à proximidade do mar e à posição geográfica de Alexandria), os delicados papiros devem ser conservados em ambientes secos, com uma ventilação estudada para evitar a formação de mofo. Encontramos um exemplo de cautelas semelhantes em Roma, 150 anos depois, nos grandes depósitos de grãos em Porto, o porto de Ostia, outra cidade marítima. Para evitar que as imensas quantidades de cereais ali armazenados estragassem, os armazéns eram erguidos e "destacados" do terreno (e não tinham contato direto com as paredes do perímetro): no pavimento, havia cavidades extensas, visíveis ainda hoje.

A luz direta do sol também danifica os preciosos documentos, então é presumível que os rolos de papiro sejam mantidos em áreas abrigadas, à sombra, não raro em recipientes fechados que os protegem também da ação de insetos. Trata-se de um sistema usado principalmente no caso de obras e tratados mais importantes, que podem ser consultados apenas se tomadas mil precauções.

Não se pode crer que qualquer pessoa possa andar à vontade pelas salas e escolher o que desejar. Empregados provavelmente ajudam os estudiosos a encontrar os manuscritos, orientando-se em um verdadeiro labirinto de prateleiras e armários, anotando que obra foi emprestada e para quem, de maneira a garantir seu retorno sã e salva. É possível que sejam os únicos autorizados a colocar as mãos nas estantes, a fim de garantir a segurança dos papiros. Estes, obviamente, são raciocínios ditados pelo bom senso, porque não temos descrições a esse respeito. É preciso também acrescentar que a própria Biblioteca realizava a mão cópias dos tratados que adquiria. Talvez, na maioria das vezes, os estudiosos pudessem manejar apenas as cópias.

A produção e aquisição dos manuscritos foram tamanhas que em determinado momento as estantes não foram suficientes, e outra biblioteca, menor, foi aberta no Templo de Serápis. É a chamada Biblioteca do Serapeu.

Vamos circular por um instante pelos corredores da Biblioteca. Estamos no coração do saber da antiguidade. Aqui se concentram todos os conhecimentos da época, fruto do acúmulo de gerações de pensadores. Na penumbra, passamos por jovens empregados que se dirigem até algum estudioso de barba branca, a pele marcada pelas rugas. Mesmo se nossos olhares se cruzam por apenas um instante, em seus olhos colhemos a sabedoria de um velho misturada à curiosidade de um garoto, ambos animados pela mesma fome de conhecer o mundo...

Ao nosso redor, há séries de prateleiras de madeira que se erguem até o teto: não são horizontais, mas "diagonais", de maneira a formar muitos losangos onde colocar os papiros uns sobre os outros, sem que caiam rolando. A intervalos regulares, estão os famosos *pinakes* inventados por Calímaco. São pequenas tábuas suspensas com alguns quadrados pintados que descrevem o gênero a que pertencem os papiros dessa seção. Por vontade de Calímaco, todas as obras da Biblioteca foram subdivididas em seis gêneros literários (retórica, direito, épica, tragédia, comédia e lírica) e cinco seções de "prosa" (história, medicina, matemática, ciências naturais e obras mistas). Ao ler as tábuas, descobrimos que os textos estão dispostos em ordem alfabética de acordo com o nome do autor. Percorrendo os nomes, escritos em grego, reconhecemos muitos famosos e por curiosidade escolhemos um. Memorizamos o número e a seção da estante e seguimos até lá. Depois de poucos passos, chegamos ao losango certo, onde muitos papiros foram organizados uns sobre os outros. Onde está o nosso? Fácil: cada rolo tem uma ficha bibliográfica que pende da estante e informa o título da obra, o nome do autor, o lugar de nascimento, o nome do pai, seus alunos e algumas experiências culturais, ou seja, uma espécie de currículo que cita outras obras com breves resumos do conteúdo. Puxar um dos papiros enrolados dá uma emoção indescritível. Com mil cuidados, o abrimos e vemos linhas espessas, escritas em grego com uma grafia perfeita (a imprensa só será inventada quinze séculos depois). Em nossas mãos, está o ápice dos conhecimentos da humanidade no tempo de Cleópatra. A sensação é a de estar nas fronteiras culturais do mundo conhecido. Para além, há apenas a escuridão. É uma sensação comovente, porque tudo é muito delicado, vulnerável, leve e sutil. Aquela finíssima página de papiro contém, em um véu de tinta, a mente do homem que começou a indagar sobre si mesmo e sobre o mundo.

Todo esse saber será dizimado, destruído... Como e quando isso aconteceu é uma questão muito debatida.

De acordo com alguns estudiosos, pode ter sido em 270 d.C., durante a devastadora guerra de Aureliano contra a rainha dissidente Zenóbia: todo o bairro real será devastado, inclusive o palácio de Cleópatra, a Biblioteca e o Museion.

Para outros, visto que algumas fontes ainda citam o Museion nos anos seguintes, a destruição acontecerá em 391 d.C. com o édito de Teodósio e a proscrição de todas as religiões pagãs. Os templos serão destruídos ou transformados em igrejas, os sacerdotes serão trucidados, e qualquer um que professe cultos diferentes do cristianismo católico será perseguido e discriminado, em um fanatismo religioso que faz lembrar muitos episódios atuais. Foi nesse clima que, nas ruas da cidade, Hipácia, famosa estudiosa de Alexandria, foi barbaramente assassinada por fanáticos cristãos. Na realidade, esse é um ataque não apenas à religião grega, mas também à cultura e em especial ao modo de pensar helenístico. Será o fim daquele extraordinário momento da história do homem, iniciado na Grécia Clássica e continuado por Alexandre, o Grande, que acendeu o Helenismo, época tão fecunda de pensamentos livres e indagadores sobre o mundo ao redor, mas também dentro do homem, e que conhecerá, com o Império Romano, uma nova evolução. O mundo antigo é muito rico de divindades, mas é também laico em sua maneira de pensar...

Em Alexandria, será destruído o Serapeu, o Templo de Serápis, e com ele a segunda biblioteca da cidade, a "sucursal" daquela principal: dessa maneira, dezenas de milhares de papiros de obras gregas (de acordo com alguns, chegam a 200 ou 300 mil) virarão cinzas. Todavia, de acordo com muitos estudiosos, a Grande Biblioteca de Alexandria teria sobrevivido a esse inverno nuclear da religião monoteísta sobre a cultura e sobre a vida das pessoas, apenas para conhecer seu fim definitivo, como defendem autores como Franco Cardini e Luciano Canfora, com a conquista árabe do Egito.

Por ordem do califa Omar, em 642 d.C. todos os manuscritos serão queimados. Segundo um autor medieval (Bar Hebreu, que viveu por volta da metade de 1200 d.C.), o califa teria respondido dessa forma a quem lhe perguntava o que fazer com os livros da biblioteca real: "Naqueles textos, ou são apresentadas coisas já discutidas no Corão, ou coisas estranhas ao Corão: se já foram contadas no Corão, são inúteis, se não foram contadas, então são danosas e é preciso destruí-las." O mesmo autor nos informa que os rolos serão utilizados como combustível para aquecer a água nos banhos turcos dos soldados: serão necessários seis meses para que todos sejam queimados.

Se esse foi de fato o fim das bibliotecas (ninguém pode afirmar ao certo), nas fumaças que se levantaram dos caminhos das caldeiras se dissolveram as descobertas e os pensamentos de gerações de homens e mulheres que deram vida àquele extraordinário florescimento da mente humana no mundo antigo. O professor Cardini acrescenta: "Que as coleções de livros gregos presentes em Alexandria desapareceram em torno da metade do século VII é difícil de contestar. Além disso, há outro dado que o confirma: desde então, toda a bacia do Mediterrâneo conheceu uma drástica interrupção da chegada de escritos gregos provenientes do Egito. Houve, em suma, um corte, que de resto foi egregiamente reparado a partir do século IX, mais ou menos, quando o mundo árabe-muçulmano (que já se tornara sírio-muçulmano e irano-muçulmano) recuperou por completo a tradição helênica, estudando-a ao longo do século XII e começando a transmiti-la até a Ocidente."

A cultura de Cleópatra

Para Cleópatra, cada canto da Biblioteca é familiar. Senta-se nos bancos com a mesma desenvoltura de uma estudante no último ano da universidade. É provável que os estudiosos e bibliotecários a conheçam bem, e talvez às vezes se esqueçam de que estão diante de uma rainha. Ela, de fato, surge como uma mulher bastante sensata e com uma inteligência aguda que lhe permite dialogar com eles, fornecendo-lhes estimulantes pontos de reflexão.

Tudo isso não deriva apenas do seu DNA. Cleópatra tem às costas uma educação de primeira ordem, que talvez nenhuma outra mulher do Mediterrâneo teve a sorte de receber. Sua instrução foi aos moldes gregos, com uma formação humanística. Começou, como todas as crianças, aprendendo a ler e a escrever em grego, recitando em voz alta o alfabeto e retraçando letras gravadas em pequenas tábuas de madeira. Mas esse foi apenas o primeiro passo. O que fez a diferença foi o ambiente real no qual cresceu. Os professores que teve foram, provavelmente, filósofos e estudiosos do mais alto patamar intelectual que viviam em Alexandria. Com eles, aprendeu a recitar os versos dos mitos e das lendas da sua época. Em decorrência do seu status, quando cresceu, não é improvável que tenha tido a possibilidade de segurar em mãos uma cópia da *Odisseia* ou da *Ilíada*, ambas conservadas na Biblioteca.

Cleópatra adora Homero e sabe recitar de cabeça amplos trechos de suas obras, que são o equivalente da *Divina Comédia* de Dante para a cultura italiana. Não é de se admirar que tenha essa capacidade: é uma mulher curiosa e com um infinito desejo de conhecimento. Ouvir uma rainha, oficialmente o último "faraó" do Egito, recitar Homero com as façanhas de Ulisses ou Aquiles pode parecer surpreendente, mas é preciso sempre levar em consideração que ela é greco-macedônica, não egípcia. É provável que conheça bem as tragédias de Ésquilo, Sófocles e Eurípides; sabe de cor as fábulas de Esopo e relê regularmente, sorrindo, as comédias de Menandro.

O estudo da retórica, com o qual se aprende a falar em público, foi fundamental para sua carreira como rainha. Recebeu lições sobre como argumentar a respeito de um tema e torná-lo convincente usando não apenas as palavras, mas também o corpo. Os gestos, o tom de voz, a respiração, a posição da cabeça, o olhar são cruciais quando se quer comunicar. Até as pausas são um instrumento eficaz. É o que advogados e políticos de hoje e ontem sabem fazer com maestria. É preciso saber "recitar" e convencer.

Cleópatra também precisou aprender algumas técnicas de retórica, treinar-se ao fingir ser um advogado de acusação ou de defesa e levar adiante argumentos convincentes, tornando-se hábil em enfrentar imprevistos e surpresas.

Tudo isso foi uma escola extraordinária para ela: quase todos os soberanos, reis, dignitários ou militares romanos que encontra, na verdade, alcançaram sua posição com o uso da força, ou graças a amigos influentes. Eles decerto não têm sua preparação "psicológica", e dessa maneira talvez seja possível explicar, em parte, sua habilidade em negociar e vencer seus iguais.

Se a essas habilidades na dialética e nas estratégias oratórias juntarmos a sensualidade de um corpo jovem, guiado por um cérebro calculista, não teremos mais uma tímida rainha, mas uma mulher capaz de chegar a qualquer lugar. Como a História bem demonstrou...

Cleópatra escreveu livros?

Entre as prateleiras da Biblioteca há volumes, papiros ou tratados com a assinatura de Cleópatra? A pergunta é justa, visto que é uma mulher culta, inteligente e especialista em muitos setores, um dos quais o dos venenos, que terão um peso determinante mais para o fim deste livro.

De acordo com fontes árabes, Cleópatra é uma estudiosa, e não uma *femme fatale*. Curiosamente, porém, essas fontes não fazem nenhuma referência à sua sensualidade ou ao seu aspecto físico, e apontam mais para sua cultura ou seus conhecimentos de filosofia, matemática e ciências. É preciso, no entanto, destacar que esses autores escreveram alguns séculos depois da época de Cleópatra: o mais próximo dela foi um bispo copta que viveu no século VII d.C., cerca de 700 anos depois de sua morte.

Se confiarmos em seus testemunhos, Cleópatra escreveu livros de medicina, cosmética, farmacêutica e toxicologia. Infelizmente, não conhecemos seus títulos, nem os assuntos tratados, nem se foram de fato escritos, ou se a atribuição a ela tenha sido apenas uma maneira de destacar seus vastos conhecimentos.

Possuímos, no entanto, algo que poderia nos mostrar a escrita de Cleópatra. Tratam-se de dois fragmentos de um decreto real datado de 23 de fevereiro de 33 a.C. Esses papiros, descobertos no início do século XX por uma expedição alemã em Abusir El-Melek, no sul do Cairo, hoje estão conservados em Berlim. Tinham sido reutilizados para revestir uma múmia com uma máscara de papel machê, o chamado *cartonnage*.

O papiro é interessante. Nele, lemos que é concedido a um general de Antônio, chamado Públio Canídio, a isenção fiscal perpétua sobre a exportação de grãos e a importação de vinho e outros produtos. E não estamos falando de pequenas quantidades. O general evidentemente montou um pequeno negócio de importação/ exportação. Pelo papiro, sabemos que o homem está autorizado a tirar do Reino egípcio, todos os anos, mais de 300 toneladas de grão e trazer 5 mil ânforas de vinho, sem pagar um dracma de imposto. Podemos nos perguntar: por trás dessa autorização especial haveria algum pedido de Marco Antônio? Se não fosse o caso, como se explicaria que ele tenha conseguido tal isenção fiscal?

Públio Canídio possui também terras cultiváveis: nos papiros, lê-se que estão isentas de forma vitalícia de qualquer imposto ou pagamento, assim como os animais usados para semear ou arar, os navios utilizados para o transporte de grão, e não será obrigado a pagar contribuições a quem fizer as verificações ou arcar com o sustento de seus soldados (tudo isso oferece uma luz inquietante sobre as perseguições fiscais que os camponeses egípcios costumavam sofrer).

Por fim, lê-se uma frase em grego: "Que seja assim." É a autorização oficial de Cleópatra, argumenta o papirólogo belga Peter van Minnen, da Universidade de Lovaina. A única a ter a autoridade necessária para validar um documento semelhante seria ela, a rainha, de acordo com a tradição ptolomaica. É, portanto, a sua escrita, a sua caligrafia? Sentimo-nos muito tentados a acreditar que sim, embora não possamos excluir que tenha sido um escriba real quem escreveu materialmente enquanto a rainha ditava. Nesse caso, nos encontraríamos diante do eco de duas palavras aprisionadas na tinta...

Cleópatra mais uma vez em doce espera

É um dia do fim de dezembro. O sol está caindo e o céu se transformou em um imenso véu vermelho, como apenas no Egito é possível vê-lo. No porto de Alexandria há poucas velas, negras na escuridão crescente, deslizando pelo mar calmo, retornando ao abraço protetor dos cais e do longo Heptastadion. Um dia tranquilo termina. Velando sobre o porto e sobre a cidade, ergue-se a imensa forma do Farol, que domina todo o panorama, quase como um colossal guardião de pedra. Sua luz potente, alimentada por espelhos refletores, fica cada vez mais forte com o passar dos minutos. Um grupo de gaivotas atravessa voando o porto em busca de um local para dormir.

Dois olhos luminosos admiram esse pedaço de paraíso que ninguém na idade moderna algum dia poderá saborear. Seu olhar parece ir muito além dos quase cinquenta quilômetros de raio de luz do Farol. Estão fixos no horizonte, absortos, presos a um pensamento que ocupa toda sua mente. Não se movem nem mesmo quando de repente uma mecha de cabelos toca sua bochecha, solta por um sopro de brisa marinha. Quem olha é Cleópatra.

Está aninhada no interior de um pavilhão, com travesseiros, sedas esvoaçantes e cobertas. Tem os joelhos dobrados sob o queixo e busca refúgio no abraço protetor de Antônio, que a aquece com seu corpo forte. Uma pesada coberta bordada em ouro os envolve. Esse olhar esteve presente apenas em outro momento da vida de Cleópatra. E ela estava neste mesmo lugar. Ao seu lado, entretanto, não estava Antônio. Quem a acompanhava era seu primeiro homem, Júlio César. Parece insegura. Permanece pensativa e silenciosa.

Marco Antônio percebe seu estranho comportamento, mas nada diz. Espera que ela se manifeste, sabendo que Cleópatra não consegue ficar muito tempo em silêncio. Estende a mão e pega uma tâmara em um recipiente de prata. São muito doces, grandes e se dissolvem na boca. Quando está para morder outra, ela se vira e o encara. Seus olhos cintilam de emoção, insolitamente brilhantes e luzidios. "Estou grávida", diz. E, sem esperar sua reação, afunda o

rosto no abraço de Antônio. Ele está petrificado. Continua segurando a tâmara próxima à boca; agora é ele quem lança o olhar para
o infinito. Alguns instantes se passam, depois ele sorri e abraça
Cleópatra com seus braços poderosos. Um filho será uma forma
maravilhosa de selar o amor entre os dois, mas também, e acima
de tudo, sua parceria política.

Nenhum dos dois é pai de primeira viagem. Antônio já teve
muitos filhos, entre eles os dois com Fúlvia — como vimos no início
desta história —, aos quais sente-se muito ligado. No entanto, faz
meses que não os vê. Cleópatra também tem um filho, Cesarião.
Mas essa nova gravidez será especial. Para os dois.

Antes de tudo, porque é fruto do maior amor de suas vidas. E
também porque não nascerá um menino, mas... dois gêmeos he-
terozigotos: um menino e uma menina, a quem eles darão nomes
maravilhosos: Lua e Sol. Ou melhor, "Cleópatra Selene" e "Alexandre Hélio".

Esta cena, reconstruída em nossa imaginação, deve ter ocorrido
na verdade em um dia frio de inverno entre o fim de 41 a.C. e o
início de 40 a.C. Não sabemos o mês exato da concepção, mas é
provável que tenha acontecido pouco depois do encontro avassala-
dor que tiveram em Alexandria. Os gêmeos nasceram em uma data
imprecisa, entre a primavera de 40 a.C. e dezembro do mesmo ano.

É um estranho destino o de Cleópatra como mãe: César não esteve presente no nascimento de Cesarião e Antônio também não verá
seus filhos gêmeos nascerem. Terá partido, chamado à pátria por
causa de eventos gravíssimos.

De acordo com muitos historiadores modernos, a gravidez de
Cleópatra não é casual, mas fruto de uma escolha ponderada. Para
além do amor entre os dois, neste momento Antônio é o homem
mais poderoso de Roma. Ter filhos com ele significa, para Cleópatra, consolidar o próprio poder no Egito e no quadro político do
Mediterrâneo. Talvez também deseje ter uma menina para desposar
Cesarião, de acordo com a tradição ptolomaica.

Sem dúvidas, no curso de sua vida, Cleópatra sempre esteve
muito atenta a possíveis gravidezes. Como destacou o arqueólogo

Duane W. Roller, não pode se permitir as dificuldades e os riscos de uma maternidade e de um nascimento: sua presença no trono é necessária todos os dias. Podemos imaginar as náuseas, as mil cautelas por sua saúde e depois o nascimento com perigo concreto de morte para ela e para as crianças. Sem mencionar suas responsabilidades como mãe, ainda que possa contar com a ajuda de muitas cuidadoras. Antônio surge no momento ideal: nenhum perigo interno no reino, nenhuma guerra ou inimigo nas fronteiras do Egito, e o homem mais poderoso aos seus pés. A escolha de Cleópatra, calculista até como mãe, é perfeita.

Mas como ela consegue planejar os nascimentos? Quais são os métodos contraceptivos da época? Cleópatra, embora seja rainha, utiliza os métodos de tradição popular conhecidos por muitas mulheres egípcias.

Existem, antes de tudo, métodos físicos. Do período faraônico em diante, parece se popularizar o uso de uma espécie de preservativo feito com intestino animal (embora faltem provas tangíveis); além de impedir a gravidez, serve também para impedir a disseminação de doenças venéreas.

Muitas outras informações chegam a nós por um papiro da época do Novo Reino (1567-1075 a.C.), conhecido como Papiro Ebers. Para evitar a gravidez, o texto aconselha o uso de um tampão composto de migalha de pão, acácia, mel e tâmaras. A fermentação da acácia, de acordo com os especialistas, poderia, de fato, criar condições hostis aos espermatozoides, servindo como espermicida. Em outro documento, o Papiro de Petri, são descritas algumas misturas, francamente inquietantes, à base de excrementos de crocodilo ou de elefante, que devem ser combinadas ao mel ou a uma espécie de líquido semelhante ao leite azedo e inseridas nas genitálias femininas. Também nesse caso agiriam como contraceptivo químico e físico em contato com espermatozoides, mas de forma mais branda.

Mais tarde, na época romana, várias fontes (entre as quais Plínio, o Velho) falam do sílfio, uma planta selvagem que crescia na Cirenaica. Era usado como panaceia para muitos males, como poderoso afrodisíaco, e, por fim, como anticoncepcional eficaz quando tomado uma vez ao mês. Infelizmente não o conhecemos, pois foi extinto na época antiga por conta da colheita excessiva, mas estudos de laboratório com plantas afins demonstraram, com efeito, um bloqueio temporário da fertilidade feminina nos ratos.

Não sabemos se Cleópatra faz uso dessas estranhas misturas e ingredientes, mas, em relação às outras mulheres egípcias, ela tem uma carta na manga. É uma grande especialista em substâncias tóxicas e venenosas. Não é improvável que conheça compostos ou receitas capazes de impedir temporariamente a fertilidade feminina, ou de tornar ineficaz o líquido seminal masculino. Qualquer que seja a substância ou técnica que use — lembrando que estamos no campo das hipóteses —, certamente é muito hábil para escolher o momento exato de engravidar.

9

O início de um pesadelo

Acordar de um sonho

Depois de passar o inverno inteiro na companhia doce e sensual de Cleópatra, Marco Antônio deixa Alexandria e o Egito na primavera de 40 a.C., quando a navegação do Mediterrâneo é reaberta. Os motivos da sua partida são muito graves. Em poucos meses, emergiram no horizonte novas e obscuras nuvens que se estendem de Roma até os limites do Oriente Médio. É Plutarco quem nos informa: "Enquanto Antônio perdia tempo em discursos fúteis e jogos infantis, duas notícias o alcançaram: a primeira, de Roma, informava que seu irmão Lúcio e sua esposa Fúlvia, depois de terem entrado em conflito entre si e mais tarde terem entrado em guerra contra Otaviano, tinham perdido tudo e fugiam da Itália; a outra notícia, nem um pouco melhor do que essa, era que Labieno, à frente dos Partas, estava submetendo a Ásia, do Eufrates e da Síria até a Lídia e a Jônia." Mesmo tendo conhecimento do que estava acontecendo na Itália, para Antônio, foi como acordar de um sonho e voltar para um pesadelo. O que aconteceu em tão poucos meses, para passar dos triunfos de Filipos para uma guerra civil em sua pátria?

A primeira etapa de sua viagem é Atenas, e quando desembarca está imerso em um péssimo humor, que é reforçado pela notícia de que seu irmão Lúcio foi derrotado e feito prisioneiro por Otaviano, que agora domina a península...

É um período complexo, que ocupa capítulos inteiros dos livros de História. Aqui, tentaremos resumir os pontos mais importantes, sobretudo porque, para além dos fatos históricos, agora emerge toda a personalidade de Marco Antônio, que até este momento não tínhamos realmente conhecido: da ambição à capacidade de ser um extraordinário homem de ação, ao carisma, aos (tantos) amores e aos (tantos) filhos de mulheres diferentes.

Quando se separaram depois da grande vitória em Filipos, Antônio e Otaviano dividiram as tarefas entre si: Marco Antônio deveria pacificar e estabilizar o Oriente Médio em vista da grande campanha que fariam contra os Partas, o império inimigo que se estendia, grosso modo, da atual Turquia oriental até o Irã; Otaviano, por sua vez, devia voltar à Itália e acalmar os 100 mil veteranos, dando-lhes terras onde viver com as famílias. Uma tarefa ingrata e arriscada, porque significava dar-lhes terrenos e propriedades que pertenciam a outras pessoas. É como se hoje, como pagamento a milhares de soldados, um governo decidisse lhes permitir tomar casas, apartamentos e terrenos de pessoas comuns, ocupando cidades inteiras e desalojando muitas famílias (mas "itálicas", e não romanas). Para satisfazer os veteranos, foram escolhidas e "sacrificadas" cerca de dezoito cidades itálicas, as quais, como se pode imaginar, se rebelaram, pedindo que essa "imposição" se estendesse igualmente às outras cidades. Isso alarmou muitos outros centros urbanos, que por sua vez se uniram à contestação. Roma foi invadida por multidões em protesto. Como afirma Dião Cássio, "uns (os veteranos) queriam violência, outros (os proprietários de terra) não queriam sofrê-la, uns queriam roubar propriedades alheias, outros queriam conservar suas propriedades".

Embora tentasse agir como mediador entre as duas partes, Otaviano não tinha o carisma, o prestígio nem a experiência de Antônio para gerir uma situação como essa, que resultou em combates e mortes. Ele mesmo correu o risco de ser morto no teatro por uma multidão de soldados devido a um incidente banal. Antônio levara tudo isso em consideração e provavelmente tinha esperança de que o clima de caos lhe permitisse tornar-se o único no poder. Os familiares de Antônio, a esposa Fúlvia e o irmão Lúcio, na época na função de cônsul, tiveram a mesma ideia. Como destaca Ronald Syme: "Faziam um jogo duplo. Na frente dos veteranos, transferiam toda a responsabilidade para Otaviano, insistindo que a decisão definitiva devia ser deixada para Antônio, que retornaria com o dinheiro recuperado nas províncias do Oriente... Por outro lado, comportavam-se como defensores da liberdade e dos direitos dos que tinham perdido suas posses, usando como referência o nome tão popular de Marco Antônio, o vencedor de Filipos." Para piorar as coisas, em Roma faltavam grãos e mantimentos: na verdade, embora tivessem perdido em Filipos, os republicanos ainda dominavam pelo mar com a frota intacta de Sexto Pompeu e bloqueavam os reabastecimentos da capital.

A gota d'água aconteceu em 41 a.C., com a decisão de Otaviano de repudiar Clódia, a jovem filha de 16 anos de Fúlvia, nascida do seu primeiro casamento com o tribuno Clódio, com quem ele se casara em 43 a.C. para selar seu acordo com Antônio (em uma carta, Otaviano jurava que ela continuava pura).

Foi assim que começaram a guerra. Lúcio, o irmão de Antônio, reuniu as legiões que lhe eram fiéis na cidade de Preneste (atual Palestrina) e marchou para Roma. Derrotando facilmente as tropas adversárias, entrou na cidade com a acolhida calorosa do povo e do Senado, mas com o passar das semanas perdeu as batalhas seguintes e precisou se refugiar em Perúgia, onde foi atacado por Otaviano. Era o fim de 41 a.C. Nessa mesma época, Marco Antônio engravidava Cleópatra no paraíso dourado de Alexandria.

O cerco durou meses, e por fim Lúcio e a cidade precisaram se render pela fome. A represália de Otaviano passou à História. A cidade foi saqueada, muitos habitantes foram assassinados e por fim Perúgia sucumbiu às chamas e foi arrasada. Também nesse caso, como em Filipos, Otaviano mostrou inesperadamente todo seu lado sádico, cruel e desumano: como informa o historiador

Suetônio, respondia aos habitantes que lhe pediam benevolência: "É preciso morrer." Além disso, escolheu 300 senadores e cavaleiros entre os que foram presos, mandou-os a Roma e ordenou que fossem assassinados em massa no Fórum, diante do altar de Júlio César. Era 15 de março, os Idos de Março... Por fim, renovou as listas de proscrição, iniciando um novo banho de sangue. Dessa maneira, assumiu o controle de toda a península.

Depois da vitória (ou o massacre) de Perúgia, os generais de Antônio se dispersaram, abandonando a Itália. Seu irmão Lúcio foi capturado, mas depois, curiosamente, foi perdoado por Otaviano, que se reconciliou com ele e o enviou à Espanha com o cargo de governador (onde morreu no ano seguinte em circunstâncias desconhecidas). Fúlvia foi autorizada a deixar a Itália incólume. Ao conceder o perdão aos dois, Otaviano talvez esperasse poder abrir uma negociação com Antônio.

O encontro tempestuoso entre Antônio e Fúlvia

Essa é, portanto, a situação quando Antônio desembarca em Atenas e revê Fúlvia. Como foi o encontro entre eles? Se o encontro de Antônio com Cleópatra, meses antes, em Alexandria, foi uma explosão de paixão, este é, no entanto, uma explosão de ira.

Fúlvia é uma mulher de personalidade muito forte, uma verdadeira megera. Como vimos, fontes antigas narram que ela enfiou um alfinete na língua de Cícero, segurando a cabeça cortada do filósofo entre as mãos. E foi ela quem certamente treinou um exército, junto ao cunhado Lúcio, para combater Otaviano, a ponto de Dião Cássio comentar: "Por que maravilhar-se com isso, se sabemos que ela também usava uma espada e transmitia palavras de ordem aos soldados, e muitas vezes discursava para as tropas." Quando enfim ficam frente a frente, ambos estão muito irritados. Durante esse encontro, provavelmente, palavras duras são ditas: ambos levantam a voz, gritam. É mais do que uma discussão entre marido e mulher. Muito mais...

Antônio a acusa de ter estragado tudo, gerindo mal a situação na Itália até provocar a guerra contra Otaviano. Fúlvia, de acordo com muitos historiadores, acusa-o das numerosas relações extraconjugais e ao mesmo tempo políticas que ele teve enquanto ela estava na Itália (Cleópatra, é claro, mas também Glafira, na Capadócia). Podemos acrescentar que tais relações levaram a uma ausência prolongada de Antônio no cenário Romano, deixando o campo livre para Otaviano.

Não deve ter sido fácil para Antônio deter a raiva de uma mulher inteligente, ativa e cheia de energia como Fúlvia, dotada de um ímpeto que era notável a todos na pátria, até mesmo aos soldados inimigos que a cercavam em Perúgia. Como informa também o estudioso Giusto Traina, durante escavações arqueológicas reemergiram os projéteis cônicos de chumbo que os lançadores das legiões atiravam em massa, e também as fundas, nas quais os soldados de ambas as fileiras gravaram em relevo, no momento da fusão do chumbo, mensagens hostis, muitas vezes obscenas, contra o inimigo. Assim, sobre uma das que foram encontradas na cidade umbra e guardadas no Museu Arqueológico Nacional, lê-se *"Pete culum Octaviani"*, literalmente "Mire no rego de Otaviano". Outra foca nos poucos cabelos de Lúcio. Outra ainda, por fim, é dirigida a Fúlvia, que os soldados consideravam claramente como um general inimigo: "Miro no clitóris de Fúlvia."

O ciúme de Fúlvia é uma das notas mais vívidas desse encontro tão tempestuoso descrito por muitos historiadores modernos. A ideia de que fosse uma mulher muito enérgica e cheia de orgulho em certo sentido nos permite compará-la a Cleópatra (por isso um pensamento benévolo, mais humano do que histórico, nos leva a Antônio, dominado não por uma, mas por duas mulheres de personalidade forte). No entanto, seria um erro pensar que todas as mulheres se comportavam assim. Nessa época, é verdade que se assistia a certa emancipação feminina, graças a uma decisão histórica do Senado ocorrida poucas dezenas de anos antes, que consentia às mulheres, no caso da morte do marido ou do pai, herdar o patrimônio familiar, embora não lhes concedesse a possibilidade de geri-lo com autonomia. Antes, apenas outros parentes homens (irmãos ou maridos) poderiam herdá-lo, relegando à sombra e à impotência gerações de romanas. A partir daquele momento, surgiram personagens femininas poderosas, independentes nos hábitos cotidianos e até na vida sexual. Fúlvia, no fundo, é um perfeito exemplo disso.

A emancipação vivida pelas mulheres nesse período da sociedade romana talvez seja o único momento na história do Ocidente em que a condição feminina se "aproxima" àquela moderna. As aspas são, no entanto, obrigatórias, porque as mesmas mulheres, contudo, são privadas de direitos políticos e têm pouquíssimos direitos civis, além de sofrerem muitas outras limitações, em especial nas faixas mais baixas da população. Estamos, como sempre, diante de uma sociedade machista, na qual ao homem, como já dissemos, consente-se ter relações extraconjugais (algo absolutamente proibido às mulheres). Um homem pode ter uma esposa e, se o desejar, também pode assumir uma ou mais concubinas, que terão, é claro, um status inferior ao da esposa. E isso não acontece apenas nas classes mais altas. Até um sapateiro pode ter várias mulheres. A lei não o proíbe.

Outro elemento precisa ser levado em consideração quando evocamos ciúmes como o de Fúlvia: em Roma, no que diz respeito às classes elevadas, são poucos os casamentos por amor; quase todos os casos tratam-se de matrimônios por interesse entre famílias. Os dois cônjuges são, portanto, obrigados a conviver, embora não se desejem. Depois de terem gerado uma prole, fundamental para a continuação da estirpe, cada um encontra a paixão com outros: os homens o fazem abertamente, em virtude da liberdade sexual que a sociedade romana lhes permitia (relações extraconjugais e bordéis são exemplos disso); enquanto para a mulher tudo é muito mais complicado. Quase sempre, esses casamentos por interesses familiares ocorrem entre um homem maduro e uma mulher muito jovem. Depois de parir seus filhos, essas mulheres, ainda jovens, percebem-se sozinhas, com um marido ausente que poderia ser seu pai e que elas não desejam, motivo pelo qual provavelmente toleram de bom grado suas relações extraconjugais, enquanto elas, ainda na flor da idade, para amar um homem e viver uma paixão, precisam fazer tudo às escondidas, correndo todos os riscos de um amor clandestino. É preciso levar tudo isso em conta quando falamos de Antônio, Cleópatra, Fúlvia, Otaviano e de personagens do passado em geral. Não podemos nos arriscar em cair em estereótipos modernos aplicados ao mundo antigo. Interpretar seus sentimentos e suas ações com base em nossas regras e nossos valores modernos é um erro que não se deve cometer. Aquela era uma sociedade semelhante à nossa, sim, mas diferente.

De acordo com o estudioso Romolo Augusto Staccioli, grande especialista na idade romana, na Roma de Otaviano, isto é, a época que estamos descrevendo, pode-se falar até mesmo em uma "quadrilha do amor", referindo-se a como os casais mudam de parceiros com uma rapidez e facilidade de fato surpreendentes. Referimo-nos, é claro, à classe alta da população, a aristocracia, da qual, no entanto, fazem parte todos os protagonistas da nossa história. Outro aspecto interessante é que em latim não existe a palavra "solteirona". O único termo que se aproxima é *vetula virgo*, ou seja, "velha virgem", que, no entanto, destaca mais o aspecto físico não exatamente fascinante de uma mulher do que o fato de que ela não tem um marido.

A explicação para isso pode ser encontrada nesse "dinamismo" contínuo (e muito moderno) de casais da alta sociedade, que dificilmente deixava uma mulher sozinha: o aspecto físico não é um problema. A respeito de Fúlvia, como já mencionamos, Veleio Patérculo (que lhe era hostil, é preciso destacar) dizia que de feminino tinha apenas o corpo. Em outras palavras, são o status social, a riqueza e o poder da família de origem a verdadeira música que guia essa quadrilha do amor.

Além disso, não é improvável que, por causa da alta taxa de mortalidade feminina durante os partos (que eram numerosos, em virtude também da alta taxa de mortalidade infantil e da obrigação de ter um filho homem para continuar a linhagem hereditária da família), as mulheres disponíveis na alta sociedade não fossem tão numerosas.

Nada disso, é claro, elimina a chance de uma mulher fazer cenas de ciúme para o marido, mas esses nos parecem casos de exceção. Talvez tenha sido assim para Fúlvia. A esse propósito, Francesca Cenerini, professora de História romana na Universidade de Bolonha, destaca como, por exemplo no caso de Brutus e Pórcia, esta última reivindica mais uma inteligência e uma visão política em comum, e não a vida sexual, que o marido compartilha com suas concubinas e sobre a qual ela não tem nada a recriminar.

Se houve ciúme (e frisamos o "se"), é porque no casamento de Fúlvia com Antônio não havia apenas interesse, mas também sentimento, uma constante nas relações de Antônio com as mulheres, como veremos. Embora seja um impenitente mulherengo, um "simpático canalha", parece-nos que exerce, contudo, um fascínio particular sobre o sexo oposto, sendo um homem forte, bem-sucedido, poderoso e protetor, mas também vivaz, amante das brincadeiras, da risada, e dessa forma jovial, a ponto de evocar, além do amor e da paixão, algo a mais, talvez uma espécie de afeto maternal, que liga as mulheres a ele de maneira profunda. Além disso, há o fato, é claro, de que sua estatura política e seu grande poder aumentam consideravelmente o "fascínio" que exerce.

As mulheres de Antônio

Quantas mulheres Antônio teve ao longo da vida? É impossível ter certeza, ainda mais porque, de acordo com as fontes antigas, ele teve também experiências homossexuais. A esse propósito, diz-se que o homem romano crescia, culturalmente, com uma abordagem bissexual no que diz respeito ao sexo. Era aceitável fazer amor tanto com mulheres quanto com outros homens, contanto que nessas relações se mantivesse um papel ativo, não passivo. A razão é que a supremacia do macho romano sobre os outros devia ser total e ia além dos gêneros: devia dominar sexualmente não apenas as mulheres, mas também outros homens. Por isso, tratava-se em geral de uma homossexualidade "punitiva", na qual se submetiam sexualmente os indivíduos de classe inferior, desde escravos até prisioneiros. Isso não impossibilita o fato de existirem também grandes amores entre homens e entre mulheres. Todavia, a homossexualidade entre mulheres era muito malvista, porque, em uma sociedade machista, tirava do macho o poder sobre o prazer feminino.

Antônio teve seis relacionamentos confirmados em sua vida. E por meio de cada um deles descobrimos uma particularidade diferente de sua psicologia.

A primeira mulher dessa lista foi Fádia, em 60 a.C. Marco Antônio tinha 23 anos e iniciou com ela uma relação não exatamente desinteressada: na época, ele estava em uma desesperada busca por dinheiro e ela era filha de um liberto muito rico, Quinto Fádio, que ajudou Antônio a colocar em ordem as próprias finanças. Cícero, mais tarde, em suas *Filípicas*, aludirá a um hipotético casamento entre os dois, que teria gerado filhos, acusação infundada, pois a própria lei romana impedia a um nobre o casamento com uma liberta. Com grande probabilidade, tratou-se de um concubinato e é verossímil que Antônio tenha tido filhos com ela, mas não sabemos quantos nem seus nomes, uma vez que por lei não eram considerados legítimos.

Por volta dos 30 anos (53-52 a.C.), Antônio se casou com uma prima de primeiro grau, Antônia Híbrida, de 20 anos. Também nesse caso a moça foi entregue como esposa a Antônio por razões econômicas, uma vez que ele estava cheio de dívidas e em dificuldade financeira. O que a família dela recebeu em troca? Seu pai, Caio Antônio Híbrida, ex-governador da Macedônia, cônsul e comandante militar, tinha sido exilado na Cefalônia e talvez tivesse esperança de ser reabilitado, visto que Marco Antônio era um personagem em ascensão no panorama político. Não foi um casamento feliz. Antônio a traía repetidas vezes e uma de suas amantes foi a famosa atriz Licoride. Talvez ela também o tenha traído. Na verdade, ele a repudiou, acusando-a de ter tido uma relação com Dolabela, fato que não se pode confirmar. Tiveram uma filha, Antônia, que foi entregue como esposa a Pitódoro, um ancião, rico e influente personagem da cidade de Trales, no sul da atual Turquia, no âmbito da política de alianças tecida por Antônio.

A atriz Licoride foi o terceiro grande amor de Antônio. A relação entre eles começou em 49 a.C., quando ela tinha 34 anos. Licoride foi uma das mulheres mais fascinantes de toda a época romana. Escrava de um romano rico e notório, seu verdadeiro nome era Volumnia Licoride, mas era conhecida pelo nome artístico, Citeride. Seu patrão tinha um verdadeiro time de atores e atrizes para os espetáculos teatrais, que "fornecia" também aos banquetes da alta sociedade, onde se prostituíam. Licoride era sua estrela: bonita e muito apreciada, logo foi libertada para ficar mais "apresentável" nos banquetes da Roma que importava. Dessa maneira, seu patrão aumentava sua rede de relações e, portanto, seu poder. Mas Licoride também tirou vantagens disso: ainda muito jovens, primeiro se relacionou com Brutus, depois com Marco Antônio, que perdeu a cabeça por ela. O relacionamento entre eles fez fervilhar Roma porque os dois eram conhecidos, e porque ele, embora casado, não se preocupava em ser visto. Ao contrário, de acordo com Cícero, deslocava-se pelas estradas de Roma com ela em uma liteira precedida por lictores. Em termos modernos, seria como passear com a amante em um carro azul. Pior ainda, de acordo com Cícero ele a tratava como uma *"matrona honesta"* e como se fosse sua esposa. Acusações e insinuações desse tipo podiam ser devastadoras para a carreira de Antônio, porque Licoride era, entretanto, uma prostituta e uma atriz, e estava no degrau mais baixo da sociedade romana. Talvez por pressão de César, ele decidiu terminar a relação com relutância. Em seguida, ela começou uma ligação com outro personagem romano de destaque, o poeta Cornélio Galo, que fazia parte do círculo de Virgílio e Horácio. Ele a considerou sua musa, como fizera Catulo com Lésbia, e quando ela o deixou por um obscuro comandante das fronteiras do Reno, o poeta caiu em profunda depressão. Seus colegas literatos tentaram em vão animá--lo (existe uma passagem de Virgílio que fala do amigo destruído). Para entender a importância e a habilidade de Licoride na sociedade romana, basta compará-la a Marilyn Monroe: ambas viveram romances com um político (Brutus — Kennedy), com um homem de ação (Antônio — Joe DiMaggio) e com um literato (Galo — Arthur Miller). A história sempre se repete...

Depois foi a vez de Fúlvia. Os dois se casaram em 47 a.C., quando Antônio tinha 36 anos, e tiveram dois filhos, Marco Antônio Antilo e Julo Antônio.

A respeito dela, Plutarco conta que "não se ocupava da lã nem dos cuidados da casa [...] mas queria dominar um dominador e comandar um comandante de exércitos". E acrescenta: "Cleópatra estava em dívida com Fúlvia por ter habituado Antônio ao senhorio (isto é, ao domínio), feminino; recebeu-o já dócil e acostumado a servir." Em outras palavras, Cleópatra encontrou um homem fácil de manipular, submisso, amplamente dominado por Fúlvia.

Antônio, em resumo, seria um homem fraco com as mulheres fortes, submisso com as dominadoras, com as quais talvez se sinta protegido. Com efeito, as três mulheres mais importantes de sua vida — Licoride, Fúlvia e Cleópatra — são exatamente assim.

Em seguida, houve também Otávia. Antônio casou-se com ela aos 43 anos, em 40 a.C. Com personalidade completamente diferente da de Fúlvia, demonstrará ser uma companheira fiel e sincera, uma pessoa boa, como diríamos hoje, a tal ponto que, além de ter com ele duas meninas (Antônia Maior e Antônia Menor), acolherá na própria *domus* todos os filhos que Antônio teve com outras mulheres.

A última foi Cleópatra, que lhe deu três filhos: Cleópatra Selene, Alexandre Hélio e Ptolomeu Filadelfo. Com ela, Antônio teve a relação mais longa de sua vida, que durou mais de onze anos, embora nesse período tenha se concedido uma longa *liaison* com a rainha Glafira, e até as núpcias com Otávia.

Antônio e Cleópatra se casaram? Não se sabe, e até hoje é algo que se discute. Mas, ainda que tenham se tornado marido e mulher, o casamento entre eles não teria valor algum em Roma...

Em essência, cada uma dessas personagens revela uma parte da personalidade de Antônio. Capaz de entregar-se a paixões explosivas por mulheres com forte característica sensual (Licoride,

Glafira e Cleópatra), mas também de se casar com frieza e por puro interesse, permanecendo longamente com a esposa e tendo filhos (Fádia, Antônia Híbrida e Otávia), para depois encontrar uma alma quente como Fúlvia, talvez a única com que teve uma relação de casal "normal" e sincera. É claro, nossas considerações se baseiam sobre o que hoje sabemos sobre ele graças aos textos escritos pelos antigos, os quais não raramente se excedem em suas descrições, pintando-o como um homem depravado e dedicado aos excessos. O objetivo era desacreditá-lo, pois eram textos a favor de Otaviano, seu grande adversário. Todavia, considerando até essa distorção histórica, como já dissemos, nas relações de Antônio quase sempre é notável uma conveniência política pessoal e/ou um retorno econômico, mesmo no caso das grandes paixões amorosas. Mas podemos observar também outro elemento recorrente. Para além da propaganda de Otaviano, que o retrata como submisso às mulheres, Marco Antônio muitas vezes cai aos pés de amantes com personalidade forte. O grande número de relacionamentos oficiais (seis) e de filhos (oito) delineia um perfil psicológico no qual emerge uma clara inconstância nas relações, traço típico de uma mente voraz ampliada por um período histórico de grandes reviravoltas que requerem uma notável habilidade em tecer ligações emocionais e, ao mesmo tempo, alianças políticas. Antônio atravessou um dos mares mais tempestuosos da história, saboreando a vida sem nunca voltar atrás, para depois morrer com apenas 53 anos.

O casamento de Antônio e Otávia

Voltemos à nossa história. Antônio e Fúlvia passam juntos em Atenas o verão de 40 a.C., com os dois filhos. Ainda não sabem, mas será a última vez que a família se reúne.

Perto do fim do verão, Antônio parte para a Itália com suas legiões para resolver o problema com Otaviano, deixando a esposa em Sicião, perto de Corinto. Nunca mais a verá: Fúlvia já está doente, e em poucas semanas suas condições pioram, levando-a prematuramente à morte. Os escritores da época seguinte dirão que morreu de tristeza e coração partido por causa da relação de Antônio com Cleópatra. A motivação talvez tenha sido exagerada, mas é verossímil que naquele momento o mundo de Fúlvia esteja desfeito: na Itália, perdeu tudo, e agora está exilada no exterior com um marido que se relaciona e tem até filhos com uma rainha estrangeira. Apesar de sua dor, que embora grave era superável para uma mulher combativa como ela, é provável que tenha tido um problema de saúde que a enfraqueceu e a levou.

Decerto Antônio sofreu muito quando, tendo chegado havia pouco à Itália, a notícia o alcançou. Os dois gostavam sinceramente um do outro, apesar de tudo.

Por mais inacreditável que possa parecer, foi a morte de Fúlvia que resolveu a situação na Itália. Quem alimentara a inimizade entre Antônio e Otaviano não existia mais, de maneira que os dois não hesitaram em aproveitar as circunstâncias para entrar em acordo, evitando uma guerra. Outra vez repartem os territórios: o Ocidente, até o oceano, fica com Otaviano. O Oriente, até o Eufrates, fica com Antônio. A linha de separação entre os dois domínios passa por Escodra, na Albânia (Scodra, então na Ilíria). Seguem-se entradas triunfais em Roma, anistias, banquetes com Antônio vestido à maneira oriental e Otaviano à maneira ocidental (com vestes militares). Para selar o novo acordo entre os dois, celebra-se um matrimônio: o de Antônio com Otávia, irmã de Otaviano.

Em todo esse longo período (cerca de três anos), Cleópatra parece completamente esquecida. Marco Antônio precisa resolver situações gravíssimas, é claro, mas não há traço da sua paixão arrebatadora e da sua proximidade com ela. Tudo parece ter se dissolvido como uma bola de sabão, a ponto de se casar com outra. Está obedecendo a deveres institucionais, mas Otávia é uma mulher especial e não mais uma garotinha indefesa.

Tem cerca de 30 anos, uma idade em que a maturidade aflora na mulher romana. Já tem filhos de um marido anterior, que morreu poucos meses antes. Portanto, estão se casando dois viúvos:

Antônio, que, na época, já tem cinco filhos, e Otávia, com dois. Só que há ainda uma surpresa. Ao se casar, Otávia está grávida de um terceiro filho. Seu marido a engravidou antes de morrer.

Isso cria um problema legal. De acordo com a lei romana, uma viúva não pode casar de novo antes que transcorram dez meses da morte do primeiro marido, de forma a não levar no ventre um filho que não pertence à casa e ao sangue do novo marido (*turbatio sanguinis* e *incertitudo seminis*). Para que Antônio e Otávia possam se casar, é necessário, portanto, que recebam uma dispensa especial do Senado.

Não temos testemunhos ou narrativas sobre essas núpcias, mas devem ter sido um pouco bizarras: Otávia com seu barrigão e ainda em luto, e Antônio, que não negava a relação com Cleópatra, mas não admitia ter se casado com ela.

A união entre os dois certamente tranquilizou a opinião pública, pelo menos a vertente romana mais tradicionalista, e também os veteranos de César, que viram o perigo de uma guerra civil ser evitado. Como destaca a professora Cenerini, "a propaganda augusta apresentará Otávia como a perfeita representação do modelo tradicional feminino, obviamente adaptado às circunstâncias da época. Plutarco, na verdade, a definirá como 'um tesouro de mulher', correspondente aos modelos existentes do ideal de uma dama com base no *mos maiorum*". Otávia é mais do que isso: pequena e doce, com um rosto bonito e sempre próxima de Antônio, é uma esposa sincera, fiel e pronta para resolver qualquer problema.

Esse casamento sela um momento de paz e esperança em toda a península, dilacerada por tantos anos de guerras. Nas moedas cunhadas nesse período, muitas vezes são representados a deusa da Concórdia, ou até mesmo Antônio e Otávia: é uma das primeiras ocorrências de uma mulher romana representada em uma moeda, e, como evidenciaram muitos estudiosos, o objetivo era destacar a importância do papel de Otávia, nunca antes vivido por outras mulheres.

Conforme observado pelo historiador Michael Grant, Virgílio confirma essa grande esperança em um período de paz e riqueza nas suas *Bucólicas*, ao escrever a quarta écloga em homenagem a uma criança hipotética que trará uma época de ouro ao mundo: será o próximo filho de Antônio e Otávia?

"Proteja, casta Lucina, o menino que está nascendo, por quem terminará a geração do ferro, e a geração do ouro surgirá no mundo todo; agora quem reina é Apolo."

Com efeito, tudo parece fluir bem. Chegam também a um acordo com Sexto Pompeu, cujos navios bloqueiam os mares, mergulhando Roma na fome. Também nesse caso, há banquetes, partições de territórios, anistias e ressarcimento para todos aqueles que na época das listas de proscrição pela morte de César fugiram ao seu encontro na Sicília. E, é claro, não poderia faltar o noivado entre a filha de Sexto Pompeu e o filho de Otávia.

Sabemos que no grande banquete oferecido no navio-almirante de Sexto Pompeu para sancionar a paz houve, na realidade, muitas trocas de farpas. Em particular, pairava a imagem de Cleópatra, que embora não estivesse presente foi alvo de piadas: a relação entre ela e Antônio continuava na boca do mundo romano, alimentando todos os tipos de fofocas.

Otaviano também se casa... como um deus

Esse é o único período em que Antônio e Otaviano estão realmente de acordo. O relacionamento entre os dois entra em harmonia no curso dos meses. Para destacar o período feliz para todos, acontece um novo casamento: o de Otaviano.

Quando ele viu Lívia, apaixonou-se à primeira vista. E pouco lhe importava que já fosse casada (o marido combatera contra ele em Filipos) e que estivesse grávida. Otaviano obriga o marido a se divorciar dela, e no início de 38 a.C. eles se casam, antes do nascimento do filho que ela está esperando. Também nesse caso, as núpcias acontecem com uma noiva grávida do filho de outro...

Na realidade, para além dos sentimentos, esse matrimônio foi um hábil movimento de Otaviano na sua escalada ao vértice do mundo romano, porque cimenta uma aliança com uma parte importante da aristocracia. Começam a circular piadas entre o povo, entre as quais aquela que diz: "Se você tem sorte, seus filhos nascerão depois de três meses", que logo se torna um provérbio, como informa com sarcasmo Dião Cássio.

Para acrescentar uma nota de fofoca, dizem que o ex-marido também compareceu ao casamento (porque convinha politicamente a todos), e que no restrito banquete de núpcias apelidado de "os 12 deuses", todos os convidados compareceram vestidos como divindades. O próprio Otaviano parece ter vestido a indumentária de Apolo. É provável que fosse uma resposta a Antônio e Cleópatra, aclamados no Oriente como Dionísio e Afrodite... Hoje, nenhum matrimônio real seria assim. Mas, como já dissemos, é preciso levar em consideração a diferença de usos e costumes quando exploramos o mundo romano. Esse banquete suntuoso ocorre enquanto a população sofre com a fome em virtude do embargo naval de Sexto Pompeu. Otaviano é descrito pela propaganda dos adversários como um tirano, dado que chega ao nosso conhecimento após atravessar as malhas da censura operada a favor de Otaviano.

Concluímos esse período de fato complexo acrescentando que, depois dessas núpcias, Antônio volta a coordenar as operações bélicas na Grécia, onde seus generais — em particular, Públio Ventídio Basso — realizam grandes vitórias, varrendo os Partas do Oriente Médio, matando o romano "traidor" Labieno depois de uma fuga inacreditável e restabelecendo a honra de Roma com uma vitória definitiva em Monte Gíndaro, que vinga a vergonha da terrível derrota de Carras ocorrida 15 anos antes, por coincidência, ao que parece, naquele mesmo dia, 9 de junho. Por causa desta grande vitória, nunca de fato destacada pelos historiadores, mas de extrema importância para a época, Ventídio recebe o triunfo em Roma no dia 27 de novembro de 38 a.C.

* * *

Liz Taylor interpretou uma sedutora Cleópatra na película homônima de Joseph L. Mankiewicz (1963).

Vivien Leigh nas vestes da rainha para o filme *César e Cleópatra* (1945), dirigido por Gabriel Pascal.

Sophia Loren também emprestou seu rosto à última rainha do Egito no filme *Duas noites com Cleópatra* (1953), dirigido por Mario Mattoli.

Charlton Heston (ator e diretor) e Hildegarde Neil em *À sombra das pirâmides* (1972).

O banquete de Cleópatra (1743-1744), de Giambattista Tiepolo. O famoso pintor imortalizou o momento em que Cleópatra dissolve uma pérola no vinagre diante de Antônio.

Bracelete em ouro com formato de serpente: uma joia romana de inspiração egípcia.

Brinco em ouro com formato de cupido alado da época helenística produzido em Alexandria.

A Taça Farnese é um artesanato extremamente refinado, um prato para libação de escola alexandrina em ágata sardônica. Essa obra-prima é mantida no Museu Arqueológico Nacional de Nápoles.

Taça em ônix produzida em Alexandria, provavelmente semelhante às utilizadas nos banquetes de Cleópatra VII.

Detalhe do esplêndido mosaico de Palestrina: uma representação da fauna e da flora durante as cheias do Nilo e das embarcações utilizadas.

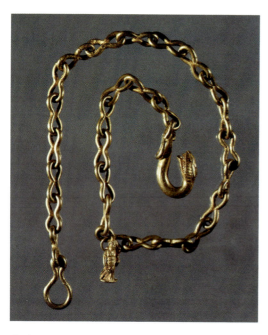

Colar em ouro com pingente que representa a deusa Ísis.

Estátua egípcia representando a deusa Ísis.

Sistro, instrumento musical sagrado para a deusa Ísis. O som sai quando é sacudido.

Cabeça de Ísis em mármore de tradição romana.

Templo de Hator em Dendera (acima) e detalhe (abaixo) do relevo com Cleópatra VII à direita, precedida pelo filho, Cesarião, enquanto levam oferendas à deusa Ísis.

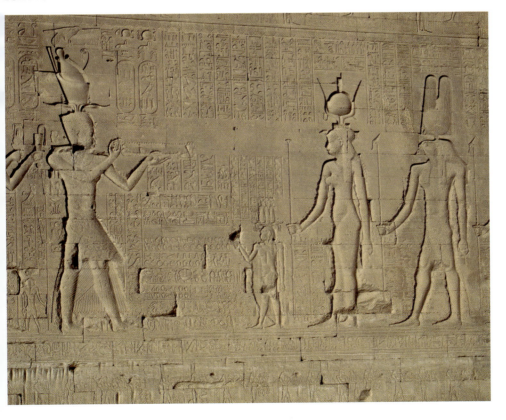

Relevo com navio de guerra birreme romano semelhante aos usados em Áccio.

Reconstituição de um navio romano levado pelas ondas, testemunho da periculosidade do Mediterrâneo.

Decoração em bronze da proa de um navio, descoberta na baía de Áccio.

Escultura em mármore de Otávia, irmã de Otaviano, o futuro Augusto, e esposa de Antônio. É ela quem cria os filhos de Cleópatra VII após sua morte.

Busto em mármore do general Agripa, o grande estrategista de Otaviano.

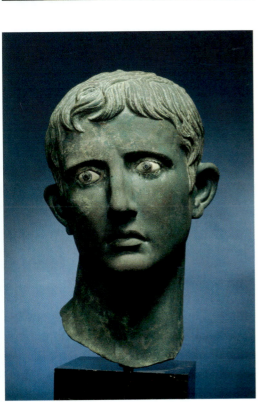

Cabeça de bronze que representa Otaviano com a franja "à escovinha". Originalmente, pertencia a uma grande estátua.

Moeda de prata cunhada em 28 a.C. para comemorar a anexação romana do Egito. De um lado, o rosto de Otaviano; do outro, um crocodilo com a frase "*Aegypto capta*" (Egito conquistado), indicando a vitória sobre Cleópatra VII.

A imponente estátua de Augusto de Prima Porta, que o retrata nas vestes de general vitorioso.

A morte de Cleópatra (1874), de acordo com interpretação de Jean André Rixen. Com ela, estão também suas fiéis servas, Eiras e Carmione.

Na Itália, infelizmente, as coisas começam a ir mal. Apesar de todos os acordos, compromissos e promessas de futuros casamentos, entre Sexto Pompeu e Otaviano deflagra-se uma guerra naval, com uma série de derrotas para este último. Antônio retorna precipitadamente à Itália e encontra Otaviano, com o qual renova o acordo, prolongando em cinco anos o triunvirato. Nessas negociações, além de uma enésima promessa de casamento (entre o filho de Antônio, Antilo, e a filha de Otaviano, Júlia, que não tem nem 2 anos), há uma troca de apoios militares: Antônio promete 100 navios dotados com tribunas para a guerra contra Pompeu e Otaviano se compromete a enviar 20 mil soldados para suas guerras no Oriente, em particular para a grande expedição contra os Partas. Citamos esse acordo porque será uma das centelhas da guerra entre os dois no futuro: Otaviano não honrará sua parte no pacto.

É a última vez que os dois se encontram fora de um campo de batalha. A próxima será para aniquilarem um ao outro com exércitos e navios.

Antônio procura Cleópatra novamente

Após o encontro com Otaviano, Antônio parte para a Grécia com a esposa e os filhos, mas, chegando a Corfu, pede que Otávia volte para a Itália. Por quê? Muito já se discutiu a respeito dessa decisão. De acordo com alguns, trata-se de uma escolha razoável: Otávia está no quinto mês de gravidez e entre os generais romanos é praxe que as esposas, sobretudo as grávidas, não sigam os maridos nas campanhas militares.

Segundo outros estudiosos e alguns escritores antigos, porém, Antônio demonstra com essa atitude que se sente cansado da companhia de Otávia e daquele casamento institucional. Seu coração ainda bate por Cleópatra.

Plutarco o evidencia magistralmente: "Aquele mal terrível, seu amor por Cleópatra, que permanecera enterrado por tanto tempo, como se adormecido e domado pelo encanto da razão, mais uma vez irrompeu e retomou seu vigor quando Antônio se aproximou da Síria. Por fim, como diz Platão, uma vez que o indócil e indomável jumento da alma afastou aos chutes quaisquer pensamentos bons e saudáveis, Antônio mandou Fonteio Capitão buscar Cleópatra e levá-la até a Síria."

Em todo caso, é a última vez que Antônio vê a mulher e os filhos (com a exceção dos dois mais velhos). Diante dele, agora, está Cleópatra.

O objetivo que tem em mente é claro. Para uma grande campanha militar contra o Império Parta, é preciso ter linhas de retaguarda bem fortes, capazes de garantir reabastecimentos, armas, homens e, em especial, dinheiro. Antônio inicia, portanto, uma reorganização de todo o Oriente Médio, estabelecendo, como destacou Grant, ligações fortes com alguns soberanos que, para todos os efeitos, tornam-se reis clientes. É uma mudança de rota da política de domínio de Roma naquela área: não são mais governadores predadores que saqueiam províncias inteiras, mas Estados independentes na administração de uma população que conhecem bem (até na coleta dos "preciosos" impostos, verdadeiro rio de dinheiro para a campanha contra os Partas). O mais importante entre todos esses reinos clientes, claro, é o Egito. Depois de encontrar os vários soberanos, chegou a vez de Cleópatra, que, convidada por Antônio através do fiel Caio Fonteio Capitão, chega à Antioquia.

Situada praticamente na atual fronteira entre Turquia e Síria, a Antioquia é a terceira maior cidade do Mediterrâneo depois de Roma e Alexandria. É curioso e desolador que quase nada de visível tenha sobrado desse fabuloso território. É perturbador como o tempo pode ser capaz de apagar capítulos inteiros da História, substituindo-os pelo vazio e pelo silêncio. Um fenômeno que deveria nos fazer valorizar cada aspecto do nosso presente, destinado, com toda probabilidade, a desaparecer no futuro.

Não sabemos como se deu o reencontro entre Antônio e Cleópatra nos últimos meses de 37 a.C., mas podemos imaginá-lo. Esqueçamos aquele primeiro encontro em Alexandria, com os esforços de Cleópatra para conquistar Antônio. Não temos provas, mas muito possivelmente a rainha está furiosa, ferida e com ciúmes. Teve muito tempo para se preparar para aquele momento e escolheu as palavras mais eficazes, sem omitir nenhum detalhe. Seu único obstáculo talvez seja a emoção, que torna nebulosa a racionalidade do seu discurso. Aquele reencontro deve ter visto Cleópatra ao ataque, com veemência e com todas as suas técnicas mais eficazes de oratória transformadas, graças ao seu instinto feminino, em... armas de destruição em massa.

Deve ter censurado Antônio por sua ausência prolongada por tantos anos. Deve tê-lo acusado de nunca ter visto os filhos, os gêmeos, de tê-los abandonado, de ser um pai ausente. Sobretudo, movida pelo ciúme e por uma dor profunda, deve tê-lo atacado pelo seu casamento com outra mulher... com a qual teve duas filhas! É uma das cenas mais intensas da sua vida e, nos sentimos tentados a dizer, possivelmente de toda a História Antiga. É importante evidenciar que, mais do que sentimentos, há também uma raiva e uma mágoa "geopolítica": Cleópatra se sentiu colocada de lado na vantagem de um acordo entre Antônio e Otaviano. Infelizmente, embora seu ciúme de Otávia seja bem documentado pelos historiadores antigos, não temos nenhum detalhe sobre o que aconteceu naqueles longos minutos. Todavia, sabemos que nenhum de nós gostaria de ter à frente uma Cleópatra cega de ira e de ódio por causa de outra mulher e pelo fato de ter sido "esquecida" nos grandes jogos de poder do Mediterrâneo.

É preciso, no entanto, recordar um fato: a rainha não é ingênua, sabe muito bem que Antônio a procurou porque precisa de sua ajuda na campanha contra os Partas. Este é, portanto, o melhor momento para que ela dite suas condições. Porque, mais do que uma rainha, ela é também uma grande estrategista. Usa os homens poderosos da mesma forma como eles a usam. E sabe que agora pode tirar vantagem desse momento. Cleópatra provavelmente se apresenta, portanto, com uma "colossal" mistura de raiva, ciúme, cálculo político e grandes habilidades oratórias. Uma perfeita tempestade que Marco Antônio precisa enfrentar.

É imaginável que ele tenha deixado a rainha desabafar (o que mais poderia fazer?), e que depois tenha tentado contra-argumentar, explicando-lhe que seu casamento com Otávia é puramente institucional, de fachada. Mas isso deve ter incendiado ainda mais sua raiva, transformando Antônio em um homem obsequioso, pronto a satisfazer os desejos de Cleópatra, que — devemos repetir — é sua principal aliada e financiadora na guerra contra os Partas. Podemos intuir que tudo correu dessa maneira por causa das consequências desse encontro.

Primeiro, naquele momento são nomeados oficialmente os gêmeos Alexandre Hélio e Cleópatra Selene, até porque, conforme destacam autores modernos como Michael Grant, de acordo com a tradição grega, o Sol e a Lua são gêmeos portadores da vitória.

Além disso, Antônio faz imensas concessões a Cleópatra, presenteando-a com uma grande quantidade de territórios, alguns dos quais produzem ingredientes refinadíssimos e muito procurados na época:

- A Fenícia;
- Grande parte da Cilícia, ao sul da atual Turquia;
- Parte da Decápole (um grupo de dez cidades), entre as atuais Síria, Jordânia e Israel;
- A confirmação do controle sobre Chipre e seus lucrativos comércios e produções minerais;
- Algumas regiões ao longo do mar Vermelho, da Arábia Nabateia, e o monopólio da exploração dos depósitos de betume no mar Morto;
- A Itureia, ao norte da Galileia;
- As plantações de palma de tâmara e arbustos de bálsamo na Judeia (o famoso "bálsamo de Gileade" ou "bálsamo da Judeia", que era muito valioso como substância curativa e como perfume).

Marco Antônio consegue aplacar a ira da ambiciosa Cleópatra com esses "presentes caros", ou talvez, mais simplesmente, as concessões territoriais fazem parte de uma verdadeira negociação para restabelecer a aliança com a rainha. O efeito surpreende, Cleópatra torna-se de repente uma das mais importantes rainhas ptolomaicas, superando em muito o pai. Seus domínios tocam a extensão máxima do reino alcançado séculos antes com Ptolomeu II Filópator. A felicidade e a ambição de Cleópatra são tais que a rainha decide modificar o calendário oficial: de agora em diante, estaremos no ano 1 do seu reinado.

Em Roma, essas concessões fazem muitos torcerem o nariz, mesmo entre os apoiadores de Antônio. Mas ele segue em frente e prepara um grande exército para invadir o poderoso Império Parta.

A aguardada guerra contra os Partas

Antônio não está sozinho quando, na primavera de 36 a.C., concentra todas as suas tropas em Zeugma (no atual sudeste turco). Cleópatra está com ele: os dois fizeram as pazes durante o inverno. Em grande medida. Na verdade, a rainha do Egito está grávida de novo... Muitos se perguntaram se os filhos não são um instrumento de política, mais do que um sinal de amor entre os dois. Não entraremos nessas discussões porque não temos elementos suficientes. No entanto, um fato é certo: entre eles, tudo parece voltar a ser como antes. A partir de agora, viverão juntos até a morte.

Cleópatra está, sem dúvidas, impressionada. Diante deles há um destacamento militar espetacular: é um dos maiores exércitos já reunidos pelos romanos. Graças aos reforços obtidos pelos aliados, o número, de acordo com Plutarco, chega a cerca de 100 mil homens (60 mil legionários romanos, 10 mil cavaleiros ibéricos e celtas enquadrados como os romanos, além da contribuição de outros reinos aliados com 30 mil homens, entre infantaria e cavalaria). Ainda que admitamos que essas cifras sejam exageradas, trata-se, de uma força de impacto impressionante. Como planejara César, assassinado dias antes do início da "sua" campanha contra os Partas (é muito provável que Antônio queira recolher sua herança militar para demonstrar-se mais digno do que Otaviano na glória de Roma), decidem iniciar a invasão pelo norte, e não por oeste, como seria mais lógico. Uma intuição genial: os Partas são pegos desprevenidos, como César imaginara.

Por causa de um erro tático, no entanto, a campanha se revela um desastre. Para aproximar-se mais depressa da capital da Média, Fraaspa, e cercá-la, Antônio divide o exército em dois perto do atual lago Úrmia, deixando apenas duas legiões na retaguarda com todas as máquinas do cerco. O inimigo percebe sua vulnerabilidade e ataca com milhares de arqueiros a cavalo. É um massacre, e as máquinas do cerco, fundamentais para tomar a capital, são destruídas. Nesse momento, o aliado mais importante de Antônio, o rei da Armênia, Artavasdes, considerando a campanha comprometida, abandona-o, retirando seus 7 mil infantes e os 6 mil arqueiros a cavalo, cuja presença era fundamental para defender os romanos das incursões inimigas. Muitos defendem que por trás dessa deserção estava Otaviano, em constante contato com o rei.

As tropas de Marco Antônio cercam a cidade inutilmente: são atacadas por todos os lados, e por fim ele decide retornar aos territórios romanos. A marcha se transforma em uma trágica retirada sob os contínuos ataques inimigos, e os legionários morrem de fome, de frio ou são perfurados por chuvas de flechas. Uma situação que faz lembrar a retirada russa do exército italiano durante a Segunda Guerra Mundial. A esse propósito, dizem que o próprio Antônio fez um dos seus guarda-costas, Ramno (talvez um gladiador), lhe jurar que, a um sinal seu, o atravessaria com a espada e cortaria sua cabeça, de maneira a não ser capturado vivo pelo inimigo nem reconhecido depois de morto... Trata-se de uma medida que não será necessária, mas dá uma ideia de toda a dramaticidade dessa marcha.

É preciso dizer que as legiões se comportam heroicamente, colocando em prática toda sua habilidade e capacidade bélica. É nessa ocasião que Plutarco descreve a Dião Cássio a famosa "tartaruga", realizada com os escudos organizados de maneira a cobrir a cabeça e os lados das divisões, transformando-as em fortalezas vivas. É uma formação tão sólida que sobre o "teto" de escudos, dispostos como telhas, podem passar homens, cavalos e bigas, sendo às vezes usada, embora tenhamos poucos relatos, para ultrapassar fossos, valas estreitas, mas especialmente durante os ataques a fortificações inimigas: sobre a tartaruga sobem outros legionários, em uma espécie de pirâmide humana para conquistar os muros inimigos.

Quando Antônio por fim chega às margens do Mediterrâneo com o que resta do seu poderoso exército, de acordo com a estimativa dos historiadores modernos, perdeu entre 25 e 40% dos soldados (isto é, de 25 mil a 40 mil). É um homem destruído e pede ajuda a Cleópatra.

A rainha leva tempo para encontrar meios e dinheiro para equipar os soldados, mas por fim o alcança junto com sua frota, para grande alívio de todos. Nesta ocasião, apresenta a Antônio o novo filho deles: um menino chamado Ptolomeu Filadelfo (o mesmo nome do soberano ptolomaico que levara à máxima expansão os domínios do Egito). É um estranho destino para Cleópatra: ao nascimento de todos os seus filhos, os pais nunca estiveram presentes.

No nome do novo filho de Antônio, há uma amarga ironia: ele, que desejava expandir os domínios de Roma como nunca antes, com uma vitória que o elevaria ao nível de César e Alexandre, o Grande, está gerindo uma das derrotas mais abrasadoras dos romanos. Cleópatra precisa usar todo seu amor e sua energia para reconstruir a moral destruída do seu homem. Até porque chega da Itália mais uma péssima notícia...

Otaviano derrotou a frota de Sexto Pompeu em uma épica batalha naval diante da cidade de Nauloco: perdeu apenas três navios, afundando 28 embarcações adversárias e capturando outras 125. Como conseguiu abater o indiscutível senhor dos mares? Graças ao seu hábil comandante, Agripa. Sim, o mesmo que vai construir o Panteão em Roma. É um verdadeiro gênio militar: literalmente mudou as cartas na mesa, transformando a batalha nos mares, onde o que conta é a habilidade dos marinheiros, em um combate corpo a corpo, no qual é fundamental a habilidade dos soldados. E sua carta na manga foi o *harpago*, uma antiga invenção cartaginesa. Trata-se de um arpão de quatro anzóis, semelhante a uma pequena âncora dotada de um longo topo, que seus navios disparavam de grandes distâncias com "bestas" especiais sobre os navios adversários, arpoando-os e, em seguida, puxando-os para si: uma vez em contato, as embarcações eram atacadas pelas tropas a bordo, os "homens-rã" da época. Não havia fuga para os marinheiros adversários.

Não acaba por aí. Otaviano tomou posse da Sicília, destituindo Lépido — que se retirou à vida privada em sua Villa no Monte Circeo — de seu cargo de triúnviro, impondo-se como o líder incontestável da península e dos domínios de Roma no Ocidente.

Sobre Marco Antônio, chovem más notícias. Descobre também que seu adversário foi acolhido em Roma como um vencedor, dedicaram-lhe louvores, um arco triunfal e até uma estátua de ouro. E ele declarou solenemente que as guerras civis haviam terminado. Sem dúvidas, Otaviano dominou o cenário. Enquanto isso, ele tem nas mãos apenas a derrota...

Cleópatra faz greve de fome

Chegamos a 35 a.C., um ano crucial para Cleópatra, Antônio e Otaviano. Chegou o momento em que os protagonistas que nos restaram precisam fazer escolhas que determinarão o futuro da história dos três continentes.

Ocorre a primeira separação.

No início do ano, Marco Antônio está na Síria, onde tenta reorganizar o exército. Descobriu que o front inimigo se dividiu: os medos estão em rota com os Partas e dispostos a negociar uma aliança. Apresenta-se, dessa forma, a ocasião de uma revanche destinada ao sucesso contra o inimigo histórico de Roma. Mas os soldados não são suficientes. Muitos veteranos foram mortos e Antônio só pode recrutar novas tropas igualmente aptas na Itália. Por isso, pede a Otaviano que lhe envie os 20 mil homens, como prometido nos pactos selados em Tarento.

No entanto, Otaviano é ambicioso, compreende a dificuldade de Antônio e, em vez de ajudá-lo, tenta agravar cada vez mais sua crise. Envia-lhe apenas 2 mil legionários (pretorianos) com apenas 70 navios dos mais de 100 que Antônio lhe emprestara e que tinham sobrevivido à batalha de Nauloco. Para tornar ainda mais venenosa sua ajuda, confia a Otávia, esposa de Antônio, a tarefa de levar ao marido tais reforços militares.

Otaviano já entendeu que o ponto fraco de Marco Antônio é sua ligação com Cleópatra, e o provoca ao enviar sua esposa com uma contribuição militar insuficiente. É uma evidente afronta, para obrigá-lo a recuar e fazê-lo perder apoio em Roma.

Chegou o momento das grandes escolhas, aquelas que levarão ao epílogo da nossa História.

Antônio está em uma encruzilhada. Pode decidir voltar para Roma com Otávia, para tentar restabelecer na pátria a própria autoridade e a própria imagem, comprometida, em parte, pela derrota contra os Partas. Isso significaria, é claro, deixar Cleópatra e todos os sonhos de glória e poder no Oriente. Ao menos naquele momento, mas seria impossível determinar se haveria um futuro.

Ou então pode jogar todas as cartas no Oriente. Partir para novas conquistas, novas vitórias e, como consequência, prestígio, poder e riquezas que lhe consentiriam contrapor-se de maneira temível a Otaviano e derrotá-lo. Em outras palavras: encontrar recursos e força no Oriente para depois subir ao poder em Roma. Para obter tudo isso, o apoio de Cleópatra é fundamental, mas isso significa necessariamente abandonar Otávia, com a consequente e inevitável ruptura com Otaviano. Seria um caminho sem volta.

É fácil imaginar o sofrimento de Marco Antônio nesse período tão decisivo para seu futuro…

E Cleópatra? Como se comporta? A rainha entende muito bem a situação. E… faz greve de fome!

Vamos seguir a ordem cronológica para tentar entender por quê. Cleópatra está de fato preocupada com a ideia de que Antônio possa voltar à Itália com Otávia, e não apenas porque tem sentimentos por ele. Como política experiente, sabe que sua posição, assim como a dos filhos, ficaria em risco caso Antônio entrasse em acordo com Otaviano. Entre ela e este último nunca poderá haver paz ou entendimento. O motivo principal é Cesarião, cuja existência coloca em discussão a imagem política de Otaviano, que se propõe como o único herdeiro de César, enquanto o rapaz se proclama descendente direto (ou ao menos é o que afirma Cleópatra). Até o ano anterior, Otaviano nunca foi uma ameaça real para o Egito, em virtude da sua escassa capacidade militar, mas agora, depois de sua grande vitória naval contra Sexto Pompeu e a derrota de Antônio contra os Partas, as coisas mudaram. Se deseja manter o poder no Mediterrâneo e proteger o futuro dos filhos, Cleópatra só tem um caminho: manter Antônio o mais próximo possível e torcer para que vença o combate, a essa altura inevitável, contra Otaviano. Mas como poderá conquistar isso?

O primeiro passo é afastar Antônio de Otávia. Cleópatra odeia aquela mulher mais do que tudo porque é uma ameaça política. Além disso, sente ciúme, pois a vê como a perigosa rival de seu amor que em uma oportunidade já levou embora seu homem.

Assim, para convencer Antônio, chantageia-o com uma espécie de "greve de fome", deixando-se definhar a olhos vistos, de maneira a fazê-lo entender que, se ele a abandonar, ela vai morrer.

Usando as palavras de Plutarco: "Submeteu-se a uma dieta para emagrecer; quando ele se aproximava, ficava com o olhar perdido, e quando se afastava parecia aflita e abatida. Agia de modo a ser vista muitas vezes chorando, mas logo enxugava as lágrimas e tentava escondê-las, como se quisesse evitar que Antônio percebesse. [...] Os aduladores, esforçando-se a favor de Cleópatra, reprovavam Antônio por ser duro e insensível a ponto de deixar morrer uma mulher que vivia apenas para ele. Diziam que Otávia se unira a ele por razões de Estado, por causa do irmão, e desfrutava do título de esposa. No entanto, Cleópatra, rainha com tantos súditos, era considerada a amante de Antônio e não negava nem desdenhava dessa denominação, contanto que lhe fosse possível vê-lo e viver com ele: não sobreviveria com a distância. Por fim, suavizado e enternecido por essas palavras e temendo que Cleópatra renunciasse à própria vida, Antônio voltou à Alexandria."

Não sabemos se por amor ou, muito mais provavelmente, por estratégia política, mas no fim Antônio escolhe Cleópatra e o Oriente.

Escreve uma carta a Otávia, que enquanto isso já chegou a Atenas, pedindo para que ela lhe envie as tropas, o reabastecimento e os filhos mais velhos, e retorne para casa.

Obviamente, essa notícia vira o principal assunto de Roma, e o próprio Otaviano, fingindo-se ofendido, pede a Otávia que deixe a casa de Antônio, onde vivia como esposa. Mas ela, demonstrando sua grandeza como mulher, dissolve a tensão e responde que é melhor deixar para lá as questões pessoais que levariam os romanos a uma nova guerra civil: ela continuaria em casa, como se Antônio estivesse presente, criando os filhos deles e também os que ele tivera com Fúlvia. Uma mulher de grande inteligência e virtude.

No entanto, Antônio comete outro erro político que mais uma vez o faz perder credibilidade: Sexto Pompeu, o derrotado na batalha naval de Nauloco, refugia-se na Ásia Menor. Tomando conhecimento das derrotas de Antônio, busca um acordo com os Partas para criar uma área de influência própria, guardada pelos inimigos históricos de Roma, de maneira a poder voltar mais tarde para o jogo político romano. Marco Antônio descobre seus planos e envia contra ele um poderoso exército comandado pelo legado Marco Tizio, que captura e, incrivelmente, mata Sexto Pompeu sem um processo regular, como caberia aos cidadãos romanos, não sabemos se por ordem de Antônio ou se por iniciativa própria.

É uma notícia que atravessa o Mediterrâneo como um raio. Otaviano tira proveito disso e, fingindo-se abalado, celebra a morte de Sexto Pompeu com todas as honras, mostrando como seria magnânimo no lugar do rival, e conquistando dessa maneira um novo consenso entre os senadores e o povo.

Enfim uma vitória para Antônio e Cleópatra

Antônio sabe que seu futuro agora depende de uma vitória no Oriente e passa os meses de verão e de outono do ano 35 a.C. entre a Síria e a Judeia, preparando uma grande ofensiva com o fortalecimento de suas ligações com os reinos vassalos. É nessa ocasião que organiza o casamento da primeira filha com um bem-nascido cidadão de Trales, como já mencionamos. Uma filha de pouca sorte, que morrerá pouco depois, mas não sem antes dar à luz uma menina que, ao se casar com Pólemon I, rei do Ponto, se tornará... uma rainha! É curioso pensar que o DNA de Antônio chegará a reinar de novo, mesmo depois de sua morte, através de sua neta, ainda que sobre um território exíguo. Ela se chamava Ptodorida do Ponto.

Antônio e Cleópatra transcorrem juntos o inverno entre 35-34 a.C. em Alexandria, preparando-se para o grande momento: a invasão. No último instante, contudo, Antônio muda seu objetivo: vai atacar o Reino da Armênia. Por quê? O motivo principal é que os romanos se ressentem pela traição de Artavasdes, o rei armênio, que desertou durante a guerra de dois anos antes, provocando a falência da expedição contra os Partas. Além disso, Antônio foi informado a respeito dos contatos entre o soberano e Otaviano: atacando-o, eliminará um potencial e perigoso aliado de seu rival no Oriente. O exército de Antônio penetra o reino e captura o rei traidor, conquista toda a Armênia, mantém na região algumas legiões e a transforma em uma província romana antes de voltar ao Egito como vencedor.

Não derrotou os Partas, é claro, mas ainda assim conquistou novos territórios para Roma, em uma área vizinha ao reino inimigo e de notável importância estratégica.

Em Roma, contudo, a notícia não convence a opinião pública: mais do que a extensão (embora precária) do domínio romano, a vitória parece possível a qualquer um dos oponentes, o inimigo ainda está de pé e talvez César tivesse sido mais bem-sucedido. Assim, a imagem de Antônio como grande líder militar se ofusca ainda mais. E, para piorar as coisas, Otaviano trabalha para minimizar seu sucesso.

No Egito, por sua vez, tudo parece caminhar de maneira bem diferente. Quando, no outono do ano 34 a.C., Antônio volta à Alexandria, é recebido como um herói. Para comemorar a ocasião, é cunhada uma moeda em que, de um lado, ele é representado com uma tiara armênia na cabeça (uma referência às façanhas de Alexandre, o Grande, que também conquistou a Armênia), e, de outro, está Cleópatra.

Além disso, organizam um triunfo pomposo, mas diferente dos que são vistos em Roma, pois por trás dele está a direção de Cleópatra.

Imaginemos a Via Canópica, a rua principal de Alexandria, adornada. Toda a população está nas ruas para não perder o espetáculo, muitos estão às janelas, tantos outros sobre os telhados. Finalmente, chega o cortejo triunfal. Os símbolos de Roma desfilam junto aos egípcios, e em seguida os prisioneiros, com o rei armênio Artavasdes e seus familiares. É uma humilhação pública. As pessoas o insultam. O soberano, em virtude de seu status, carrega correntes de prata (alguns autores antigos dizem que eram de ouro). Depois, às suas costas, a multidão irrompe em uma exclamação. Surge Marco Antônio sobre uma biga. Não está vestido como um general romano, mas como um deus: Dionísio. Sua cabeça está envolta por uma coroa de hera, veste um suntuoso manto cor de açafrão, calça botas e carrega nas mãos um bastão sagrado. Está claro para todos que o carro em que se encontra na realidade simboliza o coche de Dionísio (para os romanos, Baco, que muitas vezes vemos esculpidos nos sarcófagos dos museus). Hoje um cortejo semelhante nos pareceria mais um desfile de carnaval do que uma exibição da força de um exército. Mas, como dissemos, o valor simbólico desse cortejo, na antiguidade, é muito alto. Não por acaso Antônio usa aquelas vestes: ele deseja representar o deus da felicidade e da liberdade, mas também da liberação. É uma das divindades mais importantes do panteão helenístico.

Muitos dos súditos nunca viram um desfile como aquele, e todos evidenciam a grandeza da nova era do reinado de Cleópatra...

O cortejo não para. Até os soldados desfilam. E Cleópatra? Está em um ponto crucial do percurso, onde surge o Templo de Serápis. Ali, entre as colunas e os mármores valiosos do edifício, foi levantado um grande palco de prata. Podemos imaginar os guardas dispostos ao redor, as bandeiras ao vento. A rainha está sobre o palco, sentada em um trono dourado que cintila aos raios do sol. Parece uma deusa que emerge de um fogo dourado. Quando a família real armênia a alcança, acorrentada, os prisioneiros não lhe dirigem súplicas nem lhe prestam homenagem com palavras de honra (embora, de acordo com Dião Cássio, promessas tenham sido feitas a eles caso as pronunciassem). Com grande coragem, chamam-na apenas pelo nome, sem destacar seu status como soberana. É uma afronta que pagarão amargamente. Cleópatra mandará matar o rei da Armênia depois da derrota de Áccio.

No fim do cortejo, Antônio oferece um banquete à população de Alexandria, com espetáculos e presentes, e talvez — como sustentam alguns autores, entre os quais Stacy Schiff — a própria Cleópatra distribua comida e dinheiro aos alexandrinos, reivindicando com habilidade política o mérito pela vitória.

Mas o momento mais importante dos festejos ainda está por vir.

Alguns dias depois, o casal convida todos os cidadãos para o Ginásio, onde foi montada uma grande tribuna prateada com dois tronos de ouro.

Não há espaço para todos, o lugar transborda de pessoas com olhos que brilham pela iminente surpresa. Depois, em meio a um tremendo rugido do povo, entram Antônio, Cleópatra e seus filhos, vestidos de maneira bizarra. Não é difícil adivinhar o significado de suas roupas. Antônio veste o manto de Dionísio/Osíris, Cleópatra é a Nova Ísis. Em resumo, repetem o significado sagrado de sua união. A rainha é, sem dúvidas, a protagonista da cerimônia. De acordo com Stacy Schiff, surge com um vestido plissado com listras brilhantes, a borda franjada descendo até os tornozelos. É bem possível que esteja usando a coroa com os três uraeus.

Levantando-se, com o braço estendido, Antônio pede silêncio à multidão. Todos emudecem. Ouve-se apenas o choro de alguma criança nos braços da mãe. Depois, em voz alta, articula seu discurso em grego. São palavras que entrarão para a História.

Primeiro, proclama Cleópatra "rainha dos reis" e Cesarião "rei dos reis". Não apenas isso: afirma em público que Cesarião nasceu da união entre César e Cleópatra. Com essas palavras, relatadas por Dião Cássio, emerge um verdadeiro ataque a Otaviano, que é relegado à posição de apenas um filho adotivo de César, e não o herdeiro natural, como é Cesarião.

Depois, chega o momento que entrou para a História. Antônio, vestido como Dionísio, anuncia a distribuição de territórios e províncias romanas à rainha e aos seus filhos. Em primeiro lugar, Cleópatra, junto a Cesarião, é reiterada como soberana do Egito, de Chipre, da África e de Celessíria. Depois, chega a vez dos outros filhos, que vestem as indumentárias tradicionais dos novos reinos que governarão. Ao mais novo, Ptolomeu Filadelfo, vestido como Alexandre, o Grande, são atribuídos todos os territórios a oeste do Eufrates até os Dardanelos, incluindo a Síria, a Fenícia e a Cilícia. A Alexandre Hélio, vestido como os medos e os armênios, são atribuídos a Armênia, o Império Medo e o Império dos Partas (uma vez submetido). A Cleópatra Selene, sua irmã gêmea, são confiadas a Cirenaica e a ilha de Creta.

Ao fim dessa cerimônia, a plateia, que emudecera durante o discurso de Antônio, irrompe em um clamor de alegria. Há um momento de tocante harmonia familiar, com os filhos abraçando e beijando os pais antes de saírem de cena cercados por seus guarda-costas específicos: alguns com homens armados armênios, outros com guardas macedônicos etc.

Esse movimento surpresa de Antônio, passado à História como as "Doações de Alexandria", representa um sucesso extraordinário para Cleópatra. Com as novas concessões territoriais, a rainha não apenas consegue restabelecer as fronteiras alcançadas pelo reino ptolomaico em sua máxima expansão, com exceção da Judeia (que continua com Herodes), mas vai além, anexando, ao menos no papel, grande parte da Ásia inimiga. As Doações de Alexandria representam a verdadeira apoteose de Cleópatra.

Muito diferentes são as reações em Roma...

10

A Batalha de Áccio

Começa a guerra de propaganda a distância

Em Roma, o povo está desiludido, antes de tudo porque se vê injustamente privado do triunfo sobre a Armênia, que Antônio celebrou em Alexandria. O desapontamento não é pequeno, uma vez que durante os triunfos, por tradição, eram distribuídos comida e dinheiro à população. Além disso, há muitos anos Antônio não retorna a Roma, e os boatos a respeito de sua submissão em relação a Cleópatra são confirmados por essas doações.

Otaviano também reage negativamente, considerando uma afronta o fato de Cesarião ter sido apresentado como o único descendente legítimo de César.

Começa, dessa maneira, uma verdadeira guerra de propaganda a distância, na qual Otaviano e Antônio se atacam com todos os tipos de golpes baixos.

No Senado, Otaviano acusa Antônio de ser submisso a Cleópatra e dependente do estilo de vida oriental. Antônio o acusa da injusta destituição de Lépido, da ocupação da Sicília sem uma repartição acordada e do não cumprimento dos acordos feitos — com sua falta no envio dos legionários e navios.

Para rebater a tese de que Cesarião seja o único real herdeiro de César, Otaviano encomenda uma falsificação: pede a Caio Ópio (ou talvez devamos dizer que o obriga), um dos mais próximos colaboradores de César, para redigir um texto no qual defende que Cesarião não é filho do grande líder.

Depois, passa ao contra-ataque: começa a construir para si a imagem de defensor dos valores fundamentais dos romanos (o *mos maiorum*), e faz de tudo para deslegitimar o rival.

Como reagem os habitantes de Roma a este conflito? Na realidade, a sociedade romana está dividida em duas: como evidenciou a professora Cresci Marrone, os mais conservadores se alinham com a tradição e, portanto, com Otaviano; os jovens da aristocracia e os intelectuais, porém, ficam do lado de Antônio, sem escrúpulos e amante do prazer, mas com entusiasmo pela vida, em quem veem o avanço do novo e de quem apreciam a abertura em direção ao mundo helenístico.

Nas acusações que circulam, Antônio é retratado como um bêbado, enquanto são evidenciadas as origens humildes de Otaviano. Ele chega a ser definido como neto de um moleiro e descendente de um pequeno cambista ("A farinha que sua mãe vendia saía do pior moinho de Arícia, e o cambista de Nerulo a sovava com as mãos sujas de manejar dinheiro", recitam algumas insinuações, conforme sugere Suetônio).

Cleópatra, obviamente, também é atacada. Foi nesse período que se impôs a imagem de mulher perversa que o poeta Horácio define como *"fatale monstrum"*, epíteto que durará por séculos.

As acusações mais venenosas, é claro, dizem respeito à esfera sexual dos dois líderes romanos. Otaviano teve facilidade em atacar Antônio por sua relação com Cleópatra e, também, por sua vida sexual em geral desregulada. Mas Antônio não deixa por menos: afirma que Otaviano foi adotado por César porque, quando jovem, era seu prostituto. Além disso, acusa-o de ter o hábito de fazer "depilações" ambíguas, queimando as pernas com cascas de nozes assadas. Recrimina-o até por ter segurado a mão da esposa de um cônsul diante do marido, durante um jantar, e de tê-la levado a um quarto, devolvendo-a à sala com as orelhas avermelhadas e os cabelos despenteados...

Os dois também trocam cartas com insultos e acusações. Suetônio transcreve uma das mensagens enviadas por Antônio, que dá uma ideia dos tons (e dos apetites sexuais) dos dois: "O que mudou você?

O fato de eu ir para a cama com uma rainha? É minha mulher! Talvez eu tenha começado agora, e não se passaram já nove anos desde então? E você? Só vai para a cama com Drusila? Desejo que aproveite sua boa saúde, pois é verdade que, quando tiver recebido esta carta, já terá fodido Tertula, ou Terentila, ou Rufila, ou Sálvia Titisenia, ou todas elas! O que me importa onde ou na direção de quem você aponta?"

O golpe de Estado de Otaviano e a declaração de guerra

No fim de 33 a.C., já é evidente que a relação entre Antônio e Otaviano está irremediavelmente comprometida e que a guerra entre os dois não apenas é inevitável, mas iminente.

Antônio está na Armênia para avaliar as condições da nova expedição contra os Partas, sua ideia fixa. Quando entende que a guerra contra Otaviano está próxima, decide ir à Ásia Menor, ordenando que a maior parte das legiões (16) siga para Éfeso, onde decidiu estabelecer os acampamentos de inverno do exército.

A mesma ordem é enviada a Cleópatra, que se une ao amado com sua frota.

Antônio tenta um hábil movimento político. Com o início do novo ano, 32 a.C., dois novos cônsules, seus fiéis apoiadores, assumiram os cargos (Cneu Domício Enobarbo e Caio Sósio), aos quais envia o pedido de validar todos os atos de sua autoria, incluindo as famosas Doações de Alexandria.

Agora, cabe aos dois novos cônsules e ao Senado tomar uma decisão a esse respeito. A reunião acontece em 1º de fevereiro e Otaviano não comparece. Pelas fontes antigas, sabemos que Enobardo não toma posição, enquanto Sósio faz um discurso a favor de Antônio, atacando duramente Otaviano. Sósio propõe também uma moção de censura, que, no entanto, é rejeitada.

Otaviano reage com uma blitz que entrou para a História, um verdadeiro golpe de Estado: convocado pelo Senado, entra no salão da cúria junto a um punhado de soldados e alguns de seus apoiadores armados, coloca-se entre os dois cônsules e faz um discurso em que defende o próprio trabalho. Depois, dissolve o Senado e marca outra reunião, durante a qual promete novas e chocantes revelações sobre a conduta de Antônio. Em uma democracia moderna, o comportamento de Otaviano seria definido como ditatorial e intimidador. Roma, obviamente, não é uma democracia, ainda assim tais fatos projetam uma enésima sombra sobre a figura ambígua, traiçoeira, despótica e muitas vezes cruel daquele que depois será chamado Augusto, o pai do Império Romano.

Os dois cônsules deixam Roma em sinal de protesto e unem-se a Antônio acompanhados por 300 ou 400 senadores, como prova do grande apoio que ele ainda mantém.

Enquanto isso, estamos em abril de 32 a.C., e Marco Antônio e Cleópatra se permitem tirar pequenas férias na ilha de Samos. É o último período que passarão juntos, felizes e de alma leve. Depois, seguem para Atenas, onde continuam com as cerimônias e os espetáculos em homenagem a eles, e Cleópatra tenta conquistar o apoio do povo com muitas doações. É nesse momento que Antônio dá um passo muito duro. Repudia Otávia. Agora, já escolheu o Oriente e Cleópatra: é a primeira vitória da rainha sobre Roma, e será também a única.

Como reage Otávia? Para ela, é um momento muito triste, como narra Plutarco: "Dizem que ela foi embora, levando consigo todos os filhos de Antônio, com exceção do mais velho do casamento com Fúlvia, que já estava com o pai. Chorava e estava aflita com a ideia de que pudessem pensar que ela fosse uma das causas da guerra. Os romanos, no entanto, sentiam compaixão por ela, e mais ainda por Antônio, especialmente os que tinham visto Cleópatra, que não superava Otávia em beleza nem em juventude."

O divórcio de Antônio, na aparência, é mais um duro golpe para Otaviano (na realidade, ele talvez não tivesse outra expectativa), contudo, a partir dele Otaviano tem nas mãos uma carta extraordinária, que joga com muita astúcia. Antes do combate final com Otaviano, Marco Antônio decidiu fazer um testamento e, como é tradição em Roma, confiou-o a dois dos seus mais próximos colaboradores, Marco Tizio (o assassino de Sexto Pompeu) e Lúcio Munácio Planco, para que o levassem às vestais, onde ficará guardado até ser aberto no momento de sua morte.

Os dois, no entanto, após entregarem o documento às vestais, passam para o lado de Otaviano e lhe revelam os projetos de guerra do rival e o conteúdo do testamento, que conhecem bem: redigiu-o na presença deles. Assim, Otaviano descobre que Antônio, além de confirmar que Cesarião é efetivamente filho de César e ratificar a herança (e os territórios) deixada aos filhos com Cleópatra, pede para ser sepultado em Alexandria.

Otaviano recompensa os traidores com cargos importantes: Marco Tizio será eleito cônsul *suffecto*, enquanto para Munácio Planco é dado o cargo de censor. Em seguida, será o próprio Munácio Planco quem proporá o apelido de "Augusto", com o qual se firmará na História.

Otaviano, então, toma uma atitude sacrílega: apodera-se do testamento guardado pelas vestais e o lê no Senado. Não sabemos se manipulou o texto, lendo apenas a parte mais comprometedora, ou se, como defendem muitos estudiosos, chega a falsificar alguns trechos para encher de desdém a opinião pública. Alguns estudiosos defendem até que todo esse testamento seja uma falsificação criada artisticamente por Otaviano.

Em todo o caso, a reação é a esperada. Os senadores e parte da população se escandalizaram sobretudo por sua vontade de ser enterrado em Alexandria, e não em Roma, interpretando esse desejo como uma traição. A opinião pública tende cada vez mais para Otaviano e são muitos os que deixam as fileiras de Antônio para passar às suas.

Também escolhem ficar com Otaviano os que poderíamos definir como parte do "lobby econômico". A decisão de Antônio de delegar o recolhimento dos impostos aos vários reinos vassalos aliados no Oriente, deixando-os com plena autonomia na administração, acabava, como observou Ronald Syme, "com a diminuição dos lucros imperiais e a restrição do campo de exploração disponível aos financistas e aos empreiteiros de impostos romanos. O interesse econômico se transformou inconscientemente em justa e patriótica indignação". Homens de negócios, senadores e cavaleiros apoiam Otaviano na preparação da guerra, vendo os territórios orientais como presas para explorar e usurpar depois da vitória.

Para Otaviano, agora o caminho está livre. Tem o povo e os poderes econômicos e financeiros ao seu lado.

Assim, convence o Senado a tirar a carga de triúnviro de Antônio, assim como todos os seus outros poderes, reduzindo-o dessa forma a um simples cidadão, sem relevância e papéis oficiais.

Depois, pede ao Senado para declarar guerra. Mas contra quem? Não Antônio, como se imaginaria, mas Cleópatra. Um movimento astuto, porque a guerra não é aos romanos, mas aos danos de uma rainha estrangeira, e isso fomenta o patriotismo entre a população. Além disso, como destaca Michael Grant, "o verdadeiro objetivo de Otaviano era dar aos amigos de Antônio em Roma a oportunidade de mudar de partido".

A declaração oficial de guerra contra Cleópatra acontece com uma cerimônia solene, de acordo com uma antiga fórmula romana. Otaviano vai em procissão ao Templo de Belona, a deusa da guerra, diante do Teatro de Marcelo, ainda em construção. Ali, pronuncia um discurso duríssimo contra Cleópatra. Depois, lhe é entregue uma lança imersa em sangue fresco, que ele lasca, como manda a tradição, contra a *columna bellica* erigida diante do templo.

É guerra!

A batalha de Áccio está próxima

É outono de 32 a.C.: Antônio e Cleópatra reorganizam um exército colossal, composto por 30 legiões com 75 mil legionários, 25 mil homens de infantaria leve e 12 mil cavaleiros. Onze legiões são enviadas ao Egito e à Cirenaica, enquanto as outras 19 constituirão o núcleo da força de ação contra Otaviano.

Para a ocasião, moedas que permanecerão na História são cunhadas: em cada uma delas são representados de um lado a águia e a insígnia com o nome e o número de uma legião, e do outro um navio de guerra de Cleópatra.

O casal real deixa Atenas e se transfere para Pátras, que escolhe como residência invernal. As tropas de Antônio não são compostas apenas de soldados romanos e egípcios. Ao lados deles, há ainda exércitos aliados de reis vassalos, entre os quais se destacam nomes de soberanos desconhecidos para nós que parecem ter saído de uma saga: Mitrídates de Comagena, Sadalas da Trácia, Filadelfo da Paflagônia, Tarcondemo da Cilícia superior, Bocco da Líbia... Há até uma divisão enviada pelo rei da Média. Além disso, há também Arquelau da Capadócia, colocado no trono por Marco Antônio, e filho de Glafira, sua insuperável paixão. Alguém de quem Cleópatra nem deve ter conhecimento...

A essa imensa potência militar terrestre unem-se as forças navais. Em Éfeso, Antônio reuniu cerca de 800 navios. Usará 500 deles para a guerra contra Otaviano.

E Otaviano? Mobilizou 16 legiões com 80 mil legionários (muitos dos quais veteranos especialistas) e 12 mil cavaleiros. Contando com os infantes da marinha e os auxiliares, pode colocar em campo 100 mil homens e 400 navios.

Com o passar das semanas, Antônio desloca diversas guarnições ao longo da costa e das ilhas da Grécia, formando, dessa maneira, uma cadeia de estações militares (Corfu, Ítaca, Zaquintos, Modon, cabo Matapão, Creta e Cirenaica) que deverão supervisionar a provisão para o exército do longínquo Egito. Na nossa opinião, esse é seu verdadeiro calcanhar de Aquiles e talvez a causa principal do que vai resultar da guerra contra Otaviano. Antônio está muito longe de "casa" e sua linha de reabastecimento é vulnerável, enquanto Otaviano combate perto da Itália e pode contar com contínuos e rápidos reforços de homens, comida e armamentos.

Onde, afinal, será combatida essa guerra? Por que Antônio e Cleópatra se empoleiraram ao longo das costas gregas e não desembarcaram na Itália para enfrentar o inimigo em uma grande batalha terrestre?

O que têm em mente? Estão muito ao sul para invadir a Itália.

Antônio sabe perfeitamente que, depois da guerra de propaganda de Otaviano, colocar os pés na pátria com um exército, e ainda por cima junto a Cleópatra, significaria desencadear a hostilidade da população itálica e estar contra todos. Portanto, opta por uma estratégia diferente. Sua formação não é ofensiva, mas de "espera": quer obrigar Otaviano a sair da península, esperá-lo na Grécia, derrotá-lo e só então desembarcar na Itália. Antônio sabe que o tempo está ao seu lado, porque Otaviano tem poucos recursos financeiros. Precisa de uma vitória rápida, e, portanto, sairá a céu aberto.

Com efeito, a estratégia de Antônio e Cleópatra é inteligente, também porque todos sabem que em um combate em terra firme Otaviano arriscaria uma derrota retumbante. Assim, estabelecem-se com a frota protegida, no golfo Ambraciano, e aguardam o adversário.

Tudo acontecerá nos espetaculares panoramas e cenografias de um mar azul, um céu claro com enseadas, fundações celestes e vento nos cabelos, isto é, lugares onde somos levados a sentir instintivamente a vida, e especialmente o entusiasmo pela vida, mas que serão, no entanto, pano de fundo para cenas de ódio e morte.

Otaviano sabe que correria um grande perigo ao enfrentar Antônio em um campo de batalha. Mas o que pode fazer? Simplesmente resolve mudar as cartas na mesa. Não vai combater Antônio em terra firme, onde seu rival é muito forte, mas no mar. Aposta tudo em sua frota, e sobretudo em seu grande comandante, o mesmo que derrotou Sexto Pompeu em uma grandiosa batalha naval: Agripa.

Agripa, a carta na manga de Otaviano

Coetâneo de Otaviano, Agripa é de origem modesta, mas era seu companheiro de brincadeiras desde criança. Os dois cresceram juntos e estavam no acampamento militar de Apolônia quando chegou a notícia da morte de César. A partir daquele momento, Agripa permaneceu ao seu lado.

Excelente estrategista, ele é um dos maiores generais da história de Roma, e certamente o melhor almirante da época. Depois de César, foi o segundo comandante romano a conduzir tropas para além do Reno. Homem de incrível resistência física, a respeito dele o autor Veleio Patérculo disse: "Não é vencido pelo cansaço, pela vigília, pelos perigos [...] em qualquer circunstância, não tolera atrasos, tem o hábito de passar da decisão à ação."

Agora ele está aqui, com sua inata capacidade de surpreender o inimigo com movimentos imprevisíveis: foi sua a genial ideia de reintroduzir o *harpago* na batalha contra Sexto Pompeu. Qual será sua próxima invenção?

Não se passa muito tempo até que Agripa surpreenda a todos com um ataque que sinaliza o início da guerra.

Estamos nos primeiros dias de março de 31 a.C. e a navegação no Mediterrâneo ainda não foi retomada depois da interrupção invernal. Mas Agripa desafia a sorte e se lança em uma ação audaz: parte de Bríndisi e Taranto com metade da frota e ataca uma das estações militares de Antônio, a de Modon, defendida pelas tropas de um aliado, Bogudes da Mauritânia, que é morto durante o ataque. Com a conquista dessa importante base, Agripa despedaça a linha de reabastecimentos que Antônio recebia do Egito. E não só isso: utiliza essa base naval para lançar sucessivas incursões.

A opinião de alguns historiadores modernos é que, com essa única ação, a campanha de Antônio inteira tenha sido comprometida. Isso dá uma ideia da genialidade de Agripa e seu peso determinante na batalha de Áccio.

As primeiras deserções nas fileiras de Antônio e Cleópatra começam com a cidade de Esparta, que se encontra a pouca distância e passa para o lado de Otaviano.

Este é só o começo. Em uma ação consecutiva, quase ao mesmo tempo que Agripa, move-se também Otaviano, que atravessa o mar e desembarca seus homens em Épiro, descendo ao sul sem encontrar resistência.

Enquanto isso, Agripa parte novamente com sua frota e ocupa outra estação militar de Antônio e Cleópatra, Corfu.

Revela-se desta maneira a estratégia de Otaviano: uma ação combinada por terra e mar. Enquanto as formações de Antônio e Cleópatra o aguardavam para um combate terrestre, ele se moveu como um relâmpago pelo mar, quebrando a linha de reabastecimentos e começando o ataque ao adversário pela água. Em terra, Otaviano marcha depressa na direção de Antônio, que é obrigado a movimentar velozmente suas legiões. Enquanto os dois exércitos se enfileiram um diante do outro, chega pelo mar uma nova ameaça: Agripa conquista outra estação militar de Antônio, Lêucade, fechando o cerco náutico. Agora a frota de Antônio é prisioneira "em casa", fechada no golfo Ambraciano. Surpreende a inércia do gigante militar posicionado por Marco Antônio, tal como a velocidade e a habilidade estratégica e tática de Agripa.

Na realidade, apesar de ser um dos maiores generais romanos, conforme destaca o professor Giovanni Brizzi, historiador especialista em guerras da antiguidade, Antônio decerto não é um gênio militar: um tático discreto, comete erros extremamente graves no plano estratégico, que se revelam catastróficos contra os Partas — quando separa suas forças, permitindo a aniquilação da coluna com a artilharia e as máquinas de ataque — e até mesmo suicidas em Áccio. Sobre Áccio, a avaliação do professor Brizzi é categórica: "A fantástica partida de xadrez jogada com o inimigo estava, de fato, vencida: a maior parte da frota de Antônio, desgastada pela sua (de Agripa), ação contínua, e agora em clara inferioridade numérica, estava fechada no golfo Ambraciano, sem poder receber reforços e abastecimentos."

Mas não foram apenas a astúcia e a estratégia de Agripa que atingiram duramente a formação de Antônio e Cleópatra. O último inverno se revelara duríssimo para a frota. Os efetivos foram dizimados pela má nutrição e pelas doenças, muitos desertaram...

Entram, dessa maneira, em uma fase de impasse, e as duas formações ficam paradas por meses à espera.

Nada muda com a chegada da primavera e, depois, do verão. O clima úmido e pesado danifica os equipamentos de Antônio e difunde a disenteria, sem mencionar os mosquitos, que portavam malária. As tendas se erguem em um ambiente pantanoso e eles têm dificuldade para descartar o esgoto de um acampamento com dezenas de milhares de pessoas.

Até Otaviano, embora posicionado no platô de Mikalitzi (ao norte do golfo), mais ventilado e salubre, sofre pela falta de água.

As duas formações se provocam. Antônio coloca um segundo acampamento na margem direita do estreito e se oferece à batalha. Mas Otaviano, intuindo as dificuldades do inimigo, a recusa. De repente, sua cavalaria (guiada pelo "traidor" do testamento, Marco Tizio) varre a de Antônio no vale do Louros. O efeito sobre a moral das tropas antoninas é devastador. Reis aliados, como Filadelfo de Paflagonia, Remetalce da Trácia e até um dos mais fiéis, Domício Enobarbo, passam às fileiras inimigas. Antônio, embora profundamente triste, manda enviar todas as bagagens deles com servos e amigos ao acampamento inimigo.

Apesar disso, Antônio tenta mobilizar o bloqueio com uma dupla manobra, deslocando os navios enquanto distrai o inimigo com uma ação terrestre. Essa estratégia se revela um fiasco... e vão embora outros aliados, como o rei Amintas, soberano da Galácia, com seus 2 mil cavaleiros, e também o governador da Grécia, além daquele hábil diplomata, Quinto Délio, que convencera Cleópatra a ir a Tarso encontrar Antônio.

É possível sentir no ar como tudo vai terminar...

No fim de agosto, depois de cerca de quatro meses de bloqueio naval, acontece no acampamento de Antônio e Cleópatra o último conselho de guerra.

O último conselho de guerra

Já está bem evidente para todos que não se pode mais vencer em Áccio e que é preciso tentar sair daquela situação. Preveem-se duas soluções.

Quem propõe a primeira é Públio Canídio Crasso, um dos apoiadores mais fiéis de Antônio e comandante das tropas terrestres. Seu plano é claro: mandar Cleópatra e sua frota de volta para o Egito, retornar pela Trácia ou pela Macedônia com uma retirada estratégica, e ali buscar o lugar ideal para um confronto decisivo com Otaviano. Dicomenes, o rei dos Gets, havia prometido ajudá-los com um poderoso exército. Seria uma loucura, insistiu

Canídio com veemência, se Antônio, com absoluta experiência em combates terrestres, desperdiçasse em vão seu poderoso exército nos navios para tentar forçar o bloqueio.

O outro grande plano é proposto por Cleópatra: forçar o bloqueio naval com seus navios numerosos, enquanto as tropas de Canídio se retiram da costa, dirigindo-se a um lugar pré-estabelecido para onde, enquanto isso, terão confluído a frota e os novos reforços. Pelo seu raciocínio, a rainha considera também o clima: existe o risco concreto de permanecerem presos nos Bálcãs no inverno. Por fim, reitera que, ao escolherem a solução "terrestre" de Canídio, deixariam o controle absoluto dos mares a Otaviano: como retornariam ao Egito depois?

Entre todas as estratégias, Antônio tenta escolher a mais acertada, e por fim decide pela de Cleópatra: tentará forçar o bloqueio naval, afastando-se com o maior número de navios possível.

Ainda hoje, muitos historiadores se interrogam a respeito dos reais motivos dessa decisão e quanto possa ter pesado a figura de Cleópatra.

Um fato, no entanto, surge com clareza: o combate de Áccio não será uma verdadeira batalha, e sim uma tentativa de forçar o bloqueio naval. Se haverá lutas, destaca ainda o professor Brizzi, elas só ocorrerão no intuito de abrir passagem para o mar aberto, com uma frota enfraquecida e não mais temível, enquanto as forças terrestres de Canídio deverão, por sua vez, fugir do campo de batalha. Eufemisticamente, poderíamos definir a solução como duas retiradas "estratégicas".

"Como isso vai terminar?", perguntam-se todos. Na antiguidade, tratando-se de sociedades pré-científicas e pré-tecnológicas, busca-se a resposta não apenas nos sacrifícios sobre os altares dos templos, mas também nos presságios colhidos com o tempo. Estes são alguns, bastante fantasiosos aos olhos modernos, descritos por Plutarco e Dião Cássio:

- Sobre a *Antoniade*, o navio-almirante de Cleópatra, surge um presságio terrível: andorinhas fizeram seu ninho sob a popa, e outras aves, chegando depois, expulsam as primeiras e matam os pequenos.

- Uma das estátuas de Antônio em Alba exala suor e muito sangue ao longo de vários dias, mesmo que algumas pessoas tentem enxugá-la (o "fenômeno" das estátuas que suam ou choram sangue, em resumo, tem raízes antigas).
- A carruagem de Júpiter, que está no Circo, se rompe. E uma luz, que ao longo de muitos dias surge sobre o mar da Grécia, em determinando momento sobe na direção do céu...
- Um fluxo de lava do Etna leva destruição a muitas cidades e lugares.

O último dia

Nos dias que precedem a batalha, Antônio ordena que incendeiem os navios "inúteis", essencialmente os menores, de transporte. Otaviano e seus combatentes, que observam de suas posições, veem no golfo dezenas de colunas de fumaça levantarem-se no céu, levadas pela brisa marítima. Das 500 embarcações iniciais, restaram menos da metade, 230, das quais 70 são de Cleópatra. No mar, à espera, estão os cerca de 400 navios de Agripa e Otaviano. É um esforço desesperado.

Nos navios de Antônio, sobem 22 mil legionários e 2 mil arqueiros, aos quais é dito oficialmente que aqueles são preparativos para uma verdadeira batalha. Depois, Antônio ordena que embarquem as velas: aparentemente uma ordem absurda, porque tornam os navios pesados, deixando-os mais lentos e menos ágeis, o que não é desejável em um combate naval em que tudo se baseia na força propulsora dos remos. Aos pilotos que pedem explicações, comunica que devem estar a bordo para evitar que o inimigo se salve em fuga.

Durante as operações de embarque das tropas, Marco Antônio passa ao lado de um centurião que está em pé perto de alguns sacos. Os dois se olham. Combateram muitas batalhas juntos. O corpo do centurião está coberto de cicatrizes. A ideia de combater no mar não o convence. Assim, segundo narra Plutarco, lhe diz: "Comandante [...] por que desconfias destas feridas e deste gládio, e coloca tuas esperanças nessas madeiras ruins (navios)? Os egípcios e os fenícios podem combater entre si por mar, mas a nós a terra foi concedida, sobre a qual temos o costume de, com os pés firmes, morrer ou vencer os inimigos." Antônio o encara sem dizer uma palavra, depois prossegue, fazendo um sinal com a mão e com o rosto, como se dissesse "coragem!". Esse diálogo nos foi reportado por Plutarco (cujo bisavô se lembrava bem de como Antônio, em determinado momento, alistara à força os camponeses gregos) e resume perfeitamente a perplexidade de tantos soldados, obrigados a combater em um ambiente estranho.

Enquanto isso, Otaviano, vendo o movimento do inimigo, faz embarcarem nos navios oito legiões e cinco coortes pretorianas, reunindo um total de 40 mil soldados. Tanto Antônio quanto Otaviano escolheram os homens de mais experiência, os veteranos de muitas batalhas.

Por três dias, o mau tempo mantém na praia ambas as frotas, com o vento soprando forte do oeste, impedindo que a armada de Antônio zarpe. As duas frotas formam uma linha infinita de cascos, proas com rostra e olhos pintados, um verdadeiro mar de remos. São as melhores embarcações da época.

Esta espera também nos possibilita entender como são os navios que estão para entrar em combate.

Olhando as duas frotas do alto, vê-se que há uma sutil diferença. Os navios de Antônio são sensivelmente maiores: têm, em geral, três fileiras de remos sobrepostas, com dois remadores nos conveses superiores e médio, e apenas um remador no mais baixo. Entre os navios de Otaviano, porém, são muito comuns os que têm apenas duas fileiras de remos, cada um dos quais é movido por dois homens sentados no mesmo banco. Impressiona o grande número de remadores: de acordo com o professor norte-americano Si Sheppard, seriam 286 no primeiro caso e 232 no segundo, com uma velocidade máxima, respectivamente, de 7,7 nós contra 9,5. Em outras palavras, as embarcações de Otaviano são menores, mas mais velozes.

Todos se lembram da famosa sequência do filme *Ben-Hur*, do diretor William Wyler, em que se vê um homem forte que dita o ritmo dos remadores batendo em um tambor. Na realidade, não é assim: quem dá a cadência é um homem, o *hortator*, sentado na popa, que articula o ritmo com a voz ou com um pífaro.

Outra surpresa é ver sobre o convés dos navios grandes torres de combate, semelhantes àquelas das fortalezas. São os *propugnacula*. Quanto maior o navio, mais torres há. Durante as guerras púnicas, por exemplo, alguns navios tinham cerca de oito: duas na popa, duas na proa e quatro no meio da embarcação. Exatamente como nos castelos, sobre as torres há soldados munidos de pedras, flechas e todo tipo de objetos para lançar contra o inimigo. Naturalmente, esses navios são armados: no limite da água, os temíveis rostra de bronze, no convés e nas torres veem-se máquinas de guerra como as balistas, uma espécie de grande besta capaz de lançar dardos ou pedras com precisão mortal.

É 2 de setembro, finalmente chegou o dia da batalha. Antônio e Otaviano fizeram seus discursos às tropas (*adlocutio*): o primeiro promete libertar e retrata Otaviano como um fracassado, o segundo se aproveita do orgulho romano, denunciando o quanto os direitos dos romanos foram atingidos por Cleópatra, e como é triste ver Antônio sucumbir à rainha egípcia. Otaviano insiste neste ponto: depois de recordar seus soldados de que agora Antônio gosta de ser chamado de Osíris ou Dionísio, convida-os a não o considera-rem mais um romano, e sim um egípcio, e a não o chamarem mais Antônio, e sim Serápis.

Depois, Otaviano sobe a bordo de uma *liburna*, uma embarca-ção com duas fileiras de remos, onde será "espectador", porque o verdadeiro estrategista é Agripa.

Os navios se posicionam para a batalha.

A formação de Otaviano tem em sua ala direita Marco Lúrio, prefeito da Sardenha, no centro Arrúncio e à esquerda Agripa. A *liburna* de Otaviano está à direita, posição típica de quem comanda, mas na realidade quem tem papel decisivo nessa batalha, como já foi dito, é Agripa; o futuro Augusto, como sempre, desaparece durante os confrontos.

Antônio, por sua vez, organiza três grandes esquadras de 60 navios cada uma e se infiltra no grupo da direita, confiando o lado esquerdo a Caio Sósio, enquanto ao centro vai uma formação visivelmente mais fraca. Sua estratégia é simples: empurrar o inimigo sobre os dois grandes blocos de navios à direita e esquerda, enquanto o centro, misturando-se, permitirá a Cleópatra, que aguarda na retaguarda, passar com segurança em direção ao mar aberto.

Antônio dá o sinal e avança com sua frota até a abertura do golfo, deixando-a, em seguida, em posição norte-sul. O inimigo está logo à frente, a apenas um quilômetro e meio de distância, e se alarga, criando um semicírculo de duas fileiras. É como um saco que se prepara para sugar as esperanças de Antônio e Cleópatra.

Antônio está em um barco a remos e passa entre os navios, para preparar os equipamentos. E Otaviano faz o mesmo, deslocando-se em sua *liburna*.

Em terra firme, ambos os exércitos pararam de vigiar um ao outro. Enfileiraram-se às margens, a distância segura e nos respectivos "territórios", para observar a batalha naval.

A situação permanece em impasse durante horas, sob o sol quente de setembro. As frotas parecem formações de gigantescos dinossauros prontos a atacar. Milhares de homens estão vivendo as últimas horas de suas vidas.

Irrompe a batalha de Áccio

Antônio ordena que seus navios sigam em frente. Um rugido se ergue da margem onde estão seus legionários, que viram os companheiros partirem para o ataque. A primeira a mover-se é a esquadra de Sósio, à esquerda. Levam poucos minutos para cobrir um quilômetro e meio, depois uma chuva de flechas, pedras e dardos de todo tipo obscurece o céu e se abate sobre os conveses dos navios das duas formações. Antes do contato entre os cascos e os temíveis rostra, Agripa ordena que sua frota dê marcha a ré e faça a volta pelo mar aberto. Seu estratagema é astuto: quer transportar os pesados navios de Antônio ao mar, onde os seus, menores e velozes, tenham amplo espaço de manobra e possam desfrutar de sua maior agilidade e do número superior. Também ordena que se afastem lateralmente, de maneira a cercar e envolver o inimigo. Mas os navios de Antônio intuem a manobra e também se afastam. Nesse momento, ocorre o verdadeiro embate. As duas formações se confundem, se entrelaçam em uma mistura fatal. Ao ver esses gigantes do mar manobrarem com tal destreza e velocidade, percebemos que são naus extraordinárias, fruto da antiga sabedoria de carpinteiros e mestres artesãos, capazes de realizar a mão cascos perfeitos que escorregam pelas águas. Além disso, não se pode deixar de mencionar a habilidade dos comandantes e suas tripulações, capazes de fazer em poucos segundos uma curva com o navio e fazê-lo atacar como um raio o inimigo. Tudo isso é fruto de uma coordenação e de um entendimento que apenas um bom treinamento e uma disciplina férrea podem fornecer.

Na batalha, ouvem-se os cascos se chocarem com um barulho surdo, mas também o guincho das tábuas submetidas a manobras serradas. E depois os gritos. O barulho de toda uma lateral de madeira que foi aberta. Observa-se, contudo, que as duas formações não combatem da mesma maneira. Um navio de Otaviano avança no máximo da velocidade. As duas fileiras de remos, de cada lado, se levantam e abaixam na água com uma coordenação perfeita, quase como guelras de um ser estranho que realiza movimentos respiratórios. Está mirando uma nau adversária, maior e mais lenta. Às vezes, vemos emergir entre as ondas espumejantes o seu rostro, como o focinho de um monstro marinho. Está claro que deseja atacá-la, mas não o faz da maneira que era esperado. Não chega perpendicularmente ao casco inimigo, como faria um torpedo. Ao contrário, mira na diagonal, com um ângulo bem calculado. Vendo chegar a embarcação inimiga a toda velocidade, os soldados a bordo da nau de Antônio se agitam e correm em várias direções. Preparam uma balista equipada com uma "mão de ferro", uma espécie de arpão-âncora semelhante a um gancho, para atingir a nave que se aproxima, ancorá-la e freá-

-la, levando-a para a lateral da própria, onde os soldados depois poderão fazer um massacre, lançando flechas e dardos das torres de combate. Infelizmente para eles, os vários lançamentos atingem o vazio e a embarcação de Otaviano se aproxima como um torpedo, faltando poucos segundos. No último instante, guarda os remos de forma a não quebrá-los no impacto, manobra que o navio maior não consegue fazer. O impacto é violento. Primeiro, sente-se o romper dos remos que se despedaçam em série, depois o som sombrio do casco afundado pelo rostro, e em seguida o barulho estridente de dois cascos que raspam um no outro. A nau de Otaviano não para e desfruta da sua longa corrida. Dessa forma, o seu rostro lacera o casco adversário como uma lâmina, abrindo uma vala por onde entra água do mar. Os dois navios agora estão parados e ficam ao sabor das ondas por alguns segundos. No buraco, vê-se um objeto metálico. É o rostro, que se destacou da proa da nau atacante. Não é um erro: está previsto que aconteça. Os rostra são como o ferrão de uma abelha: assim que abrem o casco inimigo, quase sempre continuam implantados no corpo da vítima, afundando com ela.

Das torres da embarcação atingida, descem flechas, pedras, dardos, todo tipo de lançamentos que atingem fatalmente muitos dos homens de Otaviano. Os primeiros a perceberem que algo está errado são os soldados nessas torres, que observam uma preocupante inclinação. A nau está emborcando depressa por causa do enorme buraco. Das aberturas no convés, sobem em massa os remadores dos conveses inferiores, que se misturam aos legionários a bordo, aumentando a confusão. No entanto, há ainda quem não tenha parado de atirar no navio adversário, que agora se afasta para evitar os projéteis. Dois golpes incendiários bem lançados deflagram na embarcação de Otaviano um incêndio que se alastra como óleo, gerando uma grande torre de fumaça, visível mesmo da costa. Enquanto isso, no navio abalroado, a situação é dramática. Há pouco a fazer, é preciso pular na água. Para muitos, contudo, esse é o fim. Poucos sabem nadar nessa época, e as armaduras pesadas levam para o fundo os legionários que não tiveram tempo de tirá-las. Em alguns minutos, o barco desaparece, deixando poucos náufragos agarrados em madeiras flutuantes. Entre esses, vemos o centurião que falou com Antônio. Vai se salvar mais uma vez, porque será resgatado com seus companheiros dentro de algumas horas pelas naus de Otaviano. Embora adversários, continuam sendo romanos.

O ataque ao qual assistimos não é um fato isolado. Está acontecendo para onde quer que olhemos. E nem sempre os rostra permanecem enfiados no ventre do navio, afundando com ele. Dião Cássio narra assim a batalha: "Os soldados de Otaviano, dispondo de naus menores e mais velozes, atacavam com grande ímpeto, tentando afundar qualquer embarcação inimiga e depois voltando para trás. Então, ou saltavam de repente sobre essas ou as negligenciavam e atacavam alguma outra, e depois de ter-lhes causado o maior dano possível, lançavam-se contra alguma outra, e em seguida contra outra, atacando o inimigo da maneira mais inesperada. Temendo os tiros que chegariam mesmo de longe, assim como o combate corpo a corpo, não perdiam muito tempo nem na manobra de aproximação nem no choque. [...] Os soldados de Antônio, no entanto, atingiam os agressores com um lançamento prolongado e volumoso de pedras e dardos, e lançavam mãos de ferro contra todos os que se aproximavam. Se conseguiam atingi-los, levavam a melhor; se, contudo, erravam o alvo, seus navios eram aferroados e afundados. Os soldados de Otaviano pareciam cavaleiros, porque ora atacavam, ora se retiravam, dependendo deles tanto o ataque quanto a retirada. Os de Antônio, porém, assemelhavam-se mais aos hoplitas, que aguardavam a aproximação dos inimigos e se esforçavam para resistir a eles o máximo possível."

Nem sempre o ataque com os rostra é bem-sucedido. As naus de Antônio são grandes e têm laterais robustas contra as quais muitas vezes as embarcações de Otaviano nada podem fazer, ou até se quebram e despedaçam com o choque. A solução para isso é que o ataque de um grande navio de Antônio seja feito simultaneamente por várias embarcações de Otaviano. O combate se assemelha muito ao ataque a uma fortaleza, com soldados lançando flechas, dardos e projéteis de todo tipo. Das torres de madeiras nas naus de Antônio, golpes precisos de catapultas causam massacres nos conveses adversários...

A fuga de Cleópatra

Passaram-se duas horas desde o início da batalha, que se enfurece no mar. É nesse momento que o vento se fortalece. Quando, entre 14 e 15 horas, ele atinge sua máxima intensidade, Cleópatra manda içarem as velas e ordena que toda sua frota avance. Até este momento, o combate ainda está equilibrado. As naus de Agripa e Otaviano não foram capazes de contornar as laterais do front inimigo, e, à medida que as alas se alargaram ao norte e ao sul, estendendo o conflito, o centro começou a diminuir, da maneira como tinham previsto Antônio e Cleópatra. Em determinado momento, cria-se uma brecha, e é nessa abertura que se enfiam os 70 navios da rainha. Seu movimento pega todos de surpresa. A primeira impressão, tanto para os homens de Antônio quanto para os de Otaviano, é que estão assistindo a uma verdadeira fuga repentina de Cleópatra e não a uma manobra calculada. Antônio a segue, como previsto no plano que elaboraram no último conselho de guerra. Mas poucos compreendem. Até Dião Cássio, cerca de 200 anos depois da batalha, escreverá: "Antônio, acreditando que fugissem de medo, considerando-se derrotados, e não por ordem de Cleópatra, os seguiu."

A tese sobre a fuga repentina de Cleópatra, aterrorizada pela violência da batalha e seguida por Antônio, durará séculos. Hoje, os estudiosos modernos eximiram os dois dessa infâmia. Ao contrário, Cleópatra demonstra muita frieza ao dar a ordem no momento certo, havendo o risco de ser capturada ou morta. Como prova de que, apesar do risco dessa ação, ela foi projetada desde o início, está o fato de que as naus de Cleópatra levam todo o tesouro real. Ninguém nunca o embarcaria caso se tratasse de uma simples batalha naval. Na realidade, como já dissemos, essa manobra tinha o objetivo de forçar o bloqueio, para despedaçar o cerco e conseguir sair dele. Evidentemente, não foi prevista nenhuma intervenção militar por parte da frota de Cleópatra.

Antônio, ao vê-la passar, a alcança com uma das suas embarcações e sobe a bordo do navio real de Cleópatra, afastando-se da batalha junto a ela...

O plano de Antônio provavelmente prevê que outras naus da frota se destaquem dos combates e sigam Cleópatra. Algumas fazem isso. Dião Cássio narra: "Algumas embarcações também levantaram as velas, outras jogaram no mar as torres e o pouco mobiliário para serem mais rápidas na fuga." Trata-se, contudo, de um número exíguo de navios. Não sabemos se isso se deve à efetiva impossibilidade de se destacar dos combates na confusão da batalha, ou ao fato de que Antônio tenha decidido, delibera-damente, informar apenas uma pequena parte dos comandantes. Em todo caso, o plano é bem-sucedido. Antônio conseguiu salvar uma parte da frota, e especialmente o tesouro de Cleópatra. Poucas naus inimigas tentam segui-los. São comandadas por um príncipe de Esparta, Euricle, que meses antes traíra Antônio, passando para o lado de Otaviano. Este, no entanto, consegue apenas apreender outro navio-almirante, aferroando-o e fazendo-o emborcar de um lado, e obtendo como butim preciosas louças de mesa. Cleópatra e seu tesouro se afastam sãos e salvos.

Chamas no mar

Às costas deles, a batalha cresce. A frota de Antônio continua a lutar firmemente, apesar da fuga do comandante. Nas horas seguintes, o combate fica mais dramático, entre abordagens e con-frontos até a última gota de sangue. De acordo com as descrições dos antigos, como Dião Cássio, os legionários de Otaviano a bordo de navios menores quebram os remos e despedaçam os timões das naus de Antônio, e depois sobem nos conveses, engajando ferozes corpo a corpo com o inimigo. Os legionários de Antônio, especia-listas em combate, defendem-se dos ataques com lanças, projéteis de pedra, flechas e, assim que esses homens invadem os conveses, cortam suas cabeças com machados. É exatamente o tipo de luta que imaginamos quando soldados atacam os muros de uma fortaleza e outros vêm em sua defesa.

As lutas prosseguem e não parece haver vencedores, apenas um imenso massacre de romanos em uma disputa fratricida. Por fim, Otaviano precisa recorrer ao fogo. De início, seu objetivo era apoderar-se dos navios e do conteúdo que carregavam, mas depois percebe que não há outra solução para vencer a batalha. É Dião Cássio quem descreve como um repórter esse momento tão dramático: "A batalha, assim, assumiu um novo aspecto. Os cesarianos (legionários de Otaviano), atacando os inimigos em várias direções ao mesmo tempo, golpeavam-nos com projéteis acesos: de perto, atiravam tochas, e de longe, por meio de máquinas, lançavam vasos cheios de brasas brilhantes e piche. Os antoninos tentavam interceptar esses objetos: se algum grudasse às estruturas de madeira e iniciasse um grande incêndio, como facilmente acontece nos navios, eles recorriam primeiro à água potável disponível a bordo e conseguiam apagar os focos; à medida que a água potável começou a faltar, usavam água do mar [...]. Uma vez que até nessa operação fracassavam, jogavam sobre as chamas seus mantos pesados e os cadáveres: o fogo, coberto, por algum tempo amenizava, e aqui e ali parecia apagar-se; depois, no entanto, por causa do vento que soprava com força, aumentava outra vez, alimentado por esses mesmos objetos. Assim, alguns, em particular os marinheiros, morriam por causa da fumaça antes que o fogo os cobrisse, outros eram assados em meio às chamas como em um grande forno, outros pereciam sob as estruturas que ardiam, outros, antes de sofrer tais mortes, ou então já parcialmente queimados, jogavam para longe as armas e eram feridos por golpes que chegavam de longe, alguns ainda se jogavam no mar e afogavam, ou afundavam atingidos pelos inimigos, ou eram devorados pelos peixes."

Milhares de legionários, homens e garotos, morrem de maneira atroz. As palavras do centurião a Marco Antônio agora soam como uma acusação. Para permitir a fuga do casal real, um exército inteiro foi sacrificado ao ser embarcado nos navios, e, portanto, em um "campo de batalha" que não lhe é próprio.

* * *

O confronto chegou ao fim por volta das 16 horas, quando a maioria das embarcações de Antônio levanta os remos em sinal de rendição. Ao redor deles, o panorama é aterrador: o mar está constelado de naus em chamas, das quais levantam densas colunas de fumaça. Outros navios flutuam, semi-submersos. Há corpos e fragmentos de madeira jogados pelas ondas em todas as direções. E náufragos agarrados a madeiras flutuantes que pedem ajuda balançando os braços.

Nesse dia, segundo Plutarco, morrem 5 mil homens de Marco Antônio. Mas outros autores antigos, como Orósio, falam de até 12 mil mortos e 6 mil feridos, dos quais mil faleceram nos dias posteriores.

Em quatro horas de batalha, Antônio perde cerca de 140 naus (destruídas e capturadas), o equivalente a 60% de sua frota. Não temos números que retratam as perdas de Otaviano.

Lúcio Aneú Floro, na *Epítome de Tito Lívio*, narra que por dias as ondas continuaram a depositar na praia objetos decorados de ouro e púrpura que pertenciam aos combatentes... Uma visão enfatizada, mas real em sua essência.

Acaba de se concluir uma das páginas mais sangrentas da antiguidade. A batalha de Áccio entrará para a História e será conhecida por gerações de estudiosos, arqueólogos, historiadores e estudantes. Apesar disso, apenas recentemente conseguimos entender, cruzando dados e pesquisas, o que de fato aconteceu.

A suposta fuga de Antônio e Cleópatra, na realidade, faz parte de um desenho bem preciso, que prevê também uma reunião com as forças terrestres de Canídio. Mas nada disso será possível. Em primeiro lugar, é inquietante que a rota da frota de Cleópatra siga diretamente para Alexandria, sem se reunir ao exército ou se preocupar em dar início à segunda parte do plano. Mas há outra razão que coloca um ponto final na aventura do casal na Grécia. Depois de verem as naus egípcias afastarem-se com a rainha, seguidas pouco mais tarde pelos navios de Antônio, e testemunharem impotentes da costa a derrota naval, com a consequente morte de tantos companheiros soldados, os legionários do ex-triúnviro passam em massa para o lado de Otaviano. Canídio, seu comandante, não consegue impedi-los e é obrigado a fugir à noite.

Muito claro é o julgamento do professor Giovanni Brizzi, que resume em poucos conceitos a derrota de Áccio.

"É um fracasso absoluto, porque, para salvar um punhado de navios (que além disso não eram seus, mas egípcios), Antônio sacrifica o exército (que em sua maioria não embarcou), perdendo, contudo, grande parte de sua frota. Esse movimento, suicida para Antônio (onde mais ele recrutará outro exército comparável quando a maioria dele, formada por profissionais e irritada pela traição do comandante, passará para as fileiras de Otaviano?), é singular também no que se refere à rainha: o que ela pensa em fazer, fugindo? Seu destino e o destino de seu reino estão ligados ao futuro de Antônio: sozinho, o Egito não resistirá um mês ao poder de Roma. Para explicar um gesto tão ingênuo, alguém invocou a afirmação de Dião Cássio, segundo a qual Antônio teria manifestado o propósito, em caso de vitória, de restaurar a República, o que teria motivado o abandono da rainha. É difícil acreditar nisso. Antônio queria desbloquear a frota, para em seguida ir ao mar aberto e parar as naus inimigas; mas estava ciente de que Cleópatra pretendia voltar para o Egito? Provavelmente não. Sem contar que, desde o início, havia fortes dúvidas sobre a possibilidade de seus navios, mais pesados que os do inimigo, terem um bom desempenho."

O historiador francês François Chamoux escreveu, a propósito de Áccio, que, naquelas horas terríveis, terminava para sempre a época helenística. Com efeito, pensando bem, esse incrível momento de graça da cultura e da antiguidade, iniciado com Alexandre, o Grande, 300 anos antes, termina bruscamente entre o meio-dia e às 16 horas do dia 2 de setembro de 31 a.C. Dali em diante, a história do Mediterrâneo tem apenas um rosto: Roma.

Para Antônio e Cleópatra, que até aquela manhã acordavam como soberanos incontestáveis de um grande reino, termina o sonho de uma vida.

11

O fim de Antônio e Cleópatra

E agora?

Os olhos de Antônio continuam a fitar o horizonte, mas estão vítreos, apagados, sem vida, é como se tivessem mudado de cor. Ele observa aquela linha plana, quase em busca de um refúgio, uma forma de voltar atrás e mudar suas decisões. De vencer. Mas não é possível. Tudo acabou, há apenas a amargura da derrota. Seu rosto está pálido. O olhar está perdido. Seus cabelos mexem-se inutilmente com o vento, como estandartes prontos para a batalha. Faz três dias que está ali, sentado à proa do navio, imóvel, como se petrificado. Três dias... A derrota pesa. É a segunda depois daquela contra os Partas, mas ainda mais dolorosa, porque perdeu o confronto decisivo contra Otaviano. Um garoto em comparação a ele. Em duas derrotas, desvaneceram dois sonhos: tornar-se o novo grande líder de Roma depois de César e sobrepujar o adversário. Agora, não tem mais nada. Não tem mais um futuro, nem mesmo um passado: pensa em todos os amigos perdidos, os veteranos com quem dividiu tantas batalhas. Quantos deles não estão agora no fundo do mar? A atmosfera é sombria a bordo da *Antoniade*. Antônio se empoleirou ali, em silêncio. De acordo com Plutarco, está tomado por um misto de ira e vergonha em relação à Cleópatra. Talvez entenda quanto ela foi cúmplice, mas também responsável pelo abismo para onde despenca. Diante dele, desponta a forma inconfundível do cabo Matapão. E é nesse instante que sente uma pequena mão se apoiar em suas costas. Mão feminina. Eiras e Carmione, as amas da rainha, vieram convencê-lo a sair do isolamento. As duas mulheres, segundo Plutarco, convencem primeiro Antônio e Cleópatra a retomarem o diálogo, depois os persuadem a almoçar juntos, e por fim a dormir na mesma cama. Ao redor deles, outras embarcações de transporte uniram-se à frota; são dos amigos e apoiadores de Antônio que escaparam da derrota.

Nesse desconforto generalizado, é Cleópatra quem demonstra lucidez e prontidão de espírito. Ordena que retornem para Alexandria a todo vapor, porque teme que a notícia do desastre os tenha precedido e que seus súditos possam rebelar-se, destronando-a junto com Cesarião. Por prudência, ao chegar manda adornarem a proa com guirlandas, como se tivessem vencido, enquanto a bordo entoam-se cantos de vitória acompanhados por flautas...

Uma vez desembarcados, é claro, a notícia se difunde, mas eles já tinham retomado o comando. Até que uma mensagem os alcança, informando que o grande exército de Antônio passou às fileiras de Otaviano e Canídio precisou fugir durante a noite. Não há mais esperança.

Antônio cai em depressão. É Plutarco quem o descreve como um homem destruído: "Antônio se confinou em uma grande solidão. Estava inquieto com dois amigos, o retórico grego Aristócrates e o romano Lucílio (é o amigo de Brutus salvo por Antônio na batalha de Filipos). Em Alexandria, construiu para si uma habitação na ilha de Faro e levantou ali um píer. Transcorria seus dias no local, fugindo do consórcio humano, e dizia que apreciava e queria imitar a vida de Timão (tendo vivido no século V a.C. em Atenas, Timão era famoso por seu ódio por toda a humanidade, como reação à ingratidão dos homens), acreditando ter sofrido vicissitudes semelhantes: por se sentir ofendido e tratado com ingratidão pelos amigos, ele também desconfiava de todos os homens e sentia ódio por eles."

Enquanto Antônio continua exilado naquele que define como seu Timão, Cleópatra implementa as vinganças mais implacáveis.

Manda matar o rei armênio Artavasdes, como já foi mencionado, trucida muitos personagens de prestígio em Alexandria que tinham exultado por sua derrota, e depois pensa no futuro. É só uma questão de tempo até que Otaviano chegue com seu exército. Assim, especula sobre possíveis rotas de fuga.

A busca por uma solução

O projeto de fuga mais "faraônico" de Cleópatra prevê a construção de um novo reino junto a Antônio, na África ou no Oriente. Talvez pense na forma como novas colônias foram fundadas na Grécia e na Magna Grécia, abandonando as cidades originais com um grupo de navios e muitos jovens guiados por um líder carismático (nesse caso, seriam dois).

Antes de tudo, no entanto, é preciso ter naus. Assim, Cleópatra, em um projeto maluco, envia parte de sua frota diretamente sobre o mar Vermelho para uma enseada do golfo de Suez. É uma travessia de mais de 30 quilômetros no deserto, realizada com perfeição. Michael Grant destaca: "Não sabemos os detalhes desse empreendimento notável que provavelmente exigiu a organização dos navios sobre enormes molduras de madeira, apoiadas sobre rolos ou rodas, e que foram empurradas por mais de 20 milhas com a força de homens." No entanto, quando chegaram ao destino e foram colocadas na água, as embarcações foram incendiadas e destruídas por Malco, o soberano nabateu. O destino, como podemos ver (e como veremos ainda), é implacável contra Cleópatra e Marco Antônio.

A rainha não perde o ânimo e tenta levantar o moral do seu homem, acampado em seu refúgio sob o gigantesco Farol. Convence-o a voltar ao Palácio Real e organiza, para seu aniversário, em 14 de janeiro, uma festa extraordinária, "que superou todo esplendor e pompa, a tal ponto que muitos dos convidados chegaram ao banquete pobres e voltaram ricos para casa", diz Plutarco.

Esse momento sinaliza, para o comandante, o retorno à vida. Antônio e Cleópatra fundam uma espécie de "confraternidade":

a velha associação que tinham criado anos antes, a dos "inimitáveis viventes", animada por festas, dissoluções, esplendores e gastos inimagináveis, é dissolvida, e no seu lugar nasce a dos "companheiros da morte". Fazem parte dela todos os amigos que, inscrevendo-se, se comprometem a morrer junto aos dois. Passam o tempo divertindo-se, praticando orgias, gastando e se alternando para oferecer festas e banquetes.

É impossível não sentir a angústia de um fim iminente. Não é difícil intuir quais sentimentos movem Cleópatra e Antônio. Depois de uma confusão inicial, reagem com intensidade, enfim compreendendo como tudo vai terminar: sabem bem que morrerão em Alexandria quando o inimigo chegar. Então, tentam exorcizar o futuro, brincam com ele usando o sorriso, a vida fácil, o desejo de diversão e... de viver. Estamos no outono, as tropas de Otaviano chegarão depois dos meses invernais e isso dá a todos um último período de tranquilidade. Antes do fim. Da morte. Ou de qualquer incrível reviravolta do destino.

Confirmando o que os dois têm na cabeça e no coração, Cleópatra inicia a construção de um grande mausoléu para ela e Antônio, não distante do Templo de Ísis.

E prepara a sucessão dinástica com uma grade celebração na cidade que revigora a fidelidade da população e celebra Cesarião, que se torna maior de idade junto com Antilo, o filho mais velho de Antônio.

Obviamente, isso não lhe basta. Sabe muito bem que Cesarião corre um grave risco com a chegada de Otaviano. Assim, depois do ano-novo de 30 a.C., Cleópatra organiza a fuga do filho para a Índia, com navios, riquezas e uma escolta de homens fiéis.

Passam-se algumas semanas, e na primavera de 30 a.C. Marco Antônio e Cleópatra decidem entrar em contato com Otaviano, enviando-lhe cartas. Mais do que isso: Cleópatra lhe envias as insígnias reais, assegurando-lhe que abdicará, contanto que seus filhos possam sucedê-la no trono. Otaviano mantém as insígnias e não dá uma resposta clara.

Antônio também lhe envia um presente. Manda uma carta na qual recorda a ligação de amizade e parentesco entre os dois, as brincadeiras e as aventuras amorosas que compartilharam quando jovens. Depois, indica onde está um dos últimos assassinos de César vivos, Décimo Turulio. Também neste caso, Otaviano guarda o "presente" (envia assassinos para matar Turulio à ilha de Cós, onde se escondia), mas não responde.

Antônio, então, envia Antilo, seu filho mais velho, a Roma, junto a uma enorme quantidade de dinheiro, dizendo que, caso o aceite, ele vai se retirar à vida privada: Otaviano pega o dinheiro e manda de volta Antilo de mãos vazias, sem resposta.

Cleópatra, em seguida, escreve nova carta e a envia junto com uma considerável quantidade de joias e dinheiro, com a súplica de que seja conservada a sucessão ao trono para seus filhos. Dessa vez, Otaviano responde, colocando a rainha diante de um dilema: satisfará seus pedidos mais razoáveis caso mate ou expulse Antônio. Como destaca o professor Brizzi, "Otaviano é claro, direto, impiedoso: o que eles podem oferecer-lhe que ele não consiga conquistar sozinho?".

Muitos escritores antigos, hostis a Cleópatra, tomarão como ponto de partida essa carta e esses pedidos de Otaviano para ver em qualquer ação futura da rainha a prova de uma traição dela em relação a Antônio.

Em resumo, apesar de todas as ofertas, Otaviano continua impassível. Antes de tudo, porque é pouco propenso a se deixar corromper, mas também porque é o mais forte e não sente necessidade de selar pactos, e sobretudo porque precisa desesperadamente do Egito e de suas riquezas. Sua força, na verdade, está no gigantesco exército — ao qual se somaram as legiões que desertaram das fileiras de Antônio — que, no entanto, precisa ser pago. Sem mencionar todos os veteranos na Itália que ainda aguardam as terras prometidas. Assim, para aplacar os maus humores e as possíveis revoltas dos legionários, Otaviano lhes promete o imenso tesouro de Cleópatra, demonstrando ser cínico e brutal como Brutus e Cássio, que prometiam aos seus soldados cidades inteiras para saquear.

No verão de 30 a.C., Otaviano está pronto para iniciar um ataque maciço contra as forças residuais de Antônio e Cleópatra.

Seu plano é simples: invadir o Egito ao mesmo tempo por leste e oeste, com uma manobra tenaz. Bastará para ele se concentrar no delta e em Alexandria: uma vez que caia a capital, todo o reino será seu.

Verão de 30 a.C.: o ataque se inicia a leste e oeste

Antes da batalha de Áccio, Antônio enviara quatro legiões a oeste de Alexandria, na Cirenaica e na Líbia, para defender o front ocidental de possíveis ataques. Estas tropas eram comandadas por um dos sobrinhos de César, o legado Lúcio Pinário, indicado entre os herdeiros em seu testamento. Pinário sempre foi fiel a Antônio e até comandara uma legião em Filipos, mas depois da batalha de Áccio, intuindo o lado para onde o vento soprava, entregou suas tropas a um homem da comitiva de Otaviano vindo de navio de Roma: Cornélio Galo. Lembra-se dele? É o poeta que se apaixonara perdidamente pela *soubrette* Licoride e, abandonado por ela, caíra em profunda depressão. Agora, recuperado, guia as ex-legiões de Antônio rumo a Alexandria.

O primeiro passo será a conquista de um bastião fundamental para a defesa a oeste da cidade, Paretônio (hoje suas ruínas surgem perto da famosa localidade turística de Marsa Matruh), a apenas 300 quilômetros da capital. Galo começa o ataque pelo mar, desembarcando na cidade com a frota e ocupando-a.

Ao receber a notícia, Antônio busca o exército, decidido a usar a cartada do comandante carismático para reconquistar suas ex-tropas. Atravessa os muros para falar diretamente aos homens com quem dividiu tanto, mas Cornélio Galo entende suas intenções e, conforme narra Dião Cássio, "deu ordem aos trombeteiros para que tocassem todos juntos e assim não permitiu que ninguém ouvisse nada".

Antônio, então, tenta um ataque naval. Vê que o porto está sendo pouco vigiado e invade com os navios e as tropas a bordo. Mas é uma armadilha: os homens de Galo estenderam grandes correntes sob a água durante a noite e ele colocou também poucas sentinelas, criando uma isca tentadora para Antônio. Quando as naus entram no porto, aproximando-se dos cais, o comandante ordena o içamento das longas correntes, fechando o porto às suas costas e impedindo todas as rotas de fuga do adversário. Em seguida, cai sobre as embarcações uma chuva de flechas e dardos flamejantes que as incendeiam, como em Áccio, e as que sobram são afundadas. É um novo desastre para Antônio, que mais uma vez precisa aceitar a derrota. Percebe que Paretônio está perdida e só lhe resta voltar à Alexandria. É o que faz, com as tropas de Galo ao seu encalço.

Enquanto faz o caminho de volta, chega outra péssima notícia: Pelúsio, outro bastião da defesa de Alexandria, no front oriental, foi conquistado. O próprio Otaviano o conquistou, enquanto Antônio tentava sua malsucedida ação naval.

Otaviano se enfileirou na frente da cidade com um exército colossal, do qual fazem parte muitos contingentes aliados. Trata-se de todos aqueles reinos do Oriente Médio que antes eram ex-vassalos de Antônio, e entre eles está também Herodes da Judeia. Sim, ele mesmo.

Para conquistar a cidade, não foi necessário lançar nem mesmo um dardo. Seleuco, o governador de Pelúsio e comandante das tropas egípcias aquarteladas lá dentro, simplesmente a entregou a Otaviano. Alguns escritores antigos supuseram que por trás dessa rendição tenha havido um acordo por baixo dos panos entre Cleópatra e Otaviano sem o conhecimento de Antônio: em troca, a rainha manteria seu status de soberana do Egito. Não sabemos se isso é verdade, embora pareça improvável, até porque a represália de Cleópatra vem depressa: assim que descobre que a cidade caiu sem combater, manda matar a esposa e os filhos de Seleuco.

A conquista de Pelúsio acontece na metade do verão, não sabemos quando, mas no fim de julho a ocupação certamente já aconteceu. Otaviano não quer perder tempo e obriga suas legiões a se encaminharem para Alexandria a marchas forçadas. Os cerca de 300 quilômetros do território são cobertos em poucos dias, e na manhã de 31 de julho de 30 a.C. Otaviano avista a cidade.

Uma espera angustiante

Que atmosfera se respira nas ruas de Alexandria nesses dias? É fácil imaginar. Passaram-se menos de 20 anos da Guerra Alexandrina, mas sua lembrança ainda está viva, em especial entre os adultos e anciãos. Se com a queda de Paretônio já se difundira certa inquietação, agora, com a notícia de que Pelúsio também foi conquistada, o pânico se espalha. As fontes antigas não descrevem episódios dramáticos, mas o medo nas casas e pelas ruas deve ser palpável. Muitas lojas estão fechadas e protegidas com trancas. Há dias, veem-se famílias inteiras, sobretudo da "Alexandria rica", deixarem a cidade em carruagens cheias de objetos preciosos, móveis elegantes e objetos pessoais. Mas também há pessoas comuns que abandonam suas casas nos bairros populares com artigos domésticos na cabeça e crianças seguradas pelas mãos. Vão embora para buscar refúgio nos campos, escondendo-se bem longe. Pelas ruas, há um contínuo vaivém de soldados e poucos grupos de pessoas que conversam, buscam novas informações, recebem e difundem notícias absurdas, como tantas vezes acontece nessas situações. Nos armazéns, foram acumulados montes de grãos e de outros gêneros alimentícios. As portas da cidade agora são vigiadíssimas, assim como as atividades do porto. Veem-se muitos navios fretados zarparem para alto mar, em direção a ilhas ou costas distantes: a bordo, além de mercadorias que não podem cair nas mãos de soldados em busca de butim, muitas vezes vão famílias inteiras.

Há também os templos, onde as pessoas se reúnem para pedir qualquer tipo de milagre às divindades. Cleópatra é muito amada, e muitos, decerto, rezam por ela e pela salvação da dinastia e do reino.

Por fim, nos cômodos de casas elegantes e nos depósitos escuros de algumas lojas, são realizadas reuniões secretas entre oficiais ou legionários para decidir o que fazer: ficar com Antônio ou passar às fileiras de Otaviano, seguindo o exemplo de outras cidades e legiões?

Quanto mais as horas e os dias passam, esses comportamentos se acentuam, alimentados por pura angústia.

Cleópatra esconde o tesouro real

Obviamente, a ânsia não conhece barreiras e ultrapassa os muros das casas, cruzando os limiares das moradias das famílias, entrando nas pousadas, escorregando sob as mesas das tabernas, invadindo os armazéns portuários, penetrando no bairro real... De acordo com Plutarco, Cleópatra não está parada e mantém uma correspondência intensa com Otaviano para negociar a rendição pelas costas de Antônio. Essa tratativa secreta, narrada por tantos autores hostis a ela, alimentou ao longo do tempo a imagem de uma mulher desleal, uma verdadeira víbora que "presenteou" a cidade-bastião de Pelúsio em troca da própria segurança e do trono. Não se pode negar a possibilidade de que os dois tenham entrado em contato para uma aliança. Todavia, a atmosfera provavelmente é bastante diferente: se recebeu cartas de Otaviano, foram com o objetivo de tranquilizá-la. Mas são no mínimo traiçoeiras: ele teme que Cleópatra possa destruir o tesouro real em seu poder.

No entanto, são esses os boatos que correm e Plutarco é um exemplo disso: "Dado que Cleópatra contava com salas e monumentos funerários de extraordinária beleza e altura próximos ao Templo de Ísis, recolheu ali os objetos mais preciosos do tesouro real, ouro, prata, esmeraldas, pérolas, ébano, marfim, canela e acrescentou a estes uma grande quantidade de palha e estopa. Dessa maneira, Otaviano, temendo por aquele tesouro, imaginando que a mulher, levada pelo desespero, pudesse destruir e queimar aquela riqueza, continuava a lhe enviar promessas de clemência, enquanto o exército avançava na direção da cidade."

Na realidade, mais do que o tesouro real, o verdadeiro objetivo de Otaviano é o Egito, cuja riqueza é muito mais vasta e infindável. Cleópatra, neste momento, está rendida, e provavelmente tem consciência de que o pensamento de seu adversário vai muito além da geopolítica: a rainha é um problema para seus objetivos enquanto representar um poder que poderia rivalizar com Roma pela hegemonia e o controle do Oriente Médio e do norte da África. Não é mais uma questão de acordos: simplesmente não há mais espaço na História para o Reino Egípcio. O futuro bate à porta e viaja na direção de um mundo mediterrâneo unicamente romano.

30 de julho, a penúltima noite

É difícil descrever o silêncio e a sensação de vazio "gélido" nos salões do Palácio Real. Veem-se apenas alguns poucos serviçais passarem apressados. No entanto, há um agradável perfume de essências queimando em pequenos braseiros, misturado às fragrâncias das plantas ornamentais dos jardins internos. Mas até esse odor da noite, tão intrigante e intenso, que tantas outras vezes abraçou, cúmplice, o amor entre Cleópatra e Antônio, agora mudou sua face, tornando-se sintoma de um fim iminente. Não há banquetes, não há festejos. Há apenas uma imobilidade do ar que pesa. Os poucos rostos dos cortesãos que passam estão tensos, preocupados, angustiados pelo futuro incerto. Um futuro que cairá sobre eles amanhã. Viverão? Serão mortos? Quem estará no palácio?

Marco Antônio está de volta à Alexandria há alguns dias. É impossível se aproximar dele, está triste e de péssimo humor. Até as notícias que chegam do front são terríveis: Otaviano acampou na cidade de Canopo, a poucas horas de marcha até Alexandria e o palácio.

Antônio passou o dia com seus homens mais fiéis para organizar as defesas e avaliar todas as opções para sair dessa situação. São poucas, para dizer a verdade. As tropas são inferiores às inimigas em número e treinamento. Além disso, estão desmoralizadas e não se pode confiar demais nelas, porque entre as fileiras serpenteia o desejo de desertar. Há também a frota no porto, outra arma que Marco Antônio está avaliando utilizar de algum modo. Ao redor da mesa com os oficiais talvez estejam também Cesarião e Antilo, já "adultos", envolvidos sem querer nessa situação. O pai, olhando-os, certamente pensa na fuga para ao menos salvá-los. E a raiva deve ter dominado seu coração.

E Cleópatra? Não sabemos se participou dessas reuniões. Embora seja provável que tenha contribuído de maneira determinante às estratégias, visto que estão em jogo sua cidade, seu reino, seus filhos e a própria vida, e ela certamente não é uma mulher que deixa a decisão para os outros.

De acordo com alguns estudiosos modernos, entre os dois há tensão, talvez por causa dos boatos que correm sobre um acordo entre ela e Otaviano depois da estranha rendição de Pelúsio (na realidade perfeitamente explicável como uma escolha de campo do governador Seleuco diante de um inimigo tão poderoso e, em especial, já vencedor).

É possível que Antônio e Cleópatra passem a última noite separados? Provavelmente sim: nenhum general, diante da chegada iminente de um poderoso inimigo, deixa tudo e se aconchega com a amada. Ele deve ter transcorrido todas as horas disponíveis em uma conta febril das forças remanescentes, prevendo as estratégias possíveis do adversário e organizando movimentos surpresa.

Cleópatra, por sua vez, em algum momento se retira para estar perto dos filhos, cujo destino é certamente sua maior preocupação. Em especial para Cesarião, que seria a primeira vítima a cair depois dela e de Antônio. A rainha deve ter tentado passar tranquilidade a todos, mas continuará preocupada com ele. Não é fácil passar-lhe serenidade: com 17 anos, compreende bem a situação em que se encontram, em particular a dele mesmo. Agora, experimentamos grande simpatia por esse jovem, gerado por um inacreditável casal da História, mas que da noite para o dia corre o risco de ser assassinado sem ter nenhuma culpa, exceto, talvez, ser filho de César. Como alguém poderia matar a sangue-frio um adolescente? Um garoto inocente, cheio de vida? É claro, nos dirão que é por razões de poder em Roma: Otaviano teria um novo rival possível, ao redor do qual poderia tomar forma uma oposição ao seu comando. Todavia, isso nos leva a outro exemplo da crueldade de Otaviano. Um homem louvado ao longo dos séculos, mas que carrega uma sinistra maldade. Na realidade, o erro está em ver um mundo antigo com olhar moderno. É verdade: Otaviano é um homem frio, calculista, cruel, mas não age de maneira diferente dos outros, incluindo Cleópatra. A impressionante crueldade que testemunhamos, na verdade, faz parte da época descrita. Era um mundo diferente do nosso, com uma outra moral. A nós, resta observar sem julgar.

Contudo, os sentimentos não mudam com o passar dos séculos. Talvez no fim, nos agrada imaginar, Cleópatra tenha se aninhado ao lado do pequeno Ptolomeu Filadelfo enquanto ele dormia, abraçando-o por trás para sentir o perfume de seus cabelos, do mesmo jeito que fizera em Roma com Cesarião ao receber a notícia da morte de César. Nesse momento, mais do que nunca, teria sentido falta do grande líder. Por que não está mais ali? Naquele palácio combateram juntos. Ele, mais do que Marco Antônio, saberia encontrar uma solução. Decerto nunca chegariam a esse ponto, a começar por Áccio...

31 de julho, aurora: o inimigo está à porta

Ainda não amanheceu. O mar está calmo, o céu sem nuvens. Um belo dia se inicia. Do tipo que nos faz amar a vida. Contudo, esses serão alguns dos dias mais amargos na história de Alexandria. Estranhamente, não há atividade no porto, as estradas estão semidesertas. Do topo do Farol, alguns altos oficiais romanos de Antônio observam o horizonte. Entre eles, imaginamos, está também o comandante em serviço, um de seus homens fiéis, Públio Canídio Crasso, grande e corajoso general. Dali de cima, gozam de uma vista de tirar o fôlego. Em termos estratégicos para a época, é como estar sobre um satélite espião. Não temos provas, mas o general provavelmente subiu ali para tentar entender quem tem à frente. A luz do Farol foi apagada para não dar referências ao inimigo. Todos os olhares se perdem a oriente, na estrada que, partindo de Alexandria, leva a Pelúsio. Otaviano chegará dali.

A essa hora, na aurora, a estrada de terra é uma linha clara que se perde na vegetação costeira escura. Todos os legionários estão envolvidos na pesada capa vermelha fornecida. Embora seja verão, ali no alto o vento e a umidade do mar são pungentes antes do amanhecer. Além disso, os peitorais e as armaduras de aço resfriam seus corpos como se fossem de gelo.

Há alguns minutos, a oeste, o céu parece tingir-se de laranja e vermelho. De repente, lancinante, chega o primeiro raio de luz. Em geral, na cidade todos veem o cume do Farol colorir-se de vermelho-vivo, antes que o sol ilumine Alexandria. Há gerações aquele primeiro brilho sobre o alto do Farol sinaliza o início do dia, como o soar de um Big Ben luminoso. Dessa vez, contudo, é como se anunciasse a morte. Os rostos de todos os oficiais estão marcados pela noite sem dormir, que passaram consultando despachos levados por mensageiros sem fôlego, abrindo mapas da cidade para entender como organizar a defesa e talvez também reescrevendo testamentos enquanto o caos domina ao redor.

Uma taça de vinho quente é oferecida a Públio Canídio para aquecê-lo. Seu rosto está iluminado pelo vermelho do sol que amanhece e desaparece atrás de uma taça de prata trabalhada em *repoussé*, com Dionísio e muitos cupidos. Enquanto toma a última gota, muitos percebem que sua barba não foi feita, as bochechas cobertas por pequenos pelos brancos. Nunca o viram assim e isso acentua a sensação de insegurança e medo em muitos, ainda que nunca o digam.

De repente, um grito: "Lá embaixo! Lá estão eles!" ("*Illic! Aspicite!*")

Públio Canídio deixa a taça cair, passa o dorso da mão na boca, semicerra os olhos para ver melhor e faz uma careta, murmurando: "São muitos!"

A luz do sol completou sua descida e inunda os campos cultivados, ainda cobertos pela leve neblina da manhã. Mas pela estrada, a distância, chega algo aterrador. É a poeira levantada pelas legiões em marcha, uma nuvem imensa, iluminada em fachos pelo magnífico disco vermelho pousado no horizonte. Públio Canídio e seus homens já sabem avaliar, por experiência, a consistência de uma divisão ou de um exército em marcha pela poeira que levanta. E o que veem é uma tempestade de poeira a caminho...

O general desce para comandar seus homens por terra. No alto do Farol de Alexandria, ficam um oficial e alguns soldados com ordem de sinalizar os movimentos do inimigo. Agora, estão todos emudecidos.

O sol parece anteceder as tropas de Otaviano e entra pela Porta oriental de Alexandria, não por acaso conhecida como a Porta do Sol: após atravessarem a entrada da cidade, seus longos raios prosseguem iluminando em um instante toda a estrada principal da cidade, a Via Canópica, que tem um alinhamento perfeito com o surgir do sol no amanhecer do dia 20 de julho, o dia em que nasceu Alexandre, o Grande, como se descobriu em uma recente pesquisa da doutora Luisa Ferro e do doutor Giulio Magli. Onze dias depois, esse efeito cheio de significados ainda é bastante visível, em especial agora que a rua está completamente deserta. Há apenas uma mula parada em meio à estrada, saída de algum forno onde se moem os grãos.

6 horas, Porta do Sol: os preparativos para a defesa

Na estrada que leva a Alexandria, um cavalo galopa vertiginosamente.

Não há ninguém na rua e ouve-se apenas seus cascos ecoarem. Em geral, a essa hora a estrada já está cheia de pessoas dirigindo-se à cidade: camponeses com seus chapéus cônicos, mercadores com carroças cheias de mercadorias e produtos do campo, funcionários em liteiras. Hoje, no entanto, está deserta e imersa em silêncio. As poucas casas pelas quais o cavaleiro passa estão vazias, de portas abertas, até algumas cabanas de camponeses, a distância, feitas com vegetação entrelaçada no típico formato de "barril", segundo a tradição do delta. Todos fugiram por causa da chegada das legiões de Otaviano. Esse cavaleiro é o último dos que foram enviados para verificar a posição do inimigo e, a julgar pela velocidade em que galopa, devem estar muito perto. Dos muros de Alexandria, veem-no chegar, está ultrapassando as tumbas e os monumentos funerários das famílias mais ricas da cidade que ladeiam a estrada. Agora está na altura do grande hipódromo fora dos muros, com o comprimento de cerca de 1.200 pés (360 metros). O jovem deve estar aterrorizado, porque não dá sinal de que vai parar, e isso preocupa a todos os soldados de guarda. Como um raio, atravessa a Porta do Sol. Na mesma hora, é cercado pelos seus colegas e pelos oficiais, que lhe dão água, vendo-o esgotado e coberto de poeira. Olham-no enquanto engole a água, que lhe escorre pelas bochechas, pescoço e armadura. Como um maratonista no fim da corrida, está sem fôlego. Mas todos querem saber as notícias. Quando está prestes a falar, o círculo de legionários de repente se abre ao seu redor. Marco Antônio avança com Públio Canídio e outros oficiais de alta patente ao seu encalço. O cavaleiro se apruma. Sem jeito, tenta limpar-se da água e da poeira, mas não há mais tempo. Logo é dominado pela visão de Antônio, que agora está muito perto. Pode até ouvir sua respiração e sentir o perfume dos seus unguentos. Diz tudo o que sabe: as tropas inimigas são infinitas, marcham em atitude de combate e em uma hora chegarão ali. Antônio encara o soldado. Na realidade, está pensando que chegou o momento tão aguardado e temido nos últimos meses, e que o destino está para realizar-se. Bate às costas do cavaleiro e desaparece depressa com seus generais.

As instruções são comunicadas. Pouquíssimas pessoas que estavam fora dos muros são permitidas de volta. E ordenam-se o trancamento das portas. A Porta do Sol, na realidade, é constituída por duas passagens distintas, cada uma coroada por um arco: o primeiro para o trânsito de entrada, o outro para o trânsito de saída. Nas laterais, há duas grandes torres cilíndricas. Não é fácil fechá-la: há anos isso não acontece; a salinidade e a areia oxidaram e criaram crostas nas dobradiças de bronze. Rangendo os dentes por causa do esforço, um grupo de legionários empurra as portas, que depois de um travamento inicial começam a se mover enquanto as dobradiças cedem, gemendo em pequenas explosões de poeira. As pesadas portas finalmente se fecham com um baque, seguido pelo som de enormes trincos de metal; grandes vigas são colocadas para sustentar os batentes, finalmente isolando Alexandria do mundo. Entretanto, a notícia da chegada iminente das tropas de Otaviano se difunde na cidade. Poucos conseguiram dormir esta noite: o medo e a tensão estão nos olhos da população.

A pouca distância da Porta do Sol, sobre uma das torres de defesa da cidade, pode-se ver claramente Antônio, com sua belíssima armadura de combate, os peitorais e os músculos esculpidos no metal, e os cabelos cheios de cachos. Ao seu lado estão Canídio e alguns outros oficiais, com os quais discute. Mas não se pode excluir a possibilidade de Cesarião e Antilo estarem entre eles.

7 horas: as primeiras divisões de Otaviano fazem o reconhecimento

Quase uma hora se passou. No alto do Farol, o oficial que foi deixado de guarda é chamado de repente por um dos legionários, que indica pontos distantes na estrada. São as primeiras divisões da cavalaria inimiga em reconhecimento. No mesmo instante, Canídio e Antônio são informados (quase certamente são usados para isso espelhos e sinais luminosos, ou bandeiras coloridas).

Não demora muito para que eles também, dos muros, vejam aqueles pequenos pontos se materializarem. É um grupo reduzido de cavaleiros, muito rápidos e ágeis. Pararam na abertura da estrada, a poucas centenas de metros dos muros, a uma distância segura dos mortais *scorpiones*, grandes bestas capazes de atirar longas flechas com potência e precisão notáveis.

Os cavalos balançam a cabeça em sinal de nervosismo. Diante dos cavaleiros de Otaviano em reconhecimento, surge Alexandria em todo seu esplendor, com seus muros, casas e grandes palácios. À direita deles, no mar, o Farol domina toda a paisagem. Dali, podem-se distinguir algumas figuras que se movimentam. São o oficial e os legionários de Canídio que os observam.

A aparição dos primeiros cavaleiros provocou um claro movimento sobre os muros, ouvem-se sinais de alarme soados com as trombetas. Uma onda de medo se difunde por todo o território. Se alguém queria fugir, perdeu a oportunidade. Agora é tarde demais. As portas da cidade estão fechadas e o inimigo *chegou*.

7h30: chegam as legiões de Otaviano

O Farol foi usado como referência para a marcha das legiões de Otaviano. Embora tenha sido apagado aquela noite para não ajudar os inimigos, seu tamanho imponente e a cor brilhante se destacaram na luz pálida da aurora. Foi o que guiou seus passos. Não foi uma marcha fácil, embora se trate de "apenas" 20 quilômetros: as pernas dos legionários percorreram mais de 250 quilômetros de marchas forçadas.

O som do mar não permite ouvir bem as legiões em marcha. Em geral sua chegada é prenunciada por um sinistro e tremendo burburinho, com o tilintar de dezenas de milhares de armaduras com franjas metálicas que balançam, armas que batem, sem contar as caçarolas, os passos de milhares de legionários. Esse som lúgubre já incute temor antes que o exército esteja visível.

Depois de algumas dezenas de minutos, despontam no fundo da estrada as legiões adversárias. Pode-se até distinguir as primeiras fileiras com as insígnias. O restante está coberto pela poeira. Mas lá embaixo, em algum lugar, está Otaviano.

7h30: Otaviano vê Alexandria

Otaviano está a cavalo, circundado por seus generais, com o elmo na cabeça. Quando chega, não consegue deixar de admirar a cidade, bonita, exótica, imersa em uma fascinante atmosfera oriental. É a primeira vez que a vê na vida e sente-se emocionado: contaram-lhe diversas histórias sobre este lugar. Em especial César, quando lhe narrava sobre a Guerra Alexandrina.

Ao superar seu deslumbramento, Otaviano volta à realidade e nota que as grandes portas estão fechadas. Antônio e Cleópatra não se renderão como Pelúsio.

Assim, ordena que as tropas acampem em um pequeno monte vizinho ao Hipódromo. Não confia. Embora seja improvável um ataque de Antônio, escolhe uma posição destacada, e, portanto, mais defensável, e alinha a cavalaria à sua frente, enquanto seus legionários preparam um grande acampamento com paliçadas e valas.

8 horas: a última vitória de Marco Antônio

Marco Antônio não perdeu de vista os movimentos das tropas adversárias e, como o comandante experiente que é, compreende que os legionários de Otaviano estão muito cansados pela longa marcha dos últimos dias. Assim, decide fazer uma tentativa. Sua cavalaria está escondida fora dos muros, não muito longe do Hipódromo. Antônio alcança suas divisões saindo por uma porta secundária. Vestiu o elmo. Observa seus soldados a cavalo, diz poucas e precisas palavras — não há tempo para grandes discursos — e parte para o ataque.

A cavalaria de Otaviano, posicionada em defesa das tropas, é pega totalmente desprevenida. É submetida ao ataque guiado por Antônio e obrigada a fugir, deixando mortos no caminho. A investida não para, seguindo diretamente para o acampamento de Otaviano, onde a cavalaria inimiga se refugiou. É possível que, no ímpeto, Antônio busque romper as linhas inimigas em um acampamento ainda não finalizado, semeando confusão. Se puder, vai tentar matar diretamente seu rival. Não era o que Alexandre, o Grande, fazia em seus ataques? Seria uma reviravolta extraordinária. Com a morte de Otaviano, sobraria apenas ele, pronto a retomar o poder em Roma, tendo ao seu lado Cesarião para justificar a vitória da antiga formação dos cesarianos.

Mas não é fácil para uma cavalaria acometer um acampamento romano. A infantaria é necessária. Vendo o avanço de Antônio, seu general, Canídio, como provavelmente foi estabelecido com antecedência, abre as portas da cidade e acompanha a saída das tropas necessárias para ajudá-lo. Alcançado por seus legionários, Antônio sai para o ataque. Os soldados de Otaviano, enquanto isso, conseguiram entrincheirar-se e fortificar o acampamento, ainda que de forma provisória em vista do pouco tempo, e defendem-se com obstinação. O ataque perde força e Antônio desiste. Volta à cidade. Não sem antes lançar flechas com mensagens no acampamento adversário, nas quais promete 1.500 dracmas a cada soldado que passar para seu lado. Sem dúvida, o Egito e a Alexandria têm fama de serem tão ricos que basta uma promessa para "comprar" um militar. No entanto, isso também dá uma ideia de qual é a verdadeira mola propulsora das tropas: dinheiro e butim. Como os piratas.

O combate não envolveu dois exércitos, apenas poucas centenas de cavaleiros e legionários. Todavia, bastou para levantar o humor de Antônio depois de todas as notícias ruins dos últimos meses.

10 horas: Otaviano reorganiza suas forças

Otaviano e seus generais estão surpresos e muito impressionados pela ação audaz de Antônio. Esperavam uma frágil resistência, e em vez disso o ex-triúnviro os atacou, afugentando a cavalaria. Depois da batalha, é o próprio Otaviano que coloca ordem em suas fileiras e responde habilmente à provocação de Antônio. E com astúcia. Dião Cássio narra: "Decide ler por vontade própria as folhas aos soldados, acusando Antônio e tentando criar em suas almas uma sensação de vergonha pela traição que Antônio lhes pedira e de afeição por sua causa: dessa maneira, eles se empenharam no combate, indignados pela tentativa do inimigo e desejosos de mostrar que não eram traidores."

11 horas: Antônio se reúne a Cleópatra

Marco Antônio ignora que essa foi sua última vitória. Contudo, agora parece ter encontrado o entusiasmo de antes. De volta a Alexandria, é festejado por seus soldados e pelo general Canídio, depois vai ao encontro de Cleópatra no Palácio Real junto a alguns cavaleiros que participaram do ataque com ele. Segundo Plutarco, Antônio entra no palácio e abraça Cleópatra, apesar de ainda vestir a armadura e ter a espada pendurada no quadril. Apresenta a ela um cavaleiro em particular, o que demonstrou mais coragem no combate. Como prêmio, Cleópatra lhe entrega uma armadura e um elmo de ouro. Infelizmente, acrescenta Plutarco, o soldado aceita os presentes, mas durante a noite passará às fileiras de Otaviano.

14 horas: acampamento de Otaviano

Um episódio curioso acontece no início da tarde. Tomado pelo entusiasmo, mas também motivado pela dificuldade com a enorme diferença de forças em campo, Antônio faz uma proposta muito arrogante a Otaviano: desafia-o para um duelo.

Otaviano quase certamente sorri quando lê a mensagem que um emissário lhe entrega em sua tenda. Recusa a oferta respondendo a Antônio com o cinismo de sempre: manda lhe dizerem que… tem à disposição muitas maneiras de morrer.

Nada mais acontece ao longo do dia. Otaviano consolida suas posições e enfim concede repouso às tropas exauridas. É como se as legiões respirassem profundamente antes do ataque final. E isso parece claro até dentro dos muros da cidade, fazendo aumentar a consternação e o medo.

Cai a noite sobre Alexandria

Ao longo de toda a tarde, dos palácios mais altos da cidade e do Farol, podem-se ver claramente os dois acampamentos do inimigo: o de Otaviano a leste e o de Galo a oeste. No mar, veem-se as naus das fileiras adversárias, que controlam todas as águas adiante. O cerco está completo. Cleópatra e Marco Antônio estão dentro da armadilha.

O que acontece agora? Parece inacreditável, mas, embora essa história (e seu fim) seja famosíssima, são poucas as fontes em nosso poder que descrevem seus últimos dias de vida. Essas fontes são essencialmente duas: Plutarco e Dião Cássio. É necessário especificar que seguir hora a hora o desenrolar dos acontecimentos e o epílogo desta narrativa só é possível com base nesses escritos, todo o resto permanece absolutamente hipotético. Apesar disso, embora existam lacunas, pode-se, contudo, reconstruir de maneira verossímil o que aconteceu, se estivermos conscientes de que ninguém nunca poderá saber como tudo se desenrolou de fato. Precisar isso é necessário para proteger a honestidade cultural.

Noite, Palácio Real: o último banquete

Antônio compreendeu que seu destino está marcado. Não verá o próximo inverno, não verá os filhos crescerem, nem conhecerá seu rosto envelhecido. Seu futuro agora consiste em algumas poucas horas. Sua vida chegou ao fim: amanhã, a esta hora, provavelmente já estará morto. Como você teria reagido se soubesse uma coisa dessas a seu respeito? Não se pode deixar de imaginar o estado de espírito daquele homem, a raiva e o desespero profundo e sombrio que deve ter experimentado ao olhar os outros com inveja da vida que teriam à frente. E talvez, quem sabe, tenha pensado em alguns últimos projetos para tentar mudar a sorte...

É preciso dizer, a esse respeito, que muitas vezes se comete o erro de olhar para épocas diferentes com o nosso ponto de vista de cidadãos modernos: estamos habituados a viver por muitos anos e pensar que é normal chegar à velhice. Podemos contar com grande quantidade de remédios para sanar nossos problemas de saúde e sofremos muito menos intempéries em relação aos romanos e aos gregos antigos. No entanto, na época de Cleópatra vive-se pouco: em média, o homem vive 41 anos e a mulher, 29 (sobretudo por causa de complicações ligadas ao parto). É uma sociedade composta por muitas crianças e poucos velhos, na qual a morte está à espreita em cada canto, presente todos os dias. Em todas as famílias, morrem os irmãos menores e a viuvez é comum, porque dificilmente o casal chega junto à idade avançada. No curso dos anos, infecções, carestias e acidentes levam embora muitos amigos e conhecidos, ou até comunidades inteiras. Sem mencionar as guerras. Embora não fossem diferentes de nós quanto ao medo da morte, os homens e as mulheres daquela época provavelmente tinham maior compreensão da precariedade da existência humana. Talvez sejam mais fatalistas? É difícil dizer; decerto hoje apagamos a morte da nossa mente no dia a dia (morre-se por eventos considerados "excepcionais" e "imprevistos", como doenças, acidentes e outros), o que transforma nossa vida em uma espécie de história em quadrinhos em que a morte foi removida, enquanto na antiguidade ela é considerada uma triste realidade mais do que uma trágica exceção. No fundo, era assim que viviam nossos avós, e essa é a realidade conhecida pelas populações de tantos países emergentes: onde a vida é difícil, as pessoas são mais fortes.

Enquanto nós temos a tendência de considerar o futuro como um direito adquirido, tempos atrás essa palavra tinha menos relevância. Dada a facilidade extrema com que se morria, na antiguidade as pessoas viviam mais "um dia após o outro", apreciando cada minuto, saboreando cada festa, banquete, amizade ou relação com os membros da família, e marcando a vida com etapas muito próximas. Conscientes de que tudo pode acabar de uma hora para outra, carregam uma sabedoria (compulsória) mais elevada do que a nossa. Isso é o que transparece.

Se observamos Cleópatra, Marco Antônio, César, Brutus, Cássio, Otaviano, isto é, a classe dos "líderes", percebemos que têm um estilo de vida ainda mais extremo: lançam-se em grandes batalhas, colocando tudo a perder, para depois viverem um ou dois anos de "rendição", apreciando o imenso poder no luxo mais desenfreado, durante os quais tentam manter o domínio com um empenho constante na vida política para estabelecer novas alianças e manter as antigas; mas depois, inevitavelmente, enfrentam novos combates cruciais, recolocando tudo em jogo... e o carrossel continua a girar. Em comparação com nossos projetos modernos, esta é uma existência centrada no "tudo ou nada", na qual é preciso ser consciente de que se vive bem, mas, caso se sofra uma derrota, pode-se perder tudo, até a vida.

É exatamente isso que Antônio tem em mente na noite de 31 de julho de 30 a.C.

Ordena que seja organizado um banquete para dar-se um último prazer, como narra Plutarco: "No jantar, pelo que se diz, ordenou aos servos que lhe dessem mais bebida e que o tratassem com mais zelo e rapidez do que o habitual: na verdade, não sabia se no dia seguinte ainda o serviriam ou se teriam outros patrões, enquanto ele jazeria no chão, um esqueleto reduzido a nada."

No evento, participaram seus últimos amigos, os que se mantiveram fiéis até o fim. Não sabemos seus nomes. Certamente um deles é Lucílio, o amigo de Brutus que Antônio salvou depois da batalha de Filipos; é lógico imaginar que esteja presente também o fiel general Públio Canídio, o retórico grego Aristócrates e, entre os empregados, o seu servo de confiança chamado Eros. É bastante provável que estejam presentes também Antilo e Cesarião. Mas, especialmente, Cleópatra. Este é um banquete de adeus a todos e à vida...

Em uma mistura de solenidade e afeto, a atmosfera desse último jantar é sem dúvida comovente. De acordo com Plutarco, os presentes sentem-se profundamente comovidos pelas palavras de Antônio: "Ao ver que os amigos começavam a chorar após suas palavras, tranquilizou-os, dizendo que não os conduziria a uma batalha na qual tentaria buscar uma morte gloriosa ao invés de salvação e vitória."

O antigo biógrafo acrescenta depois uma pequena história, mais poética do que realista, para dramatizar o destino inelutável que domina Antônio: "Por volta de meia-noite, enquanto a cidade estava imersa no silêncio e na tristeza pela temida espera pelo futuro, de repente ouviram-se sons harmoniosos de variados instrumentos e o clamor de uma multidão com gritos e danças de sátiros, como um cortejo dionisíaco que se desdobra, tumultuado. Parecia vir do centro da cidade e se dirigir à porta externa, na direção dos inimigos, e que ali o tumulto, depois de alcançar seu grau máximo, cessava. Os que avaliaram o presságio interpretaram que Antônio fora abandonado pelo deus com quem, de maneira particular, se identificara (Dionísio), tentando imitar seu estilo de vida."

A última noite de Antônio e Cleópatra

O quarto está em completa escuridão. No fundo, há apenas uma varanda, iluminada pela lua. Apoiada a uma coluna está Cleópatra. A brisa fresca que sopra do mar balança docemente as cortinas finíssimas nas laterais. Seu olhar fita um ponto distante no Mediterrâneo, imersa em pensamentos temerosos, enquanto mil perguntas sem resposta se atropelam em sua mente.

A porta se abre às suas costas e Marco Antônio entra no cômodo. A rainha não pode vê-lo, mas escuta seus passos, com sua cadência tão reconhecível. Ele, no entanto, não se aproxima. Para no escuro, no meio do quarto. Cleópatra entende que, depois das últimas palavras ditas no banquete, Antônio no fundo renunciou à vida: está imóvel, sozinho, perdeu as esperanças. Amanhã, quase certamente, morrerá. E talvez ela também. Por instinto, sente uma imensa necessidade de proteção. Vira na direção dele com a mesma fome de calor, vida e esperança. Como se atraída por uma força invisível, se afasta da coluna e, quase sem perceber, caminha até seu homem. Antônio a observa aproximar-se na contraluz, tão feminina e sensual. A luz da lua que reflete no chão acaricia os quadris da rainha. Os últimos passos de Cleópatra são velozes, quase uma corrida. O abraço entre os dois é forte, acolhedor, perfeito como sempre. Ela repousa a bochecha no peito de Antônio. Ouve seu coração bater forte, sente sua ansiedade na respiração acelerada. Ele se dá conta de que entre os braços não tem a rainha do Egito, mas uma pessoa frágil e vulnerável, que procura se esconder em seu peito como um pássaro ferido. Tenta acalmá-la com suas carícias. Em seus braços caem lágrimas quentes e o corpo de sua mulher é percorrido por tremores e sofrimento. Palavras não são necessárias, os dois apertam ainda mais o abraço. Nesse laço há calor, proteção, mas também muito mais: há a necessidade desesperada da proximidade do outro. Como nunca antes.

Assim, os deixamos.

Pelas fontes antigas, não sabemos como foi a última noite dos dois. É verossímil imaginar que o comportamento de ambos tenha mudado em relação à noite anterior, e que agora, diante de um futuro cruel e inevitável, busquem apoio um no outro, reencontrando a pessoa com quem compartilharam a vida em todos esses anos. Gostamos de pensar que as coisas foram assim. No fim, eles são apenas um homem e uma mulher.

Enquanto isso, no acampamento de Otaviano...

Não muito longe, temos outro protagonista, Otaviano. Também nesse caso, não sabemos pelos antigos o que está acontecendo em seu acampamento, mas não é difícil imaginar. Depois de avaliar e discutir todas as alternativas com seus generais, encontra-se em sua grande tenda com os amigos. Riem e brincam. Têm certeza de que amanhã a história de Roma vai mudar. E fazem projetos para o futuro, bebendo vinho e fazendo piadas um com o outro. Otaviano, como sempre, é mais silencioso, bebe pouco e quase parece se manter à parte. Sente-se satisfeito por estar a um passo do sucesso definitivo. Também pensa no que vai acontecer depois: Antônio não é mais um problema, fica apenas Cleópatra. Como em um jogo de xadrez, com o rei adversário em um canto, só é preciso decidir os últimos movimentos para o xeque-mate. Mas a partida já está vencida.

No restante do acampamento, reinam a alegria e o bom humor. Muitos dos legionários pensam em tudo o que poderão levar da rica cidade de Alexandria, em estuprar as mulheres (decerto não há escrúpulos em relação às violências que perpetrarão), nas comidas refinadas que colocarão no estômago depois de tantos dias de ração... A vitória é garantida. Continuam a chegar desertores das fileiras adversárias em um ritmo impressionante, às vezes em massa. Até o melhor cavaleiro de Antônio, aquele que, como dissemos, impressionara a todos com sua coragem, passou para o lado inimigo.

Os generais de Otaviano recebem informações preciosas dos desertores. Sabem, por exemplo, que Antônio quer tentar uma última manobra, envolvendo dessa vez a frota de Cleópatra ancorada no porto. É Plutarco quem destaca o caráter indômito de Marco Antônio, em busca de um fim glorioso: "Então, pensando que não havia morte melhor para ele do que a ocorrida em batalha, decidiu combater ao mesmo tempo por terra e por mar." A ação é prevista para a manhã do dia seguinte. Antônio pretende forçar o bloqueio naval de Otaviano com as naus que lhe restaram e depois fugir para a Espanha, como escreveram no passado? É pouco provável. Na realidade, tem em mente uma dupla manobra: a frota combaterá por mar enquanto todas as suas tropas enfrentarão o inimigo em terra firme. É um último gesto, uma última tentativa. Pena que ele não sabe que Otaviano já conhece seus planos...

1º de agosto, manhã

No amanhecer, Antônio já está no comando de suas tropas. Enfileirou seus legionários sobre as colinas em frente à cidade e agora manda os navios partirem. É uma cena imponente: movimentando os remos, as galeras dotadas de poderosos rostra fendem as ondas, aproximando-se com grande velocidade dos inimigos, enquanto da terra as duas formações observam o desenrolar dos eventos. Há muita tensão. Depois, uma reviravolta. O primeiro navio de combate de Antônio e Cleópatra se aproxima do inimigo, já quase em contato com uma nau adversária. No entanto, em vez de prosseguir em sua corrida para aferroá-la, levanta os remos em sinal de saudação. E a outra responde. Pouco depois, uma outra faz o mesmo, e outra ainda... Diante dos olhos estarrecidos de Antônio e de seus generais, toda a frota se entrega ao inimigo! Assim, das duas frotas que estavam para se enfrentar, agora resta apenas uma, enorme e compacta, com as proas viradas para a cidade.

Muito foi escrito, na antiguidade, sobre essa traição, por trás da qual imaginou-se estar a longa mão de Cleópatra, que tenta segurar a de Otaviano, traindo Antônio. Os estudiosos modernos acreditam que esses boatos sejam o fruto da propaganda favorável a Otaviano, tendo começado a circular quando este já se tornara Augusto. Se analisarmos como estão indo as coisas em Alexandria, não seria necessária a ação secreta de Cleópatra para levar suas naus à deserção...

Podemos imaginar a surpresa e a raiva de Antônio e de seu fiel general Público Canídio, que na mesma hora dão às tropas a ordem de atacar. Mas seu assombro redobra com a notícia de que até a cavalaria, a mesma que no dia anterior alcançara a vitória, se rendera sem combater e passara para o lado inimigo.

Enquanto isso, as tropas combatem as de Otaviano, mas sem cavalaria. Em número inferior e desmoralizadas, são facilmente derrotadas.

Antônio desaparece, retira-se para a cidade "gritando que Cleópatra o entregara àqueles contra quem combatia apenas por amor a ela", como narra Plutarco.

Manhã de 1º de agosto: Cleópatra se refugia no mausoléu

A notícia de que a frota e a cavalaria se renderam chega a Cleópatra no Palácio Real. Depois, sucessivamente, chega a notícia da derrota das tropas de Antônio. A rainha entende que a situação está definitivamente comprometida e que o fim está próximo. Entende que é melhor não ser encontrada no palácio. Encaminha-se, então, com suas duas amas fiéis, Eiras e Carmione, para o mausoléu que mandou construir para si mesma e Marco Antônio. A ideia é se trancar nessa última fortaleza (que depois se tornará sua tumba). Segundo Plutarco, "a rainha, temendo a ira de Antônio e seu desespero, se refugiou no mausoléu e mandou baixarem as portas e reforçá-las com barras e trincos".

É neste momento que toma uma decisão que ainda suscita muitas perguntas. Envia um servo a Marco Antônio com uma notícia terrível: "A rainha está morta." Por quê?

De acordo com a interpretação de Dião Cássio, Antônio dessa maneira seria levado ao suicídio após perder tudo, até mesmo ela; a rainha, ao contrário, teria mais chances de ser poupada. O historiador romano, contudo, é hostil a Cleópatra, e, portanto, sua explicação poderia ser parcial.

Os estudiosos modernos não fornecem uma resposta unânime sobre essa questão. Há quem interprete o gesto de Cleópatra como uma clara decisão de abandonar Antônio para entabular uma negociação com Otaviano e tentar salvar a própria vida e a dos filhos.

Outros, contudo, veem sua decisão como um último gesto de amor: induzir o amado Antônio a suicidar-se para morrer de forma honrada, e não assassinado por Otaviano ou por seus soldados. Tal hipótese não explica, contudo, por que ela não decidiu tirar a própria vida imediatamente depois, decidindo enfrentar Otaviano.

Na realidade, talvez ambas as hipóteses sejam verídicas: a rainha, colocando de lado seus sentimentos por Antônio (que é o pai de quase todos os seus filhos), já está pensando no futuro e, com sangue-frio e senso prático, escolhe a solução mais óbvia: fazer sair de cena um aliado, Marco Antônio, da maneira mais honrada de todas, e assim entabulando negociações com um possível novo aliado, Otaviano, não por si mesma, mas por Cesarião e pelo Egito. De resto, não tem muitas alternativas. Se essa é sua motivação, demonstra mais uma vez sua presciência política, sua desenvoltura como mulher, mas também sua coragem como ser humano: não é fácil terminar dessa maneira uma relação depois de 11 anos.

Nunca saberemos como tudo aconteceu de fato. É uma infelicidade, no entanto, que no fim da história dos dois permaneça essa ambiguidade de Cleópatra.

A morte de Antônio

A notícia de que Cleópatra se suicidou tem um efeito devastador sobre Antônio. Há meses, semanas, dias e horas, com todas aquelas derrotas, traições e deserções, o céu parece fechar-se pouco a pouco sobre ele em uma fria escuridão. Agora, com a notícia da morte de Cleópatra, cai a noite perene. Podemos imaginar seu estado de espírito. Ele perdeu tudo: as tropas o abandonaram, o mundo romano lhe deu as costas (*"Tota Italia"* jurou a favor de Otaviano), seu adversário está às portas e a mulher que ama não existe mais, o que, entre outras coisas, significa a perda da aliança com o Egito. Como você se sentiria?

Antônio acredita na notícia sobre a morte de Cleópatra. Como narra Plutarco, "disse a si mesmo: 'O que está esperando, Antônio? O destino te subtraiu o único e último pretexto para amar a vida'". O gesto que está para realizar testemunha muitas coisas, mas também a profundidade dos seus sentimentos em relação à rainha do Egito. Entra no quarto, solta a armadura, retira-a e a deixa cair ao chão... Ainda de acordo com o escritor grego, exclama: "Ó, Cleópatra, não lamento por ter sido privado de você, porque logo chegarei no mesmo lugar onde você está, mas porque eu, que sou um comandante tão grande, me revelei inferior a uma mulher em sua força de espírito."

Está claro que Plutarco teatralizou este momento, mas, ainda que a informação seja falsa, o que acontece depois demonstra o desespero de Antônio diante de sua impossibilidade de fazer algo para mudar a situação, e também, principalmente, a grande proximidade dos dois amantes. Ele desembainha um punhal e pede que seu fiel servo Eros o apunhale.

O homem levanta a lâmina para atingi-lo, mas, assim que o patrão vira o rosto, Eros golpeia a si mesmo com violência, caindo aos pés de Antônio. Ele o olha devastado, e ouvindo seus últimos gemidos, ainda de acordo com Plutarco, exclama: "Muito bem, Eros! Ao não conseguir fazê-lo, me ensinou como devo proceder."

Drama após drama, Antônio agora está ainda mais solitário. Todos os que lhe são próximos não estão por perto (não está claro para onde foi seu filho Antilo nesses minutos agitados). Cada vez mais desesperado, pega a arma e, depois de dirigi-la contra si mesmo, dá um longo suspiro, fecha os olhos e, com um golpe seco, se apunhala no ventre. Cai de bruços sobre uma pequena cama, tomado por dores lancinantes. Não é um golpe que mata instantaneamente, mas uma ferida profunda que leva a uma morte lenta por hemorragia, entre mil sofrimentos e tormentas. Antônio se contorce com espasmos de dor. E desmaia.

Todos acreditam que esteja morto. Provavelmente até os guarda-costas, que ficaram por perto, fora do quarto, e dessa maneira começa a se difundir a notícia de sua morte. Cleópatra, trancada no mausoléu, ouvindo a confusão crescente e o nome de Antônio gritado por alguém que passa ali perto, inclina-se para fora do sepulcro. O edifício, na verdade, não foi finalizado, e embora as portas não possam mais ser abertas por causa de um dispositivo particular, ainda há uma abertura na parte superior.

Intuindo o que aconteceu e começando a sentir uma enorme culpa, pede a Diomedes, seu secretário pessoal, que lhe mande o corpo de Antônio. Evidentemente ela o quer perto de si, antes que um soldado inimigo lhe cause estrago, cortando sua cabeça para levar a Otaviano.

Quando Diomedes chega ao quarto onde Marco Antônio se golpeou, descobre com grande surpresa que ele não está morto. Na verdade, de acordo com Plutarco, sua hemorragia cessou porque deitou-se de bruços na cama. Antônio retoma os sentidos, mas sente muita dor e implora que os presentes terminem o que ele começou; contudo, todos fogem assustados. Desesperado, ele continua se contorcendo na cama. É nesse momento que chega Diomedes. Há sangue por todo lado. No meio do quarto, jaz o corpo sem vida de Eros, e o rosto de Antônio, muito provavelmente, está pálido. Diomedes se aproxima e lhe diz que não é verdade que Cleópatra se matou: está viva e o quer ao seu lado.

Com essa notícia, Antônio se anima, tenta se levantar para ir até sua amada, mas cambaleia e não consegue ficar de pé. É provável que sinta as pernas trêmulas cederem. Perdeu sangue demais e entende que o fim está próximo. Por isso, pede aos presentes, que enquanto isso se reuniram, incrédulos, que o ajudem a chegar até a rainha e que o icem com cordas até a abertura onde ela está.

Se tais detalhes da narrativa de Plutarco são verdadeiros, significa que o local onde Antônio se atingiu não fica muito distante do mausoléu. Isso levanta algumas perguntas sobre o casal: por que, à notícia da morte de Cleópatra, Antônio não correu para ver o corpo, abraçá-lo e protegê-lo, como no fundo ela está fazendo com ele? Por que ela se trancou no mausoléu, embora soubesse que ele estava nas proximidades e que com a notícia de sua morte poderia querer ver o corpo de sua mulher com os próprios olhos, descobrindo a mentira? São perguntas que continuarão para sempre sem resposta...

Aqui, a narrativa de Plutarco fica ainda mais dramática. Antônio é piedosamente transportado até o mausoléu. Cleópatra, sem poder abrir as portas, se inclina e joga algumas cordas, com as quais o puxa, ajudada por Eiras e Carmione. A imagem é trágica e comovente: "Os que testemunharam a cena dizem que nunca houve imagem mais triste do que aquela. Antônio, coberto de sangue e agonizante enquanto era içado, estendia as mãos para ela. A operação não era fácil para uma mulher, mas Cleópatra, incansável, puxava a corda, apertando-a com ambas as mãos, o rosto contraído pelo esforço, enquanto quem estava embaixo encorajava e compartilhava sua angústia."

No entanto, Marco Antônio é um homem grande. Como poderia uma mulher pequena içar um homem daquele peso usando cordas, ainda que ajudada por outras duas mulheres? Não conhecemos a aparência de Eiras e Carmione, mas, como damas de companhia, é improvável que tivessem bíceps musculosos. É mais verossímil que, como ainda estava em construção, no mausoléu houvesse cordas penduradas que "serviam para carregar pedras", como diz Dião Cássio, e que Cleópatra tenha desfrutado de um meio usado pelos operários, talvez um equipamento ou um sistema de polias já posicionado para levantar blocos com pouco esforço. Dessa maneira, até três mulheres magras como elas são capazes de içar aquele homem pesado. Além disso, não é crível que um homem gravemente ferido possa ser puxado com uma corda ao redor da cintura. É provável que Antônio tenha sido deitado sobre uma tábua ou algo semelhante e só depois gradualmente levantado.

Mas a cena mais desoladora ainda está para acontecer.

Cleópatra pega Antônio e, com Eiras e Carmione, puxa seu corpo para dentro do mausoléu, firma-o e, "inclinando-se sobre ele, rasgou as próprias roupas", diz Plutarco. Muitos viram nesse comportamento todo o desespero da rainha, mas poderia haver também outra explicação. Que outro objetivo poderia ter esse gesto além de bloquear a hemorragia e comprimir a ferida com uma espécie de bandagem? Cleópatra, de fato, tinha noções de medicina. Deve ser demais para ela ter que ver seu homem coberto de sangue, com o rosto pálido, o olhar ausente, quase mais morto do que vivo, gemendo, gritando e sofrendo enormemente com as dores lancinantes que uma grave ferida no abdome provoca. Toda a tensão acumulada nos últimos dias, unida ao fim "injusto" de Antônio, que representa também a conclusão da incrível aventura de amor e insensatez que viveram jutos, provocam nela uma rendição total, com uma explosão emotiva: "batendo no próprio peito, arranhando-o com as unhas e enxugando o sangue com o rosto, chamava-o senhor, marido e imperador; quase se esqueceu dos seus males por compaixão dos males dele." Aqui, vemos todo o sofrimento de uma mulher, não mais uma rainha, que desabafa sua dor... e seu amor.

Antônio já está próximo do fim, não sente mais dor e tem muita sede, como em geral ocorre com quem sofre uma grave hemorragia: instintivamente, o corpo exige líquidos. Plutarco conta que, "interrompendo seus lamentos, pediu vinho, fosse por causa da sede, fosse por esperar morrer mais depressa. Depois de beber, estimulou-a a ocupar-se da própria salvação, podendo fazê-lo sem desonra, confiando, em particular, entre os amigos de Otaviano, em Proculeio (membro da ordem equestre, é íntimo de Otaviano e alguém que ele tinha em grande consideração), e pediu que não chorasse sobre suas últimas vicissitudes, mas o considerasse afortunado pelos bens que o destino lhe trouxera; tinha sido o mais ilustre dos homens, exercera um poder enorme e agora fora derrotado não de forma ignóbil, mas como um romano, por obra de um romano".

Depois, seu olhar fica nebuloso, os olhos tornam-se inexpressivos e o corpo perde tônus, como se de repente entrasse em sono profundo. A hemorragia levou sangue demais, o cérebro interrompeu, como defesa, todos os contatos com o mundo externo, uma vez que, por causa da hemorragia e da consequente pressão baixa sanguínea, chega-lhe cada vez menos oxigênio. Agora, ele escorrega pouco a pouco para a morte.

Assim se apaga Marco Antônio, nos braços de Cleópatra.

A morte dá menos medo com a proximidade de quem te ama. Nenhum ser humano deveria morrer sozinho. Depois da inacreditável série de negatividade que precisou enfrentar nos últimos tempos, os deuses concederam a Antônio ir embora sereno, sentindo o calor e o abraço da única mulher que o fez sentir realmente vivo. Tinha 53 anos.

Cleópatra é prisioneira

Depois que Antônio morre diante de todos no mausoléu, um de seus guarda-costas, Derceteo, volta ao quarto onde seu patrão tentara o suicídio e, no chão, ao lado do corpo exânime de Eros, vê o punhal. Depois de recolhê-lo, narra Plutarco, esconde-o na veste e corre para o acampamento de Otaviano para lhe anunciar em primeira mão a morte de Antônio, mostrando como prova a arma ensanguentada.

Dião Cássio, no entanto, afirma que é a própria rainha quem envia a notícia ao grande inimigo, esperando ser poupada.

Otaviano tem uma reação de choro e tristeza, conforme descreve Plutarco (o que é muito pouco crível). Ele acrescenta que em seguida lê para sua comitiva cartas que recebeu de Antônio para demonstrar o quanto o defunto sempre foi vulgar e insolente. O historiador Giusto Traina destaca como Otaviano continua a difamar o adversário mesmo depois de morto, enquanto, por exemplo, César dedicou as honras das armas a Pompeu, de um romano para o outro. Otaviano ordena, em seguida, que o amigo Proculeio pegue Cleópatra viva. O objetivo é claro: quer assumir as riquezas da rainha e capturá-la para conduzi-la a seu triunfo em Roma.

Como já entendemos, entrar e sair da cidade agora é algo muito fácil, sinal de que a rendição está próxima, embora nem as tropas vencedoras nem Otaviano tenham adentrado em Alexandria. É o momento de limbo em que as coisas ainda não se definiram por completo: os últimos desertores passam às fileiras inimigas, os generais se entregam, as tropas se rendem.

Proculeio chega ao mausoléu pouco depois de Antônio ter partido entre os braços de Cleópatra. Fala com ela através das portas fechadas do edifício, mas a rainha se recusa a sair. De acordo com Plutarco, pede garantias de que seus filhos governarão depois dela. Ele pede que ela confie em Otaviano. Negociam longamente, mas ela não cede. A mediação deve ter se prolongado muito, talvez por horas, porque em determinado momento Otaviano envia Cornélio Galo, o poeta e comandante das tropas acampadas a oeste da cidade, e um liberto chamado Epafrodito. A estratégia é clara: capturar Cleópatra enganando-a. Assim, enquanto Galo, forte em sua dialética e em seus conhecimentos, distrai a rainha com uma extenuante conversa, os outros dois, junto a um terceiro homem, apoiam uma escada contra o muro e entram escondidos pela abertura que serviu para içar Antônio. Decerto veem o corpo sem vida de Marco Antônio, que já não pode mais defender sua mulher. Descem em silêncio ao primeiro andar e chegam à porta onde Cleópatra está conversando com Galo. Aproximam-se. Vendo-os,

Eiras (ou Carmione) grita. Cleópatra se vira e, depressa, tenta extrair um punhal que leva na cintura para se matar, mas Proculeio, com agilidade, a segura com as duas mãos e faz cair a arma. Depois, balança suas roupas para retirar eventuais "venenos" escondidos. A referência de Plutarco ao veneno e sua associação à rainha são muito interessantes, porque dão, involuntariamente, um indício formidável sobre como Cleópatra morrerá em alguns dias.

A captura da rainha é o sinal para Otaviano entrar em Alexandria. Seus legionários tomam posse da Porta do Sol, abrem a Porta da Lua, ocupam todos os pontos estratégicos da cidade, controlando--os. Só então ele entra também. Mas, lembrando-se da reação dos alexandrinos com César, faz seu ingresso conversando amavelmente com Ário Dídimo, seu mestre de Filosofia, conhecido e estimado também em Alexandria, permitindo-lhe até ficar à direita para evidenciar sua importância aos olhos dos cidadãos.

Sua primeira atitude é reunir a população no Ginásio a fim de discursar para todos. O lugar não foi escolhido ao acaso: foi aqui que Antônio leu as "Doações de Alexandria". Todos estão amedrontados e aterrorizados, muitos se prostram. Ele, contudo, subindo ao pódio, pede que se levantem e os tranquiliza: diz que os absolve de quaisquer acusações em honra ao fundador Alexandre, o Grande, e também porque admira a beleza e a grandeza da cidade, e por fim faz algo para agradar seu amigo filósofo Ário. Fala em grego para que todos entendam.

A presença das legiões e suas garantias surtem o efeito desejado, não há revoltas nem motins. Isso permite que Otaviano visite os locais mais importantes da cidade. Principalmente a tumba de Alexandre, o Grande. É um episódio famoso que nos foi narrado por Suetônio: "Otaviano mandou abrirem o mausoléu de Alexandre, o Grande: depois de contemplar o corpo e tirá-lo do sacrário, colocou em sua cabeça uma coroa de ouro e, mandando cobrirem-no de flores, venerou-o." Dião Cássio acrescenta um detalhe quase engraçado: Otaviano toca o delicadíssimo corpo, de quase 300 anos, com muito ímpeto, a ponto de, como se diz, "romper-lhe uma pequena parte do nariz".

Depois, perguntam-lhe se deseja ver também o sacrário dos Ptolomeus, isto é, da dinastia à qual pertence Cleópatra. Intuindo a consequência embaraçante que poderia provir disso (venerar a dinastia inteira e depois acorrentar sua última expoente), como informa Suetônio, ele responde de maneira um tanto sibilina: "Eu queria ver um rei e não alguns mortos." Está bem claro o destino que planejou para a rainha do Egito.

Se os que estão ligados à casa real dos Ptolomeus entendem que seu poder acabou, o mesmo ocorre com os egípcios: quando lhe perguntam com insistência se deseja visitar o Templo de Ápis (o boi sagrado), outro lugar muito importante para Cleópatra, Otaviano responde que tem o costume de adorar divindades e não bois...

O funeral de Antônio

Otaviano sabe que agora é o controlador absoluto do Mediterrâneo e de todo o mundo antigo. Ninguém antes dele, com a exceção, talvez, de César, exerceu seu poder sobre um território tão vasto. Talvez por isso se comporte com respeito em relação a Cleópatra e Antônio, embora morto. Permite à rainha permanecer no mausoléu por alguns dias para poder embalsamar o corpo do amado. Por todo esse tempo, a rainha é constantemente vigiada. Concedem-lhe tudo o que necessita, com a exceção de coisas que uma mulher poderia utilizar para tirar a própria vida. Por fim, Otaviano lhe permite celebrar o funeral de Antônio. Cleópatra o enterra de maneira pomposa, como uma cerimônia real exige, tendo à disposição os materiais necessários. Em uma cidade ocupada militarmente e com a mudança no vértice do poder, não são muitos os que participam da cerimônia, é provável que tenham comparecido apenas os amigos mais íntimos do casal. O funeral certamente despertou todo o sofrimento de Cleópatra. E Plutarco acrescenta: "Devastada por tanta dor — ao bater no próprio peito durante o funeral, deixara-o inflamado e a praga a infectou —, foi tomada pela febre. Acolheu com prazer o pretexto para abster-se do alimento e libertar-se da vida." É possível que esses detalhes "médicos" tenham sido fornecidos ao escritor grego pelo médico pessoal de Cleópatra, Olímpio. É verossímil que a rainha esteja se deixando levar e queira morrer por inanição. Otaviano, contudo, é informado dessa tentativa de suicídio e ordena que coma e se cure das doenças, ameaçando, em caso contrário, retaliações sobre seus filhos.

O encontro entre Cleópatra e Otaviano

O fato mais surpreendente é que, entre Cleópatra e Otaviano, houve apenas um encontro. Alguns estudiosos modernos têm dúvidas de que esse encontro tenha de fato acontecido. Suspeita-se que, na realidade, o que se sabe seja fruto da sucessiva propaganda favorável a Otaviano. De fato, ele não apenas despreza a rainha, como aconteceria com qualquer rival político, mas também demonstra um comportamento de típico homem romano, que tem pouca consideração pelas mulheres. Será que a teme? Ela foi capaz de enredar César e Antônio... Na realidade, porém, é provável que não tema, porque ela não tem mais o que oferecer.

Poucos dias depois do funeral, Otaviano lhe faz uma visita. Encontra-a em condições precárias, sobre uma cama modesta, desgrenhada e com o rosto devastado, a voz trêmula e os olhos escurecidos. Ao que parece, ainda estavam bem evidentes as marcas dos golpes no peito. Tudo demonstra que o corpo padece tanto quanto a alma, e, ainda assim, seu famoso fascínio e sua beleza audaz não se apagaram. Quando Otaviano a convida a sentar-se, Cleópatra começa a se justificar, atribuindo as próprias ações passadas ao medo que Antônio lhe incutia. Mas ele rebate cada argumento e por fim ela lhe dirige súplicas, mostrando-se muito apegada à vida. Nesse momento, Cleópatra entrega a Otaviano a lista de todas as suas riquezas. Obviamente os dois não estão sozinhos, e quando Seleuco, um dos seus administradores precedentes, observa que faltam em sua lista muitos objetos preciosos, ela salta sobre ele, segura-o pelos cabelos e o enche de tapas. De acordo com Plutarco, ela disse sorrindo a Otaviano, que tentava acalmá-la: "Não lhe parece insu-portável, Otaviano, que enquanto você se dignou a vir me encontrar e conversar comigo, embora eu esteja reduzida a isto, meus escravos me acusem se coloco à parte algum ornamento feminino, decerto não para mim, desventurada, mas para dar um pequeno presente a Otávia e à tua Lívia? Talvez, com a intercessão delas, você se torne mais benévolo e mais clemente." Ela certamente não usou essas palavras, mas alguns historiadores, como a professora Cenerini, defendem que essa reconstrução "romanceada" de Plutarco na realidade esconde uma negociação entre Otaviano e Cleópatra, que tenta encontrar uma saída. Todavia, pelas suas palavras Otaviano intui que a rainha não deseja suicidar-se ou renunciar à vida, e vai embora, dizendo-lhe enganadoramente que será tratada de maneira mais generosa do que ela espera. Imagina tê-la convencido, mas na verdade foi ela quem o enganou, fazendo-o acreditar que ama a vida e não tem intenção de se matar.

A morte de Cleópatra

Depois desse encontro, por volta do dia 10 ou 12 de agosto, Cleópatra decide suicidar-se, dando um fim à sua dinastia e a todo o reino do Egito, que durou milênios. Para sua decisão, pesam o fim de um mundo que nunca mais voltará, mas também a pers-pectiva de desfilar acorrentada por Roma no triunfo de Otaviano. Uma afronta intolerável para uma rainha ptolomaica, lembrando--se também do que sofrera a irmã Arsínoe, que desfilara diante de seus olhos (quando era a amante de César). O que faz transbordar o vaso, contudo, é uma última gota. Um jovem amigo de Otaviano, chamado Cornélio Dolabela (talvez filho do famoso cônsul Dolabela, habilíssimo vira-casaca), informa-lhe que em três dias Otaviano partirá para a Síria e que tem em mente enviar para Roma Cleópatra e seus filhos, onde aguardarão seu retorno para desfilar no triunfo. A decisão está tomada, portanto. Mas como se suicidar?

Também neste caso existem duas versões, em parte discordantes. É um pouco como se fôssemos ao cinema ver dois filmes sobre o mesmo tema, mas produzidos por dois diretores diferentes.

Segue o que nos diz Plutarco:

Cleópatra teria pedido para levar libações para a tumba de Antônio. Com a permissão de Otaviano, retirou-se no sepulcro com as duas amas (provavelmente Eiras e Carmione). Plutarco coloca em sua boca frases que se tornaram famosas: nunca saberemos se as pronunciou de fato, mas, pelo sentido, seria verossímil.

"Meu caro Antônio, ontem eu o enterrei com mãos ainda livres, agora, no entanto, ofereço-lhe libações como prisioneira vigiada; temem que ao bater em meu peito e chorar eu destrua este corpo escravo, reservado aos triunfos que serão celebrados sobre sua memória. Não espere receber outras honras e libações: estas são as últimas que Cleópatra oferece antes de ser levada embora. Quando estávamos vivos, nada nos separou um do outro, no entanto na morte corremos o risco de trocar nossos lugares de origem: você, romano, jaz aqui, e eu, infeliz, serei sepultada na Itália, possuindo de nossos países apenas a tumba. Mas se os deuses lá em cima têm alguma força e poder, uma vez que os daqui nos traíram, não deixe viva sua esposa, e não permita que se faça triunfo com a minha pessoa sobre você. Me esconda e me enterre contigo, porque dos inumeráveis males que sofro nenhum é tão grande e terrível como esse curto período em que vivi sem ti."

Cleópatra cobre o sarcófago com uma coroa de flores e o abraça antes de voltar ao palácio, onde vive como prisioneira, e ordenar às suas amas que lhe preparassem um banho. Depois de lavá-la e espalhar sobre ela alguns unguentos, Eiras e Carmione preparam seus cabelos. Talvez não saibam que se ocupam dela pela última vez. Cleópatra sempre confiou nas duas, mas saberiam manter um segredo como esse? Optariam por seguir sua rainha na morte, embora tenham chances de ter a vida poupada? Nunca saberemos, mas é verossímil que a rainha lhes confiasse seu projeto (principalmente porque precisará de ajuda), e que enquanto a penteiam e maquiam troquem olhares preocupados e cúmplices.

Uma vez preparada, Cleópatra pede sua última e luxuosa refeição.

Enquanto isso, do campo, chega um homem, um servo de Cleópatra. Tem uma cesta nas mãos. Os guardas o observam enquanto se aproxima e o param, perguntando-lhe para onde está indo e o que leva na cesta. Ele a abre, revelando folhas e, abaixo delas, figos para a rainha. São enormes e maduros. Os guardas romanos nunca viram figos tão grandes e ficam surpresos. O homem, com grande maestria, os estimula a pegar um, mas eles recusam. Convencidos pela boa natureza do homem e pelo conteúdo da cesta, deixam-no passar. A rainha, enquanto isso, pega uma pequena tábua de cera, fechada e selada, sobre a qual escrevera uma mensagem endereçada a Otaviano, e pede que lhe seja entregue. Depois, manda que todos saiam do cômodo, com exceção de Eiras e Carmione, e fecha as portas. Os guardas romanos, do lado de fora, ignorando o que está para acontecer, continuam a vigiar a entrada.

Quando recebe a mensagem, provavelmente Otaviano está com alguns amigos, discutindo temas relacionados ao futuro e à gestão do Egito. Abre-a distraído, enquanto termina uma frase ou então com alguma curiosidade. O conteúdo certamente o faz gelar. Podemos imaginar que os presentes o veem franzir a testa e semicerrar os olhos. Naquelas poucas linhas, Cleópatra, entre várias exigências, pede para ser sepultada com Antônio. Otaviano entende de imediato que ela pretende suicidar-se. Seu primeiro impulso é levantar-se e correr para verificar, mas depois decide enviar alguém para avaliar o que está havendo. Quando seus enviados chegam, veem os guardas, que agem como se nada tivesse acontecido. Ao abrirem as portas, diante de seus olhos se apresenta uma cena dramática: tudo deve ter se desenrolado muito depressa. Cleópatra já está morta, deitada em um leito de ouro, vestida como rainha, com seus ornamentos reais. Eiras, a seus pés, exala o último suspiro, enquanto Carmione, já cambaleante e com a cabeça pesada, ajeita o diadema sobre a cabeça de Cleópatra. É a única ainda viva. Mas lhe restam apenas alguns poucos instantes. Um dos homens de Otaviano, intuindo que tudo está perdido, indica a rainha e, de acordo com Plutarco, grita cheio de sarcasmo para a ama: "Muito bonito, Carmione!", referindo-se à ajuda que deu ao suicídio de Cleópatra. E ela responde: "Muito bonita sim, digna de uma descendente real tão grande", e cai ao lado do leito onde jaz o corpo sem vida de sua soberana. Naquele momento preciso, termina não apenas a vida de Cleópatra, mas uma dinastia inteira, a dos Ptolomeus, que durou 300 anos. Mais do que isso, com ela termina o Helenismo, a extraordinária época de florescimento cultural iniciada com Alexandre, o Grande, e comparável ao nosso Renascimento, com tantas mentes luminosas equivalentes a Leonardo e Michelangelo ou Rafael. Extingue-se, no campo das ideias, toda a linhagem de soberanos do Egito Antigo que precedeu os ptolomaicos, afundando em um mundo completamente diferente, constituído por dinastias de faraós... e estamos falando de mais de 3 mil anos de história. Tudo acabou e a representação disso encontra-se ali sobre aquele leito, no rosto pálido de Cleópatra, a última rainha do Egito. Seu rosto enfim relaxou, como se agora estivesse livre, fazendo florescer seu lendário fascínio.

A versão de Dião Cássio é um pouco diferente, mas espelha em linhas gerais a narrativa de Plutarco, acrescentando alguns detalhes curiosos.

Ao saber da partida iminente de Otaviano, Cleópatra consegue convencer a todos de que aceitou aquela viagem acorrentada a Roma, e mostra algumas joias que mantinha escondidas para utilizar como presentes assim que chegasse à Cidade Eterna. É um movimento hábil, porque afasta a ideia de suicídio, e seus carcereiros, incluindo Epafrodito, diminuem a vigilância. É a este último que Cleópatra entrega uma carta selada na qual implora que Otaviano a enterre ao lado do amado Antônio. Na realidade, é um subterfúgio para livrar-se também da presença de Epafrodito, que poderia impedir seu suicídio. Dião Cássio especifica que Cleópatra usa seu vestido mais bonito e se arruma com a máxima elegância. Assim que readquire um aspecto perfeitamente real, se mata. Ele conclui com uma frase que parece quase um epitáfio: assim morreu a mulher que "conquistou dois dos maiores romanos de sua época, mas foi destruída pelo terceiro".

E a serpente?

Um dos mais famosos enigmas da História Antiga tem relação com a morte de Cleópatra. Ainda hoje, não está claro se ela utilizou serpentes ou veneno. É um tema que já fascinava os antigos. Tanto Plutarco quanto Dião Cássio levantam a hipótese da mordida de uma serpente, mas também a de uma agulha envenenada. Aqui vão suas versões.

Comecemos com Plutarco e voltemos à narrativa do homem que leva à rainha uma cesta de figos. "Diz-se que a víbora foi transportada com aqueles figos, escondida entre as folhas: Cleópatra teria ordenado dessa maneira, de modo que a serpente a atacasse sem que ela percebesse (ao enfiar o braço na cesta para pegar um figo); mas, ao tirar os figos, viu-a e disse: 'Então você estava aqui.' E, desnudando o braço, ofereceu-o à mordida do animal. Outros dizem que a serpente estava presa em um vaso e que, quando Cleópatra a provocou e irritou com uma agulha de ouro, saltou para fora e se agarrou ao seu braço."

Ninguém, no entanto, conhece a verdade, informa o antigo biógrafo, que indica outra hipótese muito interessante: a teoria do veneno.

"Há ainda uma terceira versão: que Cleópatra mantivesse veneno em um alfinete oco escondido em seus cabelos. No entanto, em seu corpo não surgiu nenhuma marca nem qualquer outro sinal de envenenamento. Nenhuma serpente foi vista dentro do quarto, mas houve quem garantisse ter notado seus rastros na direção do mar, ao olhar das janelas do cômodo; outros sustentam que no braço de Cleópatra foram observados dois leves pontos, quase imperceptíveis."

Dião Cássio também admite que ninguém sabe ao certo como morreu a última rainha do Egito. Escreve que só foram encontrados pequenos pontos em seu braço. "Alguns dizem que se deixou morder por uma serpente mantida dentro de um jarro ou de um vaso de flores. Outros afirmam que untara com um veneno especial, que não causaria nenhum dano ao corpo, mas levaria a uma morte rápida e indolor ao se misturar a uma pequena gota de sangue, um alfinete que tinha o hábito de usar nos cabelos. Até aquele momento, mantivera o alfinete preso, como sempre; então, fez um pequeno corte no braço e o colocou em contato com o sangue. Dessa forma, ou de modo muito similar, Cleópatra morreu com suas duas amas."

O historiador romano acrescenta, além disso, um detalhe de fato interessante sobre o cuidado com os venenos na época. Quando Otaviano recebe a notícia, além de chocado, pede para ver o corpo da mulher. Administra-lhe alguns remédios, possivelmente antídotos, e recorre aos Psilos com a esperança de fazê-la voltar à vida. Os Psilos eram um povo líbio que vivia na costa do golfo da Grande Sirte e eram famosos por saber adestrar as serpentes: "Esses Psilos são capazes de sugar o veneno da serpente depressa, antes que a pessoa atingida morra, e não sofrem nenhum dano porque não são mordidos por nenhum réptil."

Se essa narrativa é verdadeira, então Cleópatra ainda não está morta quando chegam Otaviano ou seus homens, e eles tentam reanimá-la de todas as formas. Mas é inútil.

Dião Cássio conclui: "Otaviano, sem conseguir trazer Cleópatra de volta à vida, sentiu admiração e piedade por ela, e lamentou profundamente sua morte, porque viu a própria vitória privada de toda a glória."

O que acontece agora? O que matou Cleópatra — e quanto a isso todas as fontes estão de acordo — foi um veneno. O problema é estabelecer se este se trata de um veneno natural (por exemplo, o de uma serpente) ou "artificial" (preparado com o uso de vários ingredientes misturados).

Hoje os estudiosos tendem a excluir a tese da serpente, que quase certamente seria uma cobra egípcia (*Naja haje*) e não uma áspide (*Vipera aspis*, uma espécie comum também na Itália), como em geral se acredita.

A cobra Naja, apesar de perigosíssima, não mata no mesmo instante; sua mordida, extremamente dolorosa, precisa de muitos minutos ou até de horas para levar a uma morte que ocorre de maneira terrível: tremores, sudorese, palpitação, paralisia parcial, vômito, diarreia... Uma forma de morrer decerto pouco "elegante" para uma rainha, e nem um pouco desejável para nenhum ser humano.

Além disso, os sintomas do envenenamento são em geral muito visíveis: inchaço, palidez, bolhas sobre a pele. Sinais que não foram citados pelos autores antigos.

Na realidade, sabemos que os homens de Otaviano chegam depressa e não veem nenhum indício de grave envenenamento no corpo de Cleópatra. Sem contar que as cobras são serpentes grandes (1,5 a 2 metros de comprimento), e seriam visíveis no cômodo, porque, tendo matado também Eiras e Carmione, deveriam ter sido usadas mais de uma serpente — se não por outro motivo, para dar mais agilidade à ação. Segundo Plutarco e Dião Cássio, foram identificados apenas alguns rastros vagos perto das janelas que davam para o mar. Por fim, é preciso destacar um aspecto fundamental: em sua mordida, a serpente nem sempre inocula uma dose suficiente de veneno para matar. É preciso levar em consideração a possibilidade de que se sofra muito e que a pessoa acabe mutilada, mas viva...

Portanto, é muito mais lógico pensar que Cleópatra tenha se envenenado de outra forma. Então, entra em cena um veneno sintético, isto é, preparado por alguém. E se foi a própria Cleópatra quem o preparou? Sabemos pelos antigos que a soberana era uma grande conhecedora de venenos e acredita-se até mesmo que tenha escrito todo um tratado de farmacologia. Diz-se que sua paixão pelo estudo de venenos era tamanha que assistia, ao que parece, experimentos em cobaias humanas. Hoje, os estudiosos rejeitam essa imagem de uma Cleópatra sádica e experimentadora, que observa os efeitos do veneno nos condenados à morte, mas todos concordam em lhe atribuir grandes competências nessa área. Se não foi ela quem realizou um veneno mortal, poderia ter sido seu médico pessoal, Olímpio. A poucos passos do lugar onde morreu, surge o Museion, onde na época era possível encontrar médicos especialistas e também conhecedores de venenos. Nesse caso, que tipo de substância Cleópatra teria utilizado? As hipóteses são muitas. De acordo com o historiador grego Estrabão, Cleópatra teria passado no corpo um unguento venenoso não especificado. Galeno, grande médico da época romana, defende que ela teria primeiro mordido a própria pele, criando uma ferida onde em seguida ela teria jogado veneno de serpente. Se fosse o caso, contudo, a ferida estaria bastante visível, mas, graças a Plutarco, sabemos que o único sinal encontrado no corpo de Cleópatra foram dois "pontos leves e quase imperceptíveis".

Mais recentemente, os estudiosos alemães Christoph Schäfer (historiador da antiguidade) e Dietrich Mebs (toxicólogo) apresentaram a hipótese de que Cleópatra tenha bebido um líquido venenoso à base de ópio, acônito e cicuta (sabemos que Sócrates foi assassinado com um coquetel muito semelhante, à base de cicuta, comprovando o conhecimento de misturas mortais de origem vegetal já alguns séculos antes de Cleópatra). Tratam-se de ingredientes capazes de fazer uma pessoa cair depressa em um coma mortal, sem que se sinta qualquer dor: o acônito é uma planta muito venenosa, a cicuta paralisa o sistema nervoso, levando à morte por impossibilidade gradual de respirar, e o ópio anestesia as dores.

Diz-se, entretanto, que até esses venenos naturais acabam deixando traços no corpo de suas vítimas. A cicuta, por exemplo, causa, em um momento posterior, uma palidez da pele que se aproxima do azul, não raramente com marcas rosadas. O acônito, por sua vez, pode provocar erupções cutâneas. Além disso, o fato de que esses rastros não surjam sempre, ou pelo menos não tão rápido, poderia ser compatível com o que nos dizem os antigos. Em resumo, tudo nos faz pensar que Cleópatra tenha utilizado, se não precisamente este coquetel de venenos, uma mistura similar, rápida, segura, não muito dolorosa, sem tantos efeitos colaterais. Essas características também são compatíveis com a velocidade dos acontecimentos descritos na ocasião da sua morte e com a ausência de serpentes no quarto.

Completando a informação, é importante recordar que o professor norte-americano Alain Touwaide, historiador especialista em medicina antiga, acredita que na época de Cleópatra não existisse o hábito de misturar venenos de origem vegetal: o que sabemos certamente é que a rainha era uma verdadeira especialista na matéria.

Todavia, se não foi uma serpente, como essa teoria fez tanto sucesso ao longo dos anos, até hoje?

Em boa parte, a razão desse sucesso deve ser relacionada ao desejo de Cleópatra de identificar-se com Ísis, uma divindade ligada ao veneno (capaz de usá-lo para matar, mas também para curar envenenamentos). Além disso, ao longo dos séculos os soberanos egípcios tiveram uma ligação estreita com as serpentes em geral, e com a cobra em particular, se pensarmos no uraeu com formato de cobra que enfeita a cabeça de Cleópatra. É preciso também acrescentar que o próprio Otaviano contribuiu para a difusão dessa lenda. De acordo com Plutarco, durante o cortejo triunfal em Roma, exibiu um quadro ou uma estátua de Cleópatra com uma serpente no colo.

Esta é uma possível explicação (completamente hipotética, visto que não temos provas): Cleópatra escondeu esse veneno no quarto onde morrerá ou o encomendou em sua corte (na cesta, então, podemos especular que não houvesse serpentes, mas pequenos frascos de veneno concentrado, talvez escondidos dentro dos próprios figos, que são descritos como enormes). Antes de se suicidar, pediu aos seus seguidores que fizessem circular a história das serpentes, perfeitamente alinhada com sua identidade como Ísis, e de grande efeito "midiático". Tinha razão, porque logo nasceu a lenda de sua morte, que até hoje recordamos. Embora, com o tempo, uma serpente tenha se tornado duas e o local da mordida já não fosse o braço, mas o seio... talvez por causa da imagem sensual e erótica que essa rainha criou de si mesma.

Na época romana, Propércio já difunde essa ideia: "E eu pude ver os braços mordidos pela serpente sagrada e os membros absorverem o veneno por vias ocultas."

12

O surgimento de um império

O que acontece depois?

Apesar do ódio que Otaviano sente em relação a Cleópatra e do ressentimento que experimenta por causa de sua morte, ele respeita a maioria dos seus desejos, quase certamente por uma única razão: não despertar a revolta dos alexandrinos, que amam muito a rainha. Organiza um funeral suntuoso e permite que seu corpo seja sepultado ao lado de Antônio.

No entanto, não respeita a figura de Marco Antônio, que sofre a *damnatio memoriae*, isto é, a destruição e o apagamento de tudo o que faça lembrar dele, desde as inscrições até as estátuas, que são derrubadas não apenas em Alexandria, mas também em Roma e em todo o domínio romano. Estabelece-se que o dia do seu nascimento, 14 de janeiro, de agora em diante será considerado um dia nefasto. Otaviano é também muito hábil em apagar provas comprometedoras, incendiando o arquivo de Antônio.

Enquanto a História segue em frente, Cleópatra para. Suas proezas terminaram, e ela se retira de cena com a mesma agressividade e determinação com a qual surgiu. Foi ela quem decidiu o momento certo de entrar e de sair, e, especialmente, como... Outra prova de sua grande personalidade e independência.

Causa certo efeito pensar que enquanto Otaviano continua sua viagem para o sucesso, parte para estabelecer uma série de alianças na Síria, assenta as bases para o seu principado e tece seu domínio dia após dia, Cleópatra continua em Alexandria, imóvel e embalsamada dentro de um sarcófago.

Com toda probabilidade, a rainha foi preparada para sua longa viagem aos céus de acordo com a tradição egípcia da embalsamação. Não temos detalhes nem descrições sobre o que aconteceu logo depois de sua morte, mas o bom senso nos leva a pensar que seu corpo sobre o leito de ouro, depois da visita de seu médico pessoal e dos romanos (médicos e membros da comitiva de Otaviano; os primeiros para verificar se estava realmente morta, os outros por curiosidade), tenha sido logo enviado para embalsamação. Cleópatra é grega, macedônica, mas sua ligação com as tradições egípcias é forte. Todos os seus antepassados, a partir de Ptolomeu I, foram embalsamados, portanto é bem provável que o mesmo destino seja reservado a ela.

Otaviano veio ver o corpo da rainha que combateu por tanto tempo? Não sabemos, mas seria lógico pensar que sim, uma vez que vê-la caída, morta, marca o fim da sua longa batalha contra ela, que durou anos. Embora, bem no fundo, deva ter experimentado certo desapontamento: Cleópatra lhe tirou a satisfação de vê-la desfilar acorrentada em Roma. Nisso, sem dúvidas, ele deve reconhecer, no fundo e com raiva, ter sido enganado pela rainha no último segundo, porque ela encontrou um modo de subtrair-se de seu poder.

Ao sair, permitiu sua embalsamação. Como já foi dito, é uma decisão tomada por questões de ordem pública: Cleópatra é muito amada e sua morte poderia desencadear revoltas, e por consequência Otaviano tem interesse em honrá-la no Egito. O discurso, contudo, muda radicalmente em Roma, onde todos esperam vê-la derrotada e até executada. A presença de Otaviano e dos outros romanos ao redor do cadáver da rainha não deve se prolongar, deve durar apenas algumas horas, apenas por insistência de sua comitiva para começar logo os ritos de embalsamação, visto que estamos em agosto e o calor acelera a decomposição.

Os órgãos foram retirados e colocados nos vasos canopos. Com exceção do cérebro, que foi desmanchado e jogado fora, de acordo com a tradição. No entanto, foi a mente de Cleópatra que orquestrou e influenciou anos de História... Outras mãos, não as de César ou de Antônio, massagearam seu corpo para aplicar bálsamos e unguentos protetores a fim de impedir a decomposição por bactérias.

Por pelo menos 30 dias, seu corpo ficou coberto por um sal, o natrão, para que desidratasse. Assim, Cleópatra, já diminuta, veio a pesar pouquíssimo. Decerto, embora tenha mudado muito, sua aparência ainda devesse ser reconhecível para quem a conhecia, e não se podia deixar de sentir por ela devoção e admiração. Depois, as ataduras, uma volta após a outra, privaram o mundo de admirar o seu rosto, suas mãos, seus quadris, seus lábios que tanto haviam enlouquecido homens como César e Marco Antônio, e não apenas eles.

Não sabemos quanto ouro adornou sua múmia, nem quais ritos controlaram o fechamento do sarcófago. Nem mesmo temos testemunhos do seu mausoléu. Como eram as tumbas de Antônio e Cleópatra? Ninguém sabe, porque nunca foram encontradas, assim como suas múmias.

A tumba de Antônio e Cleópatra, dessa maneira, tornou-se um mito para os arqueólogos. Muitas vezes os meios de comunicação reportam a notícia de sua descoberta, pontualmente desmentida pouco depois. Como uma miragem, os dois protagonistas da nossa história voltam a falar de si, fascinando a todos, para em seguida desaparecerem de novo, como prova do profundo rastro que deixaram na História. O caso de amor entre os dois, na verdade, é uma das mais importantes histórias de todos os tempos.

Já na antiguidade era assim: o mito de Cleópatra sobreviveu fortalecido por séculos. Trinta anos depois de sua morte, por exemplo, ainda se construía um enorme templo dedicado a ela, que, contudo, nunca foi finalizado. Como destaca o arqueólogo Duane W. Roller, seu culto sobreviveu por mais de 400 anos: sabemos que um escriba, em 373 d.C., escreveu que cobrira de ouro a imagem de Cleópatra.

Poucos anos depois, como consequência do Édito de Tessalônica de 380 e dos Decretos Teodosianos de 391 e 392, com os quais se estabelecia que apenas a religião cristã seria permitida no Império Romano. Todos os templos pagãos foram atacados e destruídos, eliminando os cultos não cristãos e mantando ou perseguindo qualquer um que não estivesse alinhado com o novo credo oficial.

Inicia-se a era de Otaviano

Otaviano, enquanto isso, lançou-se em sua ascensão e começa a celebração da era que em seguida será identificada com sua figura. Funda duas cidades com o mesmo nome, Nicópolis, "cidade da vitória", uma em Áccio e outra fora dos portões de Alexandria, diante da Porta do Sol, onde montara acampamento. Com o passar das gerações, o assentamento se transformará em um belíssimo bairro da cidade. No lugar onde hoje surge Ramla.

Na realidade, o início do domínio absoluto é pavimentado com vítimas e sangue. Públio Canídio Crasso, o fiel general de Antônio, embora tenha pedido para ser poupado, é brutalmente executado. Sorte diferente tem Caio Sósio, o comandante da ala esquerda da frota de Antônio e Cleópatra em Áccio, que obtém perdão.

Em seguida, é identificado e eliminado o último assassino de César em circulação: Caio Cássio Parmense. Poeta e autor de cartas corrosivas contra Otaviano, é encontrado em Atenas e assassinado. O ano é 30 a.C.: é de opinião geral entre os estudiosos que nesta data, apenas 14 anos depois da morte de Júlio César, nenhum de seus assassinos esteja vivo. Todos foram encontrados e mortos.

Mas qual o destino dos filhos de Cleópatra e Antônio? Otaviano é implacável com os filhos mais velhos, a começar pelo polêmico Cesarião. Ao ver a proximidade do fim, pouco antes do cerco final, Cleópatra o envia em fuga para a Índia. Plutarco relata como foi sua morte: "Foi enviado pela mãe, com muitas riquezas, para a Índia, atravessando a Etiópia; no entanto, um preceptor chamado Rodão o persuadiu, enganando-o, a voltar atrás, dizendo-lhe que Otaviano o chamava para lhe atribuir o reino. Enquanto Otaviano decidia o que fazer com ele, diz-se que Ário lhe sugeriu: 'Não é bom que haja tantos Césares.' Otaviano, então, mandou matarem-no." A ideia é colocar a culpa no filósofo Ário, mas na realidade Otaviano desde o início sabe que precisa matar o suposto filho de César se quiser permanecer como seu único e legítimo "herdeiro".

Antilo, filho mais velho de Antônio e Fúlvia, também é brutalmente assassinado. Em uma repetição de padrões, quem o trai é, também neste caso, seu preceptor, chamado Teodoro, que revela aos soldados de Otaviano onde está escondido. O jovem consegue escapar, mas é seguido. Em sua fuga pelas estradas de Alexandria, entra no Caesareum, tenta se esconder atrás da estátua de César, pedindo desesperadamente para ser poupado. Otaviano é implacável e seus soldados o decapitam. Teodoro, seu preceptor, se aproxima do cadáver e retira dele uma pedra preciosa que ainda leva no pescoço. Esconde-a costurada em seu cinto. Pego em flagrante, busca negar a evidência, mas é condenado e crucificado.

Os outros filhos de Antônio e Cleópatra são poupados. Antônia de Trales provavelmente já está morta, mas sua filha Pitorides, como já foi dito, será "utilizada" por Otaviano em sua rede de alianças no Oriente e dada como esposa primeiro ao rei do Ponto, Pólemon I, e em seguida a Arquelau da Capadócia, o filho da famosa Glafira que foi uma das amantes de Antônio. Dessa maneira, os descendentes de Antônio e os de Glafira se unem, emulando assim a união clandestina do avô com a mãe.

O segundo filho de Antônio com Fúlvia, Julo Antônio, é poupado e será criado amorosamente por Otávia. Essa mulher de coração de ouro também vai criar os filhos de Cleópatra e Antônio: os gêmeos "Lua" (Cleópatra Selene) e "Sol" (Alexandre Hélio), assim como o último nascido, Ptolomeu Filadelfo. Quatro filhos que não são seus serão acrescentados aos dois que teve com Antônio: sua casa em Roma ficará repleta de adolescentes e de história...

Não podemos deixar de perceber, contudo, a utilidade desse "berçário" para futuras uniões dinásticas. Cleópatra Selene depois se casará com o rei da Numídia e da Mauritânia Juba II, com o nome de Cleópatra VIII: será a última soberana da História a usar esse nome. Dos dois homens, contudo, perderam-se os rastros. De acordo com alguns estudiosos, morreram em Roma por doença ainda muito jovens, de acordo com outros, no entanto, vão atrás da irmã Cleópatra VIII na Mauritânia.

Uma última curiosidade está relacionada às filhas de Antônio e Otávia: Antônia maior e Antônia menor. Não sofrerão, é claro, nenhum mal, uma vez que Otávia é irmã de Otaviano, mas sua descendência é interessante: Antônia maior será avó de Nero, enquanto Antônia menor será a mãe do imperador Cláudio e a avó de Calígula. Em resumo, em Nero, Calígula e na História do Império de Roma está o DNA de Marco Antônio...

Por fim, para continuar o longo rastro de sangue dos jovens sacrificados por Otaviano, vale lembrar que ele desfaz um complô contra si pouco depois da morte de Cleópatra. Quem o orquestra é o filho de Lépido, Marco Emílio Lépido menor. A conspiração é descoberta em Roma por Mecenas, que o prende e o leva a Áccio, onde é executado por Otaviano.

O nascimento do mês de... agosto

A conquista do Egito representa para Otaviano um momento culminante para sua ascensão ao poder. Ele estabelece que o dia da sua entrada em Alexandria, 1º de agosto, deve se tornar um dia festivo, e decide dar seu nome, Augusto, ao mês (até então chamado *Sextilis*) no qual concluiu de fato as guerras civis, vencendo sobre Cleópatra e Antônio e tornando a rainha do Egito prisioneira. Vem daí o nome "agosto" que é utilizado até hoje. Por trás do mês europeu mais quente do ano, portanto, mais uma vez está Cleópatra...

Otaviano consegue evitar revoltas perigosas tanto entre os habitantes de Alexandria quanto entre as fileiras do seu exército, que ainda precisava ser pago. Convence os legionários a não saquearem a cidade, confiscando as enormes riquezas conservadas no Palácio

Real, das quais fazem parte também todos os objetos que Cleópatra mandou transportar dos principais templos da cidade. Confisca também os bens de todos os cidadãos excessivamente comprometidos com a corte de Cleópatra. Por fim, impõe um tributo não apenas aos alexandrinos mais ricos, mas a todo o Egito. Dessa maneira, consegue acumular um enorme butim, a ponto de, quando é levado a Roma, conforme destaca o historiador Michael Grant, fazer a taxa normal de lucro sobre os empréstimos descer de 12 a 4%. Graças a essa enorme riqueza, Otaviano finalmente consegue pagar os soldados que usou para conquistar Alexandria, evitando os saques, e ainda satisfaz os veteranos à espera na Itália ao adquirir para eles terrenos onde poderão se estabelecer.

Com o problema dos soldados resolvido, reorganiza todos os territórios conquistados. A partir desse momento, acaba a história milenar dos reinos egípcios, desde os tempos dos faraós. De agora em diante, o Egito será, por séculos, apenas uma província de Roma. Como César, Otaviano compreende perfeitamente o risco de confiar a gestão de uma terra tão rica a um senador e à sua inevitável voracidade. Delega o Egito, portanto, a um homem de confiança proveniente da ordem equestre (será uma província diferente das outras, porque foi confiada a um prefeito), mas na verdade Otaviano vai gerir o país como se fosse uma propriedade privada, impedindo legalmente os senadores de visitarem o território: transforma-o em uma espécie de "conta corrente" por sua riqueza e poder. O primeiro dos seus "vice-reis" será Cornélio Galo, o comandante das suas tropas a oeste de Alexandria. É o mesmo homem que se apaixonara pela atriz Licoride. Agora, está claro que a mulher perdeu uma grande oportunidade ao deixá-lo...

O grande triunfo

Por uma daquelas grandes coincidências da História, a notícia da morte de Antônio e Cleópatra é lida em Roma pelo cônsul em atividade: Marco Cícero, filho do grande orador assassinado por ordem de Antônio.

O Senado atribui a Otaviano honras especiais pelas vitórias em Áccio e no Egito. São erguidos em sua homenagem dois arcos do triunfo, um em Bríndisi e outro em Roma (o Arco de Augusto, ao lado do Templo de César); além disso, é construída uma nova tribuna, os célebres Rostra Augusta, decorados com os rostra das naus afundadas em Áccio.

Em 11 de janeiro de 29 a.C., como símbolo da paz restabelecida, as portas do Templo de Jano em Roma são fechadas. A guerra terminou.

Otaviano continua sua viagem pelo Oriente Médio para reorganizar sua rede de alianças: na verdade, confirma o sistema criado por Antônio. Depois, retorna a Roma: é o dia 13 de agosto de 29 a.C., e mais de um ano se passou desde a vitória sobre Cleópatra.

Agora, ele tem o controle absoluto e celebra três grandes triunfos, o primeiro por suas guerras no Ilírico, o segundo pela vitória na batalha naval de Áccio e o terceiro pela conquista do Egito. Nesse último triunfo, desfilam também hipopótamos e rinocerontes, animais desconhecidos em Roma (assim como César mostrara as girafas).

Entre os prisioneiros, seguem Cleópatra Selene e Alexandre Hélio. Se a mãe deles, Cleópatra, não tivesse cometido suicídio, estaria ali também, acorrentada como eles. No fundo, simbolicamente, ela está presente no enorme quadro levado sobre uma carruagem durante o desfile, que a representa inclinada sobre um divã prestes a morrer, com as serpentes.

No fim do triunfo, o butim é tomado por Roma. Parte dele é enviado para alguns templos em agradecimento aos deuses. Por ironia do destino, um desses é o de César, que também se tornou uma divindade após a morte. Encontra lugar, em parte, no grande templo do Monte Capitolino dedicado a Júpiter, Juno e Minerva. Entre os objetos que chegam do Egito, muitos pertenciam à rainha, Cleópatra. Dião Cássio, com uma sutil veia irônica, afirmou que dessa maneira Cleópatra, embora vencida e prisioneira, paradoxalmente foi glorificada em Roma, porque seus ornamentos foram expostos em alguns dos templos mais importantes, e ela mesma aparece, sob a forma de uma estátua de bronze dourado, até mesmo no Templo de Vênus, no Fórum de César.

Se pensarmos bem, ele tem razão. Não conhecemos a aparência daquela estátua, que se perdeu nos séculos. Mas podemos imaginá--la ao amanhecer, em Roma, envolvida pelo silêncio do Templo de Vênus que ainda não abriu as portas. Na fraca luz que começa a inundar esse lugar sagrado, surge em toda sua sensualidade. O ouro parece enchê-la da luminosidade mais adequada àquele que foi seu extraordinário desejo de viver. O rosto emana doçura, serenidade. Mas, talvez, também uma tristeza velada.

O olhar se perde em um horizonte distante, como se buscasse o abraço de sensações e lembranças doces e protetoras.

Cleópatra não conquistou apenas Roma. Cleópatra conquistou a eternidade.

CONCLUSÃO

Cleópatra tem a vida de uma mulher capaz de influenciar, como poucas, o curso da História. No início da nossa viagem, perguntamo-nos o quão determinante foi sua presença naqueles anos cruciais da antiguidade. Agora que concluímos a narrativa de sua vida, podemos afirmar que sua ausência provavelmente originaria um mundo bastante diferente do que conhecemos pelos livros de História. É graças a ela que Antônio escolheu a "solução" oriental do seu poder, decisão que culminou em uma relação de 11 anos, com três filhos e um afastamento progressivo de Roma. Foi essa decisão que aguçou o antagonismo (na verdade, inevitável) com Otaviano, levando-os a Áccio, à conquista de Alexandria e ao suicídio de Antônio e Cleópatra. Esse percurso deixou Otaviano sozinho, sem rivais, com a possibilidade (graças, também, à sua excepcional longevidade humana e política) de estabelecer as bases do Império Romano.

Podemos, portanto, perguntar-nos o que teria acontecido se Cleópatra não tivesse existido. É possível que o combate com Marco Antônio tivesse sido mais árduo, visto que não haveria uma "inimiga" a quem culpar, criando consenso, e em virtude de seu grande carisma. Ele não viveria em Alexandria, mas em Roma, gerindo o poder. Tudo seria diferente, até no âmbito militar. Otaviano talvez não tivesse a possibilidade de vencer e dominar o cenário para depois poder fundar seu principado, preâmbulo do Império.

O conceito de império, claro, já existia: com César, já se intuía que a República estava com os dias contados e que se chegava à época de um único homem no comando, continuada em seguida por dezenas de imperadores no curso dos séculos. Teria sido uma história semelhante, ou talvez não, mas decerto não seria "aquela" história que conhecemos e que os levou ao Império Romano, e como consequência firmou as bases para o mundo ocidental moderno.

Cleópatra funcionou como um catalizador das reações químicas, isto é, permitiu que se "acelerasse" um processo já inevitável da antiguidade. Mas o fez de maneira especial, deixando um "produto" de fato extraordinário obtido dessa reação: Otaviano, possivelmente o único capaz de fundar um império.

Se partimos de um pressuposto correto, então o mundo moderno, ocidental, deve muito a essa mulher.

Há outro aspecto que fica bastante claro no fim da nossa longa narrativa sobre a última rainha do Egito. Cleópatra era uma mulher moderna projetada na antiguidade. E foi exatamente sua modernidade que mudou a História. A sua trajetória de vida é a de uma mulher moderna.

Sozinha em meio aos homens, em um mundo patriarcal, como conseguiu não ser deixada de lado imediatamente?

Chegou até nós a imagem de uma mulher sensual, capaz de seduzir homens de grande valor, como César e Antônio, com o corpo e com dotes femininos "especiais". Mas esse é um clichê machista, fruto de uma cultura patriarcal romana, de autores antigos e de uma propaganda que lhe era hostil. Cleópatra, como vimos, exercia um fascínio discreto, mas era fisicamente distante do estereótipo da *femme fatale*. É difícil, portanto, imaginar que usasse apenas a sensualidade para conquistar os líderes romanos. Até porque essa é uma visão muito redutora: não se tratava de enfeitiçar uma pessoa em um banquete, estamos falando de jogos de poder de altíssimo nível no quadro político internacional da época. Não se pode falar de amor ou sedução, mas de alianças políticas e conveniência financeira.

Nessa ótica, Cleópatra tinha outro tipo de *"sex appeal"*. Era a soberana de um reino poderoso e riquíssimo. O fascínio de Cleópatra, em certo sentido, é, na realidade, o mesmo que exerce uma rica herdeira. Todos os seus homens, de César a Marco Antônio, e até Otaviano, visam as riquezas do seu reino, mais do que seu corpo... Como caçadores de dote, sabem que sua imensa riqueza e o poder de sua frota são essenciais para levantar legiões, vencer batalhas e, como consequência, conquistar poder e, portanto, Roma. Todos os três homens citados terão o mesmo objetivo com ela.

É aí que faz diferença a habilidade de Cleópatra. Não uma mulher sensual, mas uma mulher hábil em gerir esse seu "poder de atração" sobre os outros, seja para fins internos do seu reino (conseguindo consolidar o próprio trono), seja no quadro do Mediterrâneo (ampliando os confins do Egito de maneira excepcional).

A ideia de que ela tenha conquistado tudo isso graças a seu corpo é obviamente redutora e ofensiva, fruto da propaganda romana. Decerto, em alguns momentos seu físico foi essencial, como quando surgiu de repente diante de César depois de ser transportada em um saco, ou em sua chegada a Tarso nas vestes de Afrodite. Mas na verdade, mais do que o corpo, sua carta na manga foi o cérebro, com suas ideias, sua habilidade estratégica e seus projetos...

Tudo isso também é fruto do lugar onde nasceu: Alexandria, coração do Helenismo. Cleópatra cresceu absorvendo uma cultura magnífica, que permitia o crescimento de uma mulher (especialmente as de estirpe real). Ela, como vimos, teve acesso a uma excelente educação, era culta, conhecia diferentes idiomas, aprendeu a arte de falar em público e as técnicas mais eficazes de retórica, uma qualidade preciosa para conseguir se impor nos colóquios diplomáticos, quando tinha diante de si homens poderosos habituados à força, mas não à sua nobreza com as palavras (um dos poucos, talvez o único que conseguiu confrontá-la, foi Otaviano).

No entanto, o que Alexandria deu à Cleópatra não pode explicar sozinho o seu sucesso político e diplomático. Por trás de tudo isso, há muito mais: a inteligência dessa mulher. Era diferente das outras, curiosa, com sede de conhecimento, especialista em vários campos de saber da época. Em toda a História, nenhuma outra soberana foi como ela; talvez apenas Elisabeth I esteja em seu nível, mas com uma personalidade muito diferente.

Se Alexandria e o Helenismo deram uma contribuição preciosa para seu sucesso, Cleópatra fez muito mais por eles. Com sua capacidade de estabelecer alianças e proteção com os mais poderosos romanos de sua época, ela conseguiu manter não apenas o Egito, mas a cultura helenística. E precisamos nos perguntar, a partir daí, como teria sido o Mediterrâneo antigo se Cleópatra não tivesse perdido em Áccio e houvesse derrotado Otaviano. Provavelmente não fosse romano-ocidental, como aconteceu com Otaviano, e sim, mais greco-oriental, com fortes influências helenísticas, que talvez (embora seja só uma hipótese) reverberassem até hoje com gradações na nossa maneira de viver.

O Helenismo foi um movimento benevolente na História do homem, comparável em seu nível cultural, com as devidas distinções, apenas ao Renascimento e ao Iluminismo. O Helenismo viu a luz com Alexandre, o Grande, e terminou com Cleópatra. Há muito unindo esses dois protagonistas. Ambos entrarão para a História como soberanos jovens, fascinantes, capazes de estar sempre envolvidos no jogo político e com o sonho de um grande reino helenístico. Além disso, os dois foram sepultados em Alexandria, não muito distantes um do outro. E nos dois casos as tumbas desapareceram...

O verdadeiro fascínio de Cleópatra, na realidade, é a abertura cultural do Helenismo, e não o fascínio escuro, pérfido e enfeitiçador que lhe incutiram os romanos.

Talvez resida nisto o verdadeiro significado de Cleópatra na História: uma rainha hábil no jogo das alianças, sem dúvidas, e, no entanto, esperta e até cínica na gestão de poder, que de outra maneira não poderia sobreviver naquele momento da antiguidade.

Ela é também uma mulher capaz de se distinguir graças à seiva cultural do seu mundo. Uma mulher com mentalidade diferente, independente e moderna. E foi sua modernidade que mudou a História. Podemos dizer que, na base da marca que deixou ao longo dos séculos, esteja o triunfo da sua cultura, o Helenismo, e que na base do seu sucesso como rainha esteja sua mentalidade "moderna", inconcebível para muitas de suas contemporâneas. Foi essa ideia moderna que mudou a História Antiga? É bom imaginar que sim.

Diz-se que Cleópatra conquistou Roma ao seduzir seus líderes. Não, na verdade ela acabou derrotada por Roma, como vimos. Todavia, ela a cativou de outra maneira: como mulher. Foi derrotada como rainha, mas venceu como mulher. Assim a História a recordará, para sempre.

AGRADECIMENTOS

A escrita deste livro é fruto de um longo trabalho, com checagens contínuas e pesquisas de arquivo para encontrar textos antigos, dados históricos, indícios de pesquisas e descobertas arqueológicas que pudessem iluminar nosso percurso.

Preciso ser sincero: esta obra nunca seria finalizada sem o incrível trabalho de pesquisa de Emilio Quinto, extraordinário investigador do passado. Lembro-me de nossas longas conversas e das horas de sono que perdemos por culpa de uma mulher: Cleópatra.

Um percurso histórico por mais de 14 anos dentro do coração da antiguidade não é fácil. E não teria sido possível sem os conselhos e as correções de três estudiosos, grandes especialistas da história romana.

Agradeço, portanto, ao professor Romolo Augusto Staccioli pelas sugestões sempre pontuais e por seu grande conhecimento do mundo romano, capaz de nos contagiar com seu entusiasmo e seu amor pela História.

Também devo muito ao professor Giovanni Brizzi, que me ajudou a entender melhor muitos aspectos surpreendentes da história romana que eu não conhecia, em particular os militares, sobre os quais, na Itália, é a autoridade máxima.

Agradeço sinceramente à professora Francesca Cenerini pelo seu trabalho incansável, que me ajudou a dar o foco correto à figura de

Cleópatra, assim como a muitos acontecimentos articulados ligados à complexa passagem entre o fim da República e a época augusta.

Sou profundamente grato a Letizia Staccioli, que com grande competência, rigor e entusiasmo acompanhou o nascimento desta obra. Sua ajuda foi fundamental para atravessar um dos mais complexos períodos da história antiga.

Essa viagem na História exigiu, é claro, uma grande quantidade de dados e informações sobre a vida cotidiana de Cleópatra, sobre Alexandria e sobre o Egito ptolomaico. Nesse sentido, foram preciosas as colaborações e a ajuda fornecidas por um time de egiptólogos, que agradeço sinceramente.

Devo tudo a Patrizia Segre, editora, pelo seu profissionalismo e também pela paciência incansável com a qual aguardou a chegada dos meus escritos.

Como se pode imaginar, estes capítulos são fruto de um grande trabalho de redação de um time de alto nível. Agradeço a Sabrina Annoni, Alessandra Roccato, Frida Sciolla, e, é claro, Laura Donnini, capaz de guiar com experiência um grupo de mulheres modernas em busca de uma grande mulher da antiguidade.

Agradeço ao Studio Leksis pelas sugestões preciosas.

Por fim, meu pensamento dirige-se a ela, que nos permitiu fazer essa viagem extraordinária à antiguidade, graças a quem pudemos aprender tanto, inclusive sobre nós mesmos. Um pensamento que leva em consideração o que somos hoje graças a ela: Cleópatra.

MAPAS

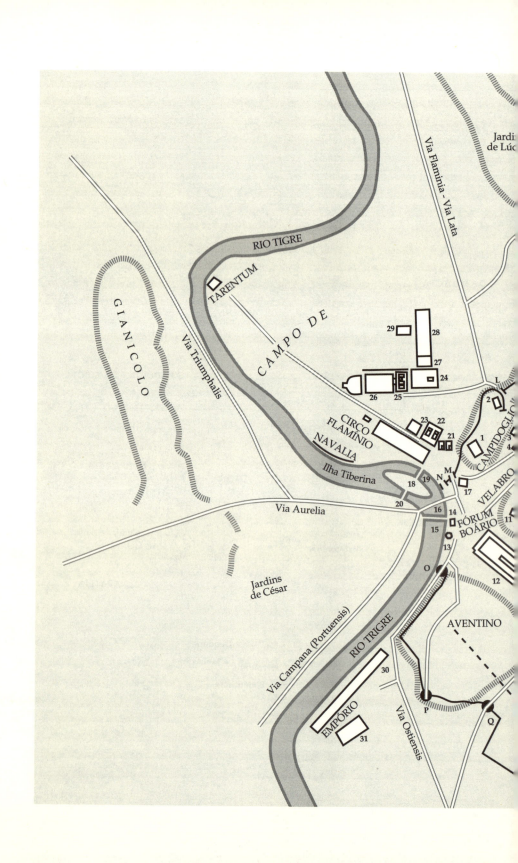

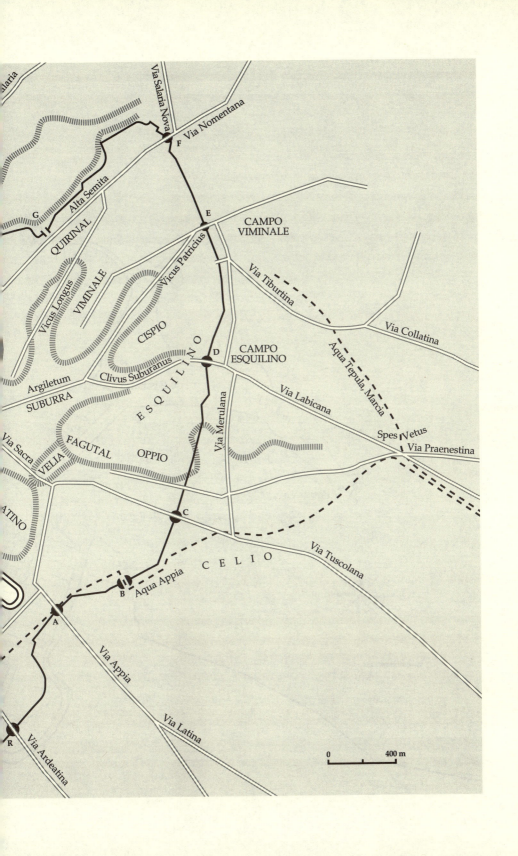

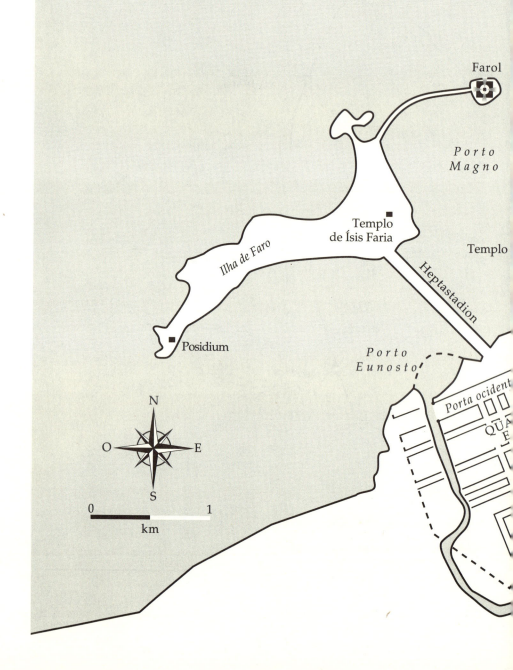

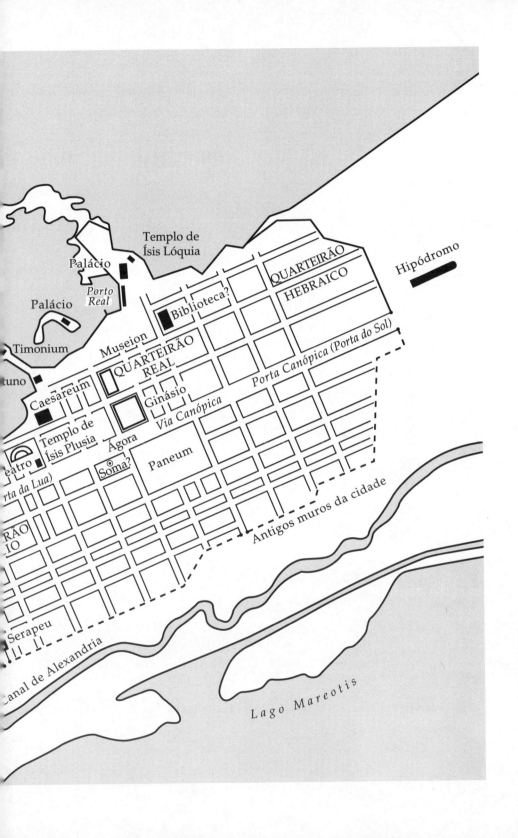

CRÉDITOS DAS IMAGENS

Anexo 1

p. 1: © Altair4 Multimedia.

p. 2: em cima, © Altair4 Multimedia; embaixo, © GL Archive / Alamy Foto Stock.

p. 3: em cima à esquerda, Courtesy Swope Gallery, New York © Alphonse Telymonde; no alto à direita, © 2018. Foto Scala, Firenze; embaixo à esquerda, foto: Reinhard Saczewski © 2018. Foto Scala, Firenze/bpk, Bildagentur fur Kunst, Kultur und Geschichte, Berlin; embaixo à direita, Museo Pio-Clementino, Vaticano © 2018. Foto Scala, Firenze.

p. 4: em cima, foto: Johannes Laurentius © 2018. Foto Scala, Firenze/bpk, Bildagentur fur Kunst, Kultur und Geschichte, Berlin; embaixo à esquerda, © 2018. Foto Fine Art Images/Heritage Images/Scala, Florença; embaixo à direita, © Foto de Federico Taverni e Nicola dell'Aquila / Museo Egizio.

p. 5: em cima à esquerda, © 2018. Image copyright The Metropolitan Museum of Art/Art Resource/Scala, Firenze; em cima à direita, © 2018. DeAgostini Picture Library/Scala, Firenze; embaixo à esquerda, foto: Reinhard Saczewski © 2018. Foto Scala, Firenze/bpk, Bildagentur fur Kunst, Kultur und Geschichte, Berlin; embaixo à direita, © 2018. DeAgostini Picture Library/Scala, Firenze.

p. 6: em cima, foto: Lubke & Wiedemann © 2018. Foto Scala, Firenze/bpk, Bildagentur fur Kunst, Kultur und Geschichte, Berlin; embaixo à esquerda, Musei Vaticani, Vaticano © 2018. Mary Evans/Scala,

© 2018 Firenze; embaixo à direita, Museo Archeologico Nazionale, Napoli. Foto Scala, Firenze.

p. 7: © Giorgio Capaci, Digital Visual Effects.

p. 8: © Adam Eastland / Alamy Foto Stock.

Anexo 2

p. 1: em cima à esquerda, © Cineclassico / Alamy Foto Stock; em cima à direita, © TCD/Prod.DB / Alamy Foto Stock; embaixo à esquerda, © Reporters Associati & Archivi/Mondadori Portfolio por Getty Images; embaixo à direita, © Silver Screen Collection/Getty Images.

p. 2: em cima, National Gallery of Victoria, Melbourne © 2018. Foto Art Media/Heritage Images/Scala, Firenze; embaixo à esquerda, Museo Archeologico Nazionale, Napoli © 2018. Foto Scala, Firenze; embaixo à direita, © Fondation Gandur pour l'Art, Genève. Foto: André Longchamp.

p. 3: em cima à esquerda, © 2018. Foto Scala, Firenze - sob concessão do Ministero Beni e Attività Culturali e del Turismo; em cima à direita, © Fondation Gandur pour l'Art, Genève. Foto: André Longchamp; embaixo, © Ivan Vdovin / Alamy Foto Stock.

p. 4: em cima à esquerda, Museo Archeologico Nazionale, Napoli © 2018. Foto Scala, Firenze; em cima à direita, Museo Gregoriano Egizio, Vaticano © 2018. Foto Scala, Firenze; embaixo à esquerda, Museo Archeologico Nazionale, Napoli © 2018. Foto Scala, Firenze; embaixo à direita, Museo Archeologico Nazionale, Napoli © 2018. Foto Scala, Firenze.

p. 5: em cima, © Juergen Ritterbach / Alamy Foto Stock; embaixo, © Nigel Westwood / Alamy Foto Stock.

p. 6: em cima, Museo Pio-Clementino, Vaticano © 2018. DeAgostini Picture Library/Scala, Firenze; embaixo à esquerda, © Altair4 Multimedia; embaixo à direita, © The Trustees of the British Museum.

p. 7: em cima à esquerda, Museo Nazionale Romano, Roma © 2018. White Images/Scala, Firenze; à direita, Musée du Louvre, Parigi © Azoor Photo / Alamy Foto Stock; embaixo à esquerda, © 2018. The Trustees of the British Museum c/o Scala, Firenze.

p. 8: em cima à esquerda, foto: Reinhard Saczewski © 2018. Foto Scala, Firenze/bpk, Bildagentur fur Kunst, Kultur und Geschichte, Berlin;

à direita, Musei Vaticani, Vaticano © Ann Ronan Pictures/Print Collector/Getty Images; embaixo, Musée des Augustins, Tolosa © The Picture Art Collection / Alamy Foto Stock.

Mapas: Studio Leksis / Milão (para Roma, fonte *Archeo* / Time Publishing).

REFERÊNCIAS DAS CITAÇÕES

Fontes antigas

Appiano, *Storia romana. Le guerre civili, Libri XII-XVII*.
II, 90, *p. 202*; II, 117, *p. 99*; II, 144, *p. 132*; II, 145, *p. 134* (segunda); II, 145, *p. 134* (terceira); II, 146, *p. 134* (primeira); II, 146, *pp. 134-135*; II, 146, *p. 135*; II, 146-147, *p. 136*; IV, 5, *pp. 218-219*; IV, 6, *p. 219* (primeira); IV, 11, *p. 219* (segunda); IV, 20, *p. 222*; IV, 23, *p. 221* (segunda); IV, 30, *p. 220* (segunda); IV, 37, *p. 220* (primeira); IV, 40, *p. 221* (primeira); IV, 63, *p. 212*; IV, 82, *p. 225*; IV, 128, *p. 241*; V, 1, *p. 272* (primeira); V, 8, *p. 272* (segunda); V, 58, *p. 248*.

Ateneo, *I Deipnosofisti (I dotti a banchetto)*, vol. I, organizado por Canfora, Luciano, Salerno Editrice, Roma: 2001.
V, 204-205, *p. 202*.

Cassio Dione, *Storia romana*, voll. II-III-IV, organizado por Norcio, Giuseppe, BUR, Milão: 2000.
XLI, 54, 1, *p. 63*; XLII, 34, 4-5, *p. 185* (segunda); XLII, 34, 6, *p. 185* (primeira); XLII, 35, 1, *p. 186*; XLII, 35, 2, *p. 189* (primeira); XLII, 35, 2-3, *p. 189* (segunda); XLIV, 11, 2-3, *p. 56* (primeira); XLIV, 11, 2-3, *p. 56* (segunda); XLIV, 17, 1, *pp. 69-70*; XLIV, 17, 2, *p. 72*; XLIV, 34, 7, *p. 125*; XLIV, 42, 5; 43, 1, *p. 133*; XLIV, 49, 4, *p. 134*; XLIV, 49, 1-3, *pp. 133-134*; XLVII, 31, 5, *p. 51*; XLVII, 43, 3, *p. 232*; XLVII, 44, 1-4, *p. 242*; XLVII, 49, *p. 245*; XLVII, 49, *p. 244*; XLVIII, 8, 2, *p. 304*; XLVIII, 10, 4, *p. 306*; XLVIII, 24, 2, *p. 272*; XLVIII, 44, 5, *p. 318*; L, 32, 2, 5-7, *pp. 353-354*; L, 33, 3, *p. 355* (primeira); L, 33, 4, *p. 355* (segunda); L, 34, 2-5; 35, 2-4, *pp. 356-357*; LI, 9, 3,

p. 367; LI, 10, 3, *p. 380;* LI, 10, 9, *p. 392;* LI, 14, 1-3, *p. 403;* LI, 14, 4, *p. 404* (primeira); LI, 14, 6, *p. 404* (segunda); LI, 16, 5, *p. 396;* LI, 15, 4, *p. 402.*

Lucano, *Farsaglia, o la guerra civile,* introdução e tradução de Canali, Luca; prefácio e notas de Brena, Fabrizio, BUR, Milão: 1997.

VIII, 667-691, *pp. 180-181;* X, 479, *p. 193;* X, 189-191, *p. 201* (primeira); X, 360, *p. 201* (segunda); X, 107-171, *p. 281;* X, 107-171, *p. 282;* X, 107-171, *p. 283.*

Nicola Damasceno, *Vita di Augusto,* organização e tradução de Turturro, Giuseppe, Macrì, Città di Castello – Bari: 1945.

XXIII, *p. 88;* XXIV, *p. 100;* XXIV, *p. 95;* XXVI, *p. 116.*

Plinio il Vecchio, *Storie Naturali. Libri VIII-XI,* introdução, tradução e notas de Maspero, Francesco, BUR, Milão: 2011.

IX, 58, *p. 283;* IX, 58, *p. 284.*

Plutarco, *Vite parallele - Agesilao e Pompeo,* introdução, tradução e notas em *Agesilao* de Luppino Manes, Emma; introdução, tradução e notas de *Pompeo* de Marcone, Arnaldo; com contribuição de Scardigli, Barbara e Manfredini, Mario, BUR, Milão: 1996.

Pompeo, LXXX, 10, *p. 181.*

_____. *Vite parallele - Alessandro e Cesare,* introdução, tradução e notas de *Alessandro* de Magnino, Domenico; introdução de *Cesare* de La Penna, Antonio; tradução e notas de *Cesare* por Magnino, Domenico; com contribuição di Scardigli, Barbara e Manfredini, Mario, BUR, Milão, 2014. *Cesare,* XLIV, 6, *p. 91;* XLIX, 3, *p. 185;* LXIII, 7, *pp. 57-58;* LXIII, 8, *p. 60;* LXIII, 2, *p. 71* (primeira); LXIII, 3, *p. 71* (segunda); LXIII, 4, *p. 71* (terceira); LXIII, 6, *p. 95;* LXVI, 6, *p. 99* (primeira); LXVI, 8, *p. 99* (segunda); LXVI, 9, *p. 99* (terceira); LXVI, 10, *p. 100* (primeira); LXVI, 11, *p. 100* (segunda); LXVII, 3, *p. 108.*

_____.*Vite parallele - Demetrio e Antonio,* introdução, tradução e notas de *Demetrio* de Andrei, Osvalda; introdução, tradução e notas de *Antonio* de Scuderi, Rita; com contribuição de Scardigli, Barbara e Manfredini, Mario, BUR, Milão: 2015.

Antonio, IV, 1-4, *p. 142;* IV, 4, *pp. 142-143;* IV, 5-6, *p. 143;* X, 5-6, *pp. 312-313;* XXIV, 1, *p. 251* (primeira); XXIV, 2-3, *p. 251* (segunda); XXV, 2, *p. 254;* XXV, 3-4, *p. 255;* XXV, 4-6, *pp. 255-256;* XXVI, 2, *p. 261;* XXVI, 6, *p. 263;* XXVI, 7, *p. 264;* XXVII, 1-4, *p. 267;* XXVIII, 1-2, *p. 277;* XXVIII, 6, *p. 282;* XXIX, 3-4, *p. 279;* XXIX, 7, *p. 287;* XXX, 1-3, *p. 303;* XXXVI, 1, *pp. 319-320;* LIII, 5-11, *pp. 328-329;* LVII, 4-5, *p. 338;* LXIV, 3-4, *p. 348;* LXIX, 1, 7, *p. 362;* LXXIII, 5-6, *p. 363;* LXXIV, 2-3, *pp. 369-370;* LXXV, 2, *p. 383;*

LXXV, 3, *p. 384* (primeira); LXXV, 4-6, *p. 384* (segunda); LXXV, 2, *p. 386*;
LXXVI, 3, *p. 388* (primeira); LXXVI, 4, *p. 388* (segunda); LXXVI, 5,
pp. 389-390; LXXVI, 6-7, *p. 390* (primeira); LXXVI, 9, *p. 390* (segunda);
LXXVII, 3-5, *p. 392* (primeira); LXXVII, 5, *p. 392* (segunda); LXXVII, 5-6,
p. 393 (primeira); LXXVII, 6-7, *p. 393* (segunda); LXXXI, 4-5, LXXXII,
1, *pp. 412-413*; LXXXII, 3-4, *p. 397*; LXXXIII, 6-7, *p. 398*; LXXXIV, 4-8,
pp. 399-400; LXXXV, 8, *p. 401*; LXXXVI, 1-3, *pp. 402-403*; LXXXVI, 4-5,
p. 403; LXXXVI, 5, *p. 405*.

_____.*Vite parallele - Demostene e Cicerone,* introdução, tradução e notas de
Demostene de Pecorella Longo, Chiara; introdução de *Cicerone* de Geiger,
Joseph; tradução de *Cicerone* de Mugelli, Beatrice; notas de *Cicerone*
de Ghilli, Lucia; com contribuição de Scardigli, Barbara e Manfredini,
Mario, BUR, Milão: 2000.

Cicerone, XLVIII, 4-5, *p. 222.*

_____. *Vite parallele - Dione e Bruto,* introdução a *Dione* de Dreher, Martin;
tradução de *Dione* de Fabrini, Pierangiolo; notas de *Dione* de Muccioli,
Federicomaria; introdução de *Bruto* de Scardigli, Barbara; tradução
de *Bruto* de Fabrini, Pierangiolo; notas de *Bruto* de Ghilli, Lucia; com
contribuição de Scardigli, Barbara e Manfredini, Mario, BUR, Milão,
2000. *Bruto,* VIII, 2, *p. 59*; IX, 7-8, *p. 58*; XV 2-3, *p. 84* (primeira); XV, 4,
p. 84 (segunda); XV, 9, *p. 89*; XX, 5-6, *p. 136*; XXXIII, 4-5, *p. 228*; XLI, 7-8,
p. 232; XLIII, 4-5, *p. 233* (primeira); XLIII, 8, *p. 233* (segunda); XLIV, 2,
p. 233 (terceira); L, 8-9, *p. 243.*

Properzio, *Elegie,* introdução de Fedeli, Paolo; tradução de Canali, Luca;
comentário de Scarcia, Riccardo, BUR, Milão, 1987. Libro III, XI, 53-54,
p. 407.

Svetonio, *Vite dei Cesari,* vol. I, tradução de Dessi, Felice, BUR, Milão, 2009.

Cesare, LII, *p. 51*; LII, *p. 204*; LVI, *p. 80*; LXXXI, *pp. 71-72*; LXXVI, *p. 196*;
LXXXI, *p. 77*; LXXXI, *p. 71*; LXXXI, *p. 72*; LXXXI, *p. 70*; LXXXII, *p. 100*;
LXXXIII, *p. 128*; LXXXIV, *pp. 132-133*; LXXXIV, *pp. 136-137*; LXXXV, *p. 137*

Augusto, IV, *p. 336*; XV, *pp. 305-306*; XVIII, *p. 396* (primeira); XVIII, *p. 396*
(segunda); LXIX, *p. 337.*

Velleio Patercolo, *Storia romana,* introdução, tradução e notas de Nuti,
Renzo, BUR, Milão: 1997.

II, 67, 1-2, *p. 220*; II, 74, 3, *p. 112*; II, 79, 5, *p. 343.*

Virgilio, *Bucoliche,* organização de Geymonat, Mario, Garzanti, Milão,
1981, Egloga IV, *p. 317.*

Estudos modernos

Barebreo, Gregorio, *Historia Compendiosa Dynastiarium, p. 294.*

Bengtson, Hermann, *Marcus Antonius,* in Brambach, Joachim, *Cleopatra,* Salerno Editrice, Roma: 1997, *p. 250.*

Brambach, Joachim, *Cleopatra,* Salerno Editrice, Roma: 1997, *p. 252.*

Brizzi, Giovanni, *La battaglia di Azio,* no catálogo da mostra *Cleopatra. Roma e l'incantesimo d'Egitto,* organização de Gentili, Giovanni, SKIRA, Milão: 2013, *p. 344.*

Carandini, Andrea, *Le case del potere nell'antica Roma,* Laterza, Roma-Bari: 2010, *p. 39.*

Cardini, Franco, *Romani o musulmani: chi distrusse la biblioteca di Alessandria?,* artigo de 27 de julho de 2009, *p. 294.*

Grant, Michael, *Cleopatra,* tradução de Giorgi, Gigliola, Newton Compton, Roma: 1983, *pp. 193, 205, 340, 363.*

Shakespeare, William, *Teatro completo di Shakespeare,* tradução de Rusconi, Carlo, Minerva, Pádua: 1838, *p. 72.*

Strauss, Barry, *La morte di Cesare. L'assassinio più famoso della storia,* Laterza, Roma-Bari: 2015, *pp. 72, 216, 223.*

Syme, Ronald, *La rivoluzione romana,* Giulio Einaudi editore, Turim: 1962, 1974 e 2014, *pp. 235, 305, 340.*

Traina, Giusto, *Marco Antonio,* Laterza, Roma-Bari: 2003, *p. 251.*

As citações extraídas dos volumes BUR Clássicos gregos e latinos receberam licença da Mondadori Libri S.p.A., Milão.

BIBLIOGRAFIA

Fontes antigas

Appiano, *Storia romana. Le guerre civili, Libri XII-XVII.*

Ateneo, *I Deipnosofisti (I dotti a banchetto)*, vol. I, organização de Canfora, Luciano, Salerno Editrice, Roma: 2001.

Autor desconhecido, *Bellum Alexandrinum.*

_____. *Mirabilia Urbis Romae.*

Cassio Dione, *Storia romana*, voli. II-III-IV, organização de Norcio, Giuseppe, BUR, Milão: 2000.

Cicerone, *Della divinazione*, organização e tradução de Timpanaro, Sebastiano, Garzanti, Milão: 2017.

_____. *Epistole ad Attico*, voll. I-II.

_____. *Filippiche*, organização de Bellardi, Giuseppe, BUR, Milão: 2003.

_____. *Lettere ai familiari*, voll. I-II, organização de Cavarzere, Alberto, BUR, Milão: 2016.

_____. *Lettere al fratello Quinto e a M.G. Bruto*, tradução de Vitali, Carlo, Zanichelli, Bolonha: 1962.

Curzio Rufo, *Storie di Alessandro Magno*, introdução, tradução e notas de Porta, Giovanna, BUR, Milão: 2011.

Diodoro Siculo, *Biblioteca storica*, voll. I-III, introdução de Canfora, Luciano, Sellerio, Palermo: 1988.

Erodoto, *Storie*, introdução e notas por Annibaletto, Luigi, Mondadori, Milão: 2000.

Filone di Alessandria, *Legatio ad Gaium.*

Floro, *Epitome di storia romana,* organização de Salomone Gaggero, Eleo-
nora, Rusconi, Milão: 1981.

Giulio Cesare, *La guerra civile,* tradução de La Penna, Antonio; introdução
de Pennacini, Adriano; prefácio de Andreotti, Roberto; notas histórico-
-críticas de Vottero, Dionigi, Giulio Einaudi editore, Turim: 2008.

_____. *La guerra gallica,* tradução e organização de Pennacini, Adriano;
notas histórico-críticas de Garzetti, Albino, Giulio Einaudi editore,
Turim: 2006.

Giuseppe Flavio, *Antichità giudaiche,* voll. I-II.

_____. *In difesa degli ebrei: contro Apione,* Marsilio, Venezia: 1993.

Lucano, *Farsaglia o la guerra civile,* introdução e tradução de Canali, Luca;
prefácio e notas de Brena, Fabrizio, BUR, Milão: 1997.

Marziale, *Epigrammi,* organização de Norcio, Giuseppe, UTET - De Agos-
tini, Turim-Novara: 2014.

Nicola Damasceno, *Vita di Augusto,* organização e tradução de Turturro,
Giuseppe, Macrì, Città di Castello – Bari:1945.

Orazio, *Odi ed Epodi,* introdução de Traina Alfonso; tradução e notas de
Mandruzzato, Enzo, BUR, Milão: 2005.

_____. *Satire,* introdução, tradução e notas de Ramous, Mario, Garzanti,
Milão: 2003.

Ovidio, *Amori,* introdução de Lechi, Francesca; tradução de Canali, Luca;
aparato crítico e notas de Scarcia, Riccardo, BUR, Milão: 2002.

_____. *I Fasti,* introdução e tradução de Canali, Luca; notas de Fucecchi,
Marco, BUR, Milão: 2014.

Plinio il Vecchio, *Storie naturali. Libri VIII-XI,* introdução, tradução e notas
de Maspero, Francesco, BUR, Milão: 2011.

Plutarco, *Vite parallele - Agesilao e Pompeo,* introdução, tradução e notas
de *Agesilao* de Luppino Manes, Emma; introdução, tradução e notas de *Pompeo* de Marcone, Arnaldo; com contribuição de Scardigli,
Barbara e Manfredini, Mario, BUR, Milão: 1996.

_____. *Vite parallele - Alessandro e Cesare,* introdução, tradução e notas de
Alessandro de Magnino, Domenico; introdução de *Cesare* de La Penna,
Antonio; tradução e notas de *Cesare* de Magnino, Domenico; com con-
tribuição de Scardigli, Barbara e Manfredini, Mario, BUR, Milão: 2014.

_____. *Vite parallele - Demetrio e Antonio,* introdução, tradução e notas de
Demetrio de Andrei, Osvalda; introdução, tradução e notas de *Antonio*
de Scuderi, Rita; com contribuição de Scardigli, Barbara e Manfredini,
Mario, BUR, Milão: 2015.

_____. *Vite parallele - Demostene e Cicerone*, introdução, tradução e notas de *Demostene* de Pecorella Longo, Chiara; introdução de *Cicerone* de Geiger, Joseph; tradução de *Cicerone* de Mugelli, Beatrice; notas de *Cicerone* de Ghilli, Lucia; com contribuição de Scardigli, Barbara e Manfredini, Mario, BUR, Milão: 2000.

_____. *Vite parallele - Dione e Bruto*, introdução de *Dione* de Dreher, Martin; tradução de *Dione* de Fabrini, Pierangiolo; notas de *Dione* de Muccioli, Federicomaria; introdução de *Bruto* de Scardigli, Barbara; tradução de *Bruto* de Fabrini, Pierangiolo; notas de *Bruto* de Ghilli, Lucia; com contribuição de Scardigli, Barbara e Manfredini, Mario, BUR, Milão: 2000.

Pomponio Porfirione, *Commento a Orazio*.

Procopio di Cesarea, *La guerra gotica*, introdução de Cresci Marrone, Giovannella; prefácio de Bartolini, Elio; tradução de Comparetti, Domenico, Garzanti, Milão: 2005.

Properzio, *Elegie*, introdução de Fedeli, Paolo; tradução de Canali, Luca; comentário de Scarcia, Riccardo, BUR, Milão: 1987.

Sallustio, *La congiura di Catilina*, organização de Pontiggia, Giancarlo, Mondadori, Milão: 2016.

Seneca, *Le consolazioni: a Marcia, alla madre Elvia, a Polibio*, introdução, tradução e notas de Traina, Alfonso, BUR, Milão: 2015.

_____. *Lettere morali a Lucilio*, organização de Solinas, Fernando; prefácio de Carena, Carlo, Mondadori, Milão: 2007.

Stazio, *Le selve*, organização de Canali, Luca e Pellegrini, Maria, Oscar Mondadori, Milão: 2006.

Strabone, *Geografia*, BUR, Milão: 1993.

Svetonio, *Vite dei Cesari*, vol. I, tradução de Dessi, Felice, BUR, Milão: 2009

Varrone, *De lingua Latina libri XXV*.

_____. *De re rustica libri III*.

Velleio Patercolo, *Storia romana*, introdução, tradução e notas de Nuti, Renzo, BUR, Milão: 1997.

Virgilio, *Bucoliche*, organização de Geymonat, Mario, Garzanti, Milão: 1981.

Vitruvio, *Sull'architettura*, BUR, Milão: 2010.

Estudos modernos

Amerio, Maria Luisa, *Storie di proscritti*, Sellerio, Palermo: 1990.

Barebreo, Gregorio, *Historia Compendiosa Dynastiarium*.

Bowman, Alan K., *L'Egitto dopo i faraoni*, Giunti, Florença: 1988.

Brambach, Joachim, *Cleopatra*, Salerno Editrice, Roma: 1997.

Bradford, Ernle, *Cleopatra*, Rusconi, Milão: 1977.

Brizzi, Giovanni, *Il guerriero, l'oplita, il legionario*, il Mulino, Bolonha: 2008.

_____. *La battaglia di Azio*, no catálogo da mostra *Cleopatra. Roma e l'incantesimo dell'Egitto*, organização de Gentili, Giovanni, SKIRA, Milão: 2013.

Cadario, Matteo, *Il vero volto di Cleopatra*, no catálogo da *Cleopatra. Roma e l'incantesimo dell'Egitto*, organização de Gentili, Giovanni, SKIRA, Milão: 2013.

Canfora, Luciano, *Augusto, figlio di Dio*, Laterza, Roma-Bari: 2015.

_____. *Giulio Cesare, il dittatore democratico*, Laterza, Roma-Bari: 2003.

_____. *La biblioteca scomparsa*, Sellerio, Palermo: 2009.

_____. *La prima marcia su Roma*, Laterza, Roma-Bari: 2007.

Cantarella, Eva, *L'aspide di Cleopatra*, Feltrinelli, Milão: 2012.

Carandini, Andrea, *Angoli di Roma: guida inconsueta alla città antica*, Laterza, Roma-Bari: 2016.

_____. *Le case del potere nell'antica Roma*, Laterza, Roma-Bari: 2010.

Cardini, Franco, *Romani o musulmani: chi distrusse la biblioteca di Alessandria?*, artigo de 27 de julho de 2009.

Casson, Lionel, *Viaggi e viaggiatori nell'antichità*, Mursia, Milão: 2005.

Cenerini, Francesca, *Cleopatra VII*, no catálogo da mostra *Cleopatra. Roma e l'incantesimo dell'Egitto*, organização de Gentili, Giovanni, SKIRA, Milão: 2013.

_____. *La donna romana*, il Mulino, Bolonha: 2009.

Chamoux, Francois, *Marco Antonio. Ultimo principe dell'Oriente greco*, Rusconi, Milão: 1988.

Coarelli, Filippo, *Roma*, Laterza, Roma-Bari: 1997.

Cresci Marrone, Giovannella, *Marco Antonio, la memoria deformata*, Edises, Nápoles: 2013.

Faoro, Davide, *Praefectus, procurator, praeses. Genesi delle cariche presidiali equestri nell'Alto Impero Romano*, Le Monnier, Milão: 2011.

Fletcher, Joann, *Cleopatra the Great. The Woman behind the Legend*, Harper Perennial, Nova York: 2012.

Gentili, Giovanni (organização), catálogo da mostra *Cleopatra. Roma e l'incantesimo dell'Egitto*, SKIRA, Milão: 2013.

Giardina, Andrea (organização), *Roma antica. I luoghi della politica*, Laterza, Roma-Bari: 2014.

_____. *Roma antica. Storia di Roma dall'antichità a oggi*, Laterza, Roma-Bari: 2000.

Grant, Michael, *Cleopatra*, tradução de Giorgi, Gigliola, Newton Compton, Roma: 2007.

Grimal, Pierre, *Cicerone*, Garzanti, Milão: 2011.

Meadows, Andrew, *Le colpe dei padri: l'eredità di Cleopatra, l'ultima regina d'Egitto*, no catálogo *Cleopatra. Regina d'Egitto*, organização de Walker, Susan e Higgs, Peter, Electa, Milão: 2000.

Paoli, Ugo Enrico, *Vita romana. Usi, costumi, istituzioni, tradizioni*, Mondadori, Milão: 2006.

Parenti, Michael, *L'assassinio di Giulio Cesare*, Feltrinelli, Milão: 2006.

Pareti, Luigi, *Storia di Roma e del mondo antico*, vol. IV, UTET, Turim: 1955.

Pisani Sartorio, Giuseppina, *Mezzi di trasporto e traffico*, in *Vita e costumi dei romani antichi 6*, Quasar, Roma: 1988.

Pitassi, Michael, *Le navi da guerra di Roma*, LEG Edizioni, Gorizia: 2013.

Quilici, Lorenzo, *Le strade. Viabilità tra Roma e Lazio*, in *Vita e costumi dei romani antichi 12*, Quasar, Roma: 1991.

Roller, Duane W., *Cleopatra*, Bruno Mondadori, Milano: 2010.

Salza Prina Ricotti, Eugenia, *Amori e amanti a Roma: tra Repubblica e Impero*, L'Erma di Bretschneider, Roma: 1992.

Sampoli, Furio, *Le grandi donne di Roma antica*, Newton Compton, Roma: 2011.

Schafer, Christoph, *Kleopatra. Gestalten der Antiken*, Wissenschaftliche Buchgesellschaft, Darmstadt 2006.

Sheppard, Si, *La battaglia di Azio. 31 a.C. - La caduta di Antonio e Cleopatra*, LEG Edizioni, Gorizia: 2013.

Schiff, Stacy, *Cleopatra*, Mondadori, Milão: 2010.

Shakespeare, William, *Teatro completo di Shakespeare*, tradução de Rusconi, Carlo, Minerva, Pádua: 1838.

Spinosa, Antonio, *Cesare, il grande giocatore*, Oscar Mondadori, Milão: 1997.

_____. *Cleopatra, la regina che ingannò se stessa*, Oscar Mondadori, Milão: 2017.

Strauss, Barry, *La morte di Cesare. L'assassinio più famoso della storia*, Laterza, Roma-Bari: 2015 (título da edição original: *The Death of Caesar. The Story of History's Most Famous Assassination*, Simon & Schuster, 2015).

Staccioli, Romolo Augusto, *Roma di ieri, Roma di oggi*, Roma amor, Roma: 1980 e 1990.

_____. *Vivere a Roma 2000 anni fa: le opere e i giorni degli antichi*, Archeoroma, Roma: 1991.

Syme, Ronald, *La rivoluzione romana*, Giulio Einaudi editore, Turim: 1962, 1974 e 2014.

Traina, Giusto, *Marco Antonio*, Laterza, Roma-Bari: 2003.

Volkmann, Hans, *Cleopatra: A Study in Politics and Propaganda*, Elek Books, Londres: 1958.

Walker, Susan e Ashton, Sally-Ann, *Cleopatra*, il Mulino, Bolonha: 2016.

Walker, Susan e Higgs, Peter (organização), catálogo da mostra *Cleopatra. Regina d'Egitto*, Electa, Milão: 2000.

Weill Goudchaux, Guy, *La sottile strategia religiosa di Cleopatra*, no catálogo da mostra *Cleopatra. Regina d'Egitto*, organização de Walker, Susan e Higgs, Peter, Electa, Milão: 2000.

Wilkinson, Toby, *L'antico Egitto. Storia di un impero millenario*, Giulio Einaudi editore, Turim: 2012.

Este livro foi impresso pela Edigráfica, em 2020, para a
HarperCollins Brasil. O papel do miolo é pólen soft $70g/m^2$
+ couchê $115/m^2$, e o da capa é cartão $250g/m^2$.